国家高端智库

NIFD

国家金融与发展实验室

National Institution for Finance & Development

中国支付清算发展报告

（2016）

主　编/杨　涛

副主编/程　炼

社会科学文献出版社

SOCIAL SCIENCES ACADEMIC PRESS (CHINA)

主要编撰者简介

2005年，为适应支付清算理论和实践的发展需要，中国社会科学院批准设立了金融研究所支付清算研究中心，专门从事支付清算理论、政策、行业、技术等方面的重大问题研究。2012年以来，各国对《金融市场基础设施原则》（PFMI）加快落实。2013年，党的十八届三中全会《关于全面深化改革若干重大问题的决定》也指出要“加强金融基础设施建设，保障金融市场安全高效运行和整体稳定”。之后，支付清算体系在现代金融理论、政策、实践等方面的重要性不断显现，本中心的一系列成果也得到了各方的关注和好评。

2015年5月27日，“国家金融与发展实验室”经中国社会科学院院务会批准设立。同年11月10日，中共中央全面深化改革领导小组第十八次会议批准国家金融与发展实验室为国家首批高端智库。根据中央与中国社会科学院的安排，“中国社会科学院金融研究所支付清算研究中心”同时被整合成为实验室的下属研究机构，《中国支付清算发展报告》也因此成为国家金融与发展实验室的系列年度成果之一。

研究中心的团队由专职研究人员、特约研究员和博士后等组成。主要宗旨是：跟踪研究国内外支付清算领域的前沿问题和动态、支付清算行业发展的新状况以及法规政策的变化，围绕支付清算体系的改革与发展开展各类学术研究和政策研究，推动支付清算市场的创新活动，通过举办研讨会、开展课题研究、进行咨询和培训等形式来促进支付清算系统及监管的改革与发展。研究中心每年组织编写《中国支付清算发展报告》，每月组织编写《支付清算评论》。研究中心网站：http：//www. rcps. org. cn/。

杨 涛 男，1974年生，山东淄博人，研究员，博士生导师。现任中国社会科学院金融研究所所长助理、产业金融研究基地主任、支付清算研究中心主任。主要研究领域为货币与财政政策、金融市场、产业金融、政策性金融、支付清算等。

程 炼 男，1976年生，江西德兴人，经济学博士，研究员。现任中国社会科学院金融研究所《金融评论》编辑部主任、支付清算研究中心副主任。主要研究领域为国际金融、金融地理与金融监管、支付清算等。

费兆奇 男，1980年生，黑龙江哈尔滨人，经济学博士，副研究员。现任中国社会科学院金融研究所货币理论与政策研究室副主任、支付清算研究中心秘书长。主要研究领域为货币理论与政策、国际金融等。

周莉萍 女，1980年生，河南新密人，经济学博士，副研究员。现任职于中国社会科学院金融研究所编辑部，同时担任支付清算研究中心副秘书长。主要研究领域为货币理论、金融市场。

董 昀 男，1980年生，江西吉安人，经济学博士，副研究员。现任职于中国社会科学院金融研究所金融市场研究室，同时担任支付清算研究中心副秘书长。主要研究领域为发展经济学、经济政策、支付清算等。

李 鑫 男，1983年生，河北石家庄人。现为中国社会科学院金融研究所博士后，同时担任支付清算研究中心副秘书长。主要研究领域为经济发展理论、宏观经济理论、支付清算理论与政策。

傅 勇 男，经济学博士、金融学博士后。现为中国社会科学院金融研究所支付清算研究中心特约研究员。主要研究领域为宏观经济、货币政策、支付清算等。

王邦飞 男，安徽人。现为中国社会科学院金融研究所副研究员。主要研究领域为金融监管、金融风险管理、商业银行经营管理等。

刘 磊 女，1976年生，安徽阜阳人，经济学博士。现为中国银联战略发展部高级主管。

邓祥龙 男，1988年生，安徽宿州人，硕士。现任职于中国银联战略发展部。

杨晓龙 男，1984年生，山东临沂人，经济学博士。现任职于中国工商银行城市金融研究所。主要研究领域为商业银行与宏观经济。

万阿俊 男，1981年生，安徽宣城人，经济学博士。主要研究领域为国际金融、金融改革与发展。

赵 鹞 男，1984年生，湖北武汉人，经济学硕士。从事商业银行互联网金融战略研究工作。

于品显 男，1984年生，河南淮阳人，法学硕士。现任职于中国农业银行北京分行。主要研究领域为国际贸易、金融法和国际公法。

郑 弘 女，1985年生，北京人。主要研究领域为金融监管、金融风险防控、金融改革等。

王雅洁 女，1986年生，北京人。主要研究领域为银行监管、国际金融监管改革、银行风险防控。

摘　要

《中国支付清算发展报告（2016）》是国家金融与发展实验室支付清算研究中心（中国社会科学院金融研究所支付清算研究中心）推出的系列年度报告的第四本。报告旨在系统分析国内外支付清算行业与市场的发展状况，充分把握国内外支付清算领域的制度、规则和政策演进，深入发掘支付清算相关变量与宏观经济、金融及政策变量之间的内在关联，动态跟踪国内外支付清算研究的理论前沿。报告将致力于为支付清算行业监管部门、自律组织及其他经济主管部门提供重要的决策参考，为支付组织、金融机构和相关企业的决策提供基础材料，为支付清算领域的研究者提供文献素材。自2013年出版第一本报告之后，连续三本都引起了政策层、实务界和理论界的高度重视与社会的广泛关注。

目前，我们需要跳出支付本身，从更高层面来理顺支付清算体系的研究思路，包括基于金融市场基础设施的认识视角、基于国家支付体系的认识视角、基于支付清算中心化与去中心化的认识视角。应该说，与之在经济金融运行和学术研究中的地位不断提升相称，支付清算体系已得到了国家层面的高度重视。在技术和制度变革成为现代金融市场基础设施两大驱动力的前提下，我们亟须深入认识过去、把握现在、展望未来，努力使得支付清算体系更好地服务于国家治理体系建设与核心竞争力优化、金融的高效与安全运行、社会公众的福利改善与助力普惠金融。我们希望《中国支付清算发展报告》的连续出版，能够成为上述努力的一部分。

本报告由总报告和专题报告两部分构成。总报告全面分析了我国支付清算体系的发展历程、现状特点、存在问题及发展趋势，并且运用量化分析工具考察了支付清算体系运行与宏观经济变量、区域经济金融发展、金融稳定与金融风险、货币政策的内在关联等；专题报告跟踪分析了国内外支付清算体系的发展状况、热点与难点，系统梳理了近年来以支付经济学为主线的学术文献，组织翻译了美联储发布的“美国支付体系提升战略”报告。我们期待《中国支付清算发展报告》能够成为一个重要平台，用来促进我们与各界同人加强交流与合作，共同为中国支付清算体系的创新与发展做出贡献。

Abstract

China Payment and Settlement System Development Report (2016), as the annual report of Research Center of Payment & Settlement in NIFD (Research Center of Payment & Settlement in CASS), aims to summarize and reflect the various aspects of China's payment and settlement system and their implication for real economy. It try to cover the reform and evolution of institutions, rules, and policies on payment and settlement system over the world and track the theoretical frontiers in this area. With ample data and detailed analysis, the report tries to provide reliable and useful references for financial institutes, academic researchers, and regulatory authority. Since its first publication in 2013, the three issues of the annual report have attracted general and intense attention of academics, market professionals, and policy makers.

For the understanding of modern payment system, three perspectives from an advanced standpoint are needed: the one based on financial market infrastructure; the one based on national payment system; and the one based on decentralization of payment. With its rising role in economic and financial operation and academic research, the payment system has got highly emphasis from our central government. As technology and institution evolution has become the two driving factors for modern financial market infrastructure, it's imperative that we achieve a deep understanding of the development of payment system based on its history and ensure its efficient and safe operation to promote the social welfare. We hope China Payment and Settlement System Development Report can be a part of the effort.

The report consists of two parts: general reports and special topics. The general report presents a panorama of China's payment and settlement system, including its evolution path, current status, existed problems, and future trends. with quantity analysis methods, and explores the relationship between payment and settlement system with macroeconomic variables, regional development, financial risk, and monetary policy. Special topics cover the practice of payment and settlement system in foreign countries and provide a selective survey of hot issues in this area, including a translation of the report *Strategies for Improving the U. S. Payment System* published recently by the Federal Reserve System.

We expect *China Payment and Settlement System Development Report* to become a platform for the communication between Research Center of Payment & Settlement and all the peoples and institutes interested in this significant area to contribute to the development of China's payment and settlement system.

前　言

《中国支付清算发展报告（2016）》是国家金融与发展实验室支付清算研究中心（中国社会科学院金融研究所支付清算研究中心）推出的系列年度报告的第四本。报告旨在系统分析国内外支付清算行业与市场的发展状况，充分把握国内外支付清算领域的制度、规则和政策演进，深入发掘支付清算相关变量与宏观经济、金融及政策变量之间的内在关联，动态跟踪国内外支付清算研究的理论前沿。报告将致力于为支付清算行业监管部门、自律组织及其他经济主管部门提供重要的决策参考，为支付组织、金融机构和相关企业的决策提供基础材料，为支付清算领域的研究者提供文献素材。自2013 年出版第一本报告之后，连续三本都引起了政策层、实务界和理论界的高度重视与社会的广泛关注。

对于支付清算体系，公众脑海当中都有不同的认知，可能会关注支付机构、产品，或者是其背后的一系列制度，这是讨论问题的出发点。我们需要跳出支付本身，从更高的层面看一下我们现在所关注的支付清算体系究竟是什么。对此有三个不同视角。

第一，基于金融市场基础设施的认识视角。对于金融市场基础设施的监管和有效运行，2012 年之后在全球逐渐形成了共识，党的十八届三中全会也提出要完善金融基础设施，央行的相关报告中对其也有描述。这些概念既包括支付清算、结算体系，也涵盖法律、会计、反洗钱等软环境因素。当然，我们更加关注支付清算设施本身，这也是当前最重要的、值得研究的前沿领域。我们现在研究支付问题，需要跳出具体视线的局限，进一步深入整个金融市场基础设施建设的角度来探讨基本的定位、方向和问题。2012 年之后，关于金融市场基础设施的软规则不断得到完善，各个国家在落实

PFMI 的过程中虽有一些差异，但是防范风险、稳健高效运行的总体方向是一致的。

第二，基于国家支付体系的认识视角。对于金融市场基础设施的监管和完善，相关职责往往分散在各个部门当中。由于央行在整个体系中具有独一无二的地位，所以就全球来看，其往往承担了更多责任。近年来，以美联储为代表的多国央行，都在直接或间接推动国家支付体系的建设。其中，一是对央行直接或间接控制的支付系统加以完善；二是在某种程度上有效协调证券市场相关的金融市场基础设施。国家支付体系与金融市场基础设施是不同的视角、不同的切入点，主要着眼于从国家层面、货币当局层面影响支付效率和风险，协调金融基础设施的功能与监管，从而构建更加平衡有效的金融后台服务体系。以美联储为例，近年来，美联储高度关注支付体系，将利益相关方都纳入国家支付战略制定和落实过程中，这很值得我国进行对标。其最终期望的结果，就是实现支付清算体系的高速、安全、高效、国际化与协作。

我们认为，像美国奥巴马政府推进的大数据战略计划一样，美联储在 2015 年初发布的“支付体系提升战略”具有极其重大的意义，对于现代支付体系建设提供了重要指导。在某种程度上，我们可以借鉴其特点，打造中国版的支付体系发展战略 3.0，因为我们过去的支付体系发展也面临类似挑战，如碎片化布局、安全与效率的冲突等。回顾历史，支付体系战略 1.0 可以从 1995 年现代支付系统建设开始算，2.0 可以从 2005 年大额支付系统开始算，3.0 更多的是依托 PFMI，综合考虑国情与改革实践而打造的全新支付体系发展战略，旨在研究探讨国家支付体系的内涵、发展目标、路径与阶段性策略。这一战略的核心包括：行业宣传与利益协调；协调支付系统与其他金融市场基础设施的关系；推动 PFMI 的落实和对接，法律与制度体系的全面梳理；制定和完善国家与行业层面的技术规则与标准制定；研究支付体系与货币金融政策制定之间的联系；推动支付体系的公众参与、教育普及、支付消费者保护；增强支付服务的可得性与普惠性。

第三，基于支付清算中心化与去中心化的认识视角。伴随新技术的飞速发展，支付清算体系也出现一些新的内在矛盾与挑战。一方面，在危机的反思过程中，出现了一些中心化的趋势。如 PFMI 意味着用正式的、非自由选择的、多边结构的、透明的市场来取代曾经的一些非正式的、自由选择的、双边结构的、不透明的市场。再加上 PFMI 对 FMIs 的治理标准方面提出种种带有公共性质的要求，使得这种金融改革被一些学者认为是在用公共或准公共市场取代私人市场。另一方面，诸如区块链这样的分布式支付清算机制，又对整个体系带来去中心化的重要挑战。美联储在战略报告中也提到“便利金融机构间基于使用通用协议和标准发送并接受支付的公共 IP 网络直接清算”，并且在其中发挥更大的指导作用，实际上就是为了直面去中心化支付清算模式可能带来的颠覆式影响。随着技术的变化，以及从 IT 到 DT 的演进，我们在对支付清算体系进行研究与思考的过程中，需深入探讨未来金融市场基础设施的中心化和去中心化边界在哪里，既要摒弃创新中的“劣币”与泡沫，也必须拥有面向未来的洞察力。

2015 年 10 月 29 日，习近平总书记在党的十八届五中全会第二次全体会议上指出，要“统筹监管重要金融基础设施，包括重要的支付系统、清算机构、金融资产登记托管机构等，维护金融基础设施稳健高效运行”。与之在经济金融运行和学术研究中的地位不断提升相称，支付清算体系也已得到中央的高度关注。在技术和制度变革成为现代金融市场基础设施两大驱动力的前提下，我们亟须深入认识过去、把握现在、展望未来，努力使支付清算体系更好地服务于国家治理体系建设与核心竞争力优化、金融的高效与安全运行、社会公众的福利改善并助力普惠金融。

《中国支付清算发展报告（2016）》继续从中国和全球两个维度，从理论、实践与政策多个视角，对支付清算领域的相关问题进行“点”“面”结合的研究。本报告分为总报告和专题报告两个部分。

总报告为“我国支付清算体系的发展状况及经济含义”，全面分析了我国支付清算体系的发展历程、现状特点、存在问题及趋势，并且运用各类量化分析工具，对支付清算体系运行与宏观经济变量、区域经济与金融发展、金融稳定与金融风险以及货币政策的内在关联等进行了实证检验和深入剖析，具体包括：“我国中央银行支付清算体系的建设与运行”；“我国第三方支付机构体系的建设与运行”；“我国证券清算结算体系的建设与运行”；“支付清算体系运行的宏观经济效应”；“支付清算体系运行、区域经济与金融发展”；“支付清算体系运行与金融系统稳定”；“支付清算体系运行与货币政策”。

专题报告为“支付清算体系热点考察、比较分析及文献综述”，深入探讨了国际化背景下我国支付清算体系中的热点与难点问题，对全球金融基础设施建设和重要监管规则、不同国家的支付市场运行情况等最新进展进行了动态跟踪，系统地梳理了近年来重要的学术文献，并组织翻译了美联储发布的支付体系战略报告，具体包括：“在规范中发展创新的银行卡市场”；“2015 年场外金融市场中央对手清算机制的发展”；“数字货币的原理、方向、风险与监管”；“跨境电子商务支付现状、风险与监管对策”；“全球主要国家支付清算体系发展概况”；“支付清算理论与政策研究的新进展：支付经济学及其他”；“美国支付体系提升战略”。

《中国支付清算发展报告（2016）》是在国家金融与发展实验室李扬理事长，中国社会科学院金融研究所王国刚所长、何德旭书记、殷剑峰副所长等专家的指导下完成的。本报告在写作过程中得到了中国人民银行支付结算司、中国支付清算协会、中国银联、VISA 公司、上海清算所、中国证券登记结算有限公司、社会科学文献出版社等各方的大力支持，在此一并表示诚挚的感谢。本报告由杨涛担任主编，负责本报告的组织编写、部分报告的撰写以及统稿和审定工作；程炼担任副主编，负责部分报告的撰写及统编工作。各部分执笔人分别为：第一章，傅勇、方阿俊、杨涛；第二章，王邦飞、郑弘、王雅洁、杨涛；第三章，李鑫；第四章，程炼；第五章，程炼；第六章，程炼；第七章，杨晓龙、费兆奇；第八章，刘磊、邓祥龙；第九章，杨涛、李鑫；第十章，赵鹞；第十一章，周莉萍、于品显；第十二章，周莉萍；第十三章，董昀；第十四章，主要编译人员包括潘松、殷实、翁泉、张卫华、吕远、董进、杨晋丽、郝雅红、李想、张玲、韩润豪。

与 2013 ~ 2015 年推出的三本报告相比，《中国支付清算发展报告（2016）》在总报告部分（即原先的总报告和分报告两部分），一直保持研究框架的稳定性和可持续性，专题报告部分的内容更加丰富，除了继续跟踪各国支付体系的发展动态外，还围绕支付体系创新实践，组织了相关案例分析，并且更加系统化地深入探讨基础理论文献。如结合当前央行和各界关注的热点，初步探讨了数字货币的相关问题，围绕支付经济学的理论脉络进行了深入分析，组织翻译了国外支付领域重要的资料文件，等等。

当然，由于支付清算研究同时也是一个实务性较强的领域，不仅在我国的支付清算体系建设中不断出现各类新情况、新问题，而且各国都在此领域面临诸多技术和制度变革带来的新挑战。因为研究储备有限，本报告可能存在一些不足或需完善的地方。我们期盼各界同人的批评和建议，并希望长期坚持这项工作，以此来不断地“抛砖引玉”，促使学术界更加重视支付清算研究，促进研究者与监管者、从业者的深度交流，推动跨学科的交叉研究与探讨，真正使我国的支付经济学发展以及支付清算体系的政策与实务研究能够在全球范围内逐渐走向前沿，从而服务于推动我国支付清算体系高效、健康、可持续和国际化发展。

目　录

总报告　我国支付清算体系的发展状况及经济含义

专题报告　支付清算体系热点考察、比较分析及文献综述

CONTENTS

General Report Development and Economic Implication of China's Payment and Settlement System

Special Topics Hot Review, Comparative Analysis and Literature Survey of Payment and Settlement Systems

总报告 我国支付清算体系的发展状况及经济含义

General Report Development and Economic Implication of China's Payment and Settlement System

第一章 我国中央银行支付清算体系的建设与运行

摘 要： 2015年，中央银行支付清算体系稳健运行，支付行业政策环境进一步优化，人民币跨境支付系统（一期）成功上线运行，规范支付服务市场发展、推动金融领域包容性增长等工作成效显著。同时，支付体系创新与监管、推动支付清算国际化、改善普惠金融领域的支付环境等方面仍有需要着力之处。2016年，中央银行应更加主动，适应经济发展新常态，积极推动监管理念和方式方法创新转型，为支付产业各类主体营造公平竞争的环境，为经济社会健康稳定发展提供更加稳健高效的支付清算体系支撑。

关键词： 中央银行 支付清算体系 金融基础设施 创新

稳定高效的支付清算体系是提高金融服务实体经济效率、守住金融风险底线不可或缺的金融基础设施。2015 年是中国支付体系发展的重要一年，中央银行支付清算体系建设取得新的进展，支付市场管理更加规范，社会资金交易规模持续扩大，全国支付体系平稳运行，支付结算业务量稳步增长，总体来看，支付产业蓬勃发展，服务功能不断增强，风险总体可控。同时，也仍然面临一些问题和挑战，对此，中国人民银行应着力从不断简政放权、强化服务功能、开放支付市场、改善监管服务等方面入手，逐步加以完善。

一 2015年我国中央银行支付清算体系运行的基本情况及特点[①]

从非现金支付工具、支付系统和人民币银行结算账户等方面看，2015 年我国中央银行支付清算体系在继续安全稳健运行的同时，各类业务和支付工具总体呈现快速增长势头，但增长态势有所分化。

（一）2015年我国非现金支付工具的基本情况

非现金支付工具的发展程度代表了一个国家和地区的金融发展效率和现代化水平。当前，我国使用的人民币非现金支付工具主要包括“三票一卡”和结算方式等。我国非现金支付业务保持快速增长，增速较上年大幅提升。2015 年，全国共办理非现金支付业务[②] 943. 22 亿笔，同比增长 50. 4%，增速较上年提升 25. 29 个百分点；共处理金额 3448. 85 万亿元，同比增长 89. 76%，增速较上年提升 76. 71 个百分点。

一是票据业务量持续下降，但实际结算商业汇票业务量同比稳步增长。2015 年，全国共发生票据业务 4. 17 亿笔，金额 238. 23 万亿元，同比分别

---

① 本部分数据如无特别说明，均来自中国人民银行支付结算司发布的2015年各季度和全年支付体系运行总体情况，详见中国人民银行网站。

② 非现金支付业务含票据、银行卡及其他结算业务。其中，其他结算业务含贷记转账、直接借记、托收承付及国内信用证业务。

下降27.87%和11.07%。其中，支票业务、银行汇票业务、银行本票业务均有下行。然而，实际结算商业汇票业务全年保持上升势头，2015年共发生业务1905.71万笔，金额20.99万亿元，同比分别增长3.45%和8.86%。需要注意的是，电子商业汇票系统业务量快速增长。截至2015年末，电子商业汇票系统参与者共计396家，较上年末增加23家；电子商业汇票系统出票、承兑、贴现、转贴现均大幅增长。

二是银行卡发卡量保持稳步增长①。截至2015年末，全国银行卡在用发卡数量为54.42亿张，较上年末增长10.25%，增速放缓6.88个百分点；全国人均持有银行卡3.99张，较上年末增长9.62%。银行卡受理市场环境不断完善。截至2015年末，银行卡跨行支付系统共有联网商户1670.00万户、联网POS机具2282.10万台、ATM 86.67万台，较上年末分别增加466.60万户、688.60万台和25.18万台。银行卡交易量和消费业务量继续增长，且增速出现明显提升。2015年，全国共发生银行卡交易金额669.82万亿元，同比增长48.88%，增速加快42.61个百分点；银行卡卡均消费金额为10106元，同比增长17.69%。另外，值得关注的是信用卡信贷规模继续增长，授信使用率②持续上升。截至2015年末，信用卡授信总额为7.08万亿元，同比增长26.43%；信用卡授信使用率为43.77%，较上年末增加2.08个百分点。

三是贷记转账等其他结算业务量平稳增长。2015年，全国共发生贷记转账、直接借记、托收承付、国内信用证等其他业务86.76亿笔，金额2540.81万亿元。其中，贷记转账业务金额占比在九成以上。

四是电子支付尤其是移动支付业务量保持快速增长，非银行支付机构发展势头迅猛。2015年，银行业金融机构共发生电子支付③业务1052.34亿

① 有关银行卡市场的相关数据将会在本书第八章“在规范中发展创新的银行卡市场”进一步细化和深入分析。

② 授信使用率为信用卡应偿信贷余额与信用卡授信总额之比。

③ 本文所称的电子支付是指客户通过网上银行、电话银行、手机银行、POS、ATM及其他电子渠道，从结算类账户发起的账务变动类业务笔数和金额，包括网上支付、电话支付、移动支付、其他电子支付ATM业务和POS业务五种业务类型。

笔，金额2506.23万亿元。其中，移动支付业务尽管总体占比较小，但发展速度较快，2015年全年共发生业务138.37亿笔，金额108.22万亿元，同比分别增长205.86%和379.06%。

2015年，非银行支付机构累计发生网络支付业务821.45亿笔，金额49.48万亿元，同比分别增长119.51%和100.16%。

（二）2015年我国人民币银行结算账户运营情况

截至2015年末，全国共开立人民币银行结算账户73.70亿户，较上年末增长13.16%，呈稳步增长势头。其中，单位银行结算账户为4439.03万户，占银行结算账户的0.60%，较上年末增长11.62%；个人银行结算账户为73.25亿户，较上年末增长13.17%。

（三）2015年我国支付系统运行情况

支付系统是经济活动过程中用于债务清偿和资金转移的载体和机制。当前，我国支付系统由大额实时支付系统、小额批量支付系统等11个子系统构成①。2015年，我国支付系统继续保持高效稳健运行，共处理支付业务469.48亿笔，金额4383.16万亿元，同比分别增长53.74%和29.34%。与同期GDP相比，2015年支付系统处理支付业务总金额是全国GDP的64.77倍。

从支付系统层级②来看，2015年，中国人民银行支付系统③共处理支付业务59.96亿笔，金额3135.25万亿元，同比分别增长43.31%和27.67%，

① 11个子系统包括大额实时支付系统、小额批量支付系统、网上支付跨行清算系统、同城清算系统、境内外币支付系统、全国支票影像交换系统、银行业金融机构行内支付系统、银行卡跨行支付系统、城市商业银行汇票处理系统和支付清算系统、农信银支付清算系统、人民币跨境支付系统。

② 根据中央银行与商业银行的职能，可以将社会的支付系统划分为两个层次。上层系统由中央银行为商业银行提供支付清算服务；下层系统则是商业银行面对广大银行客户提供支付服务的金融服务系统。

③ 中国人民银行支付系统包含大额实时支付系统、小额批量支付系统、网上支付跨行清算系统、同城清算系统、境内外币支付系统、全国支票影像交换系统。

占支付系统业务笔数和金额的 12.77% 和 71.53%，具有笔数较小、金额巨大的特点。

从支付系统资金往来情况[①]看，全国共 22 个省（自治区、直辖市）的辖内资金流动量占本省（自治区、直辖市）资金流动总量的比例超过 50%，反映了支付系统在社会资金流动中的核心地位。2015 年，处理资金总量居前三位的地区为北京、上海、广东[②]，其资金流动量分别占全国资金流动总量的 29.76%、16.26% 和 12.62%，体现了上述三地在全国资金配置中的枢纽地位。

二　2015年我国中央银行支付清算体系子系统的运行情况

当前，我国支付清算体系包括中国人民银行大额实时支付系统等 11 个子系统[③]。2015 年，这些子系统所处理的业务量总体保持稳定增长态势，仅有个别系统出现业务量衰退的迹象。

（一）中国人民银行支付系统

1. 大额实时支付系统

大额实时支付系统在社会资金流通、畅通货币政策传导以及实现各金融市场互联互通方面发挥着积极的作用，在央行支付系统中起着中流砥柱的作用。

2015 年，大额实时支付系统业务继续保持稳步增长，共处理业务 7.89 亿笔，金额 2952.06 万亿元，同比分别增长 10.70% 和 25.79%；日均处理业务 316.80 万笔，金额 118556.49 亿元。

分季度来看，大额实时支付系统业务量稳步增长。从处理业务笔数的季

---

① 包含大额实时支付系统、小额批量支付系统和银行业金融机构行内支付系统处理的资金交易。

② 含深圳市。

③ 分类参照中国人民银行支付结算司。

度数据来看，第一季度，大额实时支付系统处理业务 1.80 亿笔，同比增长 12.81%；日均处理业务 300.16 万笔。第二季度，处理业务 1.95 亿笔，同比增长 13.42%；日均处理业务 315.92 万笔。第三季度，处理业务 2.02 亿笔，同比增长 8.70%；日均处理业务 311.39 万笔。第四季度，处理业务 2.11 亿笔，同比增长 8.49%；日均处理业务 340.10 万笔（见图 1－1）。

从处理业务金额的季度数据来看，第一季度，处理业务金额 529.98 万亿元，同比下降 0.60%；日均处理金额 8.83 万亿元。第二季度，处理业务金额 726.43 万亿元，同比增长 17.98%；日均处理金额 11.7 万亿元。第三季度，处理业务金额 795.20 万亿元，同比增长 24.76%；日均处理金额 12.23 万亿元。第四季度，处理业务金额 900.45 万亿元，同比增长 60.63%；日均处理金额 14.52 万亿元（见图 1－2）。

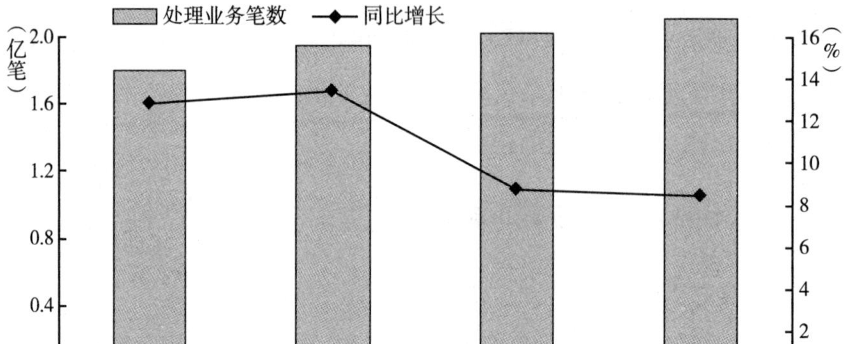

图 1－1　2015 年各季度中国人民银行大额实时支付系统处理的业务笔数及同比增长情况

资料来源：中国人民银行支付结算司发布的 2015 年各季度支付体系运行总体情况，中国人民银行网站。

2. 小额批量支付系统

小额批量支付系统业务量保持持续增长势头。2015 年，小额批量支付系统共处理业务 18.35 亿笔，金额 24.94 万亿元，同比分别增长 27.82% 和 12.98%；日均处理业务 506.98 万笔，金额 688.96 亿元。

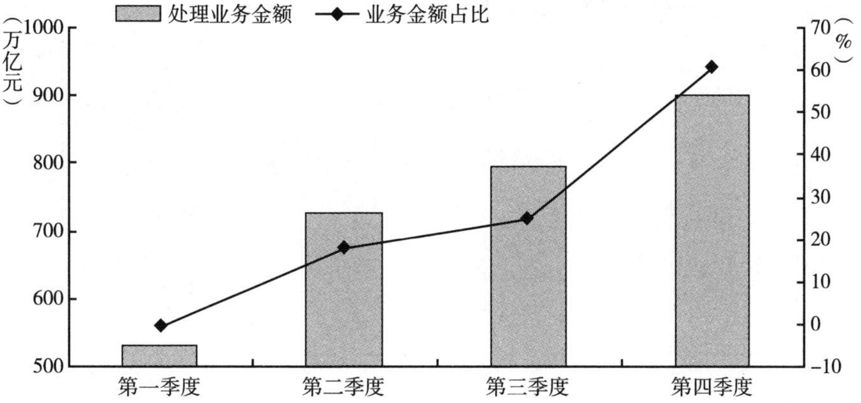

图 1－2　2015 年各季度中国人民银行大额实时支付系统处理的业务金额及同比增长情况

资料来源：中国人民银行支付结算司发布的 2015 年各季度支付体系运行总体情况，中国人民银行网站。

分季度来看，第一季度，小额批量支付系统处理业务 3.90 亿笔，金额 5.50 万亿元，同比分别增长 33.71% 和 4.49%；日均处理业务 448.44 万笔，金额 632.39 亿元。第二季度，处理业务 4.41 亿笔，金额 6.14 万亿元，同比分别增长 31.38% 和 17.66%；日均处理业务 484.74 万笔，金额 674.69 亿元。第三季度，处理业务 4.83 亿笔，金额 6.46 万亿元，同比分别增长 25.90% 和 15.60%；日均处理业务 525.00 万笔，金额 702.46 亿元。第四季度，处理业务 5.21 亿笔，金额 6.84 万亿元，同比分别增长 22.70% 和 13.91%；日均处理业务 566.32 万笔，金额 743.05 亿元（见图 1－3、图 1－4）。

3. 网上支付跨行清算系统

2015 年，网上支付跨行清算系统业务量快速增长。截至 2015 年末，共有 161 家机构接入网上支付跨行清算系统。从系统处理的业务笔数和金额来看，2015 年全年，网上支付跨行清算系统共处理业务 29.66 亿笔，金额合计达到 27.76 万亿元，同比分别增长 80.92% 和 56.03%；日均处理业务 819.21 万笔，金额 766.75 亿元。

分季度来看，第一季度，网上支付跨行清算系统处理业务 5.85 亿笔，

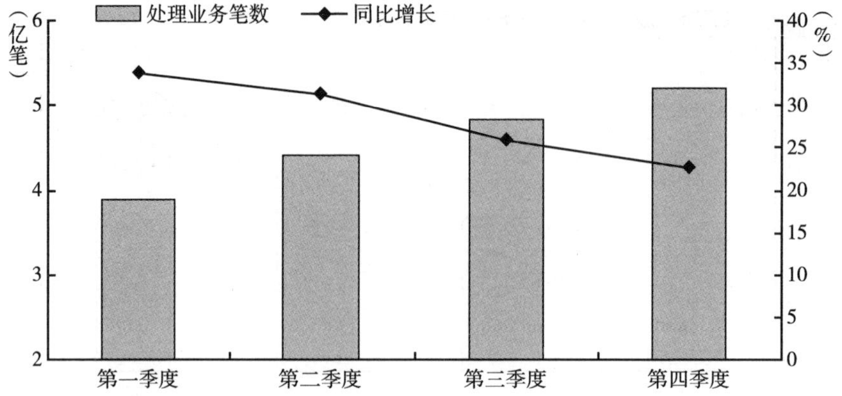

图1－3　2015年各季度中国人民银行小额批量支付系统处理的业务笔数及同比增长情况

资料来源：中国人民银行支付结算司发布的2015年各季度支付体系运行总体情况，中国人民银行网站。

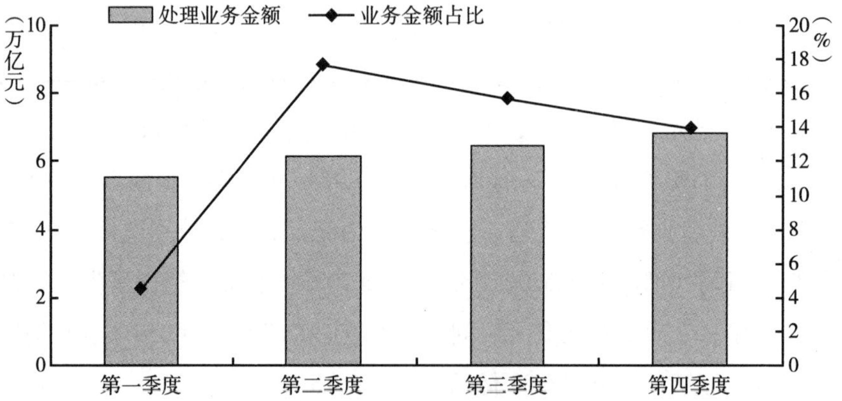

图1－4　2015年各季度中国人民银行小额批量支付系统处理的业务金额及同比增长情况

资料来源：中国人民银行支付结算司发布的2015年各季度支付体系运行总体情况，中国人民银行网站。

金额5.91万亿元，同比分别增长106.26%和73.00%；日均处理业务672.03万笔，金额679.36亿元。第二季度，处理业务7.11亿笔，金额6.93万亿元，同比分别增长97.97%和73.08%；日均处理业务781.03万笔，金额

761.46 亿元。第三季度，处理业务 7.86 亿笔，金额 7.12 万亿元，同比分别增长 75.96% 和 48.54%；日均处理业务 854.46 万笔，金额 774.19 亿元。第四季度，处理业务 8.84 亿笔，金额 7.79 万亿元，同比分别增长 60.76% 和 39.82%；日均处理业务 960.92 万笔，金额 847.19 亿元（见图 1－5）。

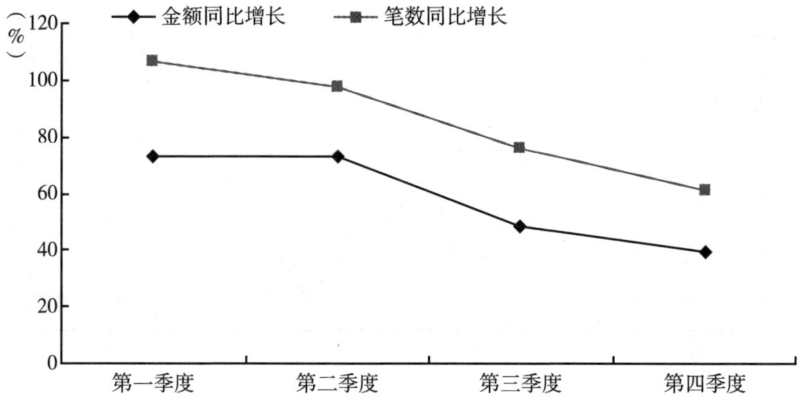

图 1－5　2015 年各季度网上支付跨行清算系统处理的业务笔数和金额同比增长情况

资料来源：中国人民银行支付结算司发布的 2015 年各季度支付体系运行总体情况，中国人民银行网站。

4. 同城清算系统

在经历上年处理业务笔数和金额双双下滑之后，同城清算系统[①] 2015 年业务金额增长较快。全年共处理业务 3.95 亿笔，金额 124.34 万亿元，同比分别增长 2.96% 和 96.67%；日均处理业务 158.70 万笔，金额 4993.43 亿元。

分季度来看，第一季度，同城清算系统处理业务 0.96 亿笔，金额 28.37 万亿元，同比分别增长 4.35% 和 78.88%；日均处理业务 160.06 万笔，金额 4728.64 亿元。第二季度，处理业务 0.97 亿笔，金额 30.71 万亿元，同比分别增长 2.92% 和 99.30%；日均处理业务 155.88 万笔，金额 4952.59 亿元。第三季度，处理业务 0.96 亿笔，金额 30.51 万亿元，同比分别

① 同城清算系统包括同城票据交换系统和同城电子清算系统。

增长 -0.35%和99.76%；日均处理业务148.12万笔，金额4693.23亿元。第四季度，处理业务1.06亿笔，金额34.75万亿元，同比分别增长4.94%和108.34%；日均处理业务171.29万笔，金额5605.24亿元（见图1-6）。

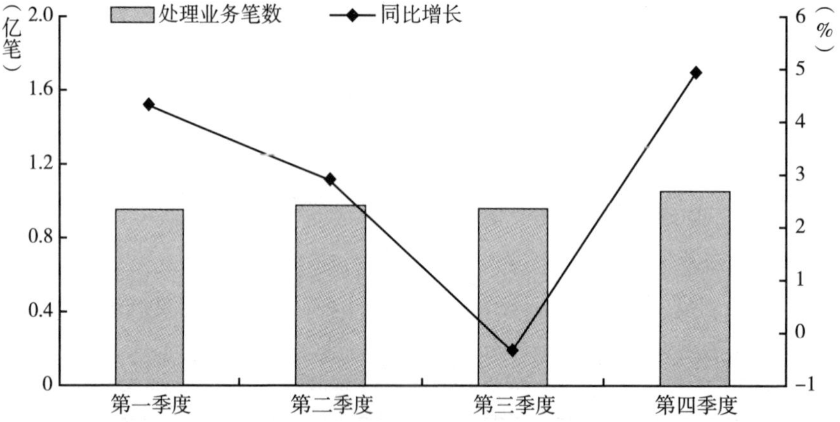

图1-6　2015年各季度同城清算系统处理的业务笔数及同比增长情况

资料来源：中国人民银行支付结算司发布的2015年各季度支付体系运行总体情况，中国人民银行网站。

5. 境内外币支付系统

2015年，境内外币支付系统处理业务量保持小幅增长态势，共处理业务207.88万笔，金额9062.04亿美元（折合人民币约为57002.02亿元），同比分别增长8.76%和5.25%；日均处理业务0.83万笔，金额36.39亿美元（折合人民币约为228.92亿元）。

分季度来看，第一季度，境内外币支付系统处理业务44.98万笔，金额2027.81亿美元（折合人民币约为12455.23亿元），同比分别增长18.15%和3.39%；日均处理业务0.75万笔，金额33.80亿美元（折合人民币约为207.59亿元）。第二季度，处理业务52.75万笔，金额2004.52亿美元（折合人民币约为12254.85亿元），同比分别增长7.04%和-5.18%；日均处理业务0.85万笔，金额32.33亿美元（折合人民币约为197.66亿元）。第三季度，处理业务56.31万笔，金额2788.62亿美元（折合人民币约为

17739. 22 亿元），同比分别增长 6. 18% 和 21. 81%；日均处理业务 0. 87 万笔，金额 42. 90 亿美元（折合人民币约为 272. 91 亿元）。第四季度，处理业务 53. 84 万笔，金额 2241. 09 亿美元（折合人民币约为 14552. 72 亿元），同比分别增长 6. 11% 和 -0. 18%；日均处理业务 0. 87 万笔，金额 36. 15 亿美元（折合人民币约为 234. 72 亿元）（见图 1 -7）。

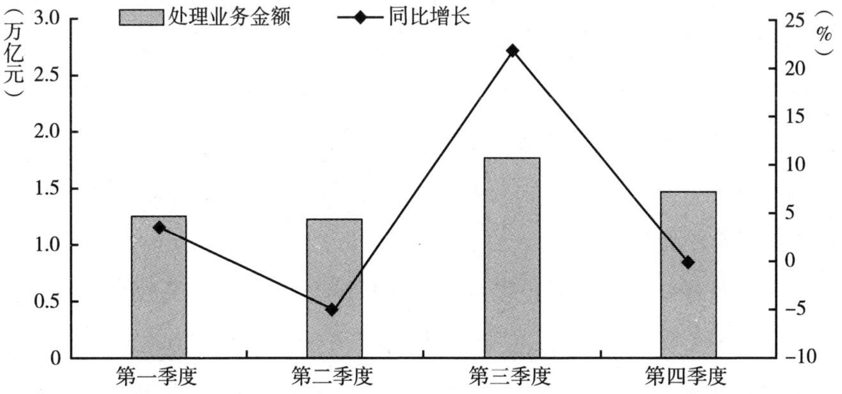

图 1 -7　2015 年各季度境内外币支付系统处理的业务金额及同比增长情况

资料来源：中国人民银行支付结算司发布的 2015 年各季度支付体系运行总体情况，中国人民银行网站。

6. 全国支票影像交换系统

相较于其他支付系统处理业务量增长的情况，2015 年，全国支票影像交换系统业务量继续下降。2015 年，全国支票影像交换系统共处理业务 896. 07 万笔，金额 4477. 79 亿元，同比分别下降 14. 38% 和 14. 92%；日均处理业务 2. 48 万笔，金额 12. 37 亿元。

分季度来看，第一季度，全国支票影像交换系统处理业务 204. 67 万笔，金额 1117. 50 亿元，同比分别下降 10. 13% 和 9. 19%；日均处理业务 2. 35 万笔，金额 12. 84 亿元。第二季度，处理业务 217. 06 万笔，金额 1051. 06 亿元，同比分别下降 17. 55% 和 18. 04%；日均处理业务 2. 39 万笔，金额 11. 55 亿元。第三季度，处理业务 232. 67 万笔，金额 1141. 47 亿元，同比分别下降 16. 66% 和 17. 93%；日均处理业务 2. 53 万笔，金额 12. 41 亿元。第四季度，处理业务 241.67 万笔，金额 1167.76 亿元，同比分别下降 12.54% 和 14.08%；日均处理业务 2.63 万笔，金额 12.69 亿元。

（二）其他机构支付系统

1. 银行业金融机构行内支付系统

2015 年，银行业金融机构行内支付系统业务量继续保持稳步增长势头，共处理业务 197.08 亿笔，同比增长 37.64%，占支付系统业务笔数的 41.98%，日均处理业务 5399.38 万笔；处理业务金额共计 1194.01 万亿元，同比增长 33.22%，占支付系统业务金额的 27.24%，日均处理业务金额 32712.66 亿元。可以看出，银行业金融机构行内支付系统在整个支付清算体系中发挥着重要作用。

分季度来看，第一季度，银行业金融机构行内支付系统处理业务 38.16 亿笔，金额 314.03 万亿元，同比分别增长 27.66% 和 50.76%；日均处理业务 4240.49 万笔，金额 34892.18 亿元。第二季度，处理业务 45.86 亿笔，金额 316.13 万亿元，同比分别增长 34.56% 和 46.14%；日均处理业务 5039.46 万笔，金额 34739.18 亿元。第三季度，处理业务 53.52 亿笔，金额 272.72 万亿元，同比分别增长 40.86% 和 19.41%；日均处理业务 5816.99 万笔，金额 29643.73 亿元。第四季度，处理业务 59.54 亿笔，金额 291.13 万亿元，同比分别增长 44.47% 和 19.67%；日均处理业务 6471.50 万笔，金额 31644.97 亿元。从银行业金融机构行内支付系统处理业务占整体支付系统的比重来看，2015 年第一至第四季度，处理业务笔数和金额占比分别为 38.99% 和 35.01%、40.99% 和 28.73%、42.99% 和 24.19%、44.03% 和 23.14%（见图 1－8）。

2. 银行卡跨行支付系统

2015 年，银行卡跨行支付系统业务量保持高位增长态势，共处理业务 206.68 亿笔，金额 49.28 万亿元，同比分别增长 75.01% 和 46.62%，占支付系统业务量的比重分别为 44.02% 和 1.12%；日均处理业务 5662.35 万笔，金额 1350.01 亿元。值得注意的是，尽管该系统处理的业务笔数在支付

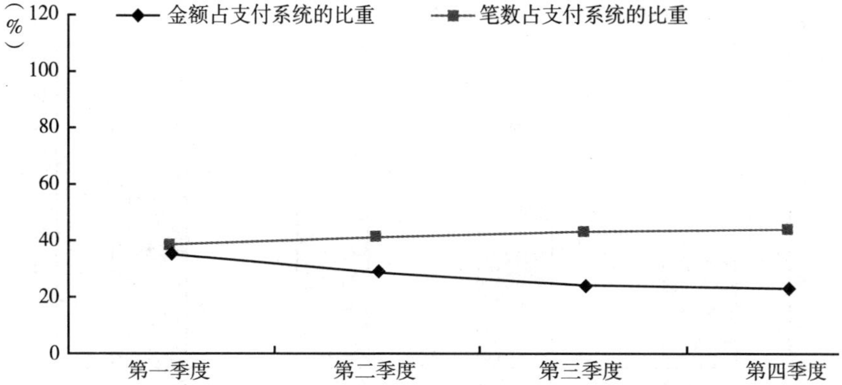

图1-8　2015年各季度银行业金融机构行内支付系统处理的业务笔数和金额占支付系统的比重

资料来源：中国人民银行支付结算司发布的2015年各季度支付体系运行总体情况，中国人民银行网站。

系统中的占比高达44.02%，但其金额占比仅为1.12%，这反映了银行卡跨行支付系统主要服务于频繁小额交易的特质。

分季度来看，2015年，银行卡跨行支付系统业务量呈现逐季上升态势。其中，第一季度，银行卡跨行支付系统处理业务46.37亿笔，金额10.72万亿元；日均处理业务5152.08万笔，金额1190.86亿元。第二季度，处理业务50.50亿笔，金额11.72万亿元；日均处理业务5549.32万笔，金额1287.53亿元。第三季度，处理业务53.74亿笔，金额12.71万亿元，同比分别增长76.64%和49.55%；日均处理业务5841.43万笔，金额1381.28亿元。第四季度，处理业务56.07亿笔，金额14.13万亿元，同比分别增长72.04%和55.11%；日均处理业务6094.24万笔，金额1536.22亿元。从该系统处理业务占整体支付系统的比重来看，2015年第一至第四季度，处理业务笔数和金额占比分别为47.38%和1.20%、45.14%和1.07%、43.16%和1.13%、41.46%和1.12%（见图1-9、图1-10）。

3. 城市商业银行汇票处理系统和支付清算系统

2015年，城市商业银行汇票处理系统和支付清算系统共处理业务259.66万笔，金额5406.75亿元，业务量继续保持快速增长态势，同比分

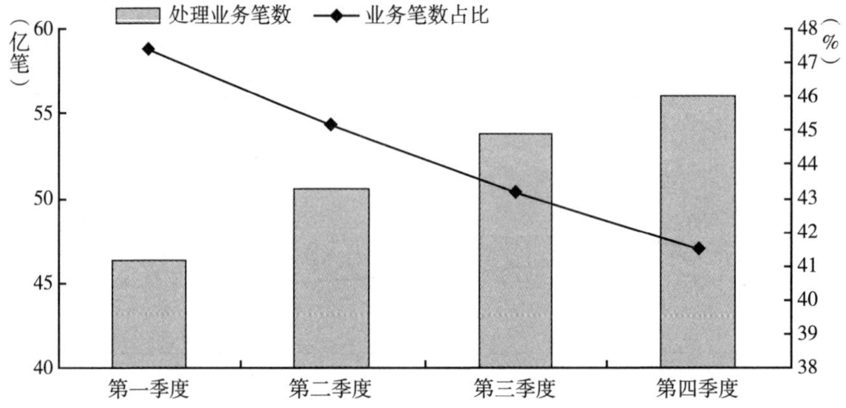

图 1－9　2015 年各季度银行卡跨行支付系统处理的业务笔数及其占支付系统的比重

资料来源：中国人民银行支付结算司发布的 2015 年各季度支付体系运行总体情况，中国人民银行网站。

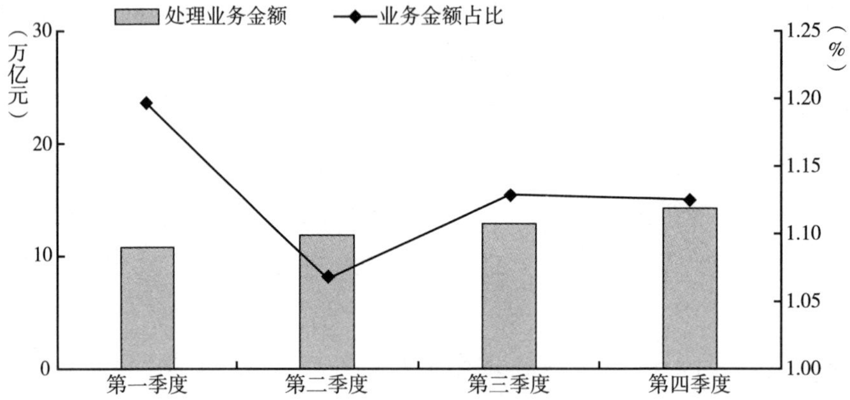

图 1－10　2015 年各季度银行卡跨行支付系统处理的业务金额及其占支付系统的比重

资料来源：中国人民银行支付结算司发布的 2015 年各季度支付体系运行总体情况，中国人民银行网站。

别增长 82.61% 和 55.31%；日均处理业务笔数和金额分别为 0.71 万笔、14.81 亿元。

分季度来看，第一季度，城市商业银行汇票处理系统和支付清算系统处理业务 49.65 万笔，金额 1050.13 亿元，同比分别增长 67.96% 和 48.76%；

日均处理业务0.55万笔，金额11.67亿元。第二季度，处理业务63.08万笔，金额1372.02亿元，同比分别增长95.01%和85.42%；日均处理业务0.69万笔，金额15.08亿元。第三季度，处理业务69.28万笔，金额1373.32亿元，同比分别增长83.57%和67.11%；日均处理业务0.75万笔，金额14.93亿元。第四季度，处理业务77.65万笔，金额1611.28亿元，同比分别增长82.55%和32.78%；日均处理业务0.84万笔，金额17.51亿元。

4. 农信银支付清算系统

2015年，农信银支付清算系统处理业务笔数继续保持大幅增长势头。该系统共处理业务5.73亿笔，金额3.60万亿元，同比分别增长156.39%和27.39%，处理业务笔数和金额分别占支付系统业务量的1.22%和0.08%；日均处理业务156.96万笔，金额98.50亿元。

分季度来看，第一季度，农信银支付清算系统处理业务7926.06万笔，金额8606.50亿元，同比分别增长102.25%和16.88%；日均处理业务88.07万笔，金额95.63亿元。第二季度，处理业务10439.16万笔，金额8010.96亿元，同比分别增长112.94%和17.35%；日均处理业务114.72万笔，金额88.03亿元。第三季度，处理业务15267.86万笔，金额8780.95亿元，同比分别增长170.38%和36.19%；日均处理业务165.95万笔，金额95.45亿元。第四季度，处理业务23658.22万笔，金额10553.40亿元，同比分别增长200.35%和39.14%；日均处理业务257.15万笔，金额114.71亿元。

5. 人民币跨境支付系统

人民币跨境支付系统自2015年10月正式推出以来，系统运行平稳。截至2015年末，人民币跨境支付系统共处理业务8.67万笔，金额4808.98亿元；日均处理业务0.14万笔，金额77.56亿元。

三　2015年我国中央银行支付清算体系的重要事件

2015年，作为中国支付清算体系的管理者和服务者，人民银行持续深化支付体系建设，在保障支付清算系统和会计核算系统安全稳健运行、推动人民币跨境支付系统建设、推进支付结算法规制度建设、加大支付服务市场监管力度等方面开展了卓有成效的工作，推动支付清算市场创新发展取得显著进展。

（一）支付行业政策环境发生变化，为行业服务创新提供顶层制度保障

2015 年，支付行业政策顶层制度环境发生新变化，由中国人民银行主导或主要发起制定的《关于促进互联网金融健康发展的指导意见》《关于实施银行卡清算机构准入管理的决定》《中国人民银行关于改进个人银行账户服务、加强账户管理的通知》等一批重要政策法规陆续出台，这对支付清算行业市场化改革和创新，以及提升金融服务效率意义重大。在整体环境优化的同时，支付行业服务创新也同时取得了较大突破。如二维码、生物识别、NFC、令牌化技术（Token）、可穿戴设备等一大批支付创新应用不断出现；支付行业与“互联网 +”等新兴商业模式、新兴金融业态、新技术手段等跨界融合深化，进一步拓宽了支付行业创新发展空间。

（二）人民币跨境支付系统（一期）上线运行，为人民币跨境使用提供支撑

2015 年 10 月 8 日，中国人民银行推出的人民币跨境支付系统（CIPS）（一期）成功上线运行。人民币跨境支付系统主要为境内外金融机构人民币跨境和离岸业务提供资金清算、结算服务，是人民币“走出去”的重要金融基础设施。该系统第一期建设将着重解决跨境人民币业务处理，以及支持跨境货物贸易和服务贸易结算、跨境直接投资、跨境融资和跨境个人汇款等问题，即注重集中于货物服务贸易结算；第二期建设将延伸至资本相关交易领域。在系统配套制度和组织安排上，中国人民银行发布了《人民币跨境支付系统业务暂行规则》，致力于培育公平竞争的市场环境，为 CIPS 稳定运行奠定制度基础。同时，推动成立了跨境银行间支付清算（上海）有限责任公司，主要负责 CIPS 运营工作。CIPS 首批直接参与机构包括中国工商银行、中国农业银行等 19 家境内中外资银行。另外，同步上线的间接参与

者包括位于亚洲、欧洲、大洋洲、非洲等地区的 38 家境内银行和 138 家境外银行。CIPS 的建成运行是适应人民币国际化和国家“一带一路”建设总体布局的重要战略决策，是我国金融市场基础设施建设尤其是支付体系建设的重要里程碑事件，符合《金融市场基础设施原则》等国际监管规则要求，将对促进人民币跨境使用进程起到重要支撑作用。

（三）加大支付服务市场监督力度，切实防范支付风险

2015 年，人民银行进一步强化支付服务市场的监管，统筹兼顾鼓励创新、方便群众和金融安全的原则，正式发布了《非银行支付机构网络支付业务管理办法》，并将于 2016 年 7 月 1 日起实施。该办法贯彻了坚持支付账户实名制、平衡支付业务安全与效率、保护消费者权益和推动支付创新的监管思路，对保障非银行支付机构网络支付业务健康发展、有效防范互联网金融风险、维护金融稳定将发挥积极作用。此外，2015 年初以来，人民银行结合支付清算行业具体发展阶段特征，坚持全面覆盖、重点突出的监管理念，逐步建立完善政府监管、行业自律、公司治理、社会监督等多维度支付服务监督体系。在监管方向上，人民银行将非银行金融机构作为监管重点，同时也不断加大对银行业金融机构的监管力度。在具体工作实践上，人民银行不断完善监管方式，探索运用分级分类监管模式，并重点运用司法检查和行政处罚等监管手段，督促支付机构合法合规运营。例如，2015 年，人民银行先后对两家存在违规违纪行为的机构注销了支付许可证，这表明支付服务市场退出机制正在逐渐健全。

（四）继续全面深化农村支付服务环境建设，推动金融包容性增长

继 2014 年 9 月发布《关于全面推进深化农村支付环境建设的指导意见》，人民银行 2015 年继续在完善金融基础设施、强化农民金融支付意识、深化农村支付服务环境建设等方面进行了积极的探索实践。主要贯穿于坚持市场主导与行政扶持相结合的总体原则，积极鼓励农村支付创新与防范风险相结合，同时巩固深化现有支付服务产品，积极探索新型支付服务模式，不

断完善村域支付服务体系，有效地推动了支付服务普惠程度的提高和金融的包容性增长。另外，还发布了《2015 年农村地区支付业务发展总体情况》，首次对农村支付体系建设进行了全方位展示，为未来进一步完善农村支付环境建设奠定了良好的基础。

四　我国中央银行支付清算体系建设面临的问题

近年来，人民银行大力推进支付清算服务市场化，全面推动金融市场基础设施建设，持续深化支付服务环境建设，总体来看，人民银行支付清算体系得以进一步健全和完善。但需要注意的是，在支付体系创新与金融监管、推动支付清算国际化、改善普惠金融领域的支付环境等方面仍有需要着力之处。

（一）支付体系创新与金融监管有待加强统筹协调

近年来，由于信息技术在金融领域中获得更为广泛的应用，特别是第三方支付诞生之后，互联网金融在支付领域的创新开始加速。各类支付服务主体、创新型金融产品不断出现。同时，支付体系与互联网、金融市场等的联动性不断加强，复杂性急剧上升，各类支付主体间的关联交织也不断加深。在支付体系创新提升资源配置效率的同时，一些突出性的矛盾和问题逐渐涌现。首先，不少支付机构在客户备付金管理、制度体系建设、信息安全、经营合规性以及可持续性发展方面均存在较大问题，部分机构甚至风险隐患很大或者已发生风险暴露。其次，支付体系的系统重要性正不断提升，非银行金融机构已从传统的支付逐渐渗透至简单的类存款业务以及理财、资管等各类复杂性金融业务，其系统性风险不可小视。

相对于支付体系创新而言，相关金融监管仍未能同步推进，从市场准入、开户到备付金管理、支付限额等，相关管理措施正在加快跟进。2015 年 7 月 31 日，中国人民银行发布《非银行支付机构网络支付业务管理办法（征求意见稿）》（将于 2016 年 7 月 1 日起正式施行），对支付行业的创新与风险管理关系首次做了系统的规定，但该新规的落实情况有待检验。总体而言，中国的互联网金融监管相比欧美国家较为宽松，为第三方支付等行业发展预留了较多空间。下一阶段，建议监管部门进一步加强支付行业新业态的调研和前瞻性政策研究，统筹考虑创新、风险监管、金融安全、消费者权益保护等多个要素，有效平衡鼓励创新和防范风险。

（二）支付清算体系的国际化有待继续加强

作为人民币国际化重要的金融基础设施，2015 年 10 月，人民银行推出了人民币跨境支付系统（CIPS）。首批直接参与者包括境内的中外资银行机构 19 家，间接参与者共 176 家，覆盖了 47 个国家和地区。截至 2016 年 3 月，间接参与者发展到 253 家。CIPS 一期主要用于跨境人民币贸易结算，支持跨境贸易和货物服务贸易、服务贸易结算、跨境投融资、跨境个人汇款等业务，CIPS 对提升人民币作为国际贸易结算货币的地位，以及人民币国际化和加入 SDR 都具有一定的推动作用。目前，CIPS 仅用于跨境人民币贸易结算，并不包括资本相关交易。同时，目前 200 多家间接参与者覆盖范围较为狭窄，业务种类也较为单一，尚未起到支付清算主渠道的作用，而代理行和清算行的模式在相当长一段时间内还会与 CIPS 并行。因此，进一步推动支付清算系统国际化仍然任重道远。

从参与全球治理来看，近年来人民银行也在积极作为，参与了一系列国际组织和多边合作机制平台，如环球银行金融电信协会（SWIFT）监督论坛、亚洲中央结算系统联盟（亚洲债券共同平台）、东盟（ASEAN）+3 财长和中央银行行长会议、跨境结算基础设施论坛（CSIF）、东亚及太平洋地区中央银行行长会议组织（EMEAP）等。截至目前，我国在全球金融治理规则的制定与调整中所发挥的作用与经济金融规模仍有差距。人民银行应积极尝试在国际支付清算一些重大规则制定过程中提前谋划，在参与金融体系治理中寻求最大公约数，在全球支付话语中多发出中国声音。

（三）普惠金融领域的支付环境有待进一步改善

近年来，人民银行持续深化金融服务环境建设，支付服务的普惠服务水平得到明显提高，有效地推动了金融领域的包容性增长。然而，一些问题仍然存在，尤其是在农村支付方面，具体表现为：广大农村地区不同程度地存在金融基础设施薄弱的问题；助农取款服务尚未实现联网通用；金融机构助农取款服务宣传力度不够；金融支付服务的安全性教育普及不够；农村地区银行卡使用率低；农民对非现金支付工具的了解存在较多盲点；等等。这些问题的存在，不仅导致农村金融供给不足，而且限制了扶贫、便民和包容性增长方面的空间和前景。对此，应该继续加快面向普惠金融领域的支付系统服务机制建设，尤其是农村领域支付体系建设，要坚持政策扶持和市场主导双轮驱动，加强与财政、商务、民政部门的沟通合作，争取地方政府支持，积极通过商业银行和其他农村地区金融机构平台，完善农村等金融薄弱领域支付体系建设。

五　完善我国中央银行支付清算体系的基本思路

当前和下一时期，人民银行应立足当前经济金融环境和支付清算体系发展的现实情况，切实顺应新形势，适应新常态，不断推动监管理念和方式方法创新转型，为支付产业各类主体营造公平竞争的环境，为经济社会健康稳定发展提供稳健高效的支付清算体系支撑。

（一）进一步加强金融市场基础设施建设，提升支付清算体系服务实体经济的效率

无论从理论还是从实践来看，维护支付清算体系安全稳健是支付清算体系的首要工作。尤其是伴随着近年来互联网金融的发展和其他类型金融创新的推进，资金在不同经济主体和不同地区之间的流动日益频繁和复杂，社会大众对支付清算服务快捷、高效、安全的性能提出了更高的要求。保障支付清算体系的稳健，对于构建高效的资金流通渠道、畅通货币政策传导机制以及维护经济金融稳定都具有重要的意义。为此，应继续着力维护支付清算系统、中央银行会计核算数据集中系统（ACS）、人民币银行结算账户管理系

统等业务系统安全稳定运行；进一步规范支付系统的运营时间、业务限额和收费标准，提高支付体系的运营效率和质量；进一步细化支付系统参与者监管流程和标准；进一步建立健全会计核算风险防范机制；积极做好常规风险监测工作，组织开展各支付业务系统应急演练等风险管理工作。

此外，继续推动实施《金融市场基础设施原则》（PFMI），组织完成支付系统、中央证券存管、证券结算系统和中央对手等金融市场基础设施评估工作，促进金融支付体系安全高效运行和整体稳定。

（二）进一步完善支付清算法律体系，以法制规范支付清算行业创新发展

目前，支付清算服务市场发展十分迅速，呈现支付主体、支付手段、支付模式的多元化发展趋势，但个别支付结算法规建设相对滞后，无法使产业得以规范有序发展。因此，央行作为支付清算系统的组织者和管理者，有必要进一步推动完善支付清算体系立法。一是理顺支付结算行政管理权限归属，实现对银行机构和非金融支付机构支付结算业务的统一权限管理。二是继续做好一系列法规建设工作。如继续探索完善远程开立银行账户模式；完善银行卡清算机构市场管理、支付系统配套制度和应急预案等管理办法；推动建立 ACS 及各子系统的制度规范、支付创新业务管理制度等管理制度。三是提升支付机构管理规章制度立法层级，为人民银行依法开展支付清算体系监管提供更高层级的法律保障。

（三）进一步推进支付监管体系建设，有效平衡监管和市场创新

目前，在支付机构尤其是非银行支付机构风险不断暴露的情况下，人民银行应着力坚持推动创新和加大监管的均衡原则。积极平衡支付便利性和安全性的关系，严格推动账户实名制管理、反洗钱、消费者权益保护等监管规定的执行；督促支付机构做好对支付创新的风险评估和信息公开，强化相关业务合规审查和管理；引导和督促支付机构加强对金融消费者风险承受能力的评估、安全教育和风险提示，在风险可控的前提下追求市场利益；最终有效建立健全

政府监管、行业自律、主体治理和社会监管的多层级支付清算创新监管体系。

应重点加大对非银行支付机构的监管力度。研究建立科学、完备的监管指标体系，根据非银行支付机构的业务规模、自律情况等因素特点制定差异化监管要求，进而实施分类监管。同时，加快监管信息化系统建设，提升监管的信息化科技水平，强化对重点机构、重点领域的风险监测和预警，并通过建立金融监管协调和信息交流机制，加强与其他监管和市场主体间的信息沟通和监管协调，提升监管效能。此外，应加大违规处罚力度，加强与工商、公安等有关部门的协同合作，加大执法力度，对于违法违规的支付机构及相关从业人员应依法惩处，建立健全市场退出机制，切实维护市场秩序和保护消费者权益。

（四）进一步支持支付产业开放发展，丰富多元化市场组织体系

对支付产业的监管不是目的，支付监管最终应服务于产业发展，致力于构建公平竞争的市场环境。为此，大力推动支付产业健康发展是中央银行加强支付清算工作的一个重点。一是应继续秉持支付服务市场开放的政策，在不断完善市场准入和监管机制的前提下，积极鼓励外资银行、国际银行卡组织以及国内私人机构参与国内支付市场。下一步，应尽快推动《银行卡清算机构管理办法》等相关规定出台。二是应推动非银行支付机构减量提质、兼并重组，通过市场竞争机制提升整个产业竞争力。三是通过提升支付服务水平改善部分监管盲点。如通过改善服务推动解决目前存在的支付机构客户备付金存管，以及变相从事跨行清算等问题，从而通过服务提升来解决监管难题。四是积极通过政策引导和扶持措施，推动各类支付主体履行社会责任，积极参与扶贫开发、普惠金融建设，为“三农”、中小企业以及“双创”等提供有效的支付清算服务，更好地服务于经济转型发展目标。

（五）进一步优化制度设计和政策协同，推动支付服务普惠程度提升

长期以来，农村等偏远地区的银行机构网点设置基本处于空白状态，当

地金融支付结算需求受到抑制①。构建满足村域支付清算服务需求、适合“三农”发展的支付服务体系，是推进新农村建设的一项基础性工作，也是“十三五”期间扶贫攻坚的一项重要工作。近年来，人民银行组织指导涉农金融机构等进行了积极的探索实践，通过在村域发放银行卡、布放转账电话、提供小额助农取款服务、建立农村缴费服务站、加强宣传等方式，初步建立了存预金融支付基础设施体系，强化了农民的金融支付意识。下一阶段，应继续深入研究支付系统在推进城镇化、扶贫攻坚等方面的作用，进一步完善农村金融支付体系建设。继续推进村域支付服务环境改善，坚持市场主导与行政政策扶持相结合，寻求创新与防范风险之间的平衡，巩固深化现有支付服务产品和服务体系，探索研究适合农村的新型支付服务模式，不断完善村域支付服务体系；积极运用好中央财政农村金融机构定向费用补贴等政策，引导地方财政实行进一步的营业税、所得税减免优惠政策，扩大定向补贴、政策优惠的受益面，引导金融支付服务向空白地区、薄弱领域延伸发展；与金融监管机构加强沟通协作。充分发挥差别存款准备金率、再贷款、再贴现、差异化监管等政策的正向激励作用，促进金融要素向欠发达区域流动；通过加强社区金融服务等多种手段，提升金融对小微企业的支付服务能力。

参考文献

中国人民银行支付结算司：《2015 年第一季度支付体系运行总体情况》，中国人民银行网站，2015 年 6 月 3 日。

中国人民银行支付结算司：《2015 年第二季度支付体系运行总体情况》，中国人民银行网站，2015 年 9 月 8 日。

中国人民银行支付结算司：《2015 年第三季度支付体系运行总体情况》，中国人民银

① 中国人民银行发布的《2015 年农村地区支付业务发展总体情况》显示，截至 2015 年末，农村地区每万人拥有银行网点 1.31 个、县均银行网点 55.12 个、乡均银行网点 3.75 个、村均银行网点 0.22 个。

行网站，2015 年 11 月 25 日。

中国人民银行支付结算司：《2015 年第四季度支付体系运行总体情况》，中国人民银行网站，2016 年 4 月 6 日。

中国人民银行支付结算司：《2015 年支付体系运行总体情况》，中国人民银行网站，2016 年 4 月 5 日。

中国人民银行支付结算司：《持续改善村域支付服务环境》，中国人民银行网站，2015 年 4 月 23 日。

《2015 年第四届中国支付清算论坛在京召开》，中国电子银行网，2015 年 11 月 11 日。

Chapter 1　Construction and Operation of China's Central Bank Payment and Settlement System

Abstract: In 2015, the central bank payment and settlement system operated steady, policy environment of the payments industry changes, the RMB cross-border payment system (a) successfully operates on-line, the standardization of the payment services market and promotion of inclusive finance has made remarkable progress. However, the payment system innovation and financial supervision, internationalization of payment and settlement, and improving the inclusive finance payment environment still need more efforts. In 2016, the central bank should effectively adapt to the new situation and adapt to the new normal, and actively promote the concept and modalities of regulatory innovation and transformation, create a a fair competitive environment for the industry and provide a stable sound and efficient payment and clearing system for the healthy and stable development of. the economy and society.

Keywords: Central Bank; Payment and Settlement System; Financial Infrastructure; Innovation

第二章　我国第三方支付机构体系的建设与运行

摘　要：2015 年，在“互联网 +”和“大众创业、万众创新”国家宏观战略的推动下，我国第三方支付市场继续保持快速发展的势头，在支付技术和支付场景等方面不断创新，进一步提高了支付安全性和支付便捷性。同时，支付中断、客户欺诈、备付金管理不严格等问题屡有发生，监管机构发布多项法律法规以规范市场运行。未来，随着移动互联终端和网络的日益普及，支付作为一种生活化的基础金融服务，将会引发第三方支付市场更加激烈的竞争，也必将推动整个市场向更便捷、更高效、更安全的方向发展。

关键词：第三方支付　移动支付　支付技术　监管环境

自 2011 年央行开始发放第一批支付业务许可证以来，我国第三方支付全面进入规范化的高速发展时代，迄今共有近 300 家机构取得了支付牌照，业务范围覆盖互联网支付、移动支付、跨境支付、预付卡、POS 机收单等方面，提供了便捷的支付服务，提高了支付效率，成为我国金融支付服务体系的重要组成部分。2015 年，在“互联网 +”和“大众创业、万众创新”的国家战略下，第三方支付机构不断加强支付安全、支付技术等方面的自身建设，也推动了互联网金融的发展和新商业模式的创新。但与此同时，接连出现的支付中断、信息泄露、资金断链等现象引发了社会广泛的关注，国家相关部委和监管机构发布多项法律法规以整顿第三方支付行业市场。

一 2015年我国第三方支付机构体系运行情况

（一）支付市场持续发展

1. 支付牌照获取情况

2015 年，由于对第三方支付行业的监管更为细致和严格，行业市场份额划分也已逐渐明晰，申请和获取第三方支付牌照的企业较以往年份大幅减少，全年央行只批准了 1 张支付牌照（广东广物电子商务有限公司，获准业务为预付卡发行与受理，业务范围为广东省），也没有支付机构对原有业务范围进行调整（2011～2015 年获批持有支付牌照许可的支付机构数量情况见图 2－1）。同时，由于涉嫌违法操作，央行注销了浙江易士和广东益民两家支付机构的牌照许可，两家机构的业务范围都涉及预付卡发放和受理，涉事原因也基本是挪用客户备付金。截至 2015 年末，央行共发放支付业务许可证 270 张，注销 2 张，合计有 268 家机构获得了牌照，分布在全国 28 个省份，机构最多的省份依次为北京（57 家）、上海（54 家）和广东（31 家），业务涵盖互联网支付、银行卡收单、预付卡发行与受理、移动电话支付、固定电话支付、数字电视支付等。

2. 支付市场份额概况

（1）互联网支付

艾瑞咨询数据显示，截至 2015 年末，第三方互联网支付市场交易规模达到 11.87 万亿元，较 2014 年增长 46.94%（见图 2－2）。

从市场结构看，互联网支付的主要用途依然是网络购物，但由于越来越多的用户习惯通过移动支付的方式完成交易，网络购物的市场占比较往年明显下降；位居次席的是各种“宝宝类”基金产品，但随着市场上各种如 P2P 等互联网金融产品的出现，基金产品的占比也出现下降（见图 2－3）。

从市场份额看，支付宝依然稳居榜首，但由于货币基金收益率回落，以及与各基金公司在申购费用上无法达成共识，很多公司暂停了支付宝购买基

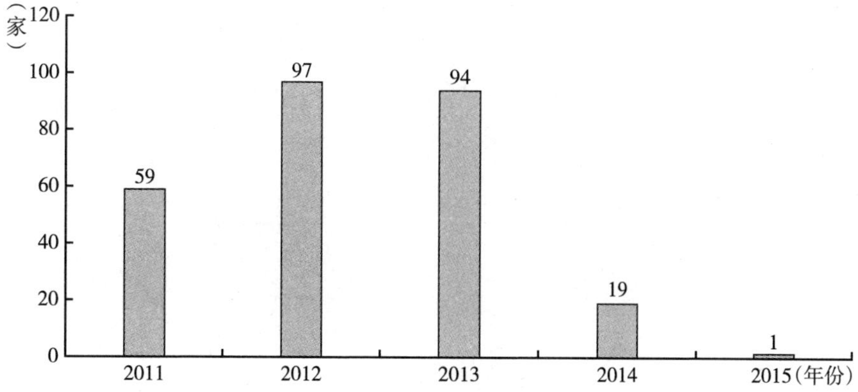

图2－1　2011～2015年获批持有支付牌照许可的支付机构数量情况

资料来源：中国人民银行、课题组。

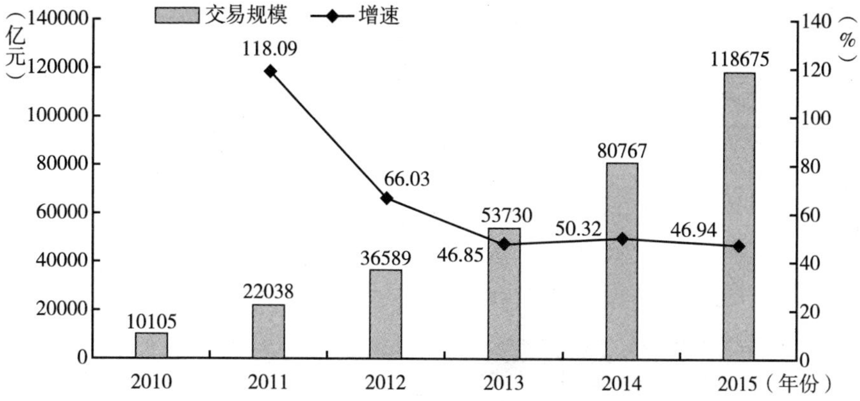

图2－2　第三方支付机构互联网支付交易规模及增速

资料来源：艾瑞咨询、课题组。

金的通道，致使支付宝基金申购规模受到影响，市场份额出现下降。位居次席的财付通则通过发展互联网金融产品，提升了市场份额（见图2－4）。

（2）移动支付

2015年，第三方移动支付市场虽然增速放缓，但整体交易规模依然呈现增长态势。特别是随着线上支付市场竞争格局的确定，各家支付机构纷纷把注意力放在移动支付市场上，推出了越来越多的线下场景，人们的支付习

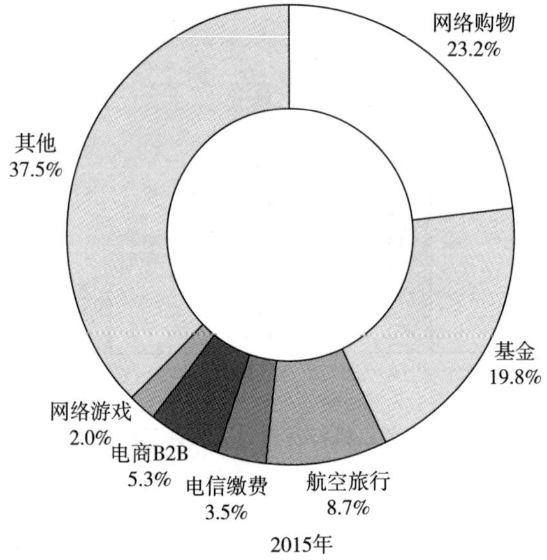

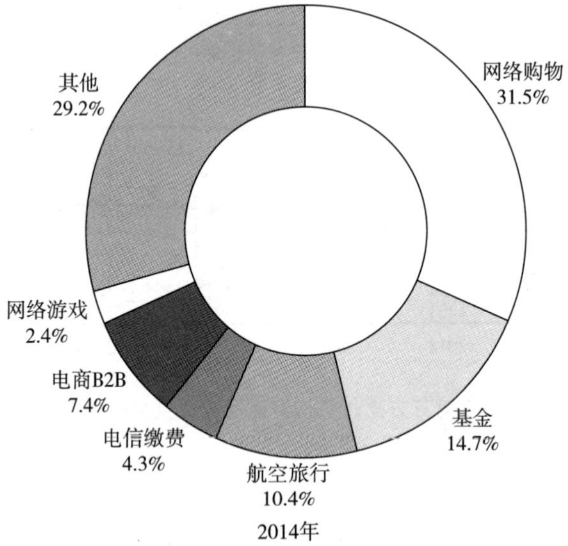

图 2－3　第三方支付机构移动支付市场份额

资料来源：艾瑞咨询、课题组。

惯也发生了明显改变，可以说移动支付已经在一定程度上取代了实物钱包。

艾瑞咨询数据显示，截至 2015 年末，第三方支付机构移动支付市场交易规模达到 10.17 万亿元，较 2014 年增长 69.74%（见图 2－5）。

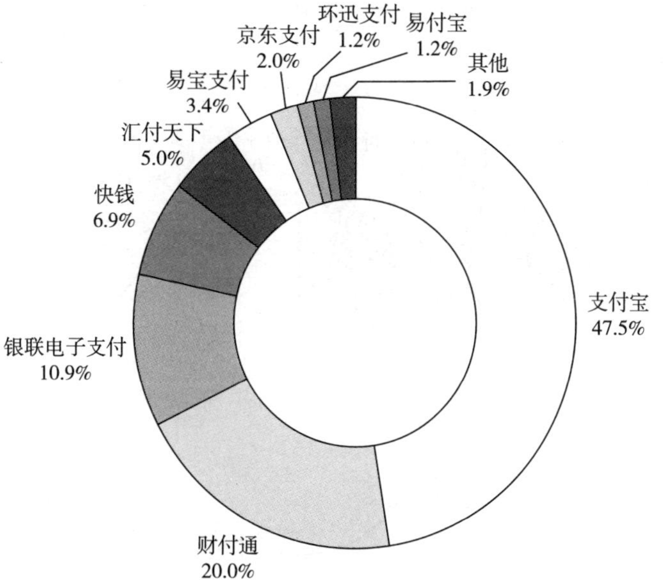

图 2-4 第三方支付机构互联网支付市场份额

资料来源：艾瑞咨询、课题组。

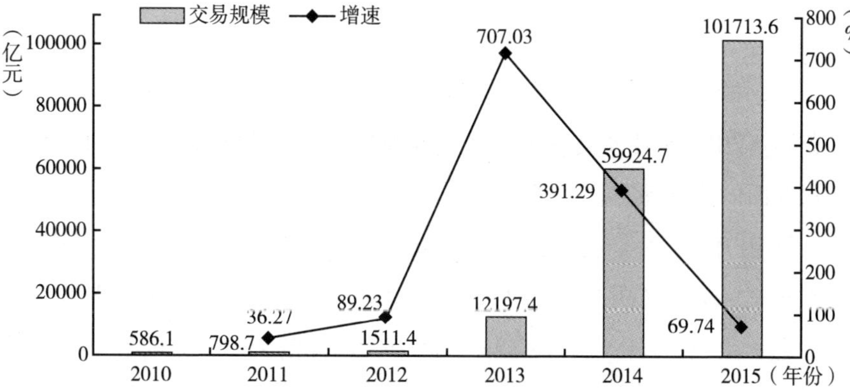

图 2-5 第三方支付机构移动支付市场交易规模

资料来源：艾瑞咨询、课题组。

从市场占有率看，支付宝依然占据主导地位，占比达到 68.4%，获益于微信红包，财付通位居次席，占比达到 20.6%，第三至第十位依次为拉卡拉、联动优势、连连支付、快钱、易宝支付、平安付、京东钱包和翼支付（见图2－6）。

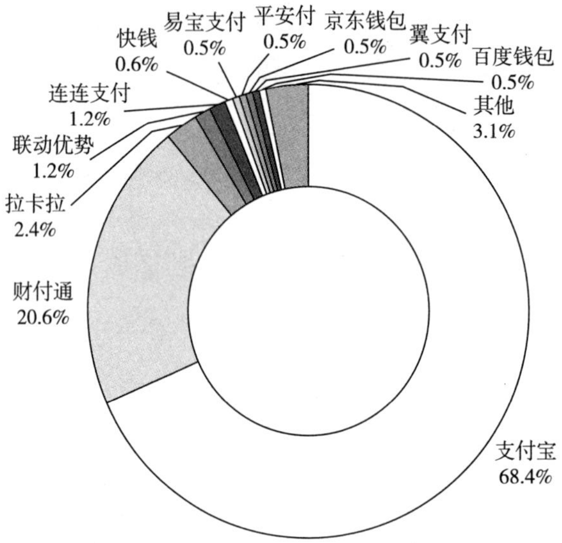

图2－6　第三方支付机构移动支付市场份额

资料来源：艾瑞咨询、课题组。

另外，根据中国支付清算协会移动支付工作委员会于2015年12月22日发布的《2015年移动支付用户问卷调查报告》①，移动支付用户行为呈现以下几方面的典型特点。

一是用户使用移动支付的频率进一步提高。2015年，33.6%的用户每天使用移动支付，36.5%的用户一周使用2～3次移动支付，10.3%的用户每周使用1次移动支付，三者合计占比为80.4%，高于2014年的71.3%（见图2－7）。

二是移动支付以小额便民支付用途为主。2015年，48.7%的用户单笔支付金额为100～500元，32.8%的用户单笔支付金额在100元以下（比

---

① 课题组于2015年6～11月组织农业银行、民生银行、联动优势、支付宝、财付通等成员单位对上期调查问卷进行优化和补充，完成问卷投放和数据信息采集，基于对收回的40300份有效问卷的分析处理，撰写形成调查报告。

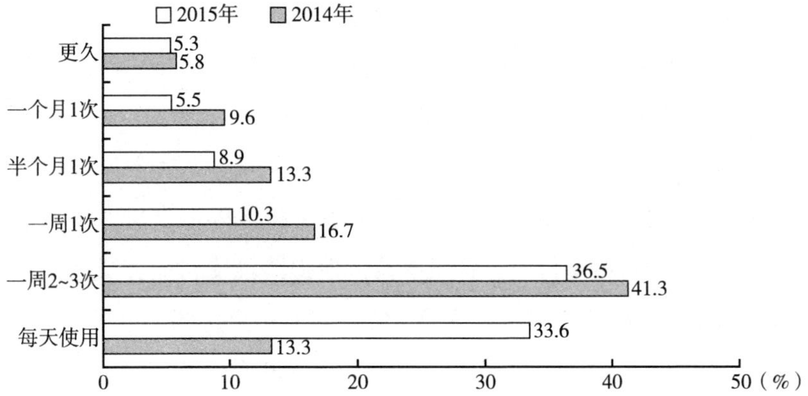

图 2－7　移动支付用户使用频率

2014 年高出 12.6 个百分点），10.0% 的用户单笔支付金额为 500～1000 元，8.5% 的用户单笔支付金额在 1000 元以上（见图 2－8）。

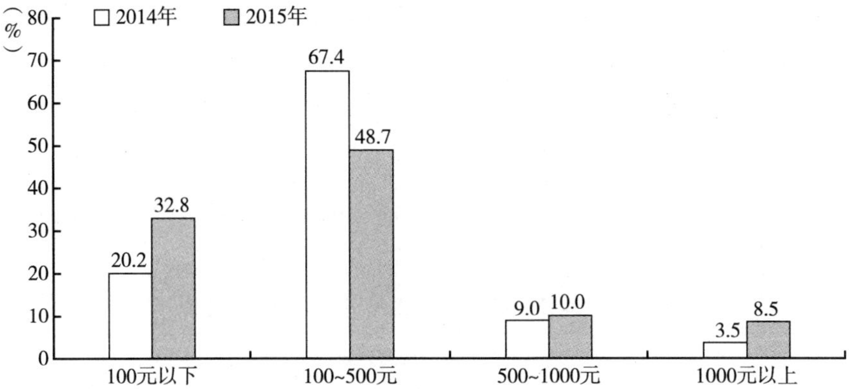

图 2－8　移动支付单笔支付金额情况

三是安全隐患和支付环节操作复杂是用户最担心的问题。在调查中发现，安全隐患和支付环节操作复杂是移动支付用户最担心的问题，占比分别为 70.6% 和 42.8%；列第三位的是限额低，占比为 27.7%；列第四位的是手机网速慢，占比为 23.8%；用户担心程度较少的问题是支付功能开通流程烦琐，占比为 12.6%。

四是用户认为移动支付的安全性、应用场景范围和便捷性等需要进一步优化和改善。68.5%的用户认为未来移动支付交易的安全性还需加强，54.3%的用户认为移动支付应用场景需进一步拓展；40.1%和38.9%的用户认为需进一步提升移动支付的便捷性和服务质量。

（3）跨境支付

2015年国家外汇管理局发布了《支付机构跨境外汇支付业务试点指导意见》，全面放开跨境支付业务牌照申请，使得跨境支付业务成为第三方支付的新市场，布局跨境支付可以为第三方支付开拓更广阔的市场，寻找新的利润增长点。支付机构可以从客户手中收取人民币后直接从银行换汇，之后将资金支付给境外商户，并收取商户的相应费用。

截至2015年末，共有包括汇付天下、银联电子支付、拉卡拉等公司在内的22家第三方支付机构获得跨境支付牌照，其中2015年颁发1家（联动优势）。22家机构的业务范围包括货物贸易、旅游服务、酒店住宿、航空机票、留学教育、国际展览、通信服务、国际运输以及软件服务等，其中刚获得牌照的联动优势覆盖了所有的业务范围。

艾瑞咨询根据品牌影响力、覆盖国家、支持结算币种等对目前已获得跨境支付牌照的22家企业的跨境支付能力进行了排名，数据结果显示，综合分数排在前三位的机构分别为支付宝、财付通、银联电子支付（见表2－1）。

表2－1　2015年中国跨境支付机构前十位排行榜

排名	机构名称	品牌影响力	覆盖国家	支付结算币种	总分
1	支付宝	95.28	94.84	90.06	91.56
2	财付通	94.31	91.26	88.61	89.86
3	银联电子支付	83.08	90.61	90.37	89.31
4	快钱	86.04	87.59	87.44	87.25
5	汇付天下	81.65	85.52	86.60	85.70
6	通融通	76.42	87.50	85.93	84.74
7	京东网银在线	83.50	85.12	83.74	83.91
8	通联支付	75.69	84.33	85.46	83.83
9	拉卡拉	87.43	85.39	82.66	83.79
10	首信易智付	76.03	84.27	84.52	83.21

资料来源：艾瑞咨询、课题组。

（二）支付技术水平不断提升

2015 年，第三方支付机构以及部分电信运营商和手机制造商在不断提高支付的安全性和快捷性方面做了大量工作，特别是生物识别技术水平有了较大提高。目前在市场上使用较为广泛的支付技术主要有以下几种。

1. 二维码支付

二维码支付是指客户通过手机等移动客户端扫描商家二维码，从而实现与商家的支付结算，目前二维码支付已经成为使用最为广泛的一种支付技术。

2. 生物识别支付

由于支付速度更快、支付安全性更高，生物识别支付正在逐渐取代传统的密码支付，并成为未来行业的发展趋势，目前的生物识别支付主要有两种。一是指纹支付，是指利用手机等移动设备上的指纹识别系统完成的消费支付。有人说，2015 年对于第三方支付市场来说是“指纹支付”年，支付宝、京东钱包、微信支付等机构先后推出“指纹支付”功能，实现了支付的“秒付”，极大地提高了支付效率。二是人脸识别支付，是指利用手机等电子设备的人脸识别系统从而完成消费的支付技术。2015 年 3 月，在德国举行的汉诺威消费电子、信息及通信博览会（CeBIT）上，作为唯一商业领袖演讲嘉宾的阿里巴巴创始人马云向与会代表第一次展示了人脸支付技术，随后支付宝开始推广此技术，用户在其安全设置中选择“刷脸”成功采集头像信息后，以后的支付便可以通过刷脸完成。

3. 光子支付

光子支付是指通过光来实现交易信息传输、识别与验证的技术，利用手机闪光灯在 POS 机上安装光子感应器，照射一下即可完成支付。2015 年 1 月，平安银行首次推出光子支付技术，用户下载平安银行手机 APP，绑定银行卡，点击支付功能后将手机在 POS 机感应器上照射一下，便可完成交易。电子支付不需要网络，无须其他设备，只要手机配有闪光灯功能便可实现支付，但是收款方需要配有相应的光子感应器来实现交易信息接收，目前此技术仅在个别城市试点运行。

4. 声波支付

声波支付是指利用手机等移动设备发出的声波进行交易指令传输和完成支付的技术，是目前较为先进的一种支付技术。但由于收款方需要有一个声波接收器，用以接收付款方手机等设备发出的类似“咻咻咻”的声波来完成交易，且市场上现有的声波接收器收音效果参差不齐，直接影响支付效率，所以声波支付目前在国内的普及率依然较低。

5. NFC 支付

NFC 支付（Near Field Communication）是典型的近场支付模式，又分为 SE – NFC 与 HCE – NFC 两种技术，前者需要在手机中存在一个安全芯片，后者基于手机中的应用软件实现 NFC 卡模拟。由于其支付过程是通过 NFC 射频通道与 POS 收款机连接识别后将加密信息传输后实现的，全过程不需要使用移动网络，也无须输入银行卡卡号和密码，所以被视为最安全的一种支付方式。但这种支付方式需要整合手机的硬件和软件，是手机技术的一次革命，其推广主要依靠各家手机制造商，目前市场上苹果、三星、微软均有相关产品，随着苹果支付（Apple Pay）和三星支付产品进入中国市场，以及国内小米、华为等手机商提供类似具有支付功能的手机，相信 NFC 技术会得到普遍使用。

（三）商业模式不断创新

2015 年，各家第三方支付机构加快了线下市场布局，通过与商家建立更亲密的关系来抢占市场。第三方支付机构吸引商户的最大武器便是费率，数据显示，支付宝和微信的费率是 6‰，加上“红包”返现补贴，费用不会高于 3‰，比起银联的刷卡费率（通常餐饮企业是 12.5‰，一般商家是 7.8‰，大型商场超市是 3.8‰），第三方支付机构的费率显然更具竞争力。

于是，2015 年我们看到支付机构开发了更多的线下交易场景：支付宝“入侵”丽江古城，抢占了温州的菜市场和北京的停车场，甚至在海外各大机场推出了退税服务；微信支付占领了滴滴打车市场，并在与 7 – 11 便利店和中石油签署合作协议后，又相继与各大休闲服装品牌签约抢占服饰行业；

百度钱包则利用自身资源，布局外卖和影院等高频交易市场。如今，从超市购物、饭店就餐，到打车出行、观影娱乐，人们日常生活的方方面面几乎都可以通过第三方支付完成交易，人们的支付习惯也早已从现金交易转变为“电子钱包”，这也进一步促使更多的商家愿意与第三方支付机构开展合作。同时，客户通过第三方支付软件完成交易，商户可以获取大量客户资源信息，并通过支付机构的社交软件渠道开展营销，大大降低了商家的营销成本。第三方支付早已不再仅仅是简单的支付渠道，支付机构利用大数据平台，整合商家和客户资源，制定更加精准的营销策略，为自己和商家创造更大的价值。

二　2015年我国第三方支付机构体系的监管环境

以移动支付和网络支付为首的第三方支付已经成为百姓日常生活不可或缺的部分，同时以 P2P 为首的互联网金融业务也正在深入大众生活。为进一步规范行业发展，保护消费者利益，2015 年监管机构频出“重拳”，推出了一系列指导性意见，加大了行业整治规范力度。

（一）十部委发布《关于促进互联网金融健康发展的指导意见》

2015 年 7 月 18 日，人民银行、工业和信息化部、公安部、银监会等十部委发布《关于促进互联网金融健康发展的指导意见》（银发〔2015〕221 号，以下简称“221 号文”），首次提出了各类互联网金融活动的定义和宗旨，明确了对互联网金融发展的总体要求和基本原则，确定了互联网金融监管的责任主体和政策要求，旨在实现鼓励创新、提高效率与防范风险、规范经营的协调发展。这部被业内称为互联网金融业的“基本法”，在一定程度上弥补了互联网金融的政策空白，为后续监管细则的出台奠定了基础。

“221 号文”对互联网支付给出了明确的定义，即“互联网支付是指通过计算机、手机等设备，依托互联网发起支付指令、转移货币基金的服务”。“221 号文”还提出互联网支付的两个发展宗旨，即互联网支付要坚持服务电子商务发展，以及为社会提供小额、快捷、便民小微支付服务。同时，提出两项监管原则，即规定第三方支付机构与其他机构展开合作的，要清晰界定各方的权利和义务；建立有效的风险隔离机制和客户权益保障机制，并明确互联网支付的监管主体是人民银行。

（二）央行发布《非银行支付机构网络支付业务管理办法》

2015 年 7 月 31 日，在十部委发布“221 号文”不久，央行再次抛出行业“重磅炸弹”——《非银行支付机构网络支付管理办法（征求意见稿）》（以下简称《征求意见稿》）。《征求意见稿》一经发布，便引来了行业热议，由于明确规定了第三方互联网支付的认证要求、业务范围和支付限额，特别是提出了对消费账户和综合理财账户的限额管理，被业内称为“史上最严政策”，央行也特此对《征求意见稿》进行了解释说明。在经过 1 个月的公开征求意见和近 4 个月的修改后，《非银行支付机构网络支付业务管理办法》（以下简称《管理办法》）最终版于 2015 年 12 月 28 日发布。

最终版的《管理办法》与《征求意见稿》相比，最大的不同在于将原有综合类支付账户和消费类支付账户的分类改成Ⅰ类账户、Ⅱ类账户和Ⅲ类账户，对身份认证、支付用途、限额管理等方面提出了不同要求。特别是对Ⅰ类账户的开立和身份核实，采取非面对面方式，只要通过至少一个合法安全的外部渠道进行验证即可的规定，比此前的《征求意见稿》放宽了许多，反映了政策在制定过程中更多地考虑了消费者的支付习惯，更加重视多方利益的协调。由此可见，《管理办法》努力寻求支付效率与支付安全之间的平衡，通过控制支付机构备付金账户的沉淀资金，从而弱化支付机构账户体系的“隐形”清算结算功能，进而引导和促使第三方支付机构转型和并入目前已经放开准入的银行卡清算市场。其对非银行支付的监管，主要体现在以下几方面。

一是施行支付账户差异化分类管理。《管理办法》明确了支付账户的概念，即“支付账户是指获得互联网支付业务许可的支付机构，根据客户的真实意愿为其开立的用于记录预付交易资金余额、客户借以发起支付指令和反映交易明细信息的电子簿记”，同时强调只有获得互联网支付许可的机构才可为客户开立支付账户，而仅持有移动电话支付、固定电话支付、数字电话支付业务牌照的机构不得为客户开立支付账户，支付账户必须采用实名制。为加强对支付账户安全的监督管理，《管理办法》结合当前行业发展现状和客户支付习惯，采取分类管理的措施，设置了不同类别的账户类型，在客户身份核实、账户支付用途、交易限额、银行卡快捷支付验证方式等方面给予了不同规则，并对支付机构进行评级。其中，对于评定为较高级别且实名制落实较好的支付机构，给予更多监管弹性和灵活性；对于评级较低、支付账户实名制落实差的支付账户，则实行较严的监管规则。具体规定见表2－2。

表2－2　《非银行支付机构网络支付业务管理办法》账户分类监管要求

账户类型	Ⅰ类账户	Ⅱ类账户	Ⅲ类账户
客户身份验证要求	非面对面方式通过至少一个合法安全的外部渠道验证身份	面对面核实身份，或以非面对面方式通过至少三个合法安全的外部渠道验证身份	面对面核实身份，或以非面对面方式通过至少五个合法安全的外部渠道多重信息交叉验证身份
账户余额用途	消费和转账	消费和转账	消费、转账和购买投资理财等金融类产品
交易验证方式	1. 仅客户本人知悉的要素，如静态密码； 2. 仅客户本人持有并特有的不可复制或者不可重复利用的要素，如经安全认证的数字证书、电子签名，以及通过安全渠道生成和传输的一次性密码； 3. 客户本人生理特征等要素，如指纹等		
支付限额	自账户开立起累计不超过1000元（包括向本人同名银行账户转账）	年累计不超过10万元（对向本人银行账户转账的不设限额）	年累计不超过20万元（对向本人银行账户转账的不设限额）
对个人客户支付限额的特殊要求	1. 采用包括数字证书或电子签名在内的两类（含）以上有效要素进行验证的，单日累计限额由支付机构与客户自主约定； 2. 采用不包括数字证书或电子签名在内的两类（含）以上有效要素进行验证的，单日累计金额不得超过5000元（不包括向本人同名银行账户转账）； 3. 采用不足两类有效要素进行验证的交易，单日累计金额不得超过1000元（不包括向本人同名银行账户转账）		

续表

账户类型	Ⅰ类账户	Ⅱ类账户	Ⅲ类账户
豁免规定	1. 评定为“A”类且Ⅱ类、Ⅲ类支付账户实名比例超过95%的支付机构，可以将符合实名制管理要求的Ⅱ类、Ⅲ类账户在按上述支付验证方式支付的单日累计额提高2倍； 2. 评定为“B”类且Ⅱ类、Ⅲ类支付账户实名比例超过95%的支付机构，可以将符合实名制管理要求的Ⅱ类、Ⅲ类账户在按上述支付验证方式支付的单日累计额提高1.5倍； 3. 评定为“A”类且Ⅱ类、Ⅲ类支付账户实名比例超过95%的支付机构，其个人卖家客户符合Ⅲ类账户开立标准、持续从事电子商务经营活动满6个月且期间使用的支付账户收取的经营收入累计超过20万元的，可视同单位账户管理，不受个人账户余额付款额度的限制		

资料来源：中国人民银行、课题组。

二是加强金融消费者权益保护。随着第三方支付市场的迅猛发展，市场的参与主体日趋复杂多样，维护金融消费者合法权益成为行业监管和行业自律的工作重点，也是各种监管规则出台完善的根本目的。《管理办法》也将保护客户安全作为重要内容，对信息安全、交易安全、资金安全、业务知情权、消费选择权等进行了明确规定。具体见表2-3。

表2-3 《非银行支付机构网络支付业务管理办法》客户权益保护要求

项目	具体规定
信息安全	1. 支付机构要确保交易信息的真实性、完整性、可追溯性以及在支付全流程中的一致性，不得篡改或者隐匿交易信息，且要真实、完整地保存客户操作记录，保存时间不低于5年； 2. 支付机构不得储存客户银行卡的磁道信息或芯片信息、验证码、密码等敏感信息，原则上不得存储银行卡有效期； 3. 支付机构应以“最小化”原则采集、使用、存储和传输客户信息，并告知客户相关信息的使用目的和范围，不得向其他机构或个人提供客户信息
交易安全	1. 客户对收付款对手方名称、账号、交易信息进行确认后方可执行支付指令； 2. 除单笔交易金额不超过200元和公共事业缴费、税费缴纳、信用卡还款等定期发生的支付业务，或有其他特殊符合规定的情形外，支付机构不得代替银行进行交易验证； 3. 网络支付业务涉及的系统设施和技术，应当符合国家、金融行业、信息安全等标注和要求，不符合或无行业标准的，支付机构要无条件全额承担客户直接风险损失的先行赔付责任

续表

项目	具体规定
资金安全	1. 因交易取消（撤销）、退货等交易未成功的，或者由于投资理财等金融类产品赎回等原因需划回资金的，款项要划回原扣款账户； 2. 对不能有效证明客户原因导致资金损失的，应及时先行全额赔付
业务知情权	1. 及时将交易结果告知客户； 2. 为客户免费提供至少一年以内的交易信息查询服务； 3. 配备专业和专职部门及人员据实、准确、及时地处理交易差错和客户投诉
消费选择权	1. 不得强迫客户使用支付服务，不得以任何形式诱导、强迫客户开立支付账户或者通过支付账户办理资金支付； 2. 不得阻碍客户使用其他支付机构提供的支付服务

资料来源：中国人民银行、课题组。

三是强化风险量化和信息披露制度。零售支付市场监管的核心目标之一就是控制风险，此前对于如何评估、计量第三方支付机构的风险和加强外部监督并无明确要求，《管理办法》明确要求建立客户评级管理机制，健全风险准备金制度和交易赔付制度，并且要求支付机构充分提示网络支付潜在风险，及时揭示不法分子的新型作案方式，对客户进行必要的安全教育，并在每年 1 月 31 日前将前一年度发生的风险事件、客户风险损失发生和赔付、客户投诉数量和类型等情况在网站对外公布，通过公共监督加强风险管理，消除矛盾和纠纷。

《管理办法》的发布，为网络支付行业的健康发展指出了明确的方向，对于行业的长期发展具有积极的正面意义，特别是央行首次提出建立“支付机构分类监管指标体系”的思路，在规范支付机构业务发展、有效控制风险发生、维护消费者合法权益的同时，也为那些经营合规、具备充分风险防控能力的支付机构提供了较广阔的创新和发展空间，对于行业发展具有里程碑的意义。

（三）国家外汇管理局发布《支付机构跨境外汇支付业务试点指导意见》

2015 年 1 月，国家外汇管理局发布《关于开展支付机构跨境外汇支付业务试点的通知》（汇发〔2015〕7 号，以下简称《通知》）和《支付机构跨境外汇支付业务试点指导意见》（以下简称《指导意见》），开始在全国范围内开展跨境外汇支付业务试点，允许支付机构为跨境电商交易双方提供外汇资金集中收付及结售汇服务。

与 2013 年发布的相关要求［《国家外汇管理局综合司关于开展支付机构跨境电子商务外汇支付业务试点的通知》（汇综发〔2013〕5 号）］相比，此次《通知》在试点范围、合作银行数量、支付限额、信息申报等方面放宽了要求，不仅有利于推动跨境电商的业务发展，为跨境购物用户提供更大的便利，对于第三方支付机构来讲也是利好信息。具体体现在以下几个方面。

一是扩大试点范围。由原先的北京、上海、深圳、重庆、浙江五个试点城市，扩展到全国，同时规定对开办跨境外汇业务的支付机构采取名单式管理。支付机构发起申请，经法人所在地的外汇分局审核后，即可在 20 个工作日内获得许可。

二是提高交易上限。将此前的“货物贸易单笔交易金额不得超过等值 1 万美元，服务贸易单笔交易金额不得超过等值 5 万美元”的规定，修改为单笔交易金额上限统一为 5 万美元。

三是放宽合作银行。《通知》规定支付机构应选择具备客户备付金存管资质的商业银行开立外汇备付金账户，但是可自主选择外汇备付金合作银行，且不再对合作银行及备付金账户数量给予限制。

四是取消逐笔申报。改变此前“支付机构必须向合作银行提供逐笔交易信息”，允许“单笔金额等值 500 美元（含）以下的区分币种和交易性质”进行汇总后以支付机构名义逐笔录入个人结售汇业务的管理系统。

五是允许轧差结算。修改此前不允许轧差的规定，对于满足交易信息逐笔还原要求的，支付机构可以办理轧差结算，节约了跨境电商和支付机构的结算成本，缩短了业务办理时间。

（四）央行发布《关于〈支付业务许可证〉续展工作的通知》

2016 年 5 月，第一批获得支付牌照的 27 家支付机构的支付许可牌照即将到期，为此央行特意下发了《关于〈支付业务许可证〉续展工作的通知》

（银发〔2015〕358号，以下简称“358号文”），以指导支付机构有序开展续期工作。“358号文”规定非银行支付机构必须在许可证期满前6个月向法人所在地的人民银行分支机构提出申请，央行对其资格重新进行核查后，再给予是否同意续期的决定。

特别值得注意的是，央行在“358号文”中提出了“十一种情形”，支付机构存在任一情形的，央行将采取包括指导其开展兼并重组、调整支付业务范围和支付覆盖区域、强制退出市场等监管措施。“十一种情形”具体见表2-4。

表2-4　《关于〈支付业务许可证〉续展工作的通知》的“十一种情形”

序号	具体情形
1	截至申请日，累计亏损超过实缴货币资本的50%的
2	已获许可部分或全部支付业务未实质开展过，或连续停止2年以上的
3	发生占用、挪用、借用客户备付金行为的
4	存在转让或变相转让、出租、出借《支付业务许可证》行为的
5	超出核准范围从事支付业务的
6	通过伪造、变造、隐匿数据等手段故意规避监管要求，或恶意拒绝、阻碍检查监督的
7	以欺骗等不正当手段申请《支付业务许可证》的
8	因利用支付业务实施违法犯罪活动，或为违法犯罪活动办理支付业务等，受到刑事处罚或较大金额行政处罚的
9	在支付业务实施安全及风险监控方面存在重大缺陷，或存在较大规模的盗窃、出卖、泄露、丢失客户信息情形的
10	违反反洗钱法规规定，情节特别严重的
11	存在其他重大突发风险事件，或多次暴露重大风险隐患造成恶劣影响的

资料来源：中国人民银行、课题组。

以上“十一种情形”，既有对支付机构经营能力的衡量，也有合规经营和风险管理方面的要求，足以表明监管机构对当前第三方支付市场加强监管、分类处置的立场，支持实力较强的机构带动整个行业发展，同时重组、淘汰一批风险较大的机构，降低系统性风险发生的可能。

除颁布一系列第三方支付市场行业新规外，2015年央行也对第三方支付进行了行业整顿，加大了对支付机构的检查和惩罚力度，特别是对两家在检查中发现严重违法违规行为的机构采取了注销牌照的监管措施，这是自2011年开始颁发支付牌照以来第一次注销支付机构资质，足以表明国家相关监管机构对第三方支付行业进行严厉整顿的决心，以防范支付风险，保障消费者合法权益，促进行业健康发展。

（五）行业自律机制不断完善

中国支付清算协会作为支付行业的全国性自律组织，秉承服务行业发展的宗旨，推动行业自律与服务建设，为支付产业发展做出了积极贡献。协会建立完善支付行业自律规范机制，为会员单位发展提供了统一规则和服务标准，引导会员单位诚信经营、规范发展；着力做好政策沟通和行业协调，致力于解决行业发展的重点和难点问题，切实维护行业发展和消费者合法权益；建立健全会员基础性服务体系，不断推进行业特色服务和创新型服务发展，进一步提升会员单位经营服务水平，促进支付市场良性发展。按照央行的整体工作思路，协会需切实制定行业发展的基本规则，维护行业共同利益，加快网络清算平台建设进度，尽快在自律与服务方面取得实效。进一步建立健全行业的统一规则和服务标准，准确、全面地开展监管政策宣贯、落实和反馈工作，引导机构树立规范经营、持续经营的理念，支持各类新业务有序发展。加快行业诚信建设，加速举报奖励制度建设和行业自律评价工作，加大对违规行为的自律惩戒力度。不断改进服务，着力解决行业发展、会员经营面临的重点和难点问题。从惠及行业发展的角度深入推进政策协调、风险信息共享、业务合作、市场开拓等工作，引导会员更有效地参与实体经济发展，顺应公众支付需求，合力促进金融普惠。支持有条件的机构做大做强，形成一批服务水平高、风险管控好、社会评价优的标杆企业①。

三　我国第三方支付机构体系面临的问题和挑战

（一）欺诈问题

中国银联发布的《2015 年移动互联网支付安全调查报告》显示，1/8

---

① 引自中国人民银行副行长范一飞于 2016 年 4 月 1 日在中国支付清算协会第二届会员代表大会上的发言。

的受访者在过去一年内遭遇过网络欺诈，同比上升6个百分点。从损失金额看，虽然超过半数的受访者表示损失金额低于500元，但也有两成受访者损失金额超过2000元。从欺诈手段看，近半数受访者遭遇社工欺诈，其他常见欺诈手段还包括木马欺诈、钓鱼式欺诈、利用电信技术欺诈等（见图2-9）。遭遇过欺诈的受访者对于支付方式创新的使用意愿较未遭遇过欺诈的受访者低4个百分点。

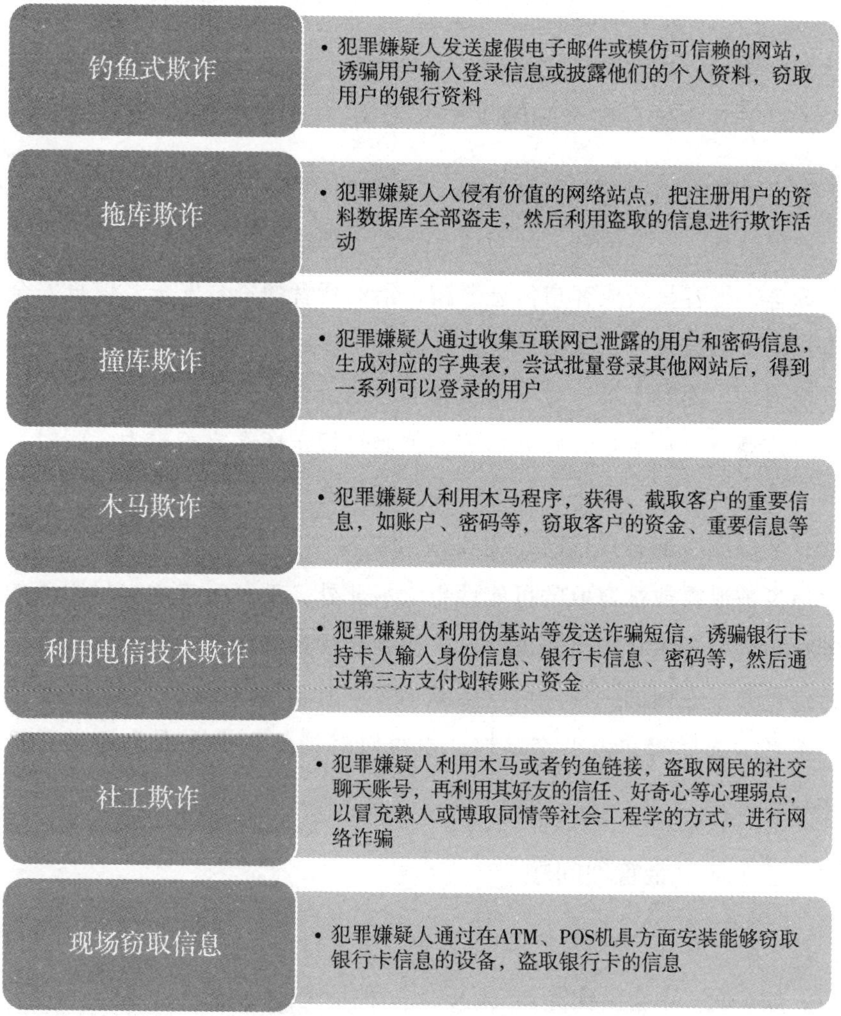

图2-9　第三方支付业务欺诈类型

第三方支付具有方便快捷的特点，但往往要在便捷性与安全性方面进行一定取舍。例如，在客户信息认证方面，主要凭借支付机构的指令，无密令、无磁卡，虽然有时辅以短信验证，但安全性能仍然不高。特别是移动支付，由于手机面临比 PC 端和线下支付方式更多的恶意攻击，移动互联网安全技术发展相对 PC 互联网安全技术又略显落后，进而面临更大的安全欺诈威胁。此外，第三方支付用户的安全意识还相对薄弱，并不一定安装安全防护软件，信息处理、密码设置等有时也相对简单随意，这些都使第三方支付欺诈有了可乘之机。

（二）客户信息安全问题

第三方支付的运转依托于网络，支付账户上储存的大量客户个人信息、支付信息、交易信息、社交信息暴露于网络之中，如果安全保障系统不够健全，很容易造成客户信息泄露，给消费者的资金安全、信息安全甚至人身安全造成威胁，此类风险事件已发生多起，成为影响消费者信任度的重要因素。而对于第三方支付机构的客户信息保障机制要求，以及若发生客户信息泄露将遭受哪些处罚等相关监管规定还在完善当中。同时，个别第三方支付机构与网络服务提供商、特约商户等签订合作协议时，会约定共享部分或全部客户信息，使得信息在客户并不知情的情况下被扩散，客户信息被泄露或被窃取的可能性更大。此外，部分第三方支付服务的提供方在与消费者签订网络协议时，采取强制性选择的方式要求消费者接受包括信息共享在内的一揽子协议条款，否则就不提供支付服务，这既损害了消费者的选择权和公平交易权，也难以对消费者信息安全提供充足保障。

（三）备付金管理问题

按照是否存在沉淀资金，可以将第三方支付分为两种类型：一种是网关支付，如银联，不会出现资金沉淀；另一种是虚拟账户支付，如支付宝，客户在网上购物所产生的购物资金先存放在支付平台上，在客户确认收货后再转付到卖方账户，这种支付方式虽然解决了买卖双方的交易信用问题，但相应也产生了大量的资金沉淀。按照人民银行的定义，这种支付机构为办理客户委托的支付业务而实际收到的预收待付资金，被称为“备付金”。根据人民银行的《支付机构客户备付金存管办法》，第三方支付机构“不得擅自挪用、占用、借用客户备付金，不得擅自以客户备付金为他人提供担保”，但在实际操作过程中，如何防止第三方支付机构挪用客户备付金、备付金所产生的收益如何分配，仍有待进一步跟进。虽然部分第三方支付机构是将备付金存于专用账户，并不直接经手资金往来，但大部分机构仍可直接支配备付金的使用，备付金的划转指令也是由第三方支付机构直接向商业银行发出的，交易信息相对封闭，备付金流转监管难度较大，资金挪用甚至投资于高风险领域的隐患不可忽视。虽然人民银行已要求第三方支付机构建立与商业银行的备付金信息核对校验机制，但大部分机构仍未完成系统改造。此前，上海畅购企业服务有限公司就因存在大量挪用客户备付金，以及伪造财务报表等违规行为，被依法注销了支付业务许可证，公司及相关责任人的涉嫌犯罪线索也被移交司法部门立案侦查。长远来看，应该按照中央关于整治互联网金融风险的总体要求，改革现有制度，建立集中化的客户备付金存管体系，从根本上防范资金挪用及市场失序的风险。

（四）反洗钱问题

第三方支付的交易主要通过互联网和移动通信网络进行，具有匿名、隐蔽的特点，资金交易双方的真实身份信息和交易信息难以监测，为资金的非法转移、洗钱等犯罪活动提供了可乘之机。第三方支付机构的账户开立往往通过网络完成，而非传统金融机构的当面办理，这种“弱面签”的形式使得客户身份信息的真实性难以核实，客户的联系电话、地址等相关信息也依靠客户自行登记，第三方支付机构很难验证，也没有动力验证，使得不法分子利用虚假账户进行洗钱有了可乘之机，还可以利用两个账号进行虚假交易套现，这些交易游离于正规银行体系之外，监管机构对于这些交易的主体身份、交易金额、交易频率、交易背景、资金流向等进行监测的难度很大。此外，第三方支付机构在日常经营中也往往存在“重盈利、轻合规”的倾向，对反洗钱工作的重视程度有待进一步提升。

（五）监管协调问题

第三方支付监管政策正在逐渐完善，但依然存在多头监管、监管协调有待进一步推进的问题。第三方支付机构在工商注册时被界定为中介服务机构，但其业务范围除提供支付中介服务外，还涉及结算、担保、理财、信贷等，已经在一定程度上类似于金融机构的性质。人民银行从维护支付系统正常运行角度对第三方支付机构进行监管，银监会从商业银行与第三方支付合作角度进行监管，工信部门从信息安全和移动运营商管理角度进行监管，工商管理部门则将其视为一般经营企业进行管理，监管主体尚不明确。同时，第三方支付涉及多个业务领域，第三方支付还衍生出了许多跨业金融产品，如余额宝，就相当于“第三方支付＋货币基金”，涉及人民银行、证监会和银监会的监管范围；第三方支付的存贷款功能又创造了货币信用，也会对人民银行的货币政策产生一定影响。由此可见，第三方支付机构的监管部门涉及人民银行、工信部、工商管理部门、银监会、证监会等，目前金融领域的跨业监管由金融监管部际联席会议统筹协调，但金融监管部门与非金融监管部门之间如何协调、如何厘清权责界限、如何共同实施监管，仍有待进一步研究。

四　未来发展趋势及前景

（一）场景多样化

目前，网购支付、话费充值、各种转账、票务支付等是较为常见的支付场景。而随着移动互联终端和网络的日益普及，支付作为一种生活化、泛在化的基础金融服务，将广泛而自然地嵌入生活的各个环节、各个场景，成为广大人民群众衣食住行和玩乐社交等不可或缺的部分。如支付宝手机APP就已经不再是简单的支付功能应用，而是一个开放式平台，通过生活缴费、机票火车票购买、出行用车支付、电影票购买、手机充值、外卖支付、超市购物支付等多元化入口，将支付作为各种场景的基础功能进行输出。同时，通过入驻餐饮店、超市、便利店、药店、电影院、KTV、美容美发店、酒店等线下场景，将支付宝这一支付平台打造成为连接实体商户和消费者的重要载体。用户使用各支付功能占比情况见图 2－10。

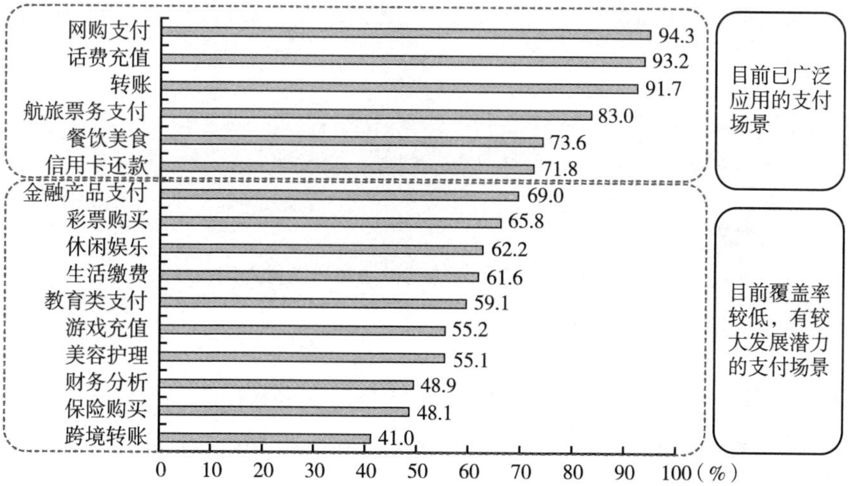

图 2－10 用户使用各支付功能占比

资料来源：艾瑞咨询、课题组。

同时，第三方支付的入口也呈现多元化趋势，从网页进入、APP 进入到更加简单快捷的二维码扫描、NFC 接入、光子进入等，接入设备也由电脑、手机扩展到包括可穿戴设备等在内的各种移动终端。同时，结合消费场景的多元化，综合运用移动互联、大数据、生物特征识别等技术，使第三方支付成为构建各种消费场景的关键因素（见图 2－11）。

（二）设备移动化

虽然移动支付的出现晚于互联网支付，但无论是在支付端还是在受理端，未来第三方支付都将逐渐从 PC 向移动方向发展，这主要是以下三方面因素共同作用所致。一是由于第三方支付具有广泛性和灵便性，以手机为载

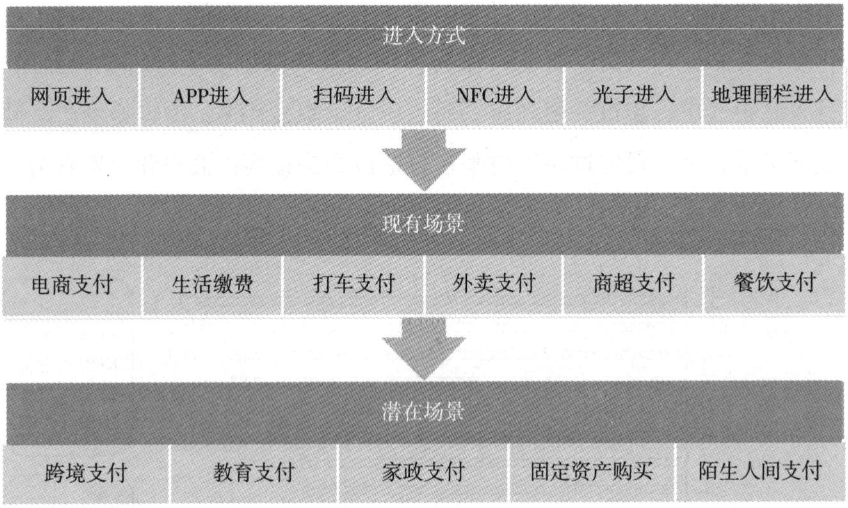

图 2-11　多元化的支付场景和支付入口

资料来源：艾瑞咨询、课题组。

体的支付终端越来越普及。同时，支付指令的发送和接收都可以在同一手机上实现，具有其他支付终端所无法比拟的优势。二是移动互联网越来越深入地渗透于生活的每一个角落，消费碎片化的趋势越发明显，移动支付的泛在性使其更能适应这种碎片化的消费模式。三是移动支付本身能够提供更多信息。除互联网支付可以反映出的身份、交易时间、交易内容、资金来源和流向等信息外，还能反映出支付主体所处的地理位置，甚至是其社交信息。艾瑞咨询的统计数据也印证了这一点。2015 年第三季度移动支付交易规模在第三方支付市场中的占比已经从 2014 年第三季度的 42.22% 上升到了 44.05%。未来移动支付的市场占比将可能进一步扩大。

（三）主体协同化

我国第三方支付产业发展时间相对较短，产业链各参与主体由于资源禀赋、利益诉求、发展思路等方面的差异，往往希望能够凭借自身优势主导产业发展，尚未形成优势互补、资源共享、协同发展的模式。然而，参与主体的各自为战和多头竞争，往往造成资源的消耗和浪费，无法实现规模化发展。随着产业的成熟，这种各自为战的局面将被打破，形成协同发展的趋势。依托银联的支付清算系统，银行发挥在风险管理和内部控制方面的经验，为第三方支付业务提供安全保障；移动运营商为第三方支付提供更快速、更安全的信息通道；在产业链各方的通力协作下，第三方支付机构凭借其广泛的数据资源和快速的市场反应优势，可以为更广泛的客户提供支付服务。同时，各参与主体可以在信息、商户和消费者方面实现资源共享，在安全保障、数据挖掘、新领域拓展等方面深化合作，最终实现第三方支付产业的协同共赢发展。第三方支付产业链各参与主体自身的优势见图 2－12。

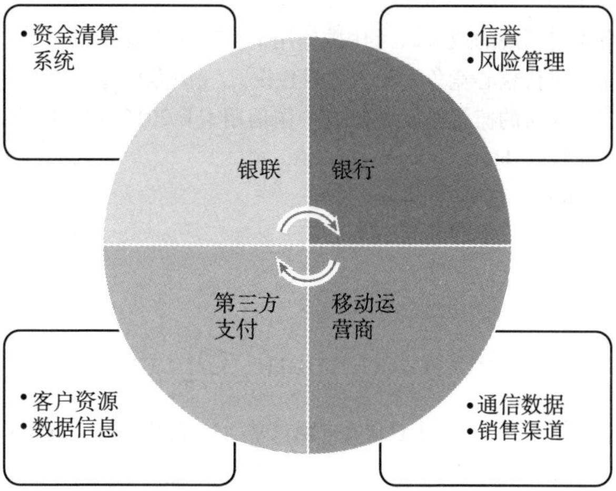

图 2－12　第三方支付产业链各参与主体自身的优势

资料来源：课题组。

（四）账户同一化

目前，各种第三方支付机构、金融机构、运营商、互联网平台上的账户种类繁多，用户名和密码的记忆给消费者的支付活动带来很多不便，降低了支付体系的运行效率。事实上，账户的本质就是单一个人的身份识别，只是不同载体下的账户对应着个人不同的属性，如身份证对应着个人的社会属性，金融机构账户对应着个人的金融属性，运营商账户对应着个人的通信属性，网站账户对应着个人的虚拟属性，但这些账户的不同属性最终都指向同一个体。随着第三方支付产业的发展、各参与行业壁垒的消除和参与主体之间协同共赢局面的形成，第三方支付和其他各类型账户将呈现简单化、同一化的趋势。这种趋势可能会先出现在单一机构内部，进而发展到一个行业内账户的同一，再逐渐扩散到社会的各个领域，最终有可能实现单一个人账户的唯一化。

参考文献

杨涛：《网络支付新规的效应》，《中国信用卡》2016 年第 2 期。

杨涛：《新支付时代核心竞争力源于场景建设》，《证券日报》2015 年 8 月 8 日。

杨涛：《第三方支付的监管与发展》，《中国信用卡》2015 年第 12 期。

中国人民银行网站，http：//www. pbc. gov. cn。

艾瑞资讯网，http：//www. iresearch. cn。

Chapter 2　Construction and Operation of China's Third-party Payment System

Abstract: In 2015, the third-party payment market continued to grow rapidly due to the national macro strategy including "Internet Plus" and business startups and innovations by the general public flourished. Further progress was made in payment technology and user scenarios to improve the efficiency of payment. Meanwhile, there are some problems in payment interruption, consumer fraud and reservation management. The regulatory authorities issued a series of policies and measures to create a healthy and orderly business environment. In the future, the penetration of mobile terminal will drive the third-party payment industry to develop in the direction of more efficient, secure and reliable.

Keywords: Third-party Payment; Mobile Payment; Payment Technology; Regulatory Environment

第三章　我国证券清算结算体系的建设与运行

摘　要：　我国证券清算结算体系在2015年总体上保持了运行平稳、业务规模发展迅速的局面。同时，证券清算结算体系建设也在全面推进，诸多领域取得突破性进展，证券清算结算体系的效率和安全均有改善，国际化进程继续推进。本章对我国2015年证券清算结算体系的建设与运行进行了细致的梳理，并针对我国证券清算结算体系面临的主要问题提出了一系列改进建议。

关键词：　清算　结算　股票　债券　衍生品

一　2015年我国证券清算结算体系运行情况

虽然我国金融市场在2015年经历了异常的波动，但是从中央债券综合业务系统、中国证券登记结算系统以及银行间市场清算所股份有限公司业务系统①来看，证券清算结算体系总体运行平稳，且业务规模发展迅速。

（一）中央债券综合业务系统

1. 年度发行总量增长迅猛

2015年，在中央结算公司登记新发债券2429只，比上年大幅增加971

① 正文中分别简称为中央结算公司、中国结算公司和上海清算所。

只，同比增长66.60%；发行量共计9.87万亿元，比上年增加3.92万亿元，同比增长65.88%（见图3-1）。其中，政府债券发行58226.00亿元，同比增长187.57%（其中，记账式国债发行18016.20亿元，同比增长25.43%；地方政府债发行38350.62亿元，比上年大幅增加34350.62亿元，同比增长858.77%，中央结算公司发行量比上年显著增加的主要原因正是源自地方政府债的大幅增加）；政策性银行债发行25790.15亿元，同比增长12.23%；政府支持机构债券发行1800.00亿元，同比增长20.00%；商业银行债券发行2009.00亿元，同比大幅增长140.89%；二级资本工具发行2698.64亿元，同比减少24.38%；非银行金融机构债券发行793.00亿元，同比增长25.47%；企业债券发行3431.02亿元，同比大幅减少50.72%；资产支持证券发行3986.71亿元，同比增长42.71%（见图3-2）。

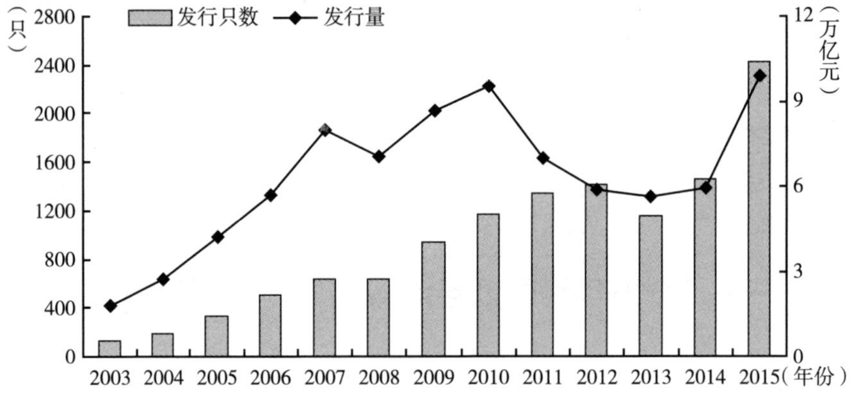

图3-1　中央结算公司历年发行债券只数及发行量变化趋势

资料来源：中国债券信息网。

2. 托管总量持续快速增长

截至2015年底，中央结算公司托管债券总量为35.04万亿元，比上年增加6.31万亿元，同比增长21.96%（见图3-3）。其中，政府债券托管量为149757.81亿元，同比增长45.29%（其中，记账式国债托管量为94889.55亿元，同比增长10.94%；地方政府债托管量为48260.12亿元，

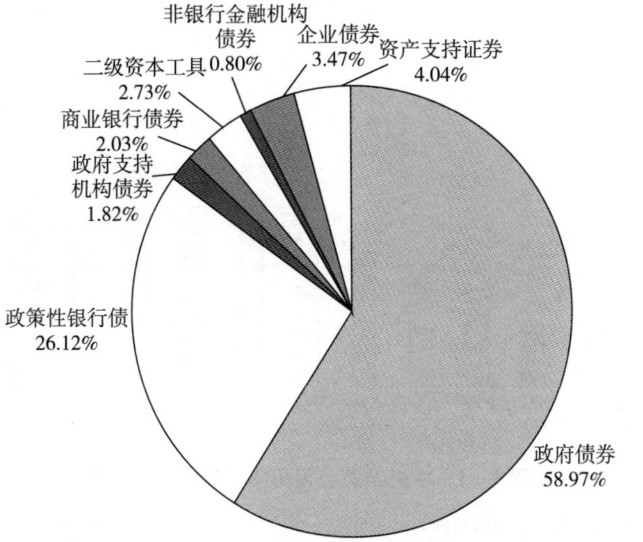

图 3－2 中央结算公司 2015 年各券种累计发行量占比

资料来源：中国债券信息网。

同比大幅增长 315.19%）；央行票据托管量与上年相比保持不变，为 4281.72 亿元；政策性银行债托管量为 109958.10 亿元，同比增长 10.43%；政府支持机构债券托管量为 12325.00 亿元，同比增长 11.79%；商业银行债券托管量为 13811.05 亿元，同比增长 10.19%；二级资本工具托管量为 6282.14 亿元，同比增长 75.31%；非银行金融机构债券托管量为 1234.00 亿元，同比大幅增长 173.61%；企业债券托管量为 31634.13 亿元，同比增长 7.72%；资产支持证券托管量为 5298.17 亿元，同比增长 97.04%；中期票据托管量为 15825.38 亿元，同比减少 23.31%；集合票据托管量为 4.40 亿元，同比减少 91.32%；国际机构债券托管量为 10.00 亿元，同比减少 68.05%（见图 3－4）。

3. 交投活跃度大幅提高

2015 年，中央结算公司总计结算量为 465.47 万亿元，同比大幅增长 90.34%。其中，现券交易结算量为 60.54 万亿元，同比增长 95.38%；回购交易结算量为 404.93 万亿元，同比增长 89.61%（见图 3－5）。

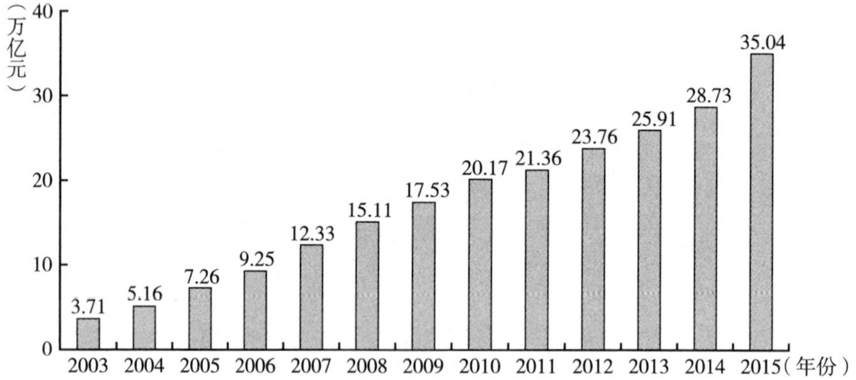

图 3－3　中央结算公司历年托管量变化趋势

资料来源：中国债券信息网。

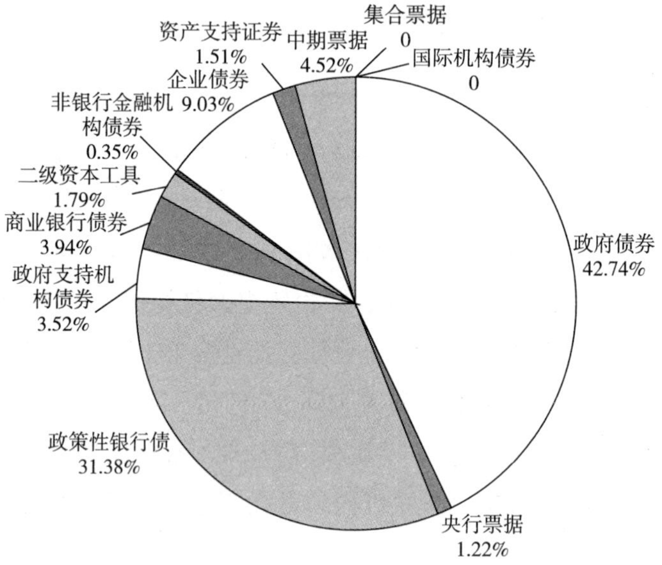

图 3－4　中央结算公司 2015 年各券种托管量占比

资料来源：中国债券信息网。

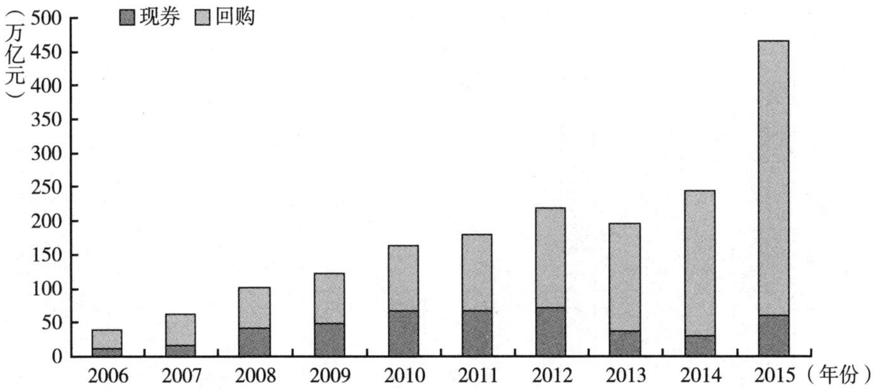

图 3－5　中央结算公司历年结算量变化趋势

资料来源：中国债券信息网。

（二）中国证券登记结算系统

1. 投资者情况

截至 2015 年底，期末投资者总数为 9910.53 万户，其中自然人 9882.15 万户、非自然人 28.38 万户，已开立 A 股账户的投资者为 9838.20 万户，已开立 B 股账户的投资者为 240.20 万户。期末持有 A 股的投资者为 5026.54 万户，期间交易 A 股的投资者为 3312.28 万户；期末持有 B 股的投资者为 103.55 万户，期间交易 B 股的投资者为 28.99 万户。2015 年每月新增投资者变化情况见图 3－6。

2. 登记存管的主要证券数量稳步增加

截至 2015 年末，中国结算公司登记存管的证券数达到 8508 只，比上年增加 2178 只（见图 3－7）。其中，A 股 2810 只，比上年增加 217 只；B 股 101 只，比上年减少 3 只；国债 223 只，比上年增加 34 只；地方债 171 只，比上年大幅增加 164 只；政策性金融债 2 只，比上年减少 1 只；企业债 1692 只，比上年增加 189 只；公司债 1527 只，比上年大幅增加 840 只；可转债 6 只，比上年大幅减少 24 只；分离式可转债 1 只，比上年减少 1 只；中小企业私募债 956 只，比上年增加 343 只；封闭式基金 15 只，比上年增加 1 只；

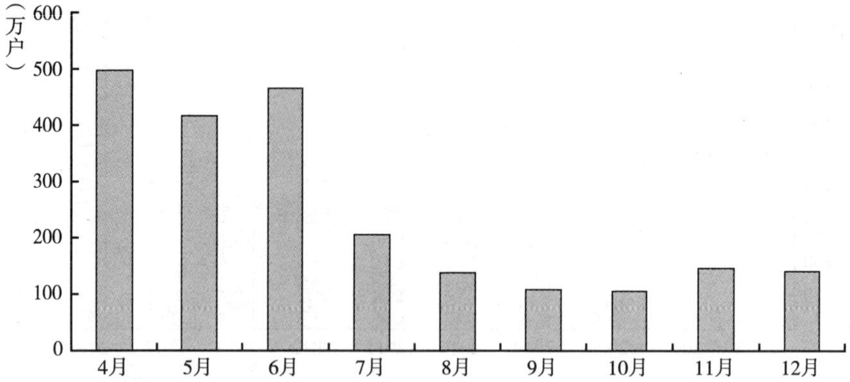

图3－6　2015年每月新增投资者数量变化情况

资料来源：中国结算公司网站。

ETF 127只，比上年增加23只；LOF 599只，比上年增加211只；实时申赎货币基金9只，比上年减少1只；资产证券化产品269只，比上年大幅增加186只（见图3－8）。

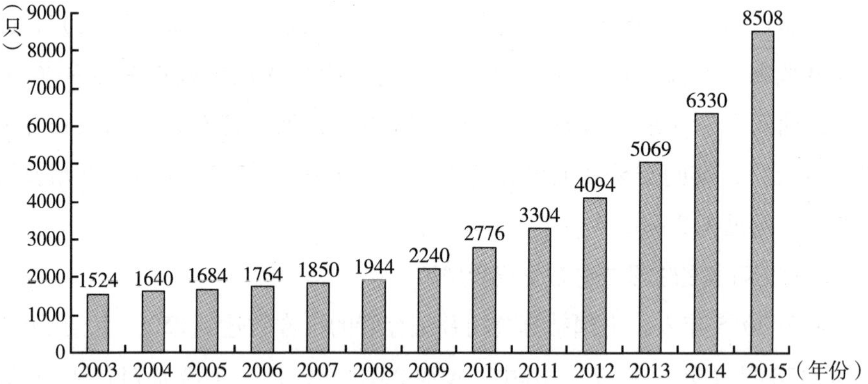

图3－7　中国结算公司历年登记存管证券数量变化趋势

资料来源：中国结算公司网站。

截至2015年末，中国结算公司登记存管的证券面值为86156.95亿元。其中，已上市A股流通面值为37436.87亿元，B股流通面值为269.80亿

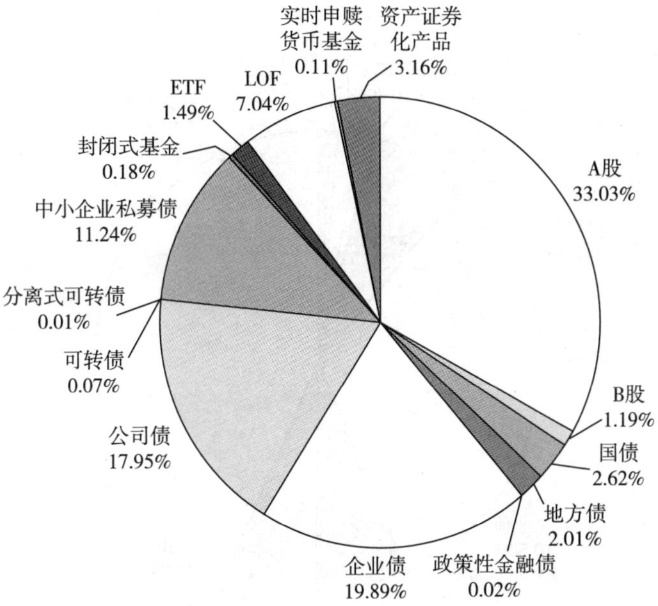

图3－8　中国结算公司2015年登记存管证券数量占比

资料来源：中国结算公司网站。

元，限售流通股面值为5097.89亿元，非流通股面值为4.10亿元，国债面值为5307.35亿元，地方债面值为366.96亿元，政策性金融债面值为95.00亿元，企业债面值为9084.78亿元，公司债面值为18452.51亿元，可转债面值为132.74亿元，分离式可转债面值为68.00亿元，中小企业私募债面值为6227.79亿元，封闭式基金面值为272.04亿元，ETF面值为678.84亿元，LOF面值为1484.43亿元，实时申赎货币基金面值为478.04亿元，资产证券化产品面值为699.81亿元（见图3－9）。

2015年末，中国结算公司登记存管的证券总市值为579181.45亿元，已上市流通市值为486206.64亿元。其中，已上市A股流通市值为436827.70亿元，B股流通市值为2200.44亿元，国债流通市值为5426.29亿元，地方债流通市值为367.58亿元，政策性金融债流通市值为108.74亿元，企业债流通市值为9041.98亿元，公司债流通市值为18354.95亿元，可转债流通市值为162.46亿元，分离式可转债流通市值为67.20亿元，中

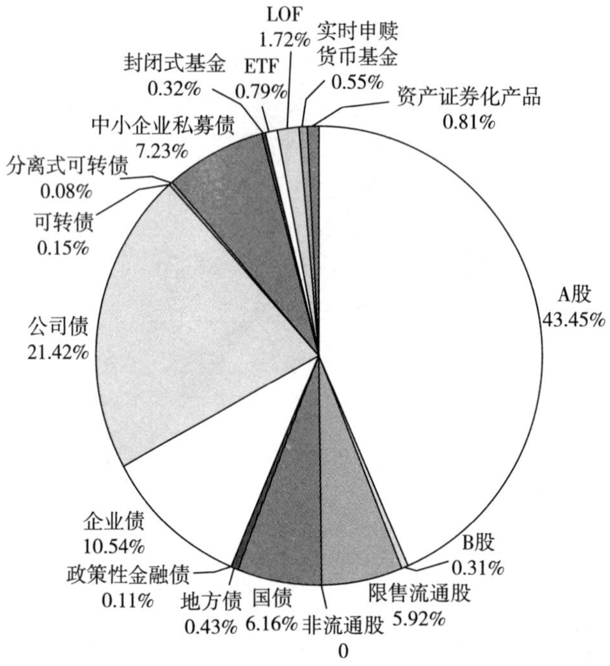

图 3 - 9　中国结算公司 2015 年登记存管证券面值占比

资料来源：中国结算公司网站。

小企业私募债流通市值为 6008. 01 亿元，封闭式基金流通市值为 352. 44 亿元，ETF 流通市值为 4703. 60 亿元，LOF 流通市值为 1449. 41 亿元，实时申赎货币基金流通市值为 520. 52 亿元，资产证券化产品流通市值为 615. 32 亿元（见图 3 - 10）。

3. 结算总额和结算净额均大幅增加

2015 年，中国结算公司的证券结算总额为 1136. 81 万亿元，同比增加 595. 45 万亿元，增长 109. 99%；结算净额为 58. 86 万亿元，同比增加 35. 07 万亿元，增长 147. 41%（见图 3 - 11）。

（三）银行间市场清算所股份有限公司业务系统

1. 年度发行总量显著增长

2015 年，在上海清算所登记新发债券 10716 只，比上年大幅增加 6018

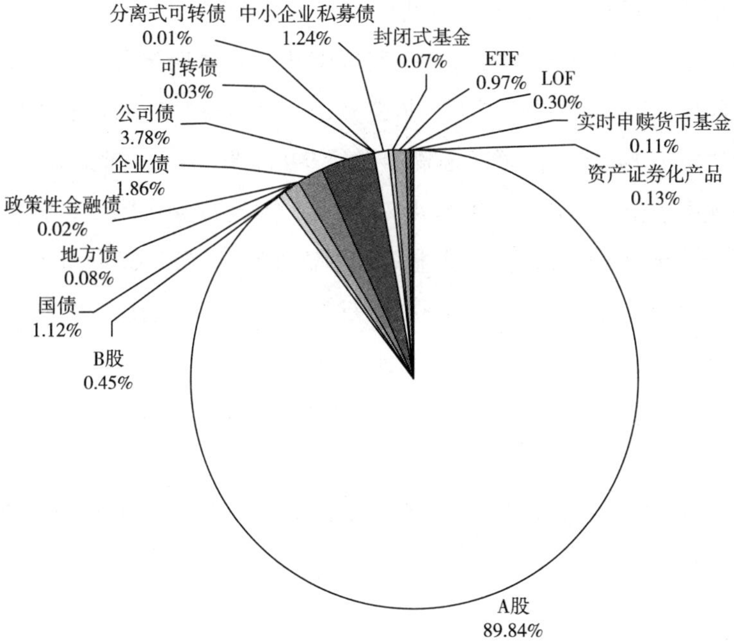

图 3－10　中国结算公司 2015 年登记存管证券流通市值占比

资料来源：中国结算公司网站。

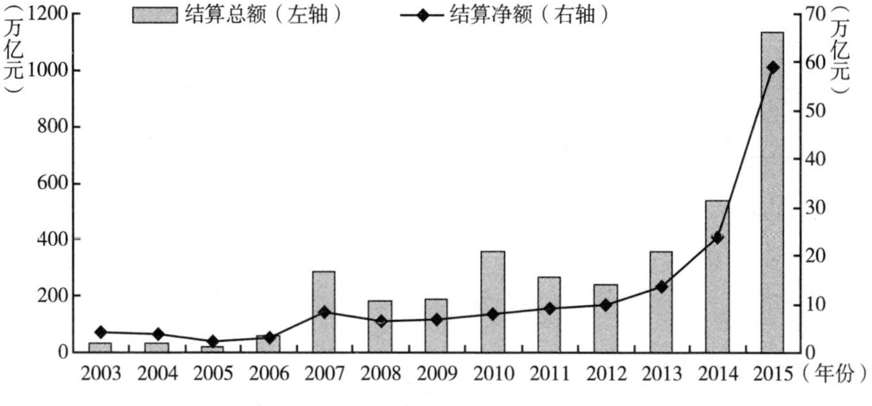

图 3－11　中国结算公司历年证券结算总额和结算净额变化趋势

资料来源：中国结算公司网站。

只，同比增长128.10%；发行量共计11.17万亿元，比上年增加5.62万亿元，同比增长101.26%（见图3－12）。其中，超短期融资券发行22944.30亿元，同比大幅增长108.66%；非公开定向债务融资工具发行8781.35亿元，同比减少14.16%；短期融资券发行9483.00亿元，同比减少9.87%；区域集优中小企业集合票据发行4.26亿元，同比减少0.93%；信贷资产支持证券发行69.63亿元；金融企业短期融资券发行3515.60亿元，同比减少17.22%；非金融企业资产支持票据发行35.00亿元，同比减少60.76%；资产管理公司金融债发行825.00亿元，同比增长94.12%；中期票据发行12416.70亿元，同比增长32.54%；同业存单发行52975.90亿元，比上年大幅增加44000.30亿元，同比大幅增长490.22%；项目收益票据发行51.00亿元，同比大幅增长537.50%；政府支持机构债券发行600.00亿元，与上年持平（见图3－13）。

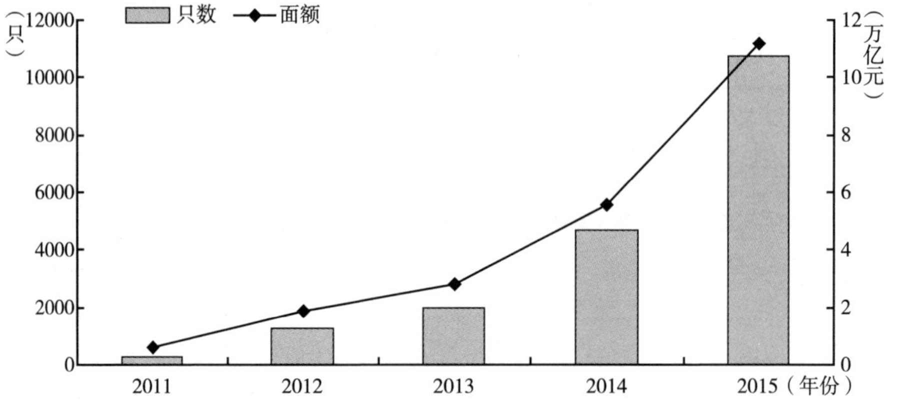

图3－12　上海清算所历年发行量变化趋势

资料来源：上海清算所网站。

2. 托管总量大幅增长

截至2015年12月末，在上海清算所托管的债券总量为10.34万亿元，较上年增加4.77万亿元，同比增长85.64%（见图3－14）。其中，超短期融资券托管量为14726.40亿元，同比大幅增长110.39%；非公开定向债务

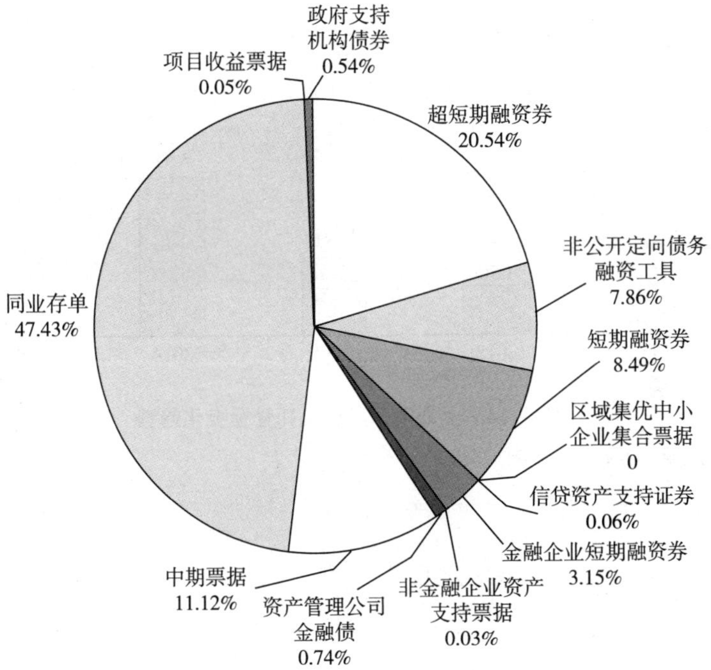

图 3－13　上海清算所 2015 年各券种累计发行量占比

资料来源：上海清算所网站。

融资工具托管量为 21393. 99 亿元，同比增长 20. 83%；短期融资券托管量为 9460. 00 亿元，同比减少 8. 74%；区域集优中小企业集合票据托管量为 56. 28 亿元，同比减少 36. 28%；信贷资产支持证券托管量为 82. 44 亿元，同比增长 32. 52%；金融企业短期融资券托管量为 436. 00 亿元，同比减少 61. 55%；非金融企业资产支持票据托管量为 158. 90 亿元，同比减少 7. 29%；资产管理公司金融债托管量为 1420. 00 亿元，同比增长 120. 16%；中期票据托管量为 24380. 10 亿元，同比增长 105. 28%；同业存单托管量为 30274. 40 亿元，同比大幅增长 404. 97%；项目收益票据托管量为 59. 00 亿元，同比大幅增长 637. 50%；政府支持机构债券托管量为 950. 00 亿元，同比增长 46. 15%（见图 3－15）。

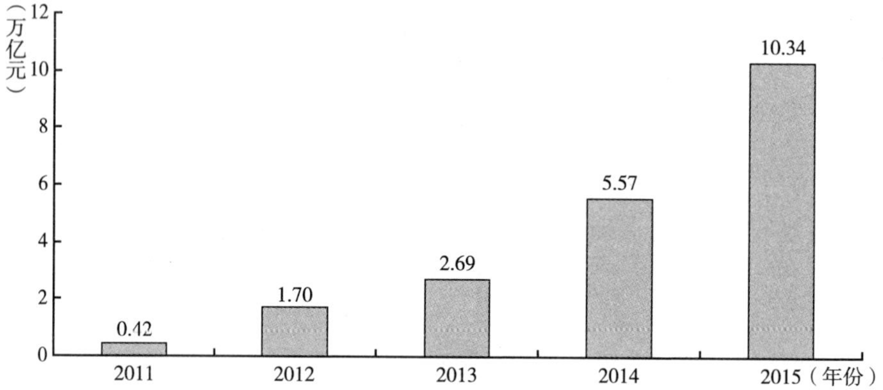

图 3－14　上海清算所历年托管量变化趋势

资料来源：上海清算所网站。

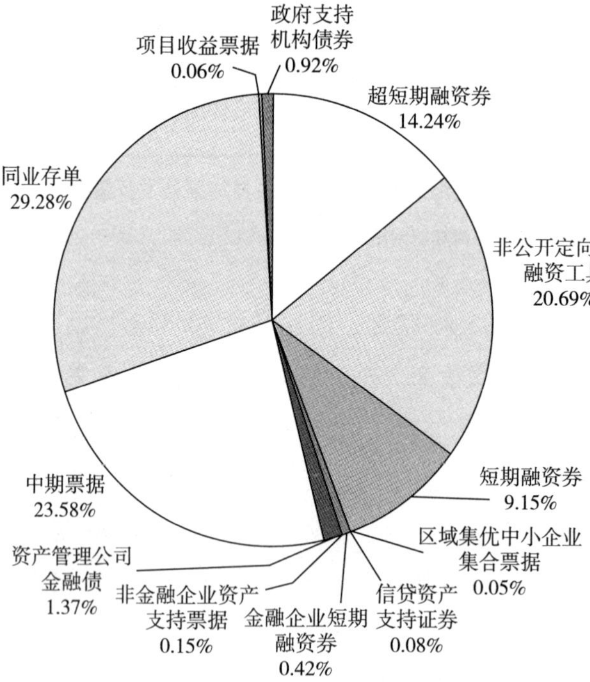

图 3－15　上海清算所 2015 年各券种托管量占比

资料来源：上海清算所网站。

3. 现券、回购清算量均大幅上升

2015 年，上海清算所累计交易清算量为 81.84 万亿元，同比大幅增长 233.73%。其中，现券清算量为 23.62 万亿元，同比增长 176.41%；回购清算量为 58.22 万亿元，同比增长 264.39%（见图 3－16）。

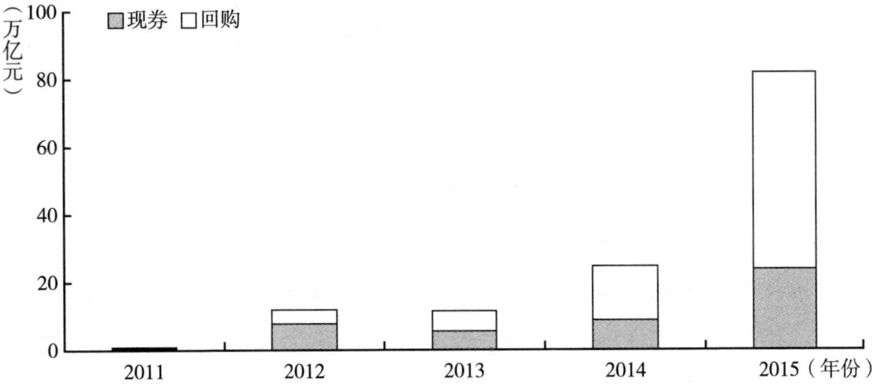

图 3－16　上海清算所历年现券、回购清算量变化趋势

资料来源：上海清算所网站。

4. 中央对手方清算业务高速增长

2015 年，在中国场外金融市场中，以中央对手方清算为代表的净额清算业务规模达到 422.63 万亿元，同比增长 117.31%。同时，在利率衍生品、大宗商品衍生品方面继续有新的清算服务推出，较好地满足了市场需求。详见本书第九章“2015 年场外金融市场中央对手方清算机制的发展”。

二　2015年我国证券清算结算体系的建设与完善

2015 年，我国证券清算结算体系建设全面推进，诸多领域取得突破性进展，证券清算结算体系的效率和安全均有改善，国际化进程也有所加快。下面对 2015 年我国证券清算结算体系建设方面的主要进展进行简要介绍和分析。

（一）完善短端国债收益率曲线

为了完善国债收益率曲线，2015 年财政部自第二季度起每月滚动发行一次 6 个月短期国债，自第四季度起每周滚动发行一次 3 个月短期国债。特别是 3 个月短期国债的发行，解决了人民币加入 SDR 的一大技术障碍。

2015 年 11 月 27 日，财政部首次公布 3 个月、6 个月国债收益率，至此，在公布 1 年、3 年、5 年、7 年、10 年等关键期限国债收益率曲线的基础上完善了短端国债收益率曲线。这标志着我国在基准利率建设和市场认可方面取得了突破性进展，不仅有利于加快利率市场化整体进程，为银行间市场短期货币工具的发行提供定价基础，而且也有利于统驭境内外市场，掌握人民币资产的利率定价权。随着人民币被纳入 SDR 货币篮子，经过评估和对比后，国际货币基金组织执董会决定将中债 3 个月国债收益率加入 SDR 利率篮子，将其作为人民币短期债务工具代表性利率，以计算 SDR 货币篮子加权平均利率。

此外，中债价格指标被 30 余家境外央行或主权财富管理机构采用，两只以中债指数为标的的 RQFII－ETF 分别在中国香港、美国纽约挂牌上市，一只以中债指数为标的的 ETN 产品在韩国交易所上市，一只欧洲 UCITS 基金将中债指数作为业绩基准，中债指数的国际化应用为境外投资者投资在岸债券市场拓宽了渠道。

（二）金融基础设施跨境合作继续推进

中国证券监督管理委员会、香港证券及期货事务监察委员会于 2015 年 5 月 22 日发表联合公告，宣布内地与香港基金互认安排的有关规定，并于 2015 年 7 月 1 日开始正式实施。这是两地资本市场互联互通又一重要的里程碑。首批内地与香港两地互认基金于 2015 年 12 月 18 日揭晓，两地证监会从上报的 17 只香港基金与超过 30 只内地基金中选出 7 只基金，其中内地基金 4 只、香港基金 3 只。内地与香港基金互认不仅是内地与香港资金的互通，而且是内地服务贸易开放的重要举措，有利于两地资本市场合作的进一步深化。

为配合内地与香港基金互认的顺利推出，提高基金互认跨境销售的运作效率，中国结算公司、深圳证券交易所、香港金融管理局在充分了解两地基金业界实际情况的基础上，通过平台对接方式实现两地基金市场互联互通，为基金互认提供基础设施服务，并推出《跨境业务数据交换协议》作为基金互认业务的技术标准。基金互认基础设施服务包括基金跨境销售数据传输、明细份额登记、名义持有、跨境资金结算、信息披露、在线签约、场内交易等。此次基金互认，中国结算公司坚持服务和便利基金行业的原则，内地基金公司和销售机构无须任何改动，香港基金公司、销售机构或金管局CMU等基金平台都可以接入基金中央数据交换平台，自动实现交易数据的高效流转。同时，中国结算公司还为基金互认提供明细份额登记、名义持有、跨境资金结算等服务。

此外，债券市场基础设施的跨境合作也取得阶段性成果。一方面，积极落实了中韩金融合作声明，中央结算公司与韩国中央托管机构联合研究“债市通”，并已达成初步方案；另一方面，中央结算公司也在与欧清、俄罗斯NSD、港交所等机构广泛交流跨境合作模式。

（三）衍生品业务持续发展

在场内市场，中国证监会于2015年1月9日批准上海证券交易所开展股票期权交易试点，并发布《股票期权交易试点管理办法》，上交所和中国结算公司也分别发布了相关业务规则和指引，试点产品为上证50ETF期权，正式上市交易日为2015年2月9日。中国结算公司大力支持交易所开展衍生品业务，配合推出期权项目并实现平稳运行，成为横跨现货和衍生品领域的清算结算机构。

在场外市场，衍生品清算业务也在持续创新。在利率衍生品方面，标准债远期交易及清算业务于2015年4月7日投入运行，而后上海清算所为促进业务发展，积极开展会员代理业务推广、报价团方案研讨修订、交易清算平台建设、会员调研等工作，并于2015年11月30日实现通过X－Swap交易和集中清算。在航运及大宗商品衍生品方面，上海清算所于2015年推出了自贸区铜溢价掉期、人民币苯乙烯掉期、自贸区乙二醇进口掉期、人民币集装箱掉期和中国沿海煤炭远期运费协议5个新产品，在金属、化工两大领域丰富了金融衍生品市场的产品类别。更详细的内容可参见本书第九章“2015年场外金融市场中央对手方清算机制的发展”。

（四）债券市场风险管理水平继续提升

中央结算公司担保品管理取得新突破，充分发挥担保品系统的风险管理中枢作用，公司管理的债券担保品规模超过4万亿元，应用领域进一步拓展，包括中央和地方国库现金管理、外汇储备管理、社保资金管理、期货市场等领域，提高了市场效率，防范了市场风险。

中国结算公司则继续加强和完善交易所债券质押回购业务风险精细化管理工作，综合考虑回购债券的集中度、流动性和信用情况等相关因素，对部分回购质押债券标准券折算率予以动态调整，并逐步完善质押券差别化动态管理机制，这有利于交易所债券市场规范发展，防范系统性风险。

三　我国证券清算结算体系面临的主要问题

（一）信息割裂、市场割裂问题依旧存在

在2015年的股市异常波动中，我国证券清算结算机构的风险管理体系经受住了考验，证券清算结算体系牢牢守住了风险底线。但同时也必须认识到证券系统信息割裂、市场割裂问题依旧存在，在跨现货和衍生品市场的信息整合与共享方面还存在一些薄弱环节，跨市场监管的及时性和有效性有待加强，尤其是随着产品复杂性和关联度的不断提高，风险传导性与递延性问题凸显，如何强化信息共享和联动监控是迫在眉睫的重要问题。

在债券市场，交易机制、交易主体、交易品种等方面的分割也长期存在。虽然近年来相关部门以及市场各参与者做了大量工作和努力，但债券市

场互联互通推进依旧缓慢。市场割裂不仅影响债券市场定价机制的完善，增加运行成本，并且交易、清算和托管结算体系的割裂也不利于债券市场的高效运转和平稳运行，有碍于市场整体功能的发挥。

（二）监管协调仍有完善空间

总的来看，我国目前针对证券清算结算体系的监管，还是比较有效地平衡了创新与风险之间的关系，不仅保证了金融市场基础设施即便在市场出现异常波动的情况下仍能够实现平稳运行，而且其创新发展也在逐步推进，不过在多头监管的情况下，监管协调仍有完善的空间。这尤其体现在债券市场，多头监管的格局对债券市场形成了显著制约，使得债券市场发展缺乏统一规划，法律的适用范围、执行效力受到限制。同时，各类债券缺乏统一的监管标准和责任约束机制，导致在不同债券品种之间存有监管套利空间。

（三）对外开放合作尚存体制障碍

在人民币国际化进程不断加快的背景下，沪港通的开通为资本市场的双向开放探索出一条有效途径，国内清算结算机构对于金融市场基础设施跨境互联的探索已全面展开。然而受国内既有的运作体制的影响，金融基础设施跨境互联在个别领域的推进较为缓慢。

四　我国证券清算结算体系的完善思路

“十二五”时期，我国的证券清算结算体系建设取得了巨人的成就。“十三五”时期，为了建立安全高效的金融基础设施，促进多层次资本市场健康发展，可从以下几个方面继续完善证券清算结算体系。

第一，统筹监管金融市场基础设施。加强监管协调，统一规则，形成竞争有序的局面，尽量避免重复监管；继续深化市场化改革，减少行政管制，在清算结算机构产品业务、经营机制不断创新的情况下，推进监管体制机制创新；加大监管信息公开力度，促进监管政策公开透明，限制自由裁量权。

第二，强化信息共享与联动监控。建设集中统一、信息共享的中央监管信息平台，启动中央监控系统建设，强化信息采集和分析研判，全面提高监管信息化水平。通过建立期货与现货、场内与场外、公募与私募等多层次资本市场的统一账户体系，为监管机构加快监管基础设施建设提供有力支持，助力监管机构加强跨市场联动交易管理，实现跨市场交易行为的统一识别和监控，提升监管的及时性与有效性。

第三，加强债券托管结算机构互联互通。支持债券品种在不同市场的交叉挂牌及自主转托管机制，促进债券跨市场顺畅流转；推动托管结算机构信息共享、顺畅连接，加强互联互通，努力提高债券跨市场转托管效率；加强在债券执法、风险防控、投资者保护等方面的监管合作，防范系统性风险。

第四，推动清算结算机构跨境合作。鼓励清算结算机构灵活探索多种方式，加强与国外金融基础设施互联互通，扩大市场双向开放，以服务人民币国际化战略和“一带一路”战略；积极落实 PFMI 原则并接受国际机构评估，以利于国内的清算结算机构得到其他国家的认可；推进自贸区金融开放创新试点，吸引境外机构投资者通过多种渠道参与交易所债券市场。

参考文献

IMF, “Review of the Method of Valuation of the SDR”, IMF Policy Paper, Nov. 2015, http://www.chinabond.com.cn/.

陈飞：《大力发展债券市场　切实服务实体经济》，《债券》2016 年第 2 期。

水汝庆：《以专业新服务推动债市新发展》，《债券》2016 年第 1 期。

肖钢：《深化改革健全制度加强监管防范风险　促进资本市场长期稳定健康发展》，2016 年全国证券期货监管工作会议讲话稿，http://www.csrc.gov.cn/。

中央结算公司研发部：《2015 年债券市场统计分析报告》，中国债券信息网，2016 年 1 月 5 日。

Chapter 3　Construction and Operation of China's Securities Payment and Settlement System

Abstract: In 2015, China's clearing and settling system about securities operates stably, and the scale of business developed rapidly. Meanwhile, the construction of the system was advanced comprehensively, and some breakthroughs were achieved, which improved the efficiency and safety of the system and promoted the process of internationalization of the system. This paper introduces the construction and function of China's clearing and settling system about securities in 2015, and offers some proposals about the main problems in the system now.

Keywords: Clearing; Settling; Stock; Bond; Derivative

第四章　支付清算体系运行的宏观经济效应

摘　要：本章对我国支付清算系统指标的结构变化进行了分析，考察了支付清算系统数据与经济增长指标和价格总水平指标之间的关系，并利用2015年的季度数据对上述关系的稳健性进行检验，重新评估了非现金支付工具、支付系统业务和银行结算账户等方面的支付清算指标在不同经济增长态势下反映和预测宏观经济运行的能力。

关键词：非现金支付工具　支付系统业务　银行结算账户　宏观经济

一　支付清算业务总体发展态势

2015年，我国的支付清算业务在总体上保持了迅速增长的态势，但在结构上则出现了一些新的特征。例如，在支付交易的平均规模上，支付系统业务的平均规模延续了前几年持续下降的趋势，其数值由2007年的16.50万元/笔变成2015年的9.33万元/笔，但非现金支付工具的平均规模则出现了反转，由2014年的2.89万元/笔上升为2015年的3.66万元/笔，其数值仅低于2007年的3.84万元/笔（见图4－1）。但由于2015年中国人民银行的支付数据采用了新的统计口径，因此尚不能判断这种趋势变化的具体原因①。

① 2015年央行对支付清算体系的相关统计数据进行了口径与标准调整，因此对支付数据分析的影响还有待进一步剖析。

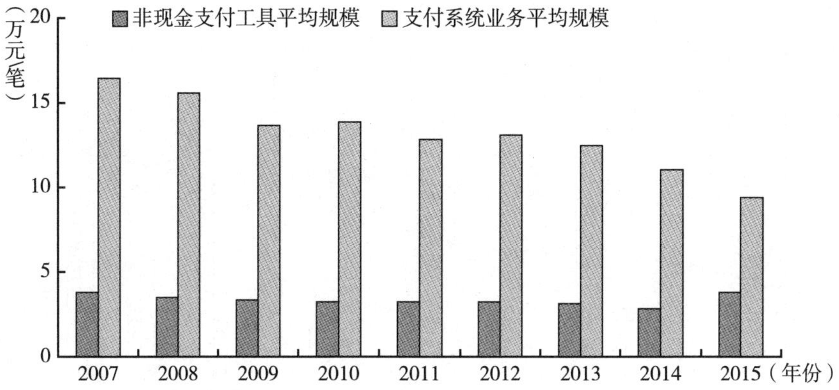

图 4 －1　我国支付清算业务平均规模

类似的，在新兴的支付领域，单纯增长的态势也在 2015 年出现了逆转。从图 4 －2 可以看出，银行机构处理的电子支付在 2015 年第 1 季度达到了 772.54 万亿元的高峰，但之后的两个季度则连续下滑，直至 2015 年第 4 季度才稍有反弹。在电子支付的具体形式中，移动支付的季度规模也呈现相同的变动模式。电话支付在经历了 2015 年前三季度的增长之后，第 4 季度稍有回落。相形之下，支付机构处理的网络支付则保持了总体增长的趋势。

在银行结算账户方面，单位银行结算账户的占比也逆转了自 2008 年以来的下降态势，从 2014 年的 60% 上升到 2015 年的 61%。从图 4 －3 可以看出，这主要是个人银行结算账户增长率相对于单位银行结算账户增长率下降更快所致。自 2011 年以来，单位银行结算账户和个人银行结算账户的增长率都出现了下降趋势，不过个人银行结算账户增长率的下降幅度更大，最终导致了单位银行结算账户占比的回升。

与 2014 年类似，基于支付清算交易规模估算的货币流通速度保持了持续增长的趋势，其中非现金支付工具规模与 M2 的比值从 2014 年的 14.80 激增至 2015 年的 22.77，支付系统业务规模与 M2 的比值则从 27.60 上升至 31.48。非现金支付工具规模与 M2 比值的激增有很大一部分原因在于支付数据统计口径的调整，不过就统计口径相对稳定的支付系统业务规模数据来看，货币流通速度的加快仍然是当前的主要趋势。

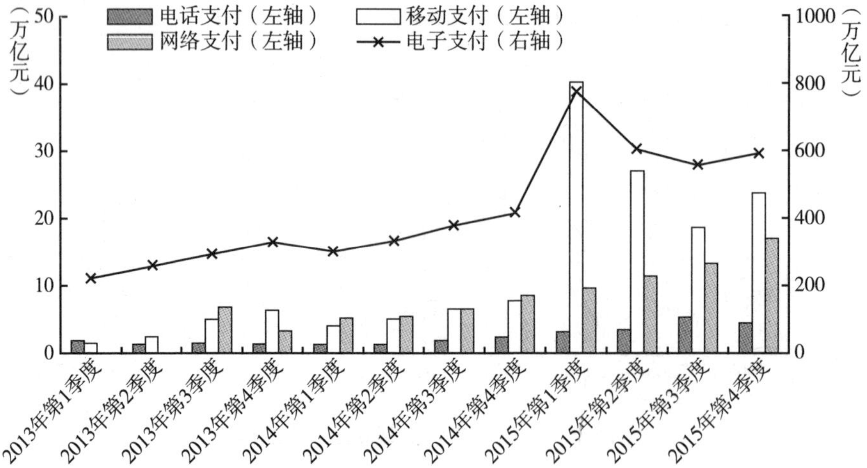

图 4-2　电子支付及其具体形式的季度规模

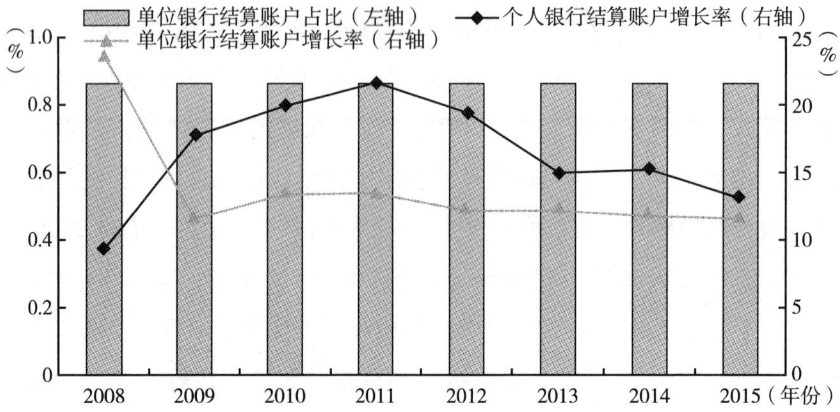

图 4-3　银行结算账户结构及增长情况

同样，创造 GDP 所需的平均支付交易规模也在继续增长。根据图 4-5，创造 1 元 GDP 所需的非现金支付工具规模从 2014 年的 28.55 元上升至 2015 年的 50.97 元，而相应的支付系统业务规模则从 53.25 元上升至 64.77 元，其增长率达到了 21.63%，是 2007 年以来的最高值。结合图 4-4 的数据可以看出，在经济增长速度趋缓的情况下，货币流通速度并没有减缓，货币政策效率降低更多地体现为创造单位 GDP 所需的支付交易规模的上升。

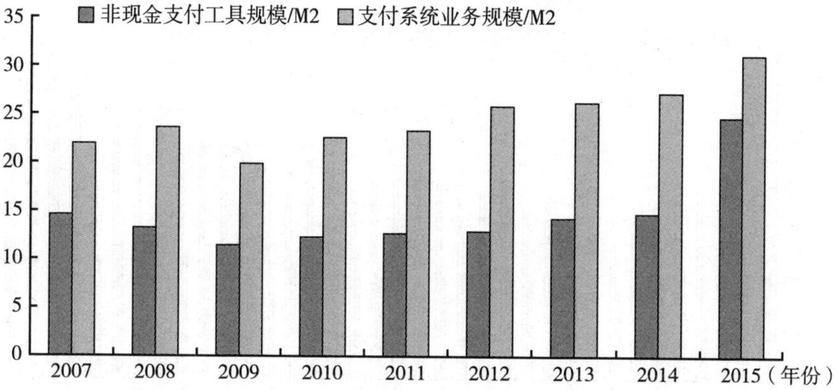

图4-4 基于支付清算交易规模估算的货币流通速度

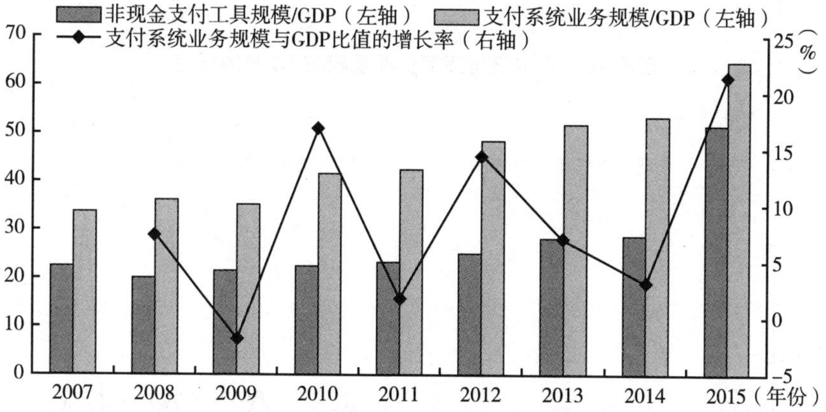

图4-5 年度支付清算交易规模与GDP的比值

从季度数据来看，2015年非现金支付工具规模与GDP的比值在季节性上与2014年基本相同，从第1季度到第4季度呈递减态势，这也是自2007年以来这一比值季节性的基本形态。在支付系统业务规模与GDP的比值上，除了第1季度的数值较低之外，后三个季度的比值则区别不大，这与过去第4季度数值偏低的季节性特征有很大差异，它部分地体现了2015年下半年货币政策宽松力度加大的效果（见图4-6）。

在支付交易规模与GDP比值的环比增长率上，也可以看到2015年相应数据的季节性特征与以往的差异。从图4-7可以看出，2015年非现金支付

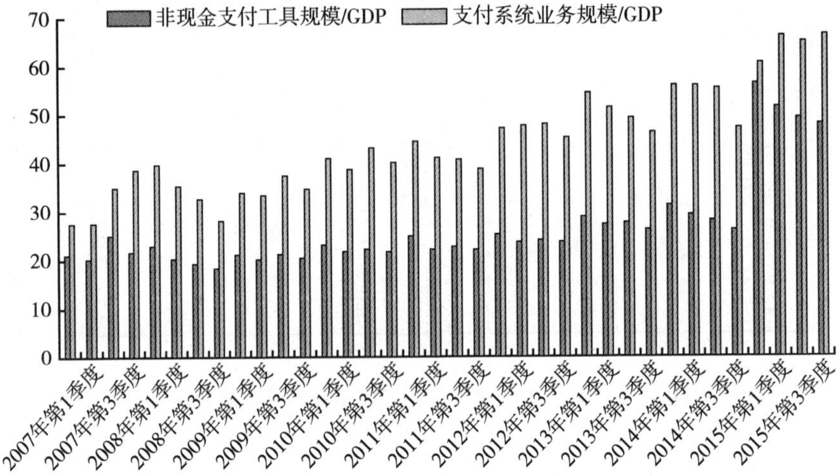

图 4－6　季度支付清算交易规模与 GDP 的比值

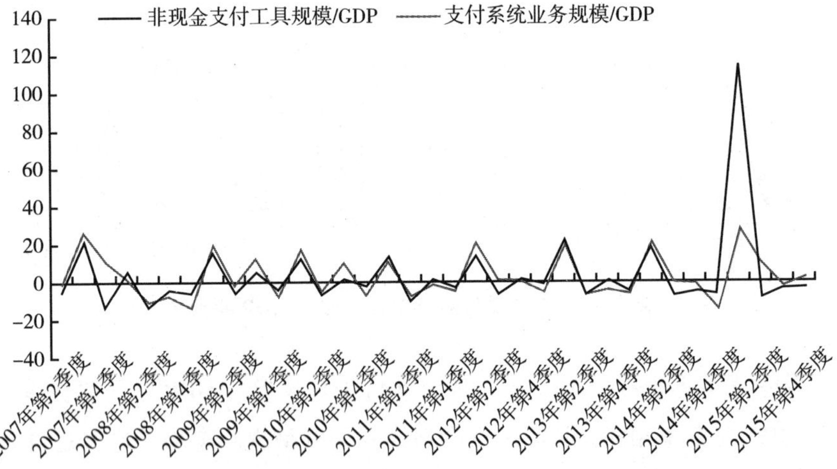

图 4－7　支付清算交易规模与 GDP 比值的环比增长率

工具与支付系统业务规模与 GDP 比值的环比增长率在下半年的图形与前几年有显著不同，尤其体现在第 4 季度增长率的回升上。对比 GDP 的季度环比增长率可以发现，前述比值在第 4 季度的上升主要是由于 GDP 在本季度增长乏力。

从支付清算交易规模自身的季度增长情况来看，其延续了从 2014 年第 2 季度开始的波动性增强的趋势。尽管 2015 年第 1 季度非现金支付工具规模增长率的激增可以用统计口径的变化来加以解释，但统计口径相对一致的支付系统业务规模增长率波动也同样明显增强，其幅度接近 2009 ~ 2010 年的状况。这种变化很可能同时反映了实体经济增长与货币政策两方面的新情况（见图 4 - 8）。

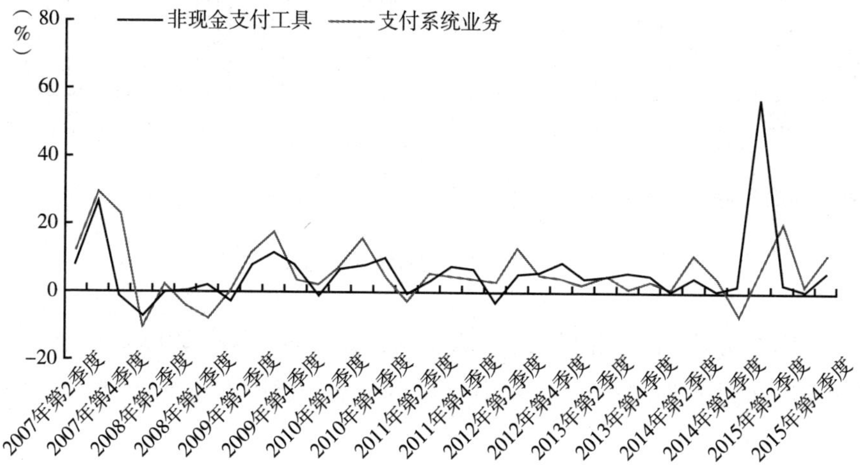

图 4 - 8　支付清算交易规模环比增长率

在支付系统业务的构成上，大额实时支付系统仍然占主导地位，不过其比重也存在波动性。2015 年第 1 季度，大额实时支付系统业务的比重出现明显下跌，降至 59.09%，这是自 2008 年第 3 季度以来的最低值（见图4 - 9）。从具体支付系统的变化情况来看，2015 年第 3 季度在支付系统总体业务规模上升的背景下，大额实时支付系统和小额批量支付系统的业务规模反而有所下降，其业务增长主要来自银行业金融机构行内支付系统。不过在之后的各季度，大额实时支付系统业务的比重又重新回升，到 2015 年第 4 季度达到 71.56%，这是除 2013 年第 1 季度之外的历史最高值。

在非现金支付工具的交易规模中，各种支付方式的占比延续了以往的趋势。票据的交易规模和比重都在继续下降。银行卡支付的规模仍在扩大，但

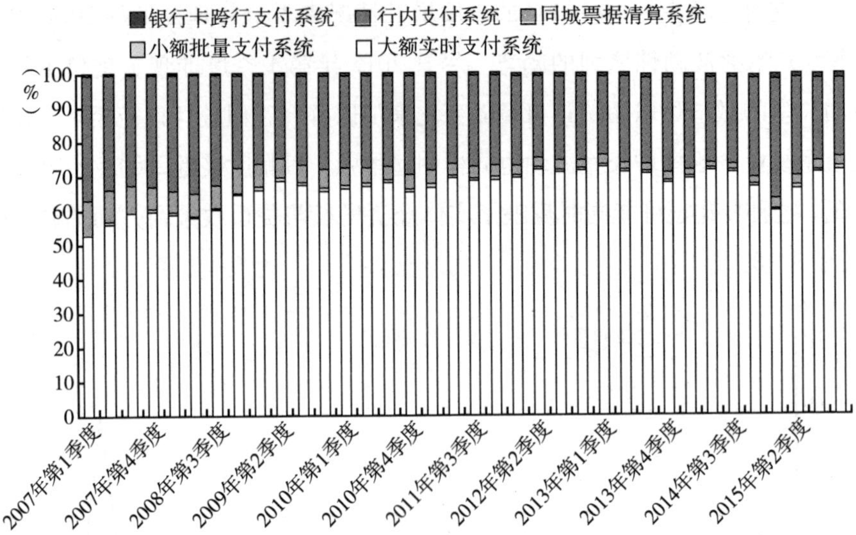

图4－9　各支付系统业务占比

其占比则有明显下降。相形之下，其他支付方式的比重在2015年迅速上升，第4季度达到了74.07%，这其中有相当一部分原因在于统计口径的改变（见图4－10）。

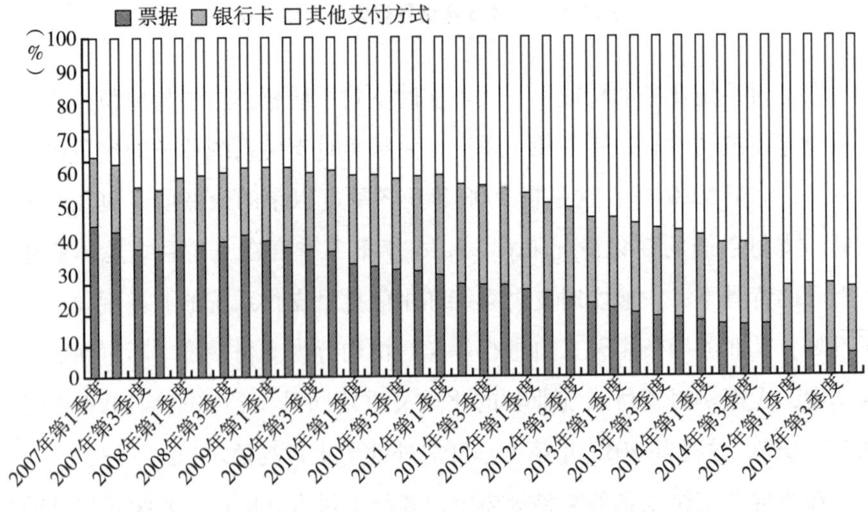

图4－10　非现金支付工具占比

在银行结算账户的增长方面，单位银行结算账户的增长基本保持了以往的季节性模式，并且波动性也与以往各年差异不大。2015 年，单位银行结算账户增量环比增长率的最大值出现在第 2 季度，为 24.76%，最小值出现在第 3 季度，为 -17.14%。2015 年个人银行结算账户增量环比增长率的最大值同样出现在第 2 季度，为 6.90%，最小值则出现在第 1 季度，为 -10.69%（见图 4-11）。结合以往数据来看，个人银行结算账户的增长率没有非常一致的季节性特征，不过在波动性上则呈现明显的平缓趋势，各季度增长率的差异越来越小。

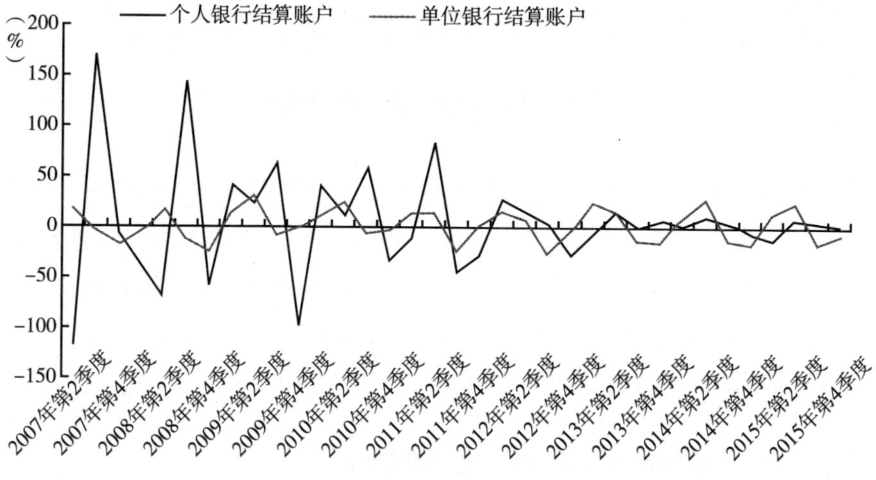

图 4-11 银行结算账户增量的环比增长率

二 支付清算指标与经济增长的联系

在图 4-12 中，我们描绘了 2008 年以来我国 GDP 季度同比增长率的变化情况。从图中可以清楚地看出，自 2013 年以来，名义 GDP 和真实 GDP 的增长率都逐步下调，其中名义 GDP 增长率的下行趋势比真实 GDP 更为明显，因为其中叠加了总体物价水平下降的效应。

相形之下，支付清算业务季度同比增长率则在 2015 年各季度保持了上

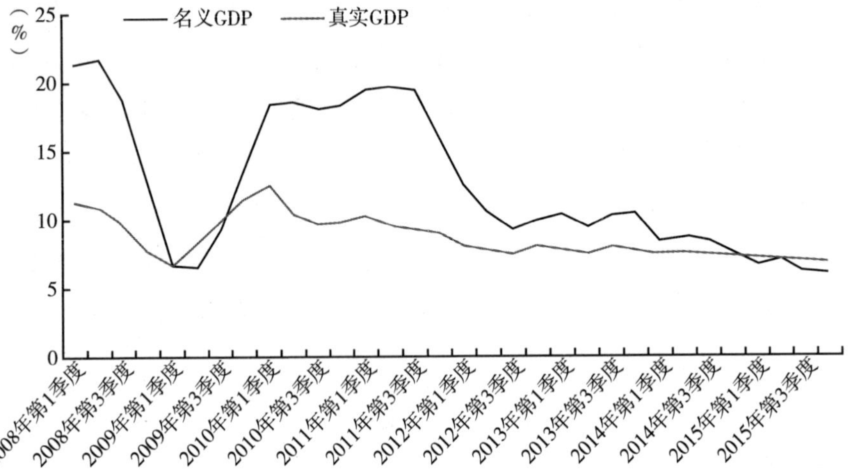

图 4－12　GDP 季度同比增长率变化情况

升趋势，这也使得其走势与 GDP 增长率出现了明显的背离。在前文的分析中我们曾发现，支付系统业务的增长率与滞后 1 期的非现金支付工具的增长率有着协整关系。从图 4－13 也可以直观地看出，两个支付清算业务指标的同步性在 2011 年之前最为显著，此后直至 2013 年则变得脆弱，但从 2014 年开始，这种协整关系又有强化的迹象，并且在 2015 年延续了这一趋势。

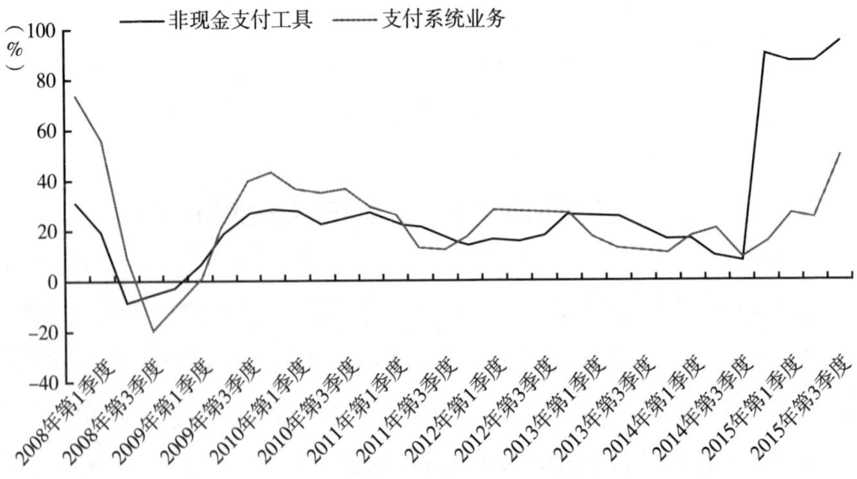

图 4－13　支付清算业务季度同比增长率变化情况

（一）支付清算指标与名义 GDP 的关系

前文的回归分析表明，名义 GDP 的季度同比增长率与滞后 2 期的非现金支付工具增长率存在协整关系，但是加入 2015 年 4 个季度的数据之后，这种协整关系则被破坏了。如果我们延续前几年的回归分析数据利用非现金支付工具对名义 GDP 的季度增长率进行拟合，就可以看到 2015 年两者之间的显著偏离（见图 4－14）。由于非现金支付工具增长率在 2015 年飙升的原因是统计口径的变化，我们现在暂时无法判断在新的统计口径下非现金支付工具与名义 GDP 的关系是更为紧密还是更为疏离。

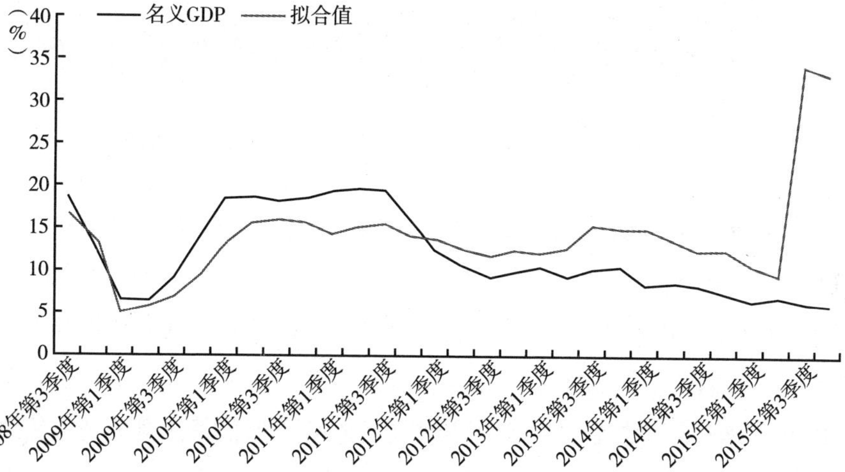

图 4－14 基于非现金支付工具的名义 GDP 季度同比增长率拟合

尽管非现金支付工具总体规模增长率与名义 GDP 增长率之间的关系因统计口径的变化而出现了断裂，但某些具体的非现金支付工具增长率则仍然与名义 GDP 增长率之间保持密切的联系。例如，在加入 2015 年的数据之后，滞后 2 期的票据支付金额增长率与名义 GDP 季度增长率仍然有着稳定的协整关系，并且前者可以解释后者 61.62% 的波动。从图 4－15 可以看出，基于票据业务的名义 GDP 季度同比增长率拟合值要比实际值的波动性更大，不过拟合值在进入 2014 年之后的波动则逐渐趋于平缓。与此同时，如果利用票据业务增长率与名义 GDP 增长率协整关系的滞后性进行预测，则得到的 2016 年前两个季度的 GDP 增长率相当不乐观。

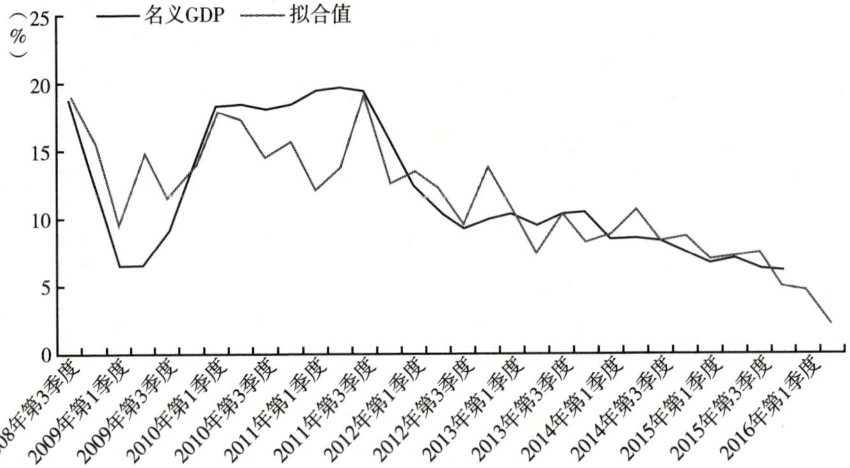

图 4－15　基于票据业务的名义 GDP 季度同比增长率拟合

类似的，在非现金支付工具中的银行卡支付金额增长率同样与名义 GDP 增长率有着稳定的协整关系，并且可以解释后者近一半的波动。从图 4－16可以看出，基于银行卡支付业务的名义 GDP 季度同比增长率拟合总体效果不如基于票据业务的拟合，但波动性要低于后者，并且在 2009～2010 年的增长趋势与名义 GDP 增长率更为吻合。但值得注意的是，从 2015 年第 3 季度开始，拟合值与实际值出现了大的偏差，而之后对于 2016 年前两个季度名义 GDP 增长率的趋势预测更显荒谬，这显然是自 2015 年第 1 季度开始信用卡支付规模大幅增长所致，它很可能也源于统计口径的变化。

更进一步的，我们发现名义 GDP 增长率、滞后 2 期的票据支付金额增长率以及滞后 2 期的银行卡支付金额增长率三者之间存在稳定的协整关系。利用这种协整关系，可以大大提高对名义 GDP 增长率的拟合优度。从图 4－17可以看出，上述拟合在 2014 年第 3 季度至 2015 年第 2 季度期间的效果非常好，但是在此之后仍因银行卡支付增长率的飙升而偏离了名义 GDP 的增长率轨迹。

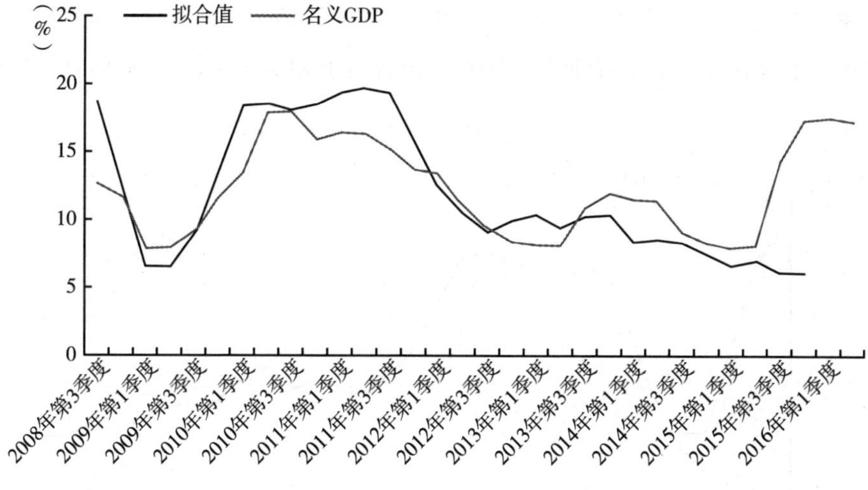

图 4－16　基于银行卡支付业务的名义 GDP 季度同比增长率拟合

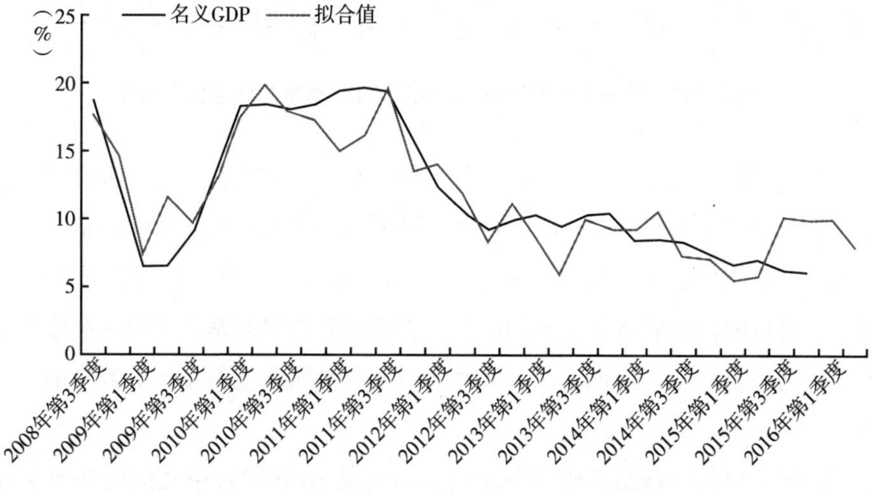

图 4－17　同时基于票据与银行卡支付业务的名义 GDP 季度同比增长率拟合

与非现金支付工具形成对比的是，加入 2015 年的数据之后支付系统业务增长率仍然保持与名义 GDP 增长率之间的稳定协整关系。滞后 1 期的支付系统业务增长率目前能够解释名义 GDP 增长率将近一半的波动，其增长率 1 个百分点的变动预示着名义 GDP 增长率 0. 2 个百分点的变动。从图 4－18 可以看出，进入 2014 年之后，基于支付系统业务的名义 GDP 季度同比增长率拟合值与实际值之间的差异不断扩大，在 2015 年更是出现了趋势性的分离，它体现了支付系统业务发展在一定程度上相对于实体经济运行的独立性。

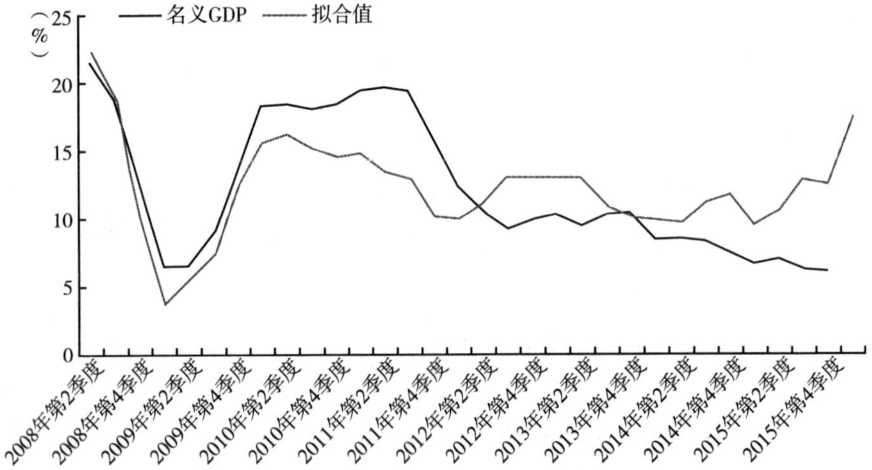

图 4－18　基于支付系统业务的名义 GDP 季度同比增长率拟合

在各具体支付系统中，大额实时支付系统、行内支付系统、银行卡跨行支付系统的增长率与名义 GDP 增长率之间存在协整关系。其中，滞后 2 期的大额实时支付系统业务增长率与名义 GDP 增长率之间的协整关系最为显著，它可以解释后者将近一半的波动。它的拟合效果与基于支付系统业务总体规模的拟合相似，这也反映了大额实时支付系统在支付系统业务中的主导地位。

同样，单位银行结算账户季度增量与名义 GDP 增长率之间的协整关系也依然存在。不过现在滞后 2 期的新增单位银行结算账户增长率只能解释名义 GDP 增长率近 1/3 的波动，并且其拟合值在 2014 年第 3 季度之后同样出现了与实际值的趋势性偏离（见图 4－19）。

（二）支付清算指标与真实 GDP 的关系

基于以往的研究，在非现金支付工具总体规模增长率与真实 GDP 增长

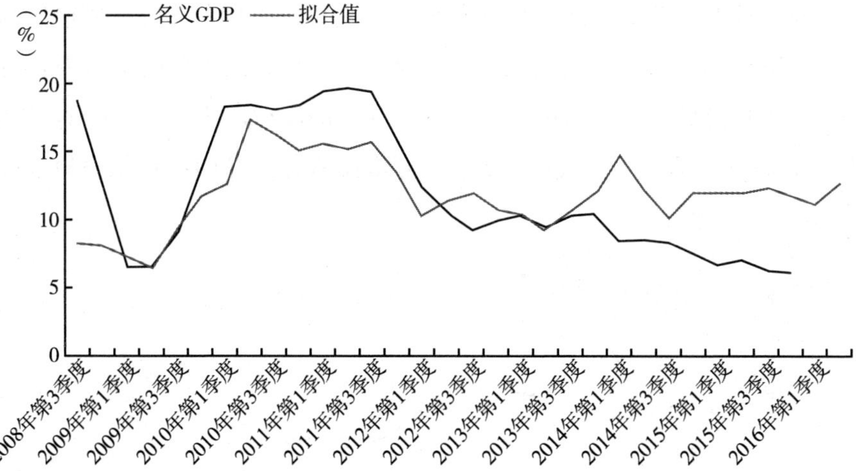

图 4－19　基于单位银行结算账户季度增量的名义 GDP 季度同比增长率拟合

率之间不存在显著的相关关系，因此我们将注意力集中于更为具体的非现金支付方式。首先是票据支付，它与真实 GDP 增长率之间有着稳定的协整关系，并且在加入 2015 年的数据后，滞后 1 期的票据支付规模增长率能够解释真实 GDP 增长率超过 60% 的波动。与对名义 GDP 增长率的拟合类似，基于票据的真实 GDP 增长率拟合在 2010 年之后呈现比实际值更强的波动性，并且在 2015 年第 2 季度之后显著地低于实际值（见图 4－20）。

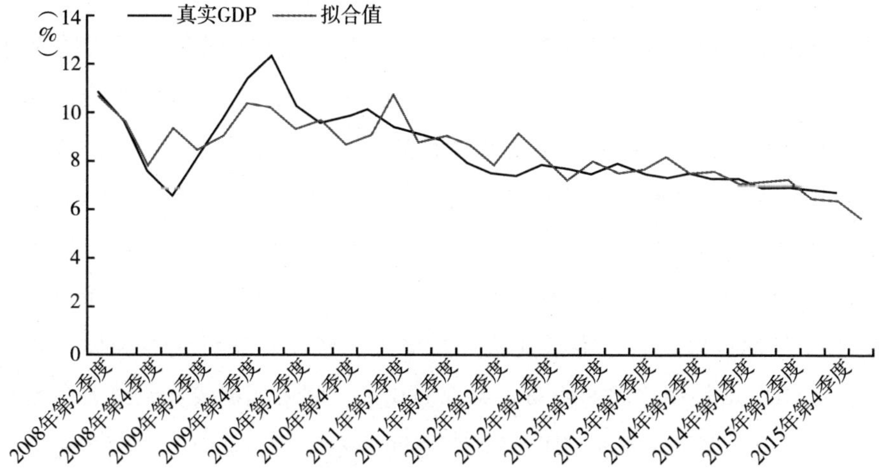

图 4－20　基于票据支付业务的真实 GDP 季度同比增长率拟合

与票据支付相反，加入2015年的数据之后，银行卡支付金额增长率与真实GDP增长率之间的关系则大大弱化了。现在滞后1期的银行卡支付金额增长率只能解释真实GDP增长率不足30%的波动。从图4－21可以看出，进入2015年之后，基于银行卡支付金额增长率的真实GDP增长率拟合值大大超出了实际值。

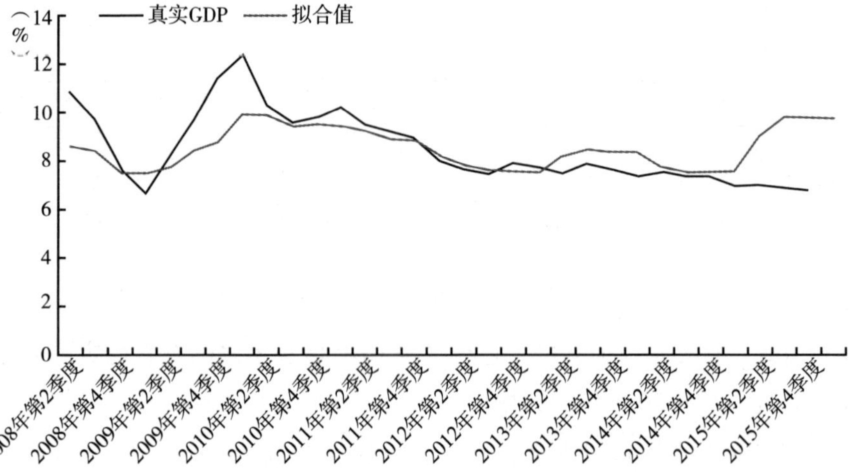

图4－21　基于银行卡支付业务的真实GDP季度同比增长率拟合

在加入2015年的数据之后，支付系统业务在总体规模上的增长率仍然保持与真实GDP增长率之间的协整关系，不过现在它只能解释后者约30%的波动。从图4－22可以看出，基于支付系统业务的真实GDP季度同比增长率拟合无论在同步性上还是在总体趋势上，其效果都不是很好，并且在2013年第3季度之后出现了拟合值与实际值之间的系统性偏离，这一趋势在2015年进一步扩大。

各具体支付系统业务规模增长率与真实GDP增长率之间的关系也在加入2015年的数据之后发生了变化。总体上，各支付系统业务规模增长率与真实GDP增长率之间的协整关系都弱化了，同城票据清算系统业务增长率更是完全失去了与真实GDP增长率之间的相关性。其中，大额实时支付系统业务增长率与真实GDP增长率的关系和总体支付系统业务相似，都可

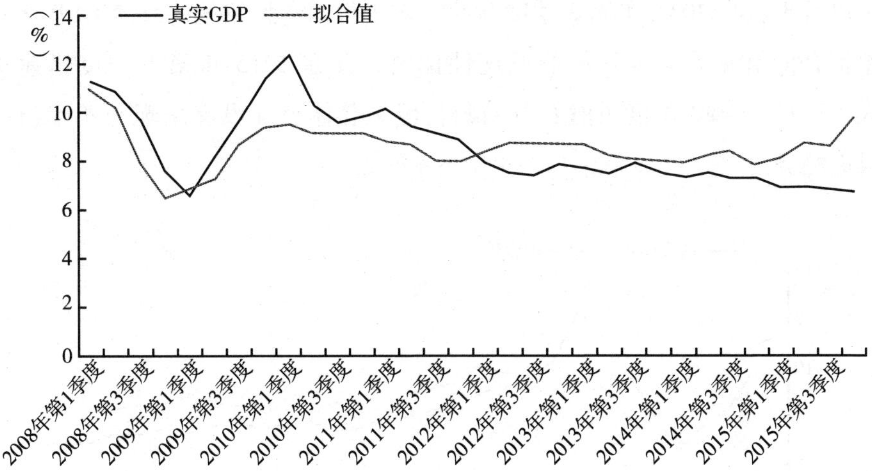

图4-22　基于支付系统业务的真实GDP季度同比增长率拟合

以解释真实GDP增长率约30%的波动，并且拟合图形也非常相似（见图4-23）。

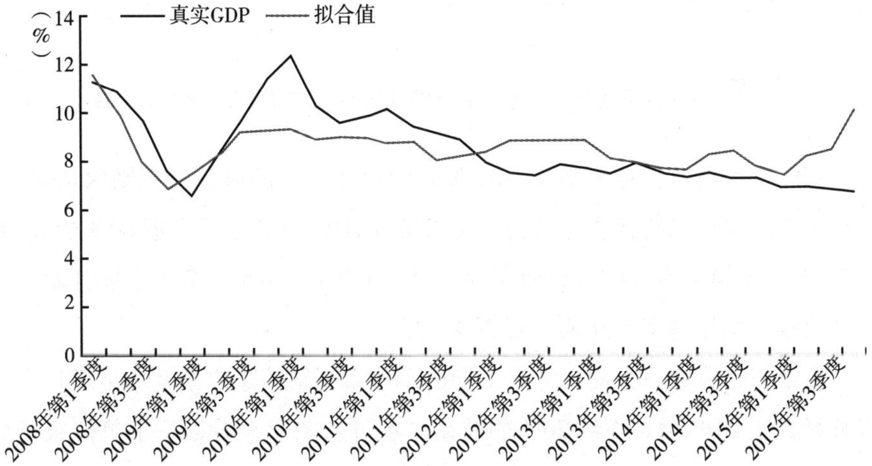

图4-23　基于大额实时支付系统业务的真实GDP季度同比增长率拟合

行内支付系统业务增长率与真实GDP增长率之间的相关性较大额实时支付系统更弱，它只能解释真实GDP增长率20%的波动。从图4-24

可以看出，从 2013 年第 2 季度开始，基于行内支付系统的真实 GDP 增长率拟合值出现了与实际值的系统性偏离，并在 2015 年第 1 季度迅速扩大，2015 年第 3 季度虽然有所回归，但是总体上并没有呈现与实际值的收敛趋势。

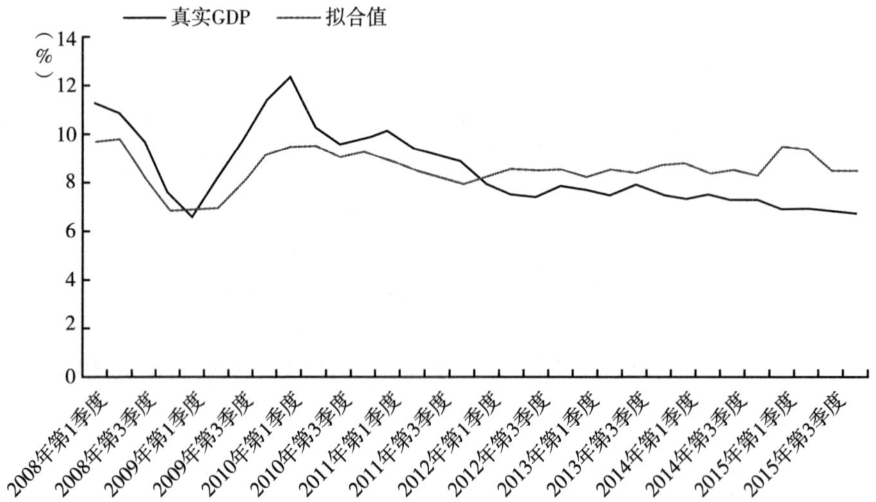

图 4－24　基于行内支付系统业务的真实 GDP 季度同比增长率拟合

银行卡跨行支付业务增长率与真实 GDP 增长率的协整关系则保持稳定。滞后 1 期的银行卡跨行业务增长率可以解释真实 GDP 增长率近 60% 的波动，直至 2015 年第 1 季度的拟合效果都不错，但是从 2015 年第 2 季度开始，其拟合值则大幅超越了实际值（见图 4－25）。

在银行结算账户方面，滞后 1 期的单位银行结算账户季度增量增长率可以解释真实 GDP 增长率约 20% 的波动。不过从图形来看，基于单位银行结算账户的真实 GDP 增长率拟合效果非常一般，并且拟合值与实际值在 2014 年第 2 季度之后出现了明显的偏离趋势（见图 4－26）。

相形之下，滞后 1 期与滞后 2 期的个人银行结算账户季度增量增长率可以解释真实 GDP 增长率约 55% 的波动，其拟合效果也相对较好。但是从

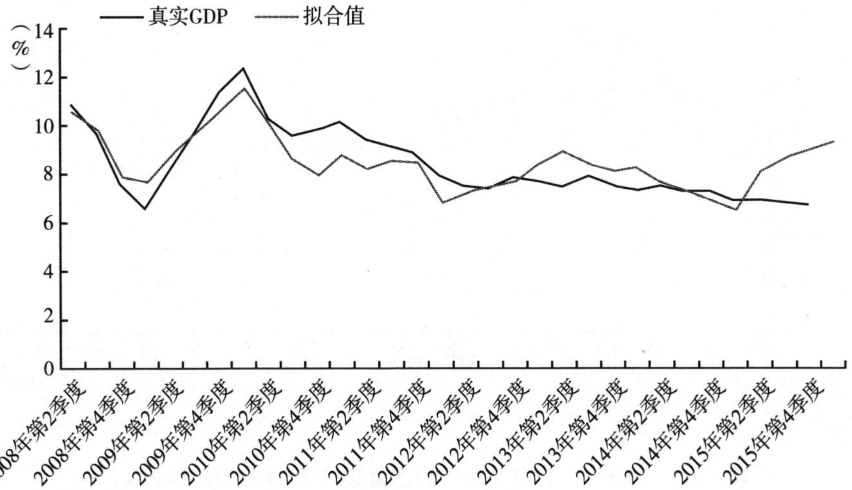

图 4－25　基于银行卡跨行支付业务的真实 GDP 季度同比增长率拟合

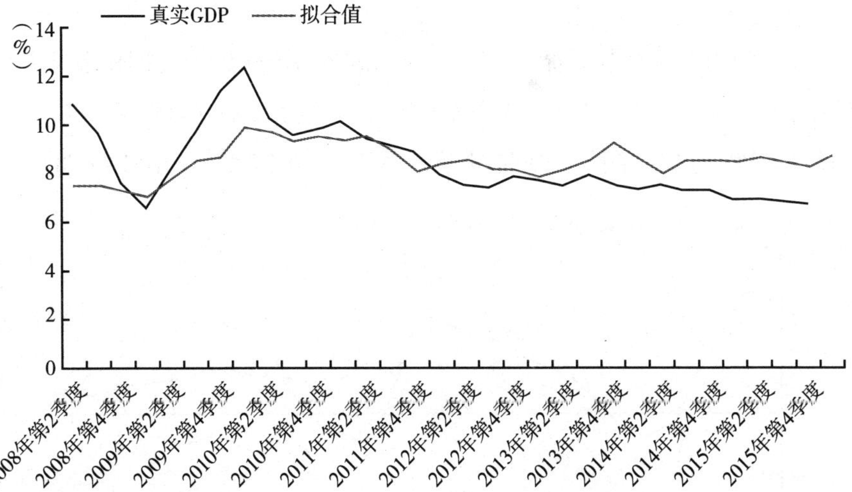

图 4－26　基于单位银行结算账户的真实 GDP 季度同比增长率拟合

2014 年第 3 季度开始，基于个人结算账户的拟合值同样与真实 GDP 增长率之间出现了较大的偏差（见图 4－27）。

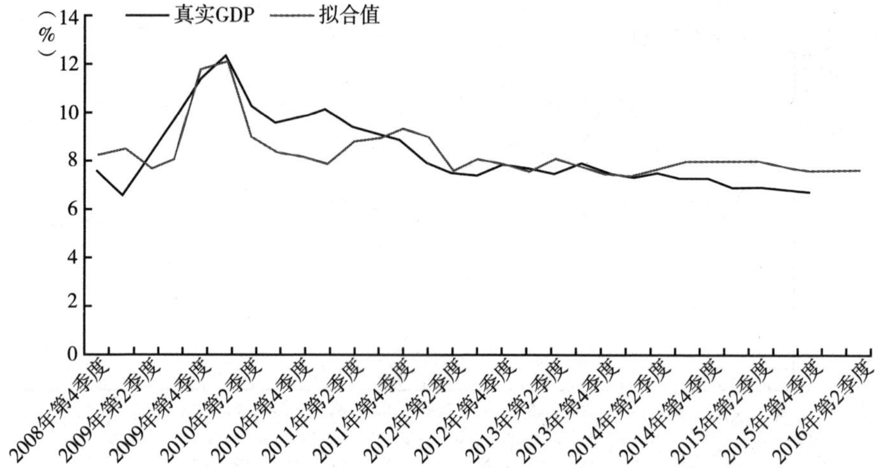

图 4－27　基于个人银行结算账户的真实 GDP 季度同比增长率拟合

三　支付清算指标与总体价格水平的联系

从2008年以来的数据看，PPI季度同比增长率较CPI季度同比增长率有着更大的波动性。而自2011年第4季度开始，PPI增长率就显著低于CPI增长率。2015年，PPI与CPI增长率之间的上述差距又进一步扩大了（见图4－28）。

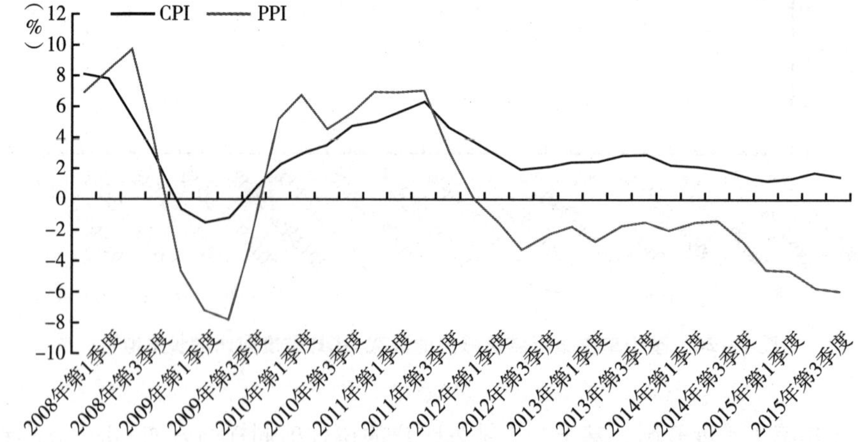

图 4－28　CPI 与 PPI 季度同比增长率

从 CPI 与 PPI 的联系来看，加入 2015 年的数据之后，两者仍然保持显著的相关性，PPI 增长率可以解释 CPI 增长率 70% 以上的波动。从图 4－29 可以看出，进入 2015 年以来，基于 PPI 的 CPI 增长率拟合与实际值出现了较大的偏差。

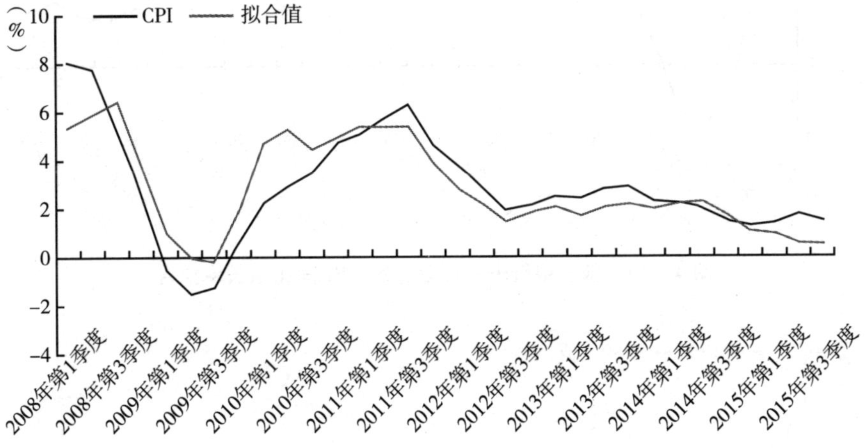

图 4－29 基于 PPI 的 CPI 同比增长率拟合

（一）支付清算指标与 CPI 的联系

在加入 2015 年的数据之后，CPI 季度增长率与非现金支付工具增长率之间的协整关系被破坏了。不过在具体的非现金支付方式中，滞后 2 期的银行卡支付业务增长率仍然保持与 CPI 之间的协整关系，它可以解释后者约 36% 的波动。从图 4－30 可以看出，基于银行卡支付业务的 CPI 增长率拟合效果并不令人满意，在 2015 年的后两个季度更是出现了大的偏差。

支付系统业务的总体规模增长率则保持与 CPI 增长率的协整关系。滞后 1 期的支付系统业务增长率可以解释 CPI 增长率中至少一半的波动。从图形来看，基于支付系统业务的 CPI 增长率拟合效果并不是很好，尤其是在 2009 年第 2 季度至 2014 年第 4 季度之间存在明显的错位。但是进入 2015 年之后，拟合值与实际值的同步性明显增强了，尽管两者在数值上还有不小的偏差（见图 4－31）。

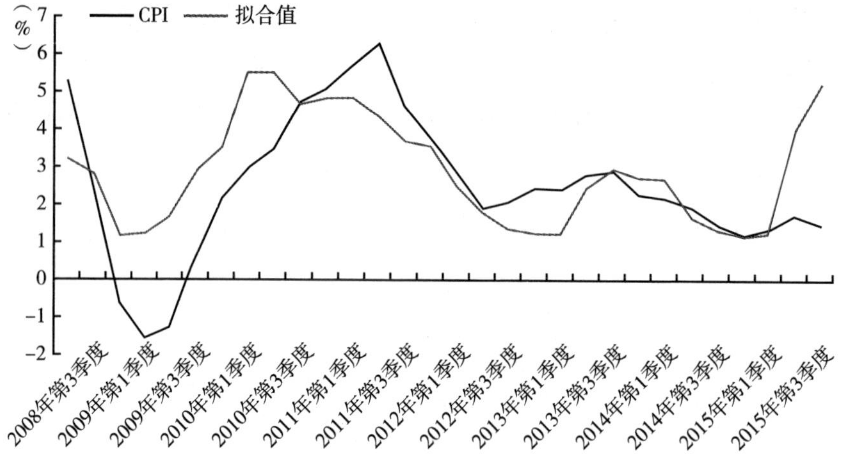

图 4－30　基于银行卡支付业务的 CPI 同比增长率拟合

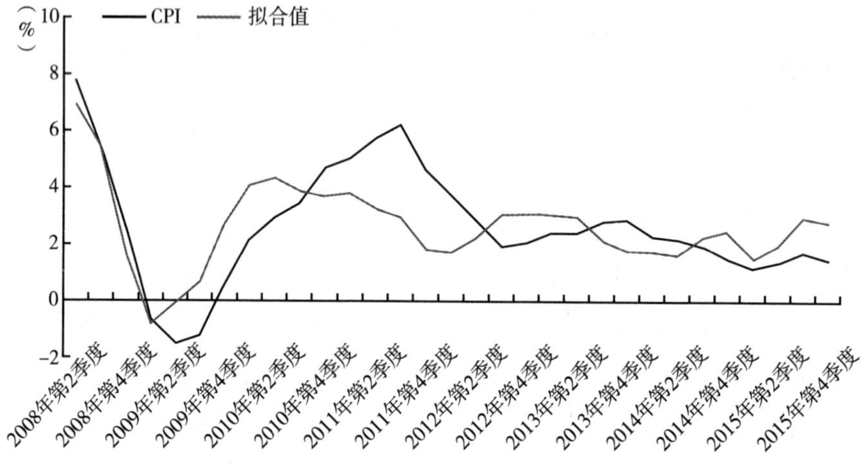

图 4－31　基于支付系统业务的 CPI 同比增长率拟合

在具体的支付系统业务中，滞后 1 期的大额实时支付系统与行内支付系统业务增长率保持与 CPI 增长率之间的相关性，它们分别能够解释 CPI 增长率中 40% 和 44% 的波动。从图形来看，进入 2015 年之后，基于行内支付系统业务增长率的 CPI 拟合值在趋势上与实际值更为相似，但基于大额实时支付系统业务增长率的 CPI 拟合在数值上与实际值更为接近（见图 4－32、图 4－33）。

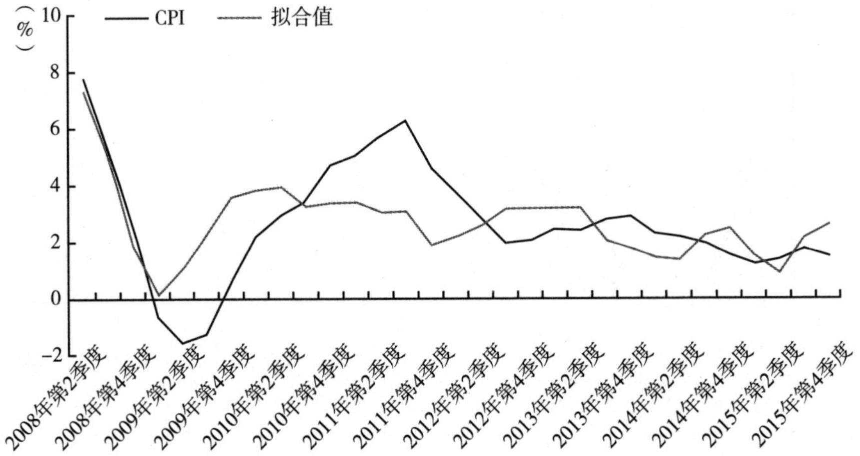

图 4－32　基于大额实时支付系统业务的 CPI 同比增长率拟合

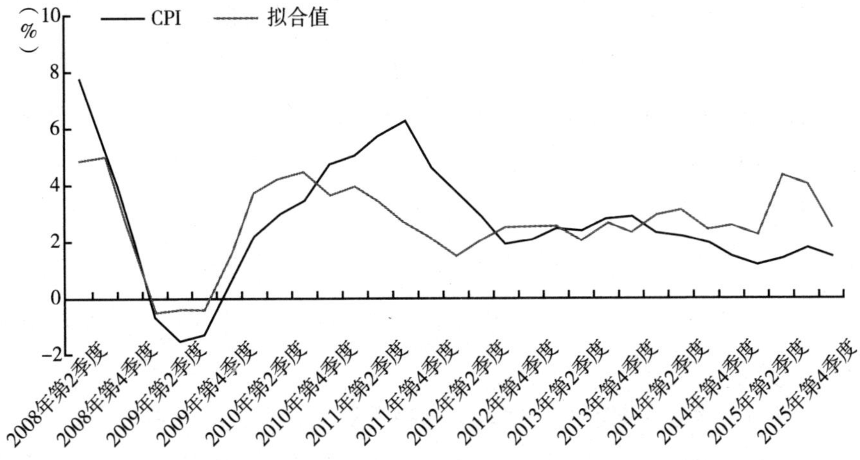

图 4－33　基于行内支付系统业务的 CPI 同比增长率拟合

在加入 2015 年的数据之后，银行结算账户增长率仍然保持与 CPI 同比增长率的相关关系。滞后 3 期的个人银行结算账户增长率可以解释 CPI 增长率约 40% 的波动，而滞后 1 期的单位银行结算账户增长率则可以解释 CPI 增长率 80% 以上的波动。从图 4－34 可以看出，基于单位银行结算账户的 CPI 增长率拟合在 2015 年各季度的效果也相当不错，没有出现太大的偏差。

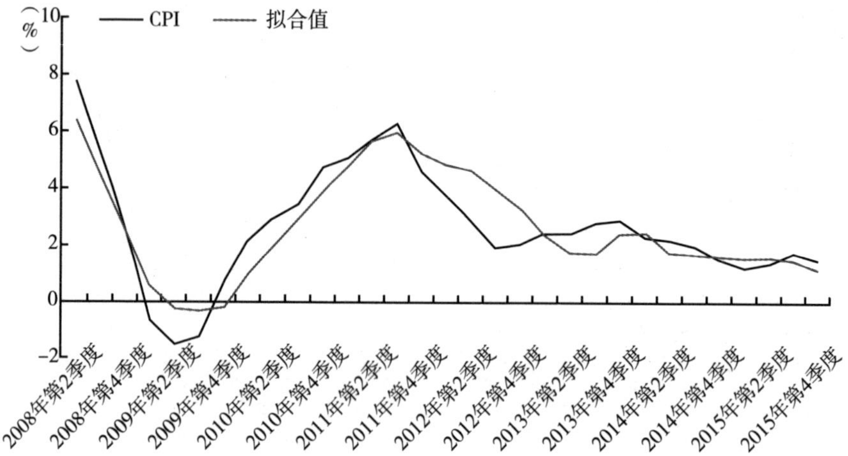

图 4 -34　基于单位银行结算账户的 CPI 同比增长率拟合

在 CPI 对支付清算系统运行的反作用方面，引入 2005 年数据之后得到的结果与之前类似。一个差异是非现金支付工具总规模增长率与 CPI 增长率之间的关系不再显著，不过在具体支付方式中，银行卡支付业务增长率仍然受到 CPI 增长率的显著影响。滞后 3 期的 CPI 增长率每提高 1 个百分点，会使得当前的银行卡支付业务增长率下降 5.4 个百分点。从图 4 -35 可以看出，基于 CPI 的银行卡支付业务增长率拟合在 2014 年第 3 季度之前效果较好，进入 2015 年之后，拟合值的增长趋势则明显较实际值缓和得多。

类似的，滞后 3 期的 CPI 增长率也影响着支付系统业务增长率。CPI 增长率每上升 1 个百分点，会使得 3 期后的支付系统业务增长率下调 4.6 个百分点。尽管从数值上看 CPI 增长率与支付系统业务增长率的关系要比银行卡支付业务增长率更为密切，但其拟合效果并没有明显优势。相反，对比图 4 -35 和图 4 -36 可以看出，在 2011 年第 4 季度之后基于 CPI 的支付系统业务增长率拟合值与实际值在变动趋势上存在很大差异，在 2015 年的拟合效果也存在较大偏差。

在银行结算账户方面，滞后 3 期的 CPI 增长率与单位银行结算账户季度增量的增长率密切相关，并且可以解释后者 56% 的波动。CPI 增长率上升 1

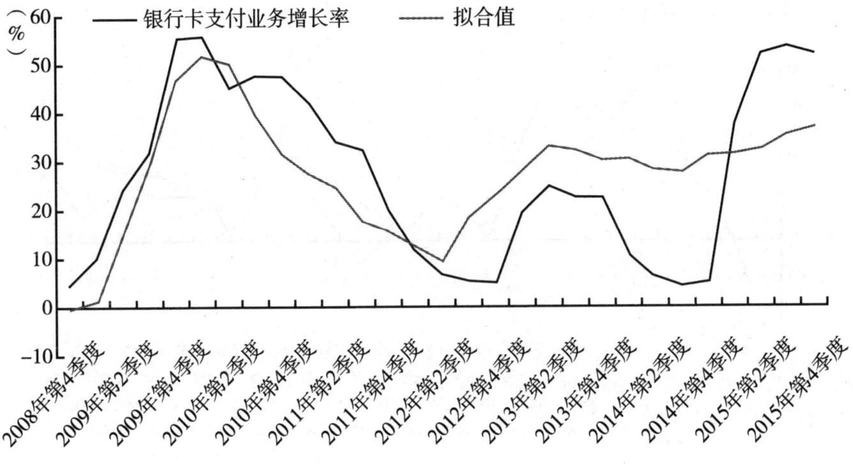

图 4-35　基于 CPI 的银行卡支付业务同比增长率拟合

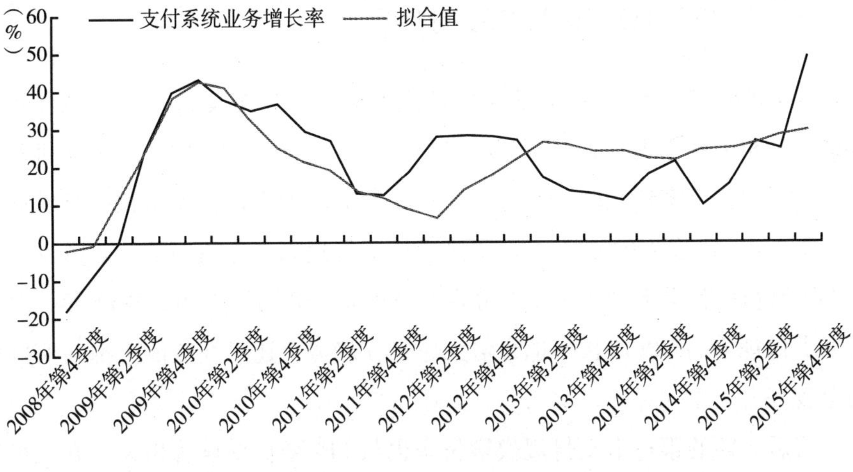

图 4-36　基于 CPI 的支付系统业务同比增长率拟合

个百分点预示着 3 个季度后单位结算账户季度增量的增长率下降 4.7 个百分点。值得注意的是，在单位银行结算账户与 CPI 的双向作用中，影响 CPI 增长率的是单位银行结算账户总数的增长率，而 CPI 增长率所影响的则是单位银行结算账户季度增量的增长率（见图 4-37）。

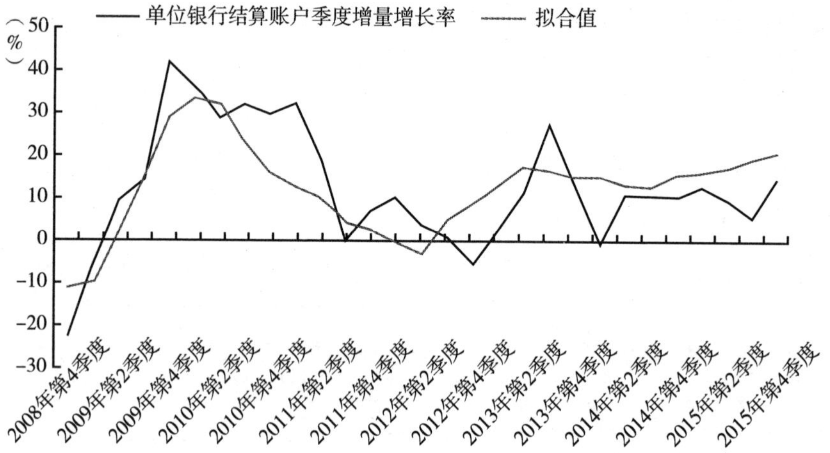

图 4-37　基于 CPI 的单位银行结算账户季度增量同比增长率拟合

（二）支付清算指标与 PPI 的联系

和 CPI 一样，在加入 2015 年的数据之后，非现金支付工具的总体规模与 PPI 的相关性不再显著。不过在具体的非现金支付方式中，票据与银行卡都与 PPI 增长率密切关联。其中，滞后 2 期的票据支付规模增长率能够解释 PPI 增长率一半以上的波动，并且其增长率每提高 1 个百分点，2 个季度后的 PPI 增长率就会上升 0.5 个百分点。从图 4-38 可以看出，2015 年，基于票据支付规模的 PPI 增长率拟合值无论是在趋势上还是在数值上都与实际值吻合较好。

滞后 2 期的银行卡支付规模增长率也与 PPI 增长率显著相关，并且可以解释后者 40% 的波动。当季银行卡支付规模增长率每提高 1 个百分点，预示着 2 个季度后 PPI 增长率上升 0.18 个百分点。从图 4-39 可以看出，2013 年之后基于银行卡支付规模的 PPI 增长率拟合效果不如基于票据的拟合，尤其是在 2015 年的第 3、第 4 季度，其拟合值更与实际值发生了大幅偏离。

支付系统业务增长率则保持了与 PPI 增长率的相关性。滞后 2 期的

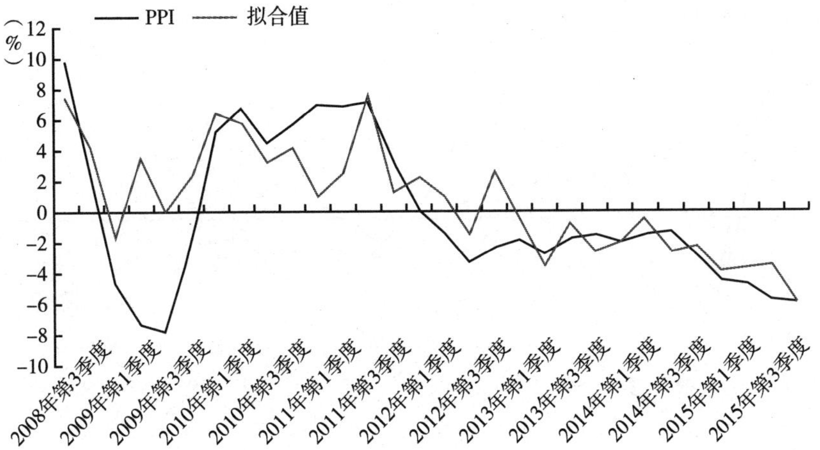

图 4－38　基于票据支付规模的 PPI 同比增长率拟合

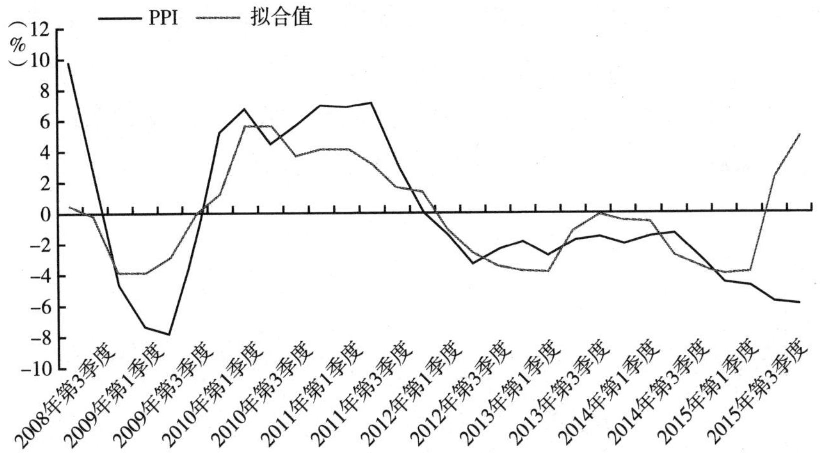

图 4－39　基于银行卡支付规模的 PPI 同比增长率拟合

支付系统业务规模增长率能够解释 PPI 增长率 56% 的波动。不过就拟合效果而言，2015 年基于支付系统业务规模的 PPI 增长率拟合值同实际值的差异仍然较大，尤其在后半年更是出现了趋势性的分离（见图 4－40）。

在具体的支付系统中，大额实时支付系统和银行卡跨行支付系统滞后

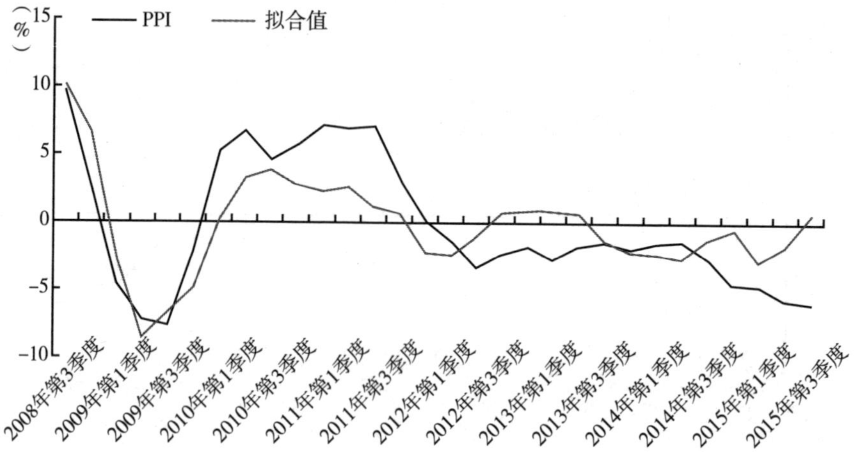

图 4－40　基于支付系统业务的 PPI 同比增长率拟合

2 期的业务规模增长率以及行内支付系统滞后 1 期的业务规模增长率都与 PPI 增长率相关。其中，滞后 1 期的行内支付系统业务增长率可以解释 PPI 增长率约 40% 的波动。从图 4－41 可以看出，基于行内支付系统业务的 PPI 增长率拟合值在变化趋势上与实际值非常接近，但是在数值上的偏差较大。

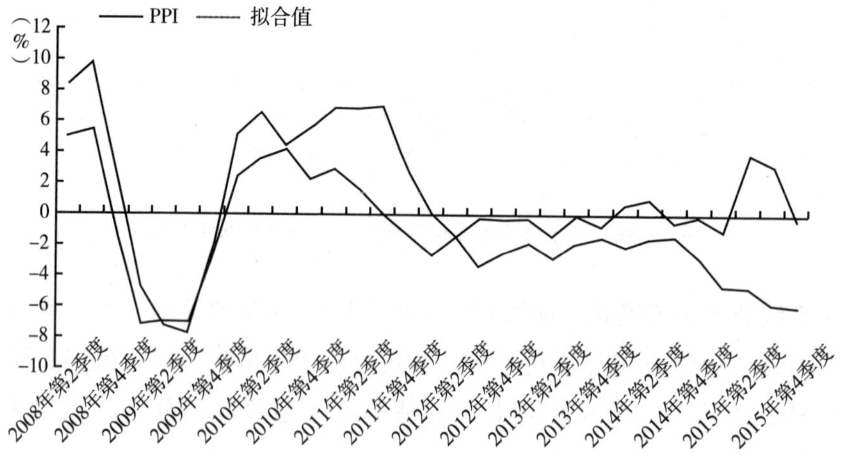

图 4－41　基于行内支付系统业务的 PPI 同比增长率拟合

对于银行结算账户，与 PPI 增长率密切相关的是单位银行结算账户的变动。其中，滞后 1 期的单位银行结算账户总数增长率和滞后 3 期的单位银行结算账户季度增量增长率都与 PPI 增长率显著正相关，分别能够解释其 49% 和 44% 的波动。对比图 4 - 42 和图 4 - 43 可以看出，基于单位银行结算账户季度增量增长率的 PPI 增长率拟合要比基于银行结算账户总数增长率的拟合更为精确，不过就 2015 年的数据而言，两者的效果都不是很好。

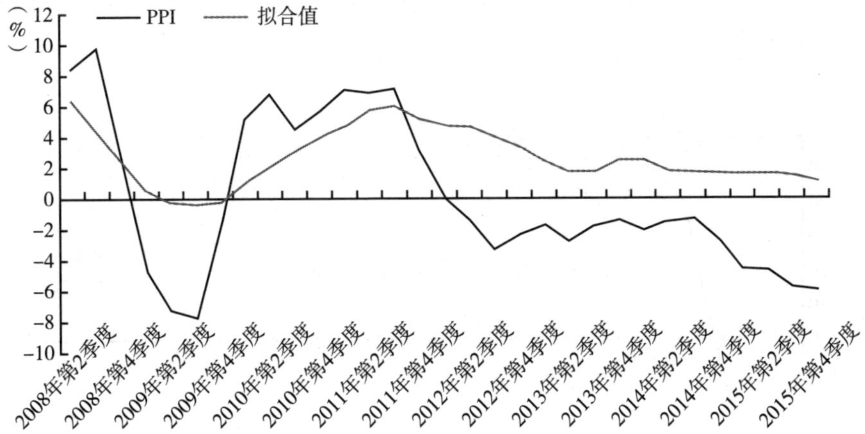

图 4 - 42　基于单位银行结算账户总数的 PPI 同比增长率拟合

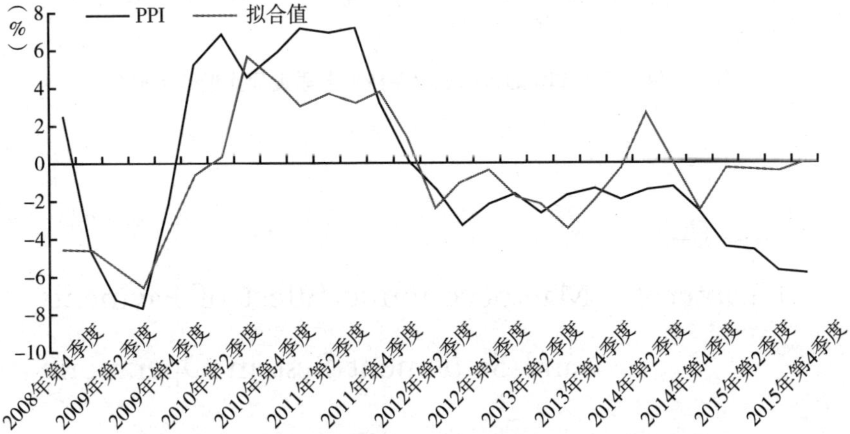

图 4 - 43　基于单位银行结算账户季度增量的 PPI 同比增长率拟合

PPI对于支付清算系统运行也同样有着反作用。在非现金支付工具方面，滞后3期的PPI增长率与非现金支付工具总体规模的增长率呈负相关，并且可以解释后者15%的波动。在具体的非现金支付方式中，滞后3期的PPI增长率与信用卡支付和其他支付方式的交易规模增长率呈负相关。在支付系统业务方面，滞后3期的PPI增长率与支付系统业务总体规模增长率呈负相关，并且可以解释后者24%的波动。在各支付系统中，滞后2期的PPI增长率与大额实时支付系统业务和银行卡跨行支付业务的增长率呈负相关，而滞后3期的PPI增长率与行内支付系统业务增长率呈负相关，并且能够解释后者40%的波动（见图4-44）。

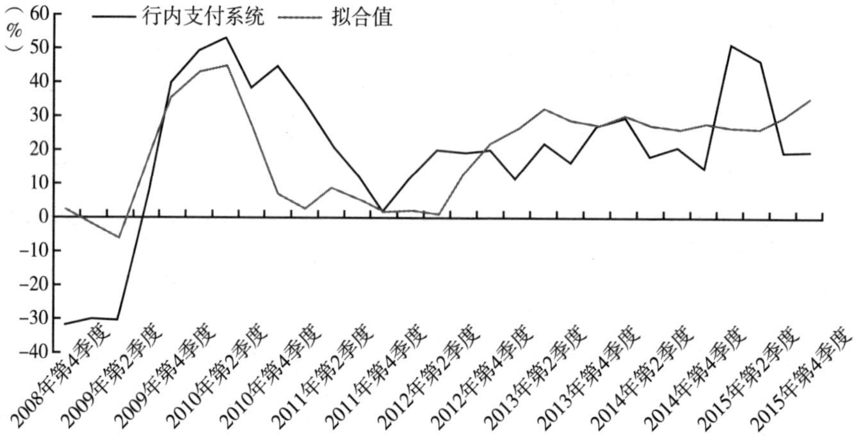

图4-44　基于PPI的行内支付系统业务季度同比增长率拟合

Chapter 4　Macroeconomic Effect of Payment and Settlement System Operation

Abstract: This chapter describes the structural change of payment and settlement indexes and test their relationship with economic growth and inflation with the macroeconomic data in 2015. It revalue the possibility to use payment and settlement indexes as forecasting factors for business cycle.

Keywords: Noncash Payment; Payment System; Bank Settle Account; Macro-economy

第五章　支付清算体系运行、区域经济与金融发展*

摘　要：　本章基于中国人民银行大额实时支付系统数据，对我国资金流动的总体区域分布格局进行了描述，分析了全国主要地区在资金流动中的地位及影响因素，并就各地区基于资金流动模式而形成的相互关系及其演变进行了探讨。

关键词：　大额实时支付系统　资金流动　经济一体化

在本章，我们将基于中国人民银行大额实时支付系统数据，对我国区域资金流动结构做一分析。

一　各地区资金流动规模

2014 年，我国资金流动总量最高的 5 个地区依次为北京、上海、深圳、浙江、江苏，与 2013 年相比，序列中浙江替代了广东。2014 年，我国资金流动总量最低的 5 个地区依次为青海、宁夏、西藏、海南、贵州，与 2013 年相比，包含的地区相同，仅仅是排序出现了变化（见图 5－1）。实际上，从 2007 年至今，我国区域资金流动规模的基本分布模式没有太显著的改变，这也是需要在区域金融发展政策中着力加以解决的一个问题。

* 由于数据的可得性因素，本章的年度数据截至 2014 年。

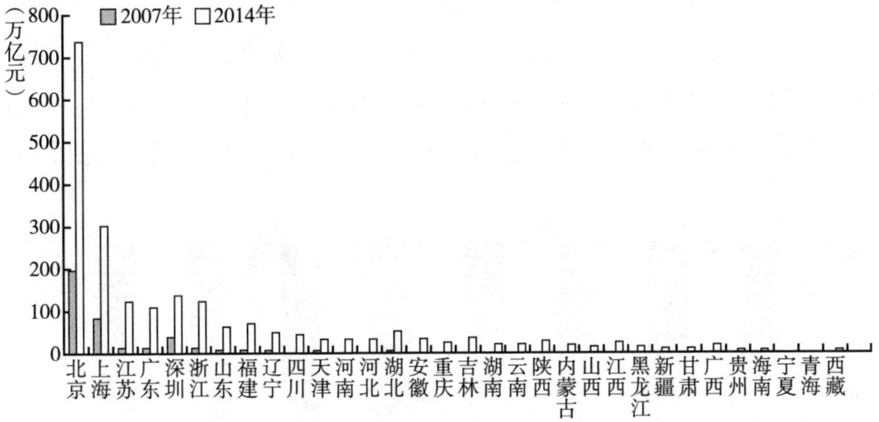

图 5－1　各地区大额实时资金流动规模

注：图中的资金流动规模为区域年度资金流入与流出的平均值。

与区域资金流动规模的地区排名相对应，2014 年我国地区间资金流动的分散化程度也没有明显改变，北京、上海、深圳三地在总量中所占的比重分别为 32%、13% 和 6%，除深圳的比重上升了 1 个百分点外（这也是其比重自 2007 年有记录以来的首次上升），其他两个资金枢纽的比重都没有变化（见图 5－2）。由此，上海在区域资金流动中的比重连续 5 年保持稳定。

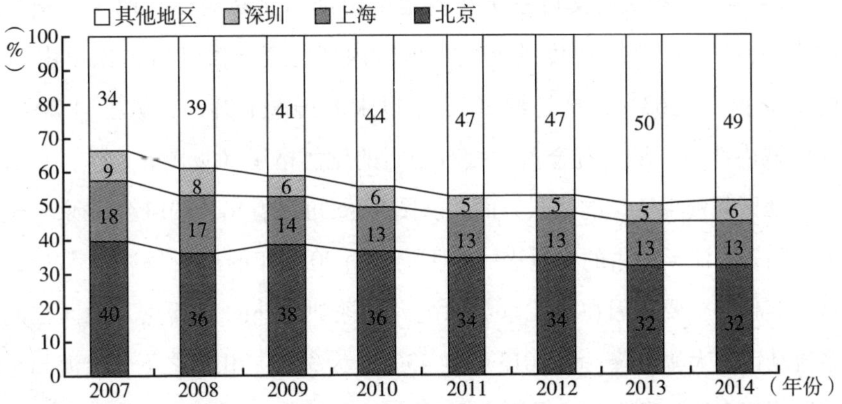

图 5－2　北京、上海与深圳大额实时资金流动规模占比变化

相形之下，2014 年各地区内部大额实时资金流动规模的分布结构则有了比较大的变化。其中，北京所占的比重由 2013 年的 32% 上升到 38%，而上海由 2013 年的 11% 上升到 12%，深圳则保持 4% 的份额不变，由此其他地区所占比重由 2013 年的53% 下降到46%，逆转了自 2007 年以来的分散化趋势（见图5－3）。

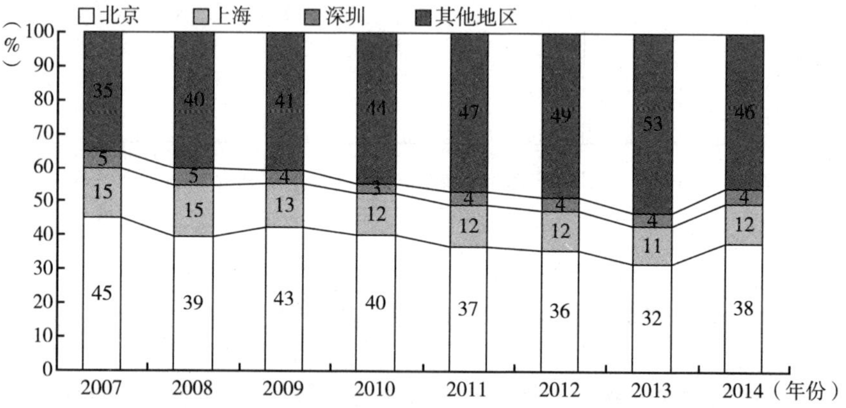

图 5－3　北京、上海与深圳地区内部大额实时资金流动规模占比变化

二　地区间资金流动情况

2014 年，大额实时支付系统在各地区内部的交易规模与地区间交易规模的比例也出现了较大幅度的变化，地区内部的资金流动所占比重由 2013 年的 58% 提升至 63%，这是继 2013 年以来的再次上升，打破了自 2007 年以来区域内部与区域间资金流动相对稳定的比例格局（见图 5－4）。

在地区间资金流动的模式方面，从图 5－5 可以看出，2014 年北京与全国各地区间资金流动所占的比重进一步下降，由 2013 年的 64% 缩减为 57%，导致这一变化的主要原因在于北京与除上海、深圳之外的“其他”地区之间的资金流动比重大幅下降，由 2013 年的 43% 变为 37%。相形之下，上海与全国各地区间资金流动所占的比重则由 2013 年的 28% 上升至 29%，提高了 1 个百分点。深圳与全国各地区间资金流动所占的比重也由 2013 年的 13% 上升至

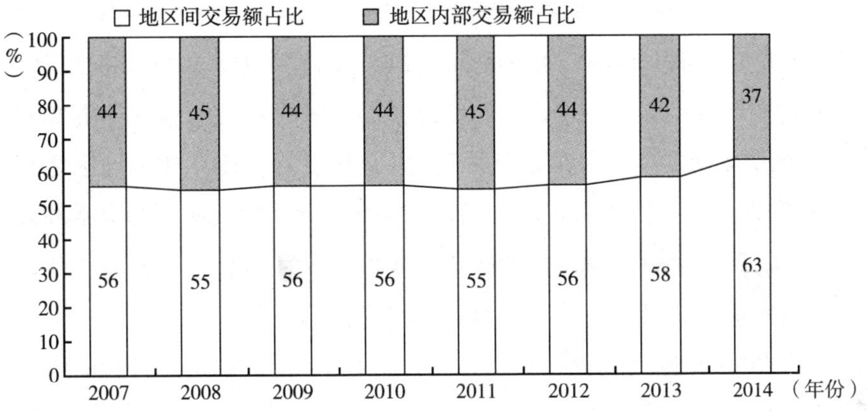

图5－4　大额实时支付系统在各地区内部及地区间交易规模比例

15%，提高了2个百分点。结合图5－3和图5－4分析，北京似乎在区域内部资金流动规模迅猛发展的同时，在全国地区间资金流动枢纽的地位有所下降。

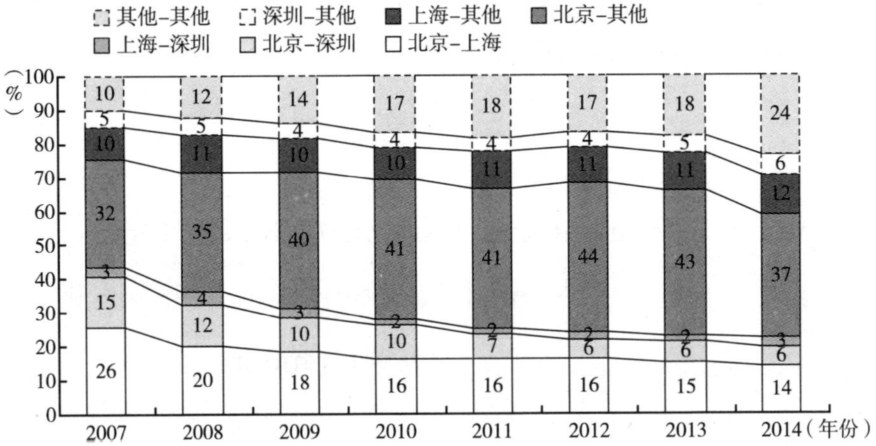

图5－5　大额实时支付系统地区间交易状况

注：基数为全国异地交易金额的总和。

为了更为深入地分析地区间资金流动模式的变化，我们采用聚类分析方法，分别基于2007年和2014年大额实时支付系统内部的资金交易占比情况对各地区进行分类。两个地区之间的资金交易占比越大，则意味着其经济与金融关系越紧密。在结构图中，所有32个地区按照资金关系紧密程度被归类，并最终合并为一个总体。尽管这种聚类分析方法不是非常严格，具有较强的探索性质，但它至少可以为我们了解地区间的资金流动关系提供一些有用的线索。

对比图 5－6 和图 5－7，我们发现各地区间的资金交易关系在 2007～2014 年的 7 年间发生了一些显著的变化。总体上看，2007 年各地区之间的聚类关系受地缘因素的影响更大，而 2014 年的聚类模式则更为灵活和多样化。例如，2007 年，广东与广西在资金联系上最为接近，但在 2014 年，广东则与深圳的资金流动关系更为紧密。2007 年，东北三省属于同一聚类板块，但在 2014 年则分散到其他板块当中。在这当中，各地区自身的金融发展和全国资金流动整体格局的改变成为影响聚类板块演变的重要因素。如在 2007 年，天津与深圳的资金交流更为密切，而在 2014 年，天津则更接近北京、上海、广东、深圳所构成的金融枢纽圈。不过在这一过程中，也有一些区域间的资金交易模式保持相对恒定，主要原因则是相近的经济与金融发展水平和地缘因素。如北京和上海始终保持紧密的资金联系，而江苏与浙江、江西与湖北等聚类板块也没有发生改变。

Chapter 5 Payment and Settlement System Operation, Regional Economies and Financial Development

Abstract: Based on the data from High-Value Payment System (HVPS) of People's Bank of China, this chapter ranks Chinese province-level regions by the volume of payment and describes the pattern of fund transfer among them. It analyzes the driving factors behind the payment flows among the regions and discusses the relationship between regional integration and payment flows.

Keywords: High-Value Payment System; Regional Economy; Regional Integration

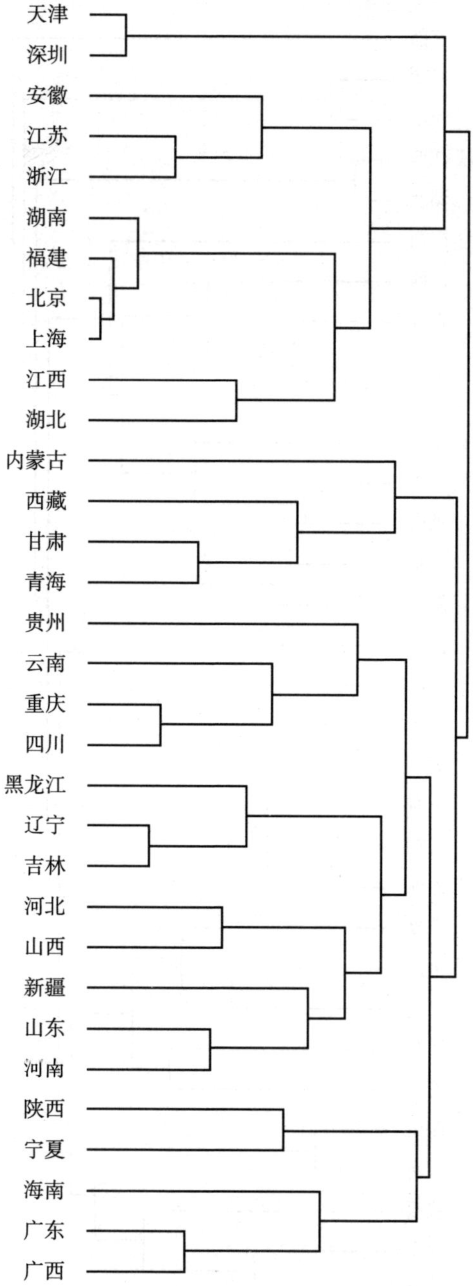

图 5－6　基于 2007 年大额实时支付系统数据的聚类分析

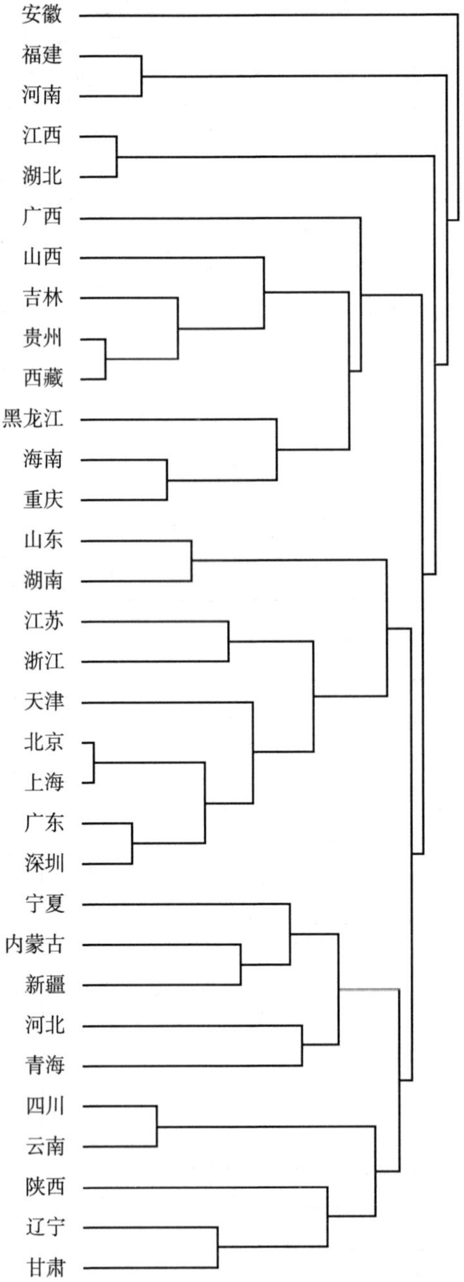

图 5－7　基于 2014 年大额实时支付系统数据的聚类分析

第六章　支付清算体系运行与金融系统稳定

摘　要：　本章从纵向与横向两个维度对支付清算体系运行与金融系统稳定之间的关系进行了分析，着重考察了支付清算指标与实体经济增长之间的长期稳定关系在预测金融体系中泡沫的作用，以及银行类金融机构之间资金流动模式对金融市场稳定的含义。

关键词：　支付清算　金融稳定　金融泡沫

在本章，我们将从纵向和横向两个角度，考察支付清算体系运行与金融体系稳定之间的关系，并对相关影响因素进行分析。

一　支付清算指标与宏观经济稳定

通过第四章的分析我们看到，在支付清算指标与经济增长及总体价格水平之间存在较为稳定的协整关系。基于这种协整关系，我们有两种方式对经济运行的安全性进行检测：第一，如果根据当前支付清算数据和上述协整关系计算出的未来经济增长率可能出现大幅滑落或通货膨胀率可能大幅上升，那就意味着宏观经济运行存在恶化的风险；第二，如果根据已有支付清算体系和经济运行数据得到的两者数值大大偏离上述协整关系，尤其是如果支付清算指标值大大高于当前实体经济水平所对应的合理数值，那么经济中可能存在脱离实体经济运行的金融泡沫。根据这一思路，我们基于第四章的分析获得宏观经济指标与支付清算指标之间的协整关系，再由当前支付清算数据生成 GDP 增长率等宏观经济指标的拟合值，然后将拟合值与实际值进行对比，通过对基于支付清算数据拟合的宏观经济指标的残差分析，对特定时期宏观经济运行的健康状况加以判断。

我们采用以下两个拟合公式：

$$g_{NGDP} = 0.365073 \times L2.g_{BILL} + 0.0739772 \times L2.g_{HVRP} + 0.1282885 \times L2.g_{CACCT} + 8.158558 \quad (1)$$

$$g_{RGDP} = 0.098086 \times L.g_{BILL} + 0.0395321 \times L.g_{BCARD} + 0.0267704 \times L.g_{CACCT} + 6.45735 \quad (2)$$

其中，g_{NGDP}、g_{RGDP}、g_{BILL}、g_{HVRP}、g_{CACCT}、g_{BCARD}分别表示名义 GDP、真实 GDP、票据支付业务、大额实时支付系统业务、单位银行结算账户季度增量、银行卡跨行支付系统业务指标的季度同比增长率，L 为滞后算子。

将 2008 年至今的相关支付清算指标数据代入式（1），得到的名义 GDP 季度同比增长率的拟合残差见图 6－1。残差的值越大，表明名义 GDP 的拟合值超出实际值越多，从而经济中存在流动性泡沫的可能性也就越大。从图 6－1 可以看出，残差总体位于－4%～3%的区间内。其中，2010 年第 2 季度、2012 年第 4 季度、2014 年第 1 季度的残差在 2%之上，而 2011 年第 1 季度和第 2 季度的残差则超出－3%。如果仅从图 6－1 的残差动态来看，2015 年的宏观金融运行与最近几年相比并没有异常的金融泡沫现象。

类似的，将数据代入式（2）得到真实 GDP 季度同比增长率的拟合残差（见图 6－2）。从图 6－2 可以看出，真实 GDP 季度同比增长率拟合的残差范围比名义 GDP 更小，除了 2009 年第 1 季度外都在－1%～1%的区间内，其中几个残差较大的时期分别为 2010 年第 4 季度、2011 年第 2 季度、2012 年第 3 季度、2013 年第 2 季度和 2014 年第 1 季度。同样，与近期历史水平比较，2015 年的残差水平虽然较高，但并没有达到异常的地步。

由于数据长度的限制，目前我们还无法设置 GDP 拟合残差波动幅度的预警区间。不过鉴于支付清算指标与宏观经济变量之间的密切联系，上述监测方法应该能够为宏观经济波动的评估提供一定的参考。但值得注意的是，

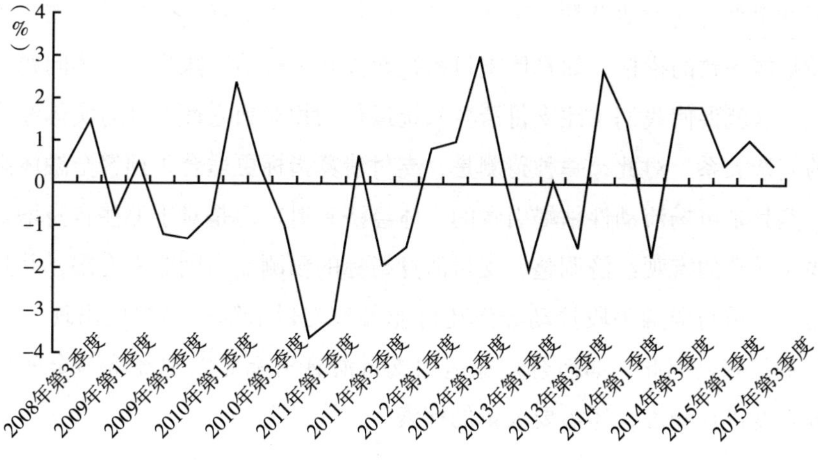

图 6－1　名义 GDP 季度同比增长率拟合残差

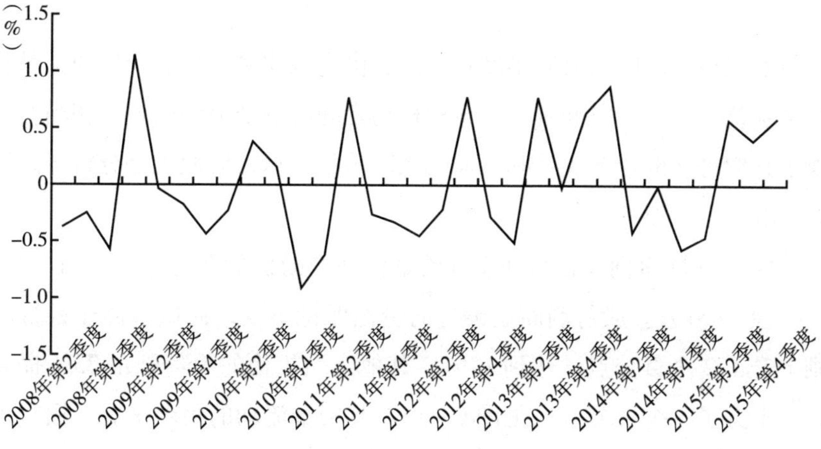

图 6－2　真实 GDP 季度同比增长率拟合残差

回顾前面的分析我们看到，在经济增长率面临下行压力的 2015 年，基于支付清算指标所进行的宏观经济变量拟合效果普遍不尽如人意。除了非现金支付工具中的票据之外，基于其他支付清算指标所给出的经济增长率或通货膨胀率都显著超出了实际值。相形之下，对于 2008～2009 年经济增长面临的负向冲击，支付清算指标则给出了有效的拟合或预测，这一反差的原因是值得我们深思的。对于某些支付清算指标，如非现金支付工具，这一现象部分地可以用央行支付清算数据统计口径的变化来加以解释，但是对于那些统计口径基本一致的指标，如具体支付系统业务和银行结算账户，上述问题仍然存在，这就促使我们关注支付清算系统运行的相对独立性及其与实体经济之间的复杂关系。对此，一种猜测是，支付清算指标更适合于预警金融体系问题，尤其是市场流动性枯竭引致的实体经济衰退，但是对于那些自身增长动力弱化导致的宏观经济调整，支付清算指标的预测能力则非常有限，并且政府通过货币与金融手段拉动经济还可能导致支付清算交易规模出现“内生性”的扩张。因此，如何合理地运用支付清算指标对宏观经济与金融体系的健康度进行测度，还需要大量的探索。

二　银行间资金流动与金融体系稳定性

与宏观经济风险的时间维度相对应，由金融体系结构而产生的金融脆弱性则是系统性风险的空间维度。金融机构之间的资金流动模式在相当程度上反映了它们之间的业务关系和可能的风险传染渠道，因此也是分析金融体系稳定性的一个重要侧面。

2014 年，国有商业银行在全国资金流动中的份额明显下降，由 2013 年的 35% 变为 31% 。股份制商业银行的份额保持不变，而城市商业银行的份额则上升了 2 个百分点，达到 12% 。其他金融机构的份额则由 23% 提高到 26% ，上升了 3 个百分点（见图 6 – 3）。从资金流动的角度来看，银行市场结构正在不断分散化。

在资金流向上，2014 年银行间资金流转所占比重大幅上升，由 2013 年的 55% 变为 63% （见图 6 – 4）。在同类银行业机构内部的资金流转总量中，国有商业银行的比重由 2013 年的 46% 变为 44% ，延续了 2013 年以来的下降态势，而股份制商业银行的比重则由 42% 变为 44% ，城市商业银行的比重由 2013 年的 5% 上升为 7% ，其他金融机构的比重则由 2013 年的 3% 进一步下降为 1% （见图 6 – 5）。由此可以看出，银行业金融机构内部资金占比变化趋势与总体资金比重变化趋势相当一致，显示了市场的进一步分散化。

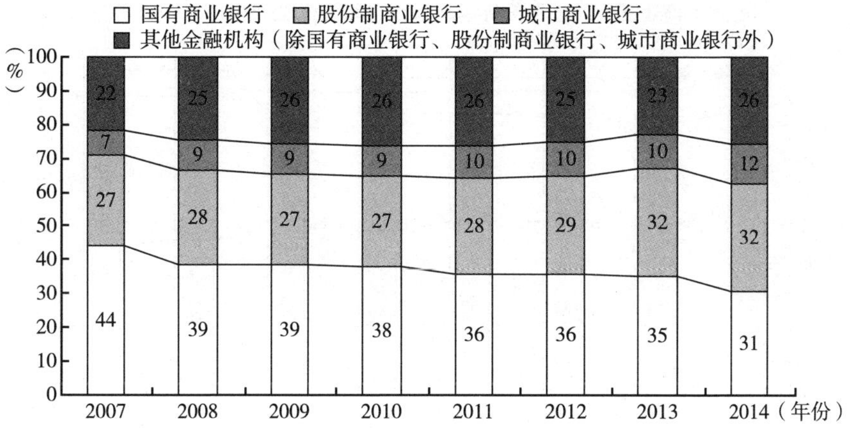

图 6－3　各类金融机构在大额实时支付系统中的比重变化

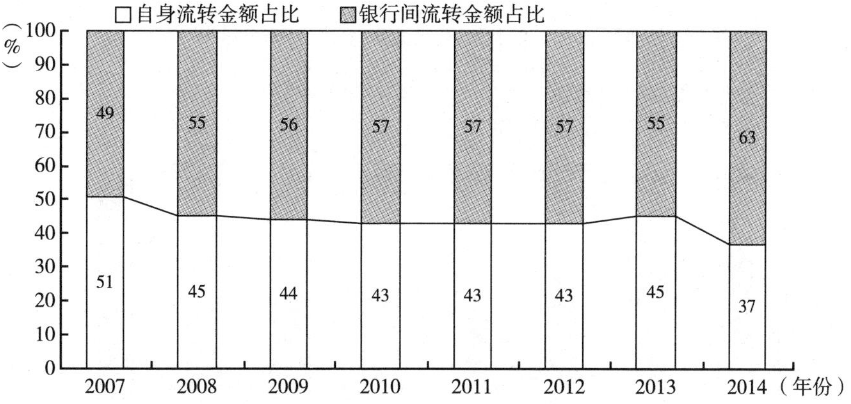

图 6－4　同类金融机构内部资金流转比例

在不同类型银行业金融机构之间资金流动的占比方面，国有商业银行相关资金的份额同样进一步下降，由 2013 年的 51% 变为 47%。股份制商业银行的相关资金份额也有所下滑，由 49% 变为 48%。但值得注意的是，在国有商业银行与股份制商业银行之间资金交易占比下降的同时，股份制商业银行与城市商业银行及其他金融机构资金交易的份额都有所上升，因此上述资金格局的变动可能更多地反映了国有商业银行市场地位的弱化（见图 6－6）。

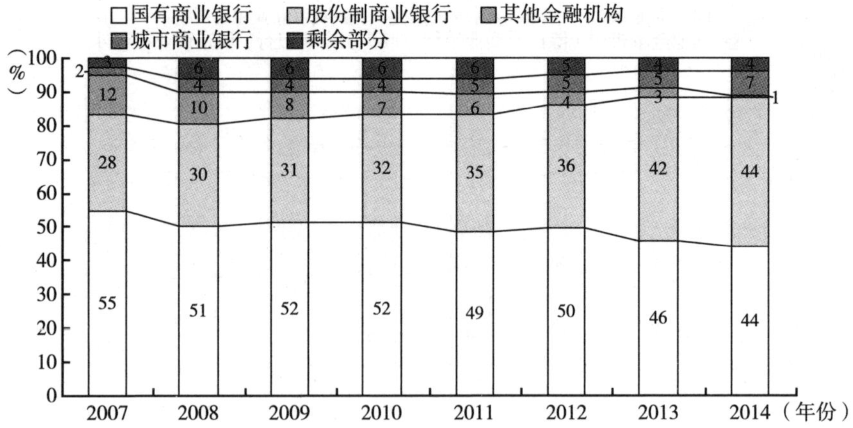

图 6－5　各类金融机构内部资金占比变化

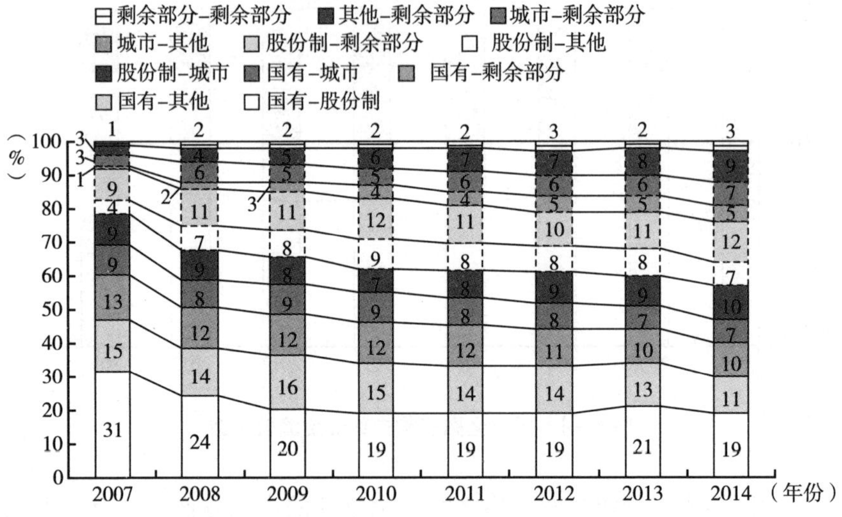

图 6－6　不同类型金融机构之间资金流动占比变化

表 6－1 更为具体地显示了大额实时支付系统内的资金交易状况。从表 6－1 可以看出，对于大部分金融机构类型而言，国有商业银行和股份制商业银行是主要的资金交易对象。这其中的例外是外资银行，其最大份额的资金流动都发生在同类机构之间。

表 6－1　各类金融机构的资金交易比重

单位：%

机构类型	城市商业银行	股份制商业银行	国有商业银行	农村商业银行	农村信用社	其他金融机构	外资银行	政策性银行	中国邮政储蓄银行
城市商业银行	22	26	23	3	5	12	2	6	2
股份制商业银行	9	53	20	1	4	8	2	2	1
国有商业银行	6	16	58	1	4	11	2	1	1
农村商业银行	16	24	21	4	5	20	1	7	2
农村信用社	12	29	29	2	8	16	0	2	2
其他金融机构	11	19	34	3	6	18	3	4	2
外资银行	5	19	20	0	1	11	39	4	1
政策性银行	20	20	17	4	3	15	4	15	3
中国邮政储蓄银行	14	23	30	2	5	17	2	6	1

注：表格中的值（2007～2014 年平均值）是交易金额占各行金融机构总交易金额的比例，横向加总为 100%。

为了对银行间的资金流动模式进行综合分析，我们对 2007～2014 年各银行资金交易占比情况进行了相关性分析。相关系数大，则意味着两种银行的交易模式类似。银行间资金流动的相关系数见表 6－2。

表 6－2　银行间资金流动的相关系数

机构类型	城市商业银行	股份制商业银行	国有商业银行	农村商业银行	农村信用社	其他金融机构	外资银行	政策性银行	中国邮政储蓄银行
城市商业银行	1	0.79	0.64	0.93	0.91	0.81	0.18	0.89	0.91
股份制商业银行	0.79	1	0.43	0.76	0.83	0.59	0.30	0.62	0.72
国有商业银行	0.64	0.43	1	0.63	0.79	0.93	0.31	0.46	0.85
农村商业银行	0.93	0.76	0.63	1	0.93	0.86	0.15	0.88	0.94
农村信用社	0.91	0.83	0.79	0.93	1	0.93	0.23	0.72	0.97
其他金融机构	0.81	0.59	0.93	0.86	0.93	1	0.29	0.67	0.97
外资银行	0.18	0.30	0.31	0.15	0.23	0.29	1	0.11	0.27
政策性银行	0.89	0.62	0.46	0.88	0.72	0.67	0.11	1	0.80
中国邮政储蓄银行	0.91	0.72	0.85	0.94	0.97	0.97	0.27	0.80	1

从表 6－2 可以看出，国有商业银行与农村信用社、中国邮政储蓄银行、其他金融机构之间，股份制商业银行与城市商业银行、农村商业银行、农村

信用社之间，城市商业银行与农村商业银行、农村信用社、政策性银行、中国邮政储蓄银行、其他金融机构之间，农村商业银行与城市商业银行、农村信用社、中国邮政储蓄银行、政策性银行、其他金融机构之间，政策性银行与城市商业银行、农村商业银行、中国邮政储蓄银行之间，都存在较高的相关性，而外资银行与其余任何金融机构之间的交易模式相关性都比较弱。从目前的市场结构来看，只要作为市场枢纽的国有商业银行不出现大的问题，上述各类银行业机构之间的业务相关性应当不至于发展成为系统性风险。但股份制商业银行在金融体系中正发挥越来越大的作用，对其系统性风险的含义还需要进一步关注。

Chapter 6 Payment and Settlement System Operation and Financial Stability

Abstract: This chapter discusses the implication of payment and settlement indexes on macroeconomic fluctuation and financial stability. Taking the long-term relationship between payment and settlement transaction and GDP growth as a reference, it evaluates the scale of bubbles in the economy. It also analyzes the structural changes of fund flow pattern between banking institutions and their implication on financial fragility.

Keywords: Payment and Settlement; Business Cycle; Financial Stability

第七章　支付清算体系运行与货币政策

摘　要：本章首先介绍了2015年货币政策实施和货币供给的概况；其次分析了支付系统的发展现状，并实证研究了支付系统发展对货币供给量的影响；再次阐述了人民币跨境支付系统的基本情况，并讨论了人民币跨境支付系统对货币政策的影响；最后分析了供给侧结构性改革对货币信贷结构和支付清算的影响。

关键词：货币政策　支付清算　人民币跨境支付系统　供给侧结构性改革

一　2015年货币政策实施概况

（一）货币政策实施概况

2015年，国内外经济环境错综复杂，多种不确定性因素持续发酵，经济增长率由2014年的7.4%下滑至2015年的6.9%，为近25年以来的最低增速。面对较大的经济下行压力，中国人民银行实施了稳健的货币政策，保证了流动性的合理充裕和利率的基本稳定。货币政策实施概况主要包括以下三点。

第一，综合采用多种货币政策工具调节银行体系的流动性。2015年，外汇占款下降幅度屡创纪录，全年只有1月和10月外汇占款出现小幅上升，其余月份全部呈现下降态势（见图7－1）。长期以来，外汇占款是中央人民银行基础货币投放的重要方式之一，外汇占款出现大幅下降，无疑使社会流动性趋于紧张。鉴于此，中国人民银行综合运用公开市场操作、中期借贷便利、普降金融机构存款准备金率等多种工具调节银行体系的流动性，补充因外汇占款下降等而形成的流动性缺口①，保持银行体系的合理充裕。

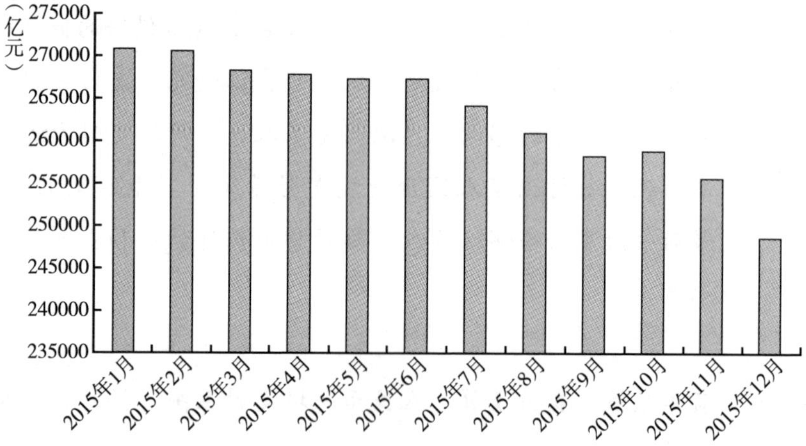

图 7－1　2015 年外汇占款余额

第二，多次下调利率，引导融资成本下行。一是五次下调人民币存贷款基准利率。以金融机构人民币贷款基准利率为例，2015 年经过五次调整，一年以内的贷款基准利率从 2014 年末的 5.60% 下降至 2015 年末的 4.35%，下降了 1.25 个百分点（见表 7－1）。二是九次引导公开市场逆回购操作利率下行。2015 年公开市场累计开展逆回购 3.2 万亿元，通过投放短期流动性引导利率下行，有效稳定市场预期。三是下调信贷政策支持再贷款、中期借贷便利和抵押补充贷款利率。如中国人民银行于 2015 年 11 月 20 日下调中期借贷便利利率，对符合宏观审慎要求的地方法人金融机构隔夜、7 天的常备借贷便利利率分别调整为 2.75%、3.25%，满足了金融机构的大额流动性需求。通过下调信贷政策支持再贷款、中期借贷便利和抵押补充贷款利率，有效引导市场预期和降低融资成本。

① 流动性缺口是指银行资产与负债之间的差额。

表 7－1　2015 年人民币存贷款基准利率调整情况

单位：%

金融机构人民币存款基准利率	2014 年 11 月 22 日	2015 年 3 月 1 日	2015 年 5 月 11 日	2015 年 6 月 28 日	2015 年 8 月 26 日	2015 年 10 月 24 日
活期存款	0.35	0.35	0.35	0.35	0.35	0.35
三个月	2.35	2.10	1.85	1.60	1.35	1.10
半年	2.55	2.30	2.05	1.80	1.55	1.30
一年	2.75	2.50	2.25	2.00	1.75	1.50
二年	3.35	3.10	2.85	2.60	2.35	2.10
三年	4.00	3.75	3.50	3.25	3.00	2.75
金融机构人民币贷款基准利率	2014 年 11 月 22 日	2015 年 3 月 1 日	2015 年 5 月 11 日	2015 年 6 月 28 日	2015 年 8 月 26 日	2015 年 10 月 24 日
一年以内(含一年)	5.60	5.35	5.10	4.85	4.60	4.35
一至五年(含五年)	6.00	5.75	5.50	5.25	5.00	4.75
五年以上	6.15	5.90	5.65	5.40	5.15	4.90

资料来源：中国人民银行。

第三，通过实施定向降准等手段引导金融机构将更多信贷资源配置到国民经济重点领域和薄弱环节。如 2015 年 6 月 28 日的定向降准中，为支持“三农”，对符合条件的城市商业银行、非县域农村商业银行降低存款准备金率 0.5 个百分点；为支持“三农”和小微企业，对符合条件的国有大型商业银行、股份制商业银行、外资银行降低存款准备金率 0.5 个百分点；为支持实体经济，增强大型企业集团内部资金的融通功能，降低财务公司存款准备金率 3 个百分点。通过定向降准，配置到国民经济重点领域和薄弱环节的信贷资源显著增加。

（二）货币供给概况

从余额看，2015 年末广义货币供给量 M2 余额为 139.2 万亿元，同比增长 13.34%，比 2014 年末高出 1.1 个百分点。狭义货币供给量 M1 余额为 40.1 万亿元，同比增长 15.20%，比 2014 末高出 12 个百分点。流通中货币供给量 M0 余额为 6.3 万亿元，同比增长 4.91%，比 2014 末高出 2 个百分点。从增速看，

2015年，M2同比增速前低后高，上半年基本保持在10%～11%，之后在连续出台的稳增长政策的推动下，从7月开始跃升至13%以上，下半年6个月均保持在13%以上。M1同比增速呈现先低后高的趋势，从2015年1月的10.55%降至3月的2.91%，但之后M1增速一路上扬，一度超过15%。M0增速波动较大，2015年1月仅为－17.58%，2月即增至16.97%，之后基本上保持在3%左右（见表7－2）。2015年末，基础货币余额为27.6万亿元，较2014年末减少1.8万亿元，增速下降至6%。基础货币下降的主要原因在于2015年多次通过降低法定存款准备金率为金融体系提供流动性，但是降低存款准备金率并不会增加基础货币，这也是基础货币下降，同时货币乘数上升的主要原因。2015年末货币乘数为5.04，比2014年末提高了0.86。

表7－2　各层次货币供给量及同比增长率

日期	货币和准货币（M2）		货币（M1）		流通中货币（M0）	
	数量（亿元）	同比增长（%）	数量（亿元）	同比增长（%）	数量（亿元）	同比增长（%）
2015年1月	1242710	10.61	348110	10.55	63041	－17.58
2015年2月	1257380	11.10	334439	5.63	72896	16.97
2015年3月	1275333	9.88	337211	2.91	61950	6.21
2015年4月	1280779	9.58	336388	3.67	60772	3.68
2015年5月	1307358	10.58	343086	4.65	59076	1.77
2015年6月	1333375	10.23	356083	4.27	58604	2.90
2015年7月	1353211	13.31	353122	6.57	59011	2.90
2015年8月	1356908	13.31	362794	9.27	59062	1.83
2015年9月	1359824	13.13	364417	11.37	61023	3.70
2015年10月	1361021	13.49	375806	14.01	59900	3.83
2015年11月	1373956	13.68	387618	15.67	60328	3.23
2015年12月	1392278	13.34	400953	15.20	63217	4.91

资料来源：中国人民银行。

从总体看，通过实施稳健的货币政策，保持了流动性的合理充裕。一是人民币贷款余额较2014年末增加11.7万亿元，同比增长14.3%。二是社会融资规模总体适度，社会融资规模存量为138.14万亿元，同比增长12.4%，较2014年末略有下降；社会融资规模增量为15.41万亿元，比上年减少4675亿元（见表7－2）。其中，对实体经济发放的人民币贷款和直接融资大幅增加，但委托贷款、信托贷款和未贴现银行承兑汇票融资同比均有较大幅度的下降。三是 2015 年末人民币对美元汇率中间价为 6.49 元，CFETS 人民币汇率指数为 1000.94，人民币对一篮子货币保持了基本稳定。

表 7－3　2015 年社会融资规模增量

单位：亿元

	社会融资规模增量	其中						
		人民币贷款	外币贷款	委托贷款	信托贷款	未贴现银行承兑汇票融资	企业债券	非金融企业境内股票融资
2015 年	154086	112693	－6427	15911	434	－10569	29399	7604
同比增减	－4675	15241	－7662	－5829	－4740	－9371	5070	3254

资料来源：中国人民银行。

二　支付清算体系对货币供给影响的实证研究

支付系统包括中国人民银行支付系统和其他机构支付系统，2015 年均实现了笔数和金额的快速增长。

（一）变量的选取及模型的建立

被解释变量为广义货币供给量 M2。解释变量除了支付系统结算规模外，根据凯恩斯的货币需求理论，选取 GDP 作为收入变量，选取一至三年期央行贷款基准利率作为利率指标。另外，有学者认为外汇储备也是影响货币供给量的重要因素，所以我们也加入外汇储备变量。根据以上分析，建立如下计量模型。

$$M2_t = C + \alpha_1 \ln Scale_t + \alpha_2 \ln GDP_t + \alpha_3 \ln Reserve_t + \alpha_4 Rate_t + \varepsilon_t$$

其中，*M2* 为广义货币供给量，*Scale* 为支付系统清算规模，*GDP* 为国内生产总值，*Reserve* 表示外汇储备，*Rate* 表示一至三年期央行贷款基准利率。t 为时间变量，α_1，…，α_4 分别为各变量的系数，ε_t 为误差项，ln 表示变量取对数。

（二）数据来源及处理

各解释变量和被解释变量的数据范围均为2008年第1季度至2015年第4季度，以一个季度为一个时间点，共32个季度（见表7－4）。其中，支付系统清算规模数据来自2008年第1季度以来中国人民银行各季度《支付体系运行总体情况》；广义货币供给量数据来自中国人民银行各季度《货币政策执行报告》；GDP数据来自《中国统计年鉴》和国家统计局数据库；一至三年期央行贷款基准利率数据来自中国人民银行；外汇储备数据来自国家外汇管理局。由于支付系统清算规模、GDP、外汇储备及广义货币供给量均为季度数据，为消除季节性因素，对各变量进行季节调整[①]。支付系统清算规模、GDP、外汇储备及广义货币供给量均取对数，以增加数据的平稳性。

表7－4　2008年第1季度至2015年第4季度各变量数据

季度	M0（亿元）	M1（亿元）	M2（亿元）	支付系统清算规模（万亿元）	GDP（万亿元）	外汇储备（万亿美元）	基准利率（%）
2008年第1季度	30433	150867	423055	272	6.88	1.68	7.56
2008年第2季度	30181	154820	443141	278	7.85	1.81	7.56
2008年第3季度	31725	155749	452899	268	8.16	1.91	7.29
2008年第4季度	34219	166217	475167	247	8.78	1.95	5.4
2009年第1季度	33746	176541	530627	248	7.33	1.95	5.4
2009年第2季度	33641	193138	568916	279	8.36	2.13	5.4
2009年第3季度	36788	201708	585405	334	8.89	2.27	5.4
2009年第4季度	38247	221446	610225	346	9.98	2.40	5.4
2010年第1季度	39081	229398	649947	355	8.67	2.45	5.4
2010年第2季度	38905	240580	673922	384	9.91	2.45	5.4
2010年第3季度	41854	243822	696472	452	10.50	2.65	5.4
2010年第4季度	44628	266622	725852	473	11.82	2.85	5.85
2011年第1季度	44845	266255	758131	461	10.35	3.04	6.1
2011年第2季度	44478	274663	780821	488	11.85	3.20	6.4
2011年第3季度	47145	267193	787406	511	12.53	3.20	6.65
2011年第4季度	50748	289848	851591	532	13.69	3.18	6.65
2012年第1季度	49596	277998	895566	548	11.61	3.30	6.65

① 采用的方法为Census X12季节调整方法。

续表

季度	M0（亿元）	M1（亿元）	M2（亿元）	支付系统清算规模（万亿元）	GDP（万亿元）	外汇储备（万亿美元）	基准利率（%）
2012 年第 2 季度	49285	287526	924991	624	13.08	3.24	6.4
2012 年第 3 季度	53433	286788	943689	655	13.67	3.29	6.15
2012 年第 4 季度	54660	308664	974149	681	15.05	3.31	6.15
2013 年第 1 季度	55461	310898	1035858	698	12.81	3.44	6.15
2013 年第 2 季度	54064	313500	1054404	732	14.30	3.50	6.15
2013 年第 3 季度	56493	312330	1077379	743	15.07	3.66	6.15
2013 年第 4 季度	58574	337291	1106525	767	16.62	3.82	6.15
2014 年第 1 季度	58329	327684	1160687	776	13.87	3.95	6.15
2014 年第 2 季度	56951	341487	1209587	867	15.52	3.99	6.15
2014 年第 3 季度	58845	327220	1202051	902	16.35	3.89	6.15
2014 年第 4 季度	60260	348056	1228375	844	17.87	3.84	6
2015 年第 1 季度	61950	337211	1275333	897	14.80	3.73	5.75
2015 年第 2 季度	58604	356083	1333375	1100	16.62	3.69	5.25
2015 年第 3 季度	61023	364417	1359824	1128	17.36	3.51	5
2015 年第 4 季度	63217	400953	1392278	1258	18.89	3.33	4.75

资料来源：国家统计局、中国人民银行、国家外汇管理局。

（三）平稳性检验

首先对各变量采用 ADF 检验方法进行平稳性检验，检验结果见表 7－5。

表 7－5　单位根检验结果

变量名称	检验形式（C,T,L）	ADF 检验统计量	1% 水平临界值	5% 水平临界值	10% 水平临界值	是否平稳
$\ln M_2$	(C,T,0)	-1.41	-4.28	-3.56	-3.22	不平稳
$D\ln M_2$	(C,0,4)	-2.28	-2.66	-1.95	-1.61	平稳
ln*Scale*	(C,T,0)	-2.71	-4.28	-3.56	-3.22	不平稳
Dln*Scale*	(C,0,0)	-1.98	-2.64	-1.95	-1.61	平稳
ln*GDP*	(C,T,0)	0.25	-4.28	-3.56	-3.22	不平稳
Dln*GDP*	(C,0,0)	-3.08	-3.67	-2.96	-2.62	平稳
ln*Reserve*	(C,T,1)	0.74	-4.30	-3.57	-3.22	不平稳
Dln*Reserve*	(C,0,0)	-2.02	-2.64	-1.95	-1.61	平稳
ln*Rate*	(C,T,1)	-2.52	-4.30	-3.57	-3.22	不平稳
Dln*Rate*	(C,0,0)	-4.31	-2.64	-1.95	-1.61	平稳

通过 ADF 检验，发现原序列均不平稳，ADF 值均大于 10% 显著水平的临界值，但一阶差分后，ln*Rate* 在 1% 显著水平上平稳，$\ln M_2$、ln*Scale*、ln*GDP*、ln*Reserve* 在 5% 显著水平上平稳。

（四）回归结果与分析

通过一阶差分后，各自变量均为平稳序列，可以进行最小二乘法回归。运用 Eviews 7.2，得到如下回归结果（见表 7－6）。

表 7－6　最小二乘法（OLS）回归结果

变量名称	方程(1)	方程(2)	方程(3)
C	10.385***	10.775***	10.600***
ln*Scale*	0.480***		0.169**
ln*GDP*		1.275***	0.849***
ln*Reserve*	0.493***	0.027	0.167*
ln*Rate*	-0.050***	-0.057***	-0.054***
R^2	0.9943	0.9958	0.9964
调整后的 R^2	0.9937	0.9954	0.9959

注：*、**、*** 分别表示在 1%、5%、10% 水平上显著。

通过 OLS 回归方程可以发现，支付系统清算规模系数为正，且至少在 10% 水平上显著，这说明支付系统清算规模的扩大显著增加了货币供给量。首先，支付系统是货币政策传导的重要渠道，通过支付系统进行资金清算，提高了资金清算的速度，缩短了货币政策传导过程中的时滞性。当支付系统清算规模扩大时，货币供给量也相应增加。其次，随着支付系统的发展，现金漏损率会进一步提高，从而带动货币乘数上升。例如，2015 年末货币乘数为 5.04，较 2014 年末提高了 0.86。最后，随着支付系统的发展，缩短了资金汇划在途时间，清算效率得到较大提升，有利于商业银行减少对超额准备金的需求。另外，研究发现，GDP 与 M2 存在正相关关系且系数显著，并在 1% 水平上显著，这说明收入的提高会增加对货币的需求。利率与 M2 存在负相关关系且系数显著，这说明利率的降低会增加货币供给量。

三　人民币跨境支付系统对货币政策的影响

（一）人民币跨境支付发展现状

随着我国经济实力的不断增强，人民币作为支付货币、结算货币已经在某些国家和地区被大量使用，跨境人民币支付是实现人民币国际化的重要步骤之一。

2015 年，跨境人民币收付金额达到 12.1 万亿元，较 2014 年增长 22%。其中，经常项下跨境人民币收付金额达到 7.23 万亿元，较 2014 年增长 10%；资本项下人民币收付金额达到 4.87 万亿元，较 2014 年增长 43%（见图 7－2）。另外，人民币跨境金融交易渠道逐步拓展，2015 年末 RQFII 试点已拓展到 16 个境外国家和地区，较 2014 年末增加 6 个；可投资额度达 12100 亿元，较 2014 年末增加 3400 亿元。其中，中国香港地区 RQFII 可投资额度最高，达到 2700 亿元；新加坡 RQFII 额度为 1000 亿元；英国、法国、韩国、德国分别获得 800 亿元、800 亿元、1200 亿元、800 亿元额度；澳大利亚、加拿大、瑞士、卢森堡、智利、匈牙利、马来西亚、阿联酋以及泰国分别获得 500 亿元额度；卡塔尔获得 300 亿元额度。在全球 20 多个国家和地区建立了人民币清算安排，支持人民币成为区域计价、结算及投融资货币。中国人民银行已与全球 30 多个中央银行或货币当局签署了双边本币互换协议，积极推动人民币国际使用的有益尝试，进一步促进人民币国际化。

（二）人民币跨境支付系统及其对货币政策的影响

近年来，随着跨境人民币业务规模的不断扩大，人民币已经成为全球第四大支付货币①。随着人民币跨境支付结算需求的增长，对金融基础设施的要求也越来越高。为满足人民币跨境使用的需求，进一步整合现有人民币跨

① 排名前三的是美元、欧元、英镑。

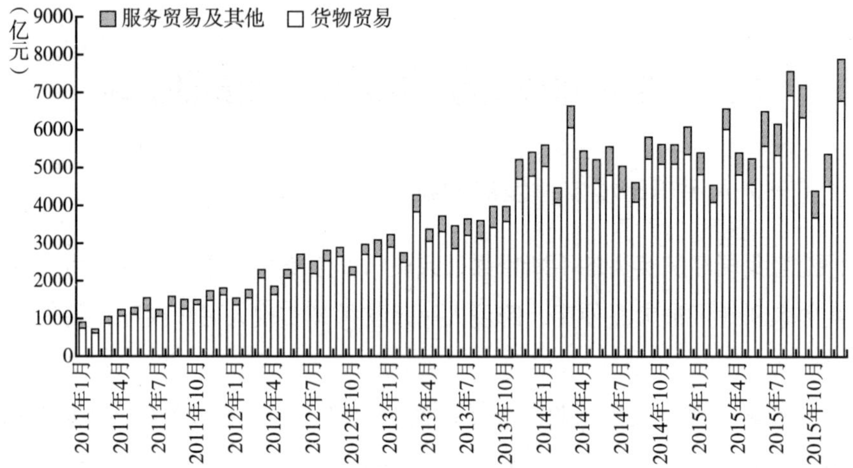

图 7－2　经常项目人民币收付金额按月情况

资料来源：中国人民银行。

境支付结算的渠道和资源，提高人民币跨境支付结算的效率，中国人民银行于 2012 年初决定组建人民币跨境支付系统，以满足全球各主要时区人民币业务发展的需要。人民币跨境支付系统（CIPS）分为两期，第一期采用实时全额结算方式处理客户回款和金融机构汇款两类业务，各直接参与者一点接入，通过集中清算，缩短清算路径，为跨境贸易、投融资和其他跨境人民币业务提供清算、结算服务。第二期将采用更加节约的混合结算方式，提高人民币跨境和离岸资金的清算、结算效率。如本书第一章所述，2015 年 10 月 8 日，人民币跨境支付系统（一期）成功上线运行，这标志着人民币国内支付和国外支付统筹兼顾的现代化支付体系建设取得重要进展。CIPS（一期）的业务受理时间为 9：00～20：00，覆盖了亚洲、欧洲、非洲、大洋洲等人民币业务的主要时区。

人民币跨境支付系统对货币政策的影响，既有积极的一面，也有消极的一面，主要包括以下几个方面。第一，带动境外人民币的流通性。人民币跨境支付系统的建立为人民币跨境使用搭建了一个重要的基础设施，相当于通过一条“支付高速公路”将全球人民币使用者联结起来，这无疑将大大增加人民币的流通性。第二，有效提高贸易和投资结算的效率。CIPS（一期）

的主要功能就是便利人民币业务处理，大幅度提升贸易和投资结算的效率。一是采用实时全额结算方式处理客户的汇款和金融机构汇款两类业务；二是直接参与者可以一点接入，集中清算业务，大幅度提高结算的效率；三是采用国际通用的报文标准，支持中英文传输，有利于人民币业务的自动处理；四是运行时间覆盖了亚洲、欧洲、非洲及大洋洲等人民币业务主要时区；五是系统为境内的直接参与者提供专线接入方式。第三，提高境外人民币的流通速度，提高境外的货币供给量。人民币跨境支付系统的推出，大大缩短了清算时间，提升了清算的效率和货币乘数，在基础货币一定的情况下，提高了境外的货币供给量，有力地推动了人民币国际化进程。第四，境外货币供给量的提高在一定程度上增加了货币调控的难度。随着境外人民币使用的增加，国际金融市场上流动的人民币将会进一步增加，这将加大对人民币的需求和流通监测的难度，削弱货币政策实施的效果，增加宏观调控的难度。

四　供给侧改革对货币信贷结构和支付清算的影响

忽如一夜春风来，满屏尽说“供给侧”。2015 年 11 月，习近平总书记在中央财经领导小组第十一次会议上首次提出要加强供给侧结构性改革，之后习近平、李克强等领导人又在不同场合多次提及供给侧改革。“供给侧改革”迅速“蹿红”，成为媒体和网络舆论中的高频词。当前经济金融环境正在发生深刻变化，在这种背景下，供给侧改革对货币信贷结构和支付清算带来重要影响。

（一）供给侧改革对货币信贷结构的影响

第一，推动信贷资源加快退出过剩产能行业。目前我国产业结构存在附加值低，高耗能、高污染、高排放等产业比重偏高，部分行业产能严重过剩的现实情况。供给侧改革提出“去产能、去库存、去杠杆、降成本、补短板”五大任务，其中首要的任务就是“去产能”，供给侧改革将引导过剩产能供给侧减量和结构调整，达到与需求侧相适应的新水平。这将会给信贷结构调整提供契机，加快退出过剩产能行业，释放被过剩产能行业、落后产能及“僵尸企业”占用的信贷资源。

第二，加快商品房供需两端信贷结构调整。房地产业经过多年高歌猛进式的发展，已经形成了供给严重大于需求的局面。房地产贷款是商业银行的重要贷款品种之一，也是房地产业发展的重要资金来源渠道，如果房地产企业出现问题，无疑将增加商业银行的信贷风险。从供给侧看，房地产企业需要进一步消化库存，货币信贷结构调整中要严格控制房地产贷款规模，并优化房地产贷款品种及区域结构。从需求侧看，货币信贷结构调整中要加大对个人住房抵押贷款的支持力度，进一步提高个人贷款审批流程效率，满足不同层次个人客户的住房信贷需求。通过工、农、中、建四大银行最近五年的情况看，除中行外，房地产贷款占公司贷款的比重总体呈现明显的下降趋势，个人住房贷款占个人贷款的比重总体呈现明显的上升趋势（见表 7 –7）。

表 7 –7　工、农、中、建四大银行按品种划分的公司和个人贷款结构

单位：%

指标	银行	2011 年第 2 季度	2012 年第 2 季度	2013 年第 2 季度	2014 年第 2 季度	2015 年第 2 季度
房地产贷款/公司贷款	工行	10.8	9.0	7.7	6.8	6.3
	农行	13.8	10.8	10.9	11.7	11.0
	中行	10.3	10.7	11.3	11.5	12.1
	建行	10.2	9.4	9.4	9.0	8.7
个人住房贷款/个人贷款	工行	62.6	58.0	60.9	65.9	69.1
	农行	62.6	61.4	61.5	62.9	66.9
	中行	76.3	75.0	70.2	68.9	71.1
	建行	79.1	77.2	76.1	77.9	78.8

资料来源：2011 ~2015 年各行半年报。

第三，推动金融机构加大对绿色产业、企业转型升级的信贷支持力度。随着大量信贷资源从过剩产能行业中退出，金融机构需要重新选择信贷投向。打造绿色经济升级版是我国“十三五”规划的重要发展目标之一，企业转型升级是提高供给体系质量和效率的必由之路，供给侧改革将推动金融机构加大对绿色产业和企业转型升级的支持力度。

（二）供给侧改革对支付清算体系的影响

供给侧改革从提高供给质量出发，用改革的办法推进结构调整，矫正要素配置扭曲，扩大有效供给，提高供给结构对需求变化的适应性和灵活性，提高全要素生产率。因此，在当前经济转型和金融改革的大背景下，需要一个更加高效、市场化和富有弹性的支付清算体系与之相适应。

第一，供给侧改革推动支付清算行业主体的多元化。随着供给侧结构性改革的深入推进，对支付清算行业主体和支付方式提出了多元化的要求。主体多元化可以有效避免垄断带来的低效率问题，降低单一市场主体无法保障业务连续性所带来的负面问题。例如，银行卡清算在银行卡业务流程中发挥着极其重要的作用，处于核心地位。我国的银行卡清算市场已从制度上由封闭走向开放，符合条件的第三方支付机构、国际卡组织或商业银行等都可以申请发起专门从事银行卡业务的机构。银行卡清算市场的放开，对提高金融服务效率、优化市场环境具有积极的推动作用。

第二，供给侧改革推动支付清算加大对实体经济的服务力度。支付清算体系的完善和升级能够加快社会资金流转，促进实体经济的发展。同时，服务实体经济也是支付清算行业发展的本质要求。供给侧改革更侧重于增强企业的长期发展活力和提高全要素生产率，这将大幅度提高实体经济对支付清算服务多样化和差异化的需求，无疑将进一步推动支付清算加大对实体经济的服务力度。

第三，供给侧改革推动跨境支付发展。加快“走出去”步伐是实施供给侧结构改革的重要途径之一，尤其是“一带一路”战略构想的提出，将有效促进中国企业海外投融资和化解过剩产能，推动人民币成为常用的基础设施投融资货币和跨境贸易计价结算货币。其间无疑将产生大量跨境支付结算的需求，推动跨境支付的发展，同时有助于提高支付清算行业逐步与国际接轨。

参考文献

王东波：《支付脱媒冲击货币政策调控研究》，《金融经济》2015 年第 5 期。

周鹏博：《基于支付清算安排对中央银行货币政策预微调机制的实证研究》，《金融理论与实践》2012 年第 2 期。

方铁强：《支付系统发展对货币政策操作效果的影响》，《上海金融》2010 年第 6 期。

谢卫群：《人民币跨境支付多了条“高速公路”》，《人民日报》2015 年 10 月 9 日。

陈果静：《人民币跨境使用“高速公路”通车》，《经济日报》2015 年 10 月 9 日。

牛娟娟：《满足跨境使用需求　提高支付结算效率》，《金融时报》2015 年 10 月 9 日。

巴曙松：《从金融改革趋势看中国支付清算行业发展》，《金融时报》2013 年 7 月 25 日。

Chapter 7　Payment and Settlement System Operation and Monetary Policy

Abstract: This chapter introduces the general situation of monetary policy implementation and money supply in 2015. Secondly, it analyzes the development of the payment system, and studies the effect of the development of the payment system on the money supply. And then, it expounds the basic situation of RMB cross-border payment system, and discusses the effect of RMB cross-border payment system on monetary policy. Finally, it analyzes the effect of the structural reform of the supply side on the currency credit structure and the payment and settlement.

Keywords: Monetary Policy; Payment and Settlement; RMB Cross-border Payment System; Structural Reform of the Supply Side

专题报告　支付清算体系热点考察、比较分析及文献综述

Special Topics　Hot Review, Comparative Analysis and Literature Survey of Payment and Settlement Systems

第八章　在规范中发展创新的银行卡市场*

摘　要：　本章从政策、经济、社会和技术四个方面阐述了2015年银行卡市场的发展环境变化，分析了国内银行卡市场规模及变化，梳理了发卡、受理及其他方面的银行卡业务创新，并分析了2016年支付行业监管政策、业务转型和产业布局的发展趋势。

关键词：　银行卡　监管　创新　发展趋势

* 若未特别说明，本章的数据均来自中国银联。

一 银行卡市场发展环境的变化

（一）政策环境

为促进和保障我国银行卡产业的快速健康发展，2015 年国家主管部门相继出台了多项支持银行卡市场和支付市场的相关政策，同时下发了多项业务规范文件，加强了对银行卡等相关支付业务的监管，这些政策措施涉及银行卡清算市场的开放和支付清算制度建设，金融 IC 卡市场发展，支付服务市场规范、支付机构客户备付金安全保障和银行账户制度改革，以及农村支付服务环境建设等多个方面。

在银行卡清算市场准入方面，2015 年 4 月国务院正式发布《关于实施银行卡清算机构准入管理的决定》（以下简称《决定》）并于 2015 年 6 月 1 日正式施行。《决定》明确了银行卡清算机构的申请条件和程序、业务管理要求以及对外资银行卡清算机构的管理规定。《决定》的实施进一步完善了我国银行卡清算服务的市场化机制，加强了清算风险防范能力，有助于维护支付体系稳定，进一步促进银行卡清算市场有序竞争和健康发展。

从 2015 年起国内新增银行卡全部为 IC 卡，为进一步加快金融 IC 卡的推广，中国人民银行（以下简称人行）联合相关部委出台了促进措施，具体包括以下内容。①2015 年 4 月，发改委、人行、银监会联合发布《关于商业银行合理确定和调整金融集成电路卡工本费收费水平有关问题的通知》，要求各商业银行建立 IC 卡工本费合理调整机制，随着 IC 卡的推广应用，IC 卡数量增加、成本下降，相应的，要逐步降低工本费收费水平。金融 IC 卡办卡费用降低有利于加快金融 IC 卡的推广。②2015 年 10 月，人行办公厅印发《关于进一步做好金融 IC 卡和移动金融应用工作的通知》，提出了提高金融 IC 卡安全可控能力、实现金融 IC 卡“一卡多应用无障碍”、提升非现金结算覆盖率的工作目标，并对下一步金融 IC 卡应用工作提出了具体时间表。

近年来，包括商户 MCC 乱用在内的市场不规范行为，对银行卡市场的持续健康发展带来一些负面影响。2015 年，监管部门加强了银行卡市场规范管理，同时行业协会在市场自律方面发挥了积极的引导作用。①2015 年 1 月，人行发布《关于开展支付机构客户备付金管理专项检查工作的通知》，要求检查支付机构客户备付金制度执行情况和总体安全性、2014 年支付机构客户备付金的管理情况，以及备付金银行对支付机构备付金的监督情况。②2015 年 4 月，银行业协会下发《关于落实银监发〔2014〕10 号文要求的操作指引》，要求商业银行应确保业务开展各环节的客户信息和账户信息留存银行；第三方支付机构账户与银行账户建立一次签约、多次业务关系时，第三方机构应以书面形式获取客户授权；商业银行与第三方支付机构客户身份验证工作应保持独立性，不得互串互验，商业银行不得对第三方支付机构收集的客户身份验证信息和账户信息进行验证；第三方机构应落实二级商户编码唯一性（含网络特约商户）等内容。③2015 年 4 月，银行业协会下发《银行业金融机构银行卡收单业务管理指引》，对收单机构在商户准入、目标商户审核、商户签约、终端管理、外包管理、风险管理以及日常管理方面做出规定。④2015 年 12 月，人行发布了《非银行支付机构网络支付业务管理办法》，结合支付机构网络支付业务发展的实际，该办法制定了五项主要监管措施：一是清晰界定支付机构定位；二是坚持支付账户实名制；三是兼顾支付安全与效率；四是突出对个人消费者合法权益的保护；五是实施分类监管推动创新。⑤鉴于我国银行账户实名制的实施情况不容乐观，人民币银行账户管理制度执行不严、开立匿名或假名银行账户等情况仍时有发生。2015 年 12 月人行发布了《中国人民银行关于改进个人银行账户服务　加强账户管理的通知》，要求商业银行落实个人银行账户实名制，建立银行账户分类管理机制，规范个人银行账户代理事宜，强化银行内部管理以及进一步改进银行账户服务。

在移动互联网时代，远程、近场支付等多种支付技术方式百花齐放，在线上、线下支付场景融合的背景下国家相关部门出台了以下政策措施。①2015年 1 月，人行印发《关于推动移动金融技术创新健康发展的指导意见》，明确了移动金融技术创新健康发展的方向性原则，提出了推动移动金融技术创新健康发展的保障措施。②2015 年 1 月，国家外汇管理局发布《关于开展支付机构跨境外汇支付业务试点的通知》，在试点业务申请、业务管理、支付机构外汇备付金账户管理、风险管理以及支付机构管理等方面做出了明确规定，在支持跨境电子商务发展的同时加强了互联网渠道外汇支付风险防范。③2015 年 7 月，人行等十部委发布《关于促进互联网金融健康发展的指导意见》，确立了互联网支付、网络借贷、股权众筹融资、互联网基金销售、互联网保险、互联网信托和互联网消费金融等互联网金融主要业态的监管职责分工，落实了监管责任，明确了业务边界。在互联网行业管理、客户资金第三方存管制度、信息披露、风险提示和合格投资者制度、消费者权益保护、网络与信息安全、反洗钱和防范金融犯罪、加强互联网金融行业自律以及监管协调与数据统计监测等方面提出了具体要求。

在农村支付服务环境建设方面，国家相关部门出台了以下政策措施。①2015年 2 月，银监会办公厅印发《关于做好 2015 年农村金融服务工作的通知》，要求大力发展农村普惠金融，全面提升农村金融服务质效。在具备条件的行政村，扎实推进基础金融服务“村村通”。采取定时定点服务，广泛布设 ATM、POS 机、转账电话和自助服务终端等金融电子机具，方便村民利用电脑、电话、手机等网络通信终端在线自助办理金融服务，大大提高电子业务替代率，推进基础金融服务向村一级加快延伸。②2015 年 6 月，国务院办公厅发布《国务院办公厅转发银监会关于促进民营银行发展指导意见的通知》，进一步鼓励和引导民间资本进入银行业，促进民营银行持续健康发展，为实体经济特别是中小微企业、“三农”和社区，以及大众创业、万众创新提供更有针对性的、更加便利的金融服务，提升银行业对内的开放水平，积极推动民营银行试点工作。

（二）经济环境

2015 年，国内经济总体下行，但第三产业对 GDP 的贡献率明显提高。同时，社会消费平稳增长，对 GDP 的贡献率由 2014 年的 51.2% 上升至 66.4%。2015 年国内居民人均可支配收入实际增长 8.9%，远高于 GDP 增长率。居民收入水平的快速增长将进一步提高居民消费能力，带动居民在餐饮、宾馆、旅游、超市、百货商场等银行卡主要应用行业的消费。

从中长期来看，党的十八届五中全会提出建立更加公平可持续的社会保障制度、实现养老金全国统筹、全面实施城乡居民大病保险制度、普及高中阶段义务教育等，一系列措施的逐步实施将有助于提振居民消费信心。同时，国家“十三五”规划明确提出通过供给侧改革创造新供给、释放新需求以促进消费增长。消费的持续增长将为银行卡市场的稳定增长提供广阔的市场空间。

银行卡产业在发卡、受理和持卡人服务等方面的能力不断提升，2015年末国内银行卡渗透率提升至47.96%。

（三）社会环境

2015年的政府工作报告提出“制定‘互联网+’行动计划，推动移动互联网、云计算、大数据、物联网等与现代制造业结合，促进电子商务、工业互联网和互联网金融健康发展，引导互联网企业拓展国际市场”。“互联网+”的浪潮影响和改变着越来越多的行业。早已被互联网冲击的商业银行纷纷制定并实施互联网环境下的战略转型，如工行提出“e-ICBC”战略①，招行致力于构建互联网金融“平台、流量、大数据”整体布局②。受非金融机构支付账户转账、取现免费等多种因素影响，2015年下半年，招行、中信银行等越来越多的银行开始对个人客户实施网上境内转账汇款手续费全部减免的优惠政策。2015年6月，国务院常务会议决定，放开消费金融的市场准入，将原来在16个城市开展的消费金融公司试点扩大至全国。

---

① 工行“e-ICBC”战略是以互联网思维改进服务模式，构建集融资、金融、交易、商务、信息五大功能于一体的、较为完备的互联网金融服务和运营体系。“e-ICBC”互联网金融品牌包括“融e购”电商平台、“融e联”即时通信平台和“融e行”直销银行平台三大平台，涵盖支付类、融资类和投资理财类三大产品线。

② 平台建设重点推动移动金融平台、小企业E家平台、智慧供应链平台、银E通平台的建设；流量经营体系建设致力于持续推动搜索引擎优化，构建金融流量规模化导入、分发、转化、变现的全流程经营体系；大数据建设以大数据应用和运营体系建设为核心，将大数据应用前置到业务场景中。

越来越多的企业聚焦于消费信贷这一快速增长的新“蛋糕”。一方面，由于消费应用通常是消费金融场景的入口，大型电商纷纷推出自有消费金融产品，如蚂蚁金服推出“花呗”，京东金融联合中信银行推出联名卡“小白卡”。另一方面，市场上出现了瞄准更多细分领域的消费信贷公司。这些更加便捷、价格优惠的金融业务不断普及并持续满足居民的金融和消费需求，带来了转账、消费等支付业务的快速发展。

伴随着居民收入的增长和人口结构的调整，旅游、娱乐、健康已经成为国内新的消费热点，带动了支付机构向这些市场领域的扩张。2015 年，支付宝、微信、拉卡拉等非金融支付机构都加快了向境外地区扩张的步伐。同时，包括中国银联（以下简称银联）在内的一些支付机构都加大了对医院传统支付方式的改进，以提高传统的看病效率。这些热点领域仍有较大的改善空间，仍存在巨大的支付市场潜力。与以前不同的是，单纯提供支付解决方案已经不能适应市场的变化，支付服务提供商更需要提供针对行业特性的综合解决方案。

（四）技术环境

支付过程中的一个重要环节是身份验证，国内验证方式以密码验证为主。近年来验证技术发展迅速，逐步在支付中得到推广。这些验证技术主要基于生物识别，以人脸识别、指纹支付、静脉支付为代表。例如，招行试点 ATM 刷脸取款业务，支付宝推出人脸支付功能；部分商业银行的手机银行 iOS 客户端、微信、部分电商 iOS 客户端均推出指纹支付服务，通过指纹进行身份验证和支付；南京银行安装国内第一台“指静脉”存取款机，攀枝花商业银行在全国首推“掌静脉”存取款业务。

同时，银行卡产业各方积极推动移动 NFC 支付发展，银联上线 TSM 控件产品，建设 TSP 平台，联合手机厂商推出 NFC 全手机合作产品。2015 年底，银联正式宣布与苹果、三星就 Apple Pay、Samsung Pay 达成合作。NFC 手机不直接存储用户银行卡信息，而是由银联 TSP 平台下发一个加密的 Token，存放于手机的独立安全芯片中，用来代替银行卡。即使 Token 泄露，也无法逆向还原银行卡信息。当用户利用指纹通过验证时，才能读取 Token 进行交易。因此，这种支付方式的安全性远远大于二维码，且可在锁屏状态下靠近 POS 终端，通过指纹验证后自动点亮手机屏幕完成支付，便捷性也大大提升。

二　银行卡市场规模的增长

在国内经济下行的环境下，2015 年国内银行卡市场仍保持了平稳发展，银行卡发卡规模持续扩大，高基数效应使得受理商户和受理终端的增速有所放缓，互联网支付和移动支付依然保持较快发展，银行卡跨行交易规模增速稳中有升。

（一）发卡市场规模及变化①

截至 2015 年末，全国银行卡在用发卡量为 54.42 亿张，同比增长 10.3%，增速较上年下降 6.9 个百分点②（见图 8－1）。

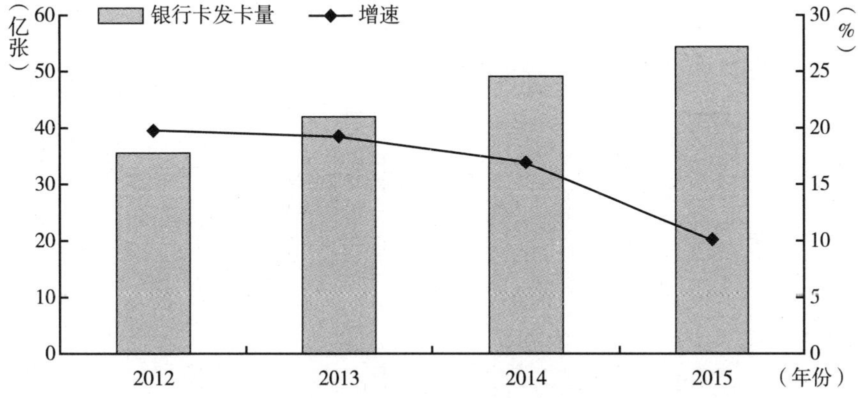

图 8－1　2012～2015 年国内银行卡发卡量及增速

---

① 数据来源于中国人民银行支付体系运行总体情况。

② 自 2015 年起，支付体系运行总体情况中原“累计发卡量”变更为“在用发卡量”，原“信用卡”单独统计变更为“信用卡＋借贷合一卡”合并统计。

就不同卡种的发卡量变化来看，信用卡出现负增长，除统计口径发生变化的因素外，主要是由于一线城市和主要二线城市的信用卡市场开始趋于饱和，同时互联网信贷产品对信用卡产生了部分替代效应。截至 2015 年末，借记卡在用发卡量为50. 10 亿张，同比增长 11. 8%（见图 8 –2）；信用卡在用发卡量为4. 32 亿张，同比下降5. 1%（见图 8 –3）。借记卡在银行卡总量中的占比为 92. 1%，较上年末提升 1. 3 个百分点。

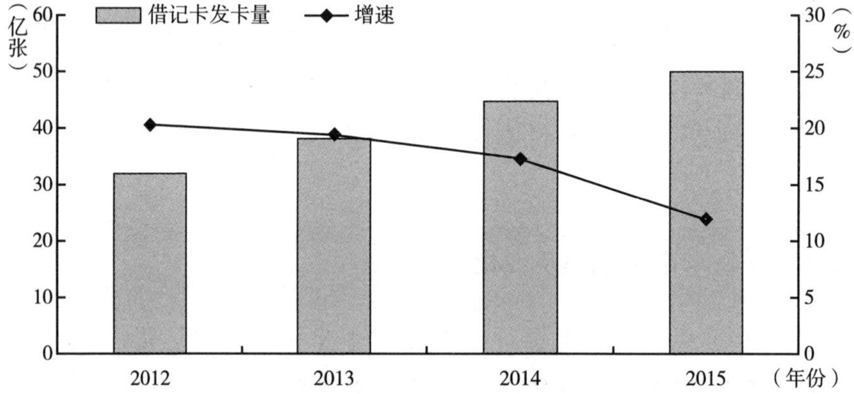

图 8 –2　2012 ~2015 年国内借记卡发卡量及增速

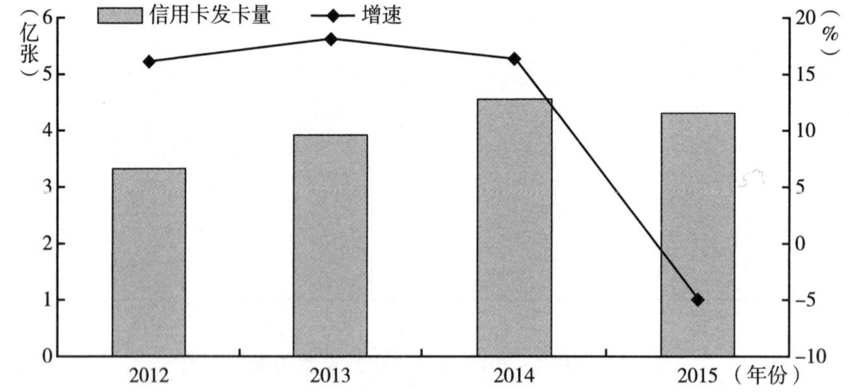

图 8 –3　2012 ~2015 年国内信用卡发卡量及增速

自 2015 年起，我国银行卡产业进入芯片卡时代。截至 2015 年末，全国共有 285 家商业银行发行金融 IC 卡，比上年增加 57 家；金融 IC 卡累计发卡量达到19.1亿张，较上年末新增8.5亿张，在全年新增银行卡中的占比为90%。

（二）受理市场规模及变化①

2015年，国内银行卡受理市场稳步发展，受理商户、联网POS终端继续保持较快增长，但增速较上年出现较大下降。截至2015年底，国内银行卡受理商户达1670.0万户，同比增长38.8%，增速较上年下滑18.8个百分点（见图8－4）。

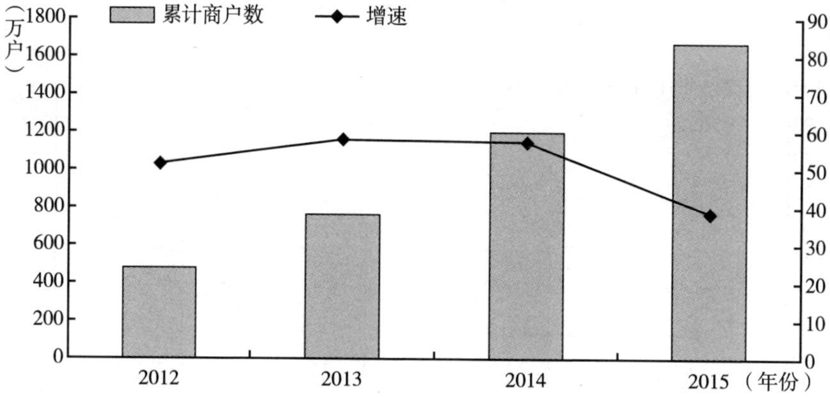

图8－4　2012～2015年国内银行卡受理商户规模及增速

从活动商户②的结构及其变化来看，一般类商户占比最高，但逐步下滑至六成左右；在受理商户自然增长和MCC违规套用的双重影响下，加油类、超市类、航空售票类活动商户数量增长均超过一倍，带动民生类活动商户大幅增长，占比逐年提升；餐娱类活动商户占比相对稳定（见图8－5）。

从受理终端的变化来看，截至2015年底，全国联网ATM达86.7万台，比上年增长40.9%，增速较上年提升22.7个百分点（见图8－6）。

伴随着受理商户的持续快速增长，POS终端规模也一直保持较高的增速。

① 数据来源于中国人民银行支付体系运行总体情况。

② 活动商户即每个月有一次交易的受理商户，数据来源于中国银联。

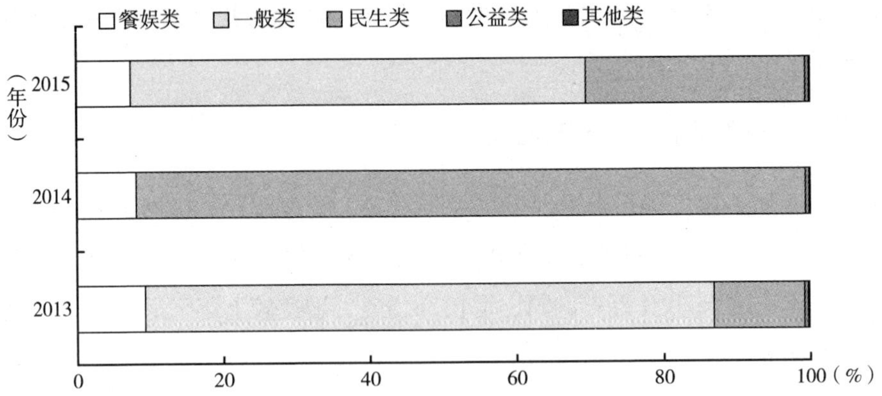

图8－5　2013～2015年五大类活动商户分布及变化

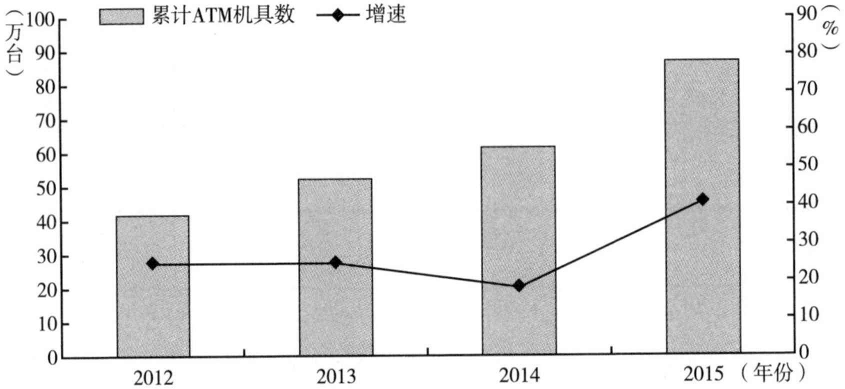

图8－6　2012～2015年国内ATM机具规模及增速

截至2015年底，全国联网POS终端达2282.1万台，同比增长43.2%，增速较上年下滑6.7个百分点（见图8－7）。

2015年，金融IC卡受理环境日臻完善，活动的非接触受理终端数量快速增长。2015年12月，当月可受理金融IC卡的活动POS终端数量较上年同期增长超过1倍。其中，可受理非接触式金融IC卡的活动POS终端数量较上年大幅增长700%以上。

为进一步发挥金融IC卡安全便捷的特性，同时为响应持卡人对小额交易快速支付的需求，银联联合银行卡产业各方于2015年10月底正式推出小额免密免签服务，仅两个月小额免密免签交易笔数就超过了100万笔。

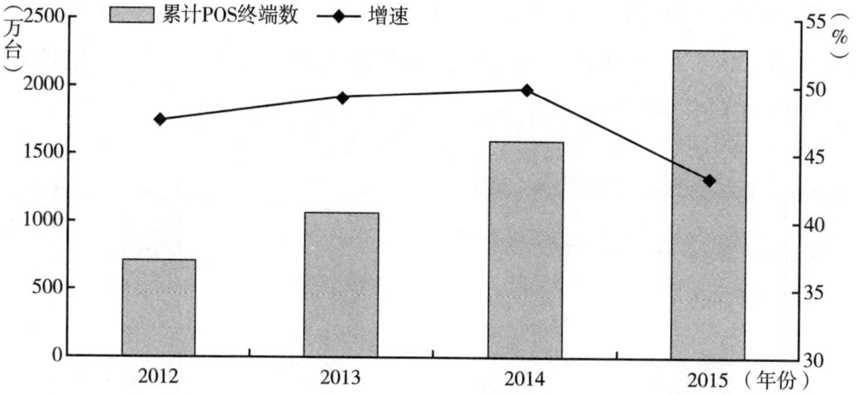

图 8-7　2012~2015 年国内 POS 终端规模及增速

（三）交易规模及变化

2015 年，全国共发生银行卡交易 852.3 亿笔，同比增长 43.1%，增速提升 17.9 个百分点；金额 669.8 万亿元，同比增长 48.9%，增速提升 42.6 个百分点。其中，银行卡存现 91.9 亿笔，金额 71.0 万亿元，同比分别增长 4.6% 和 0.5%；取现 184.2 亿笔，金额 73.2 万亿元，同比分别下降 7.5% 和 1.7%；转账业务 285.9 亿笔，金额 470.7 万亿元，同比分别增长 157.1% 和 79.3%；消费业务 290.3 亿笔，金额 55.0 万亿元，同比分别增长 47.0% 和 29.8%①。

2015 年，移动支付交易 138.4 亿笔，金额 108.2 万亿元，同比分别增长 205.9% 和 379.1%。同期互联网支付交易 363.7 亿笔，金额 2018.2 万亿元，同比分别增长 27.3% 和 46.7%②（见表 8-1）。

表 8-1　2013~2015 年互联网及移动支付交易金额及变化

单位：万亿元，%

年份	互联网交易金额	增速	移动支付交易金额	增速
2013	1060.8	28.9	9.6	317.6
2014	1376.0	29.7	22.6	134.3
2015	2018.2	46.7	108.2	379.1

① 数据来源于中国人民银行支付体系运行总体情况。

② 数据来源于中国人民银行支付体系运行总体情况。

就跨行交易规模的变化来看，2015 年，银行卡跨行交易笔数[1]和交易金额分别为 232.2 亿笔和 53.9 万亿元，分别增长 24.4% 和 31.1%，增速较上年分别提升 1.0 个和 3.8 个百分点（见图 8－8、图 8－9）。

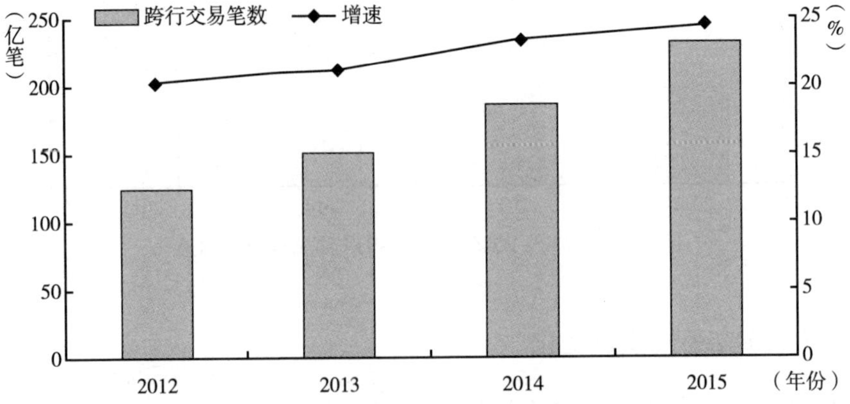

图 8－8　2012～2015 年国内银行卡跨行交易笔数及增速

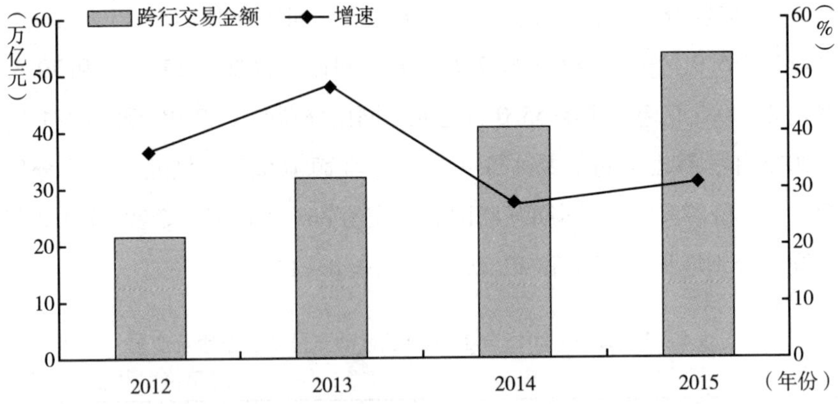

图 8－9　2012～2015 年国内银行卡跨行交易金额及增速

① 此处是指银行卡跨行成功交易笔数。全文如无特别说明，银行卡跨行交易笔数均指银行卡跨行清算交易笔数。

2015年，ATM跨行转账业务的全面开通和推广在一定程度上带动ATM跨行交易保持较高增速。就交易的具体变化来看，ATM跨行交易金额增速高于银行卡跨行整体增长水平。受O2O、互联网支付和移动互联网支付快速发展的替代，POS跨行交易占比下降至70%以下。相比较而言，除ATM、POS以外的其他渠道跨行交易近年来一直快速增长，其交易金额占比已增长至近20%（见图8－10、图8－11）。

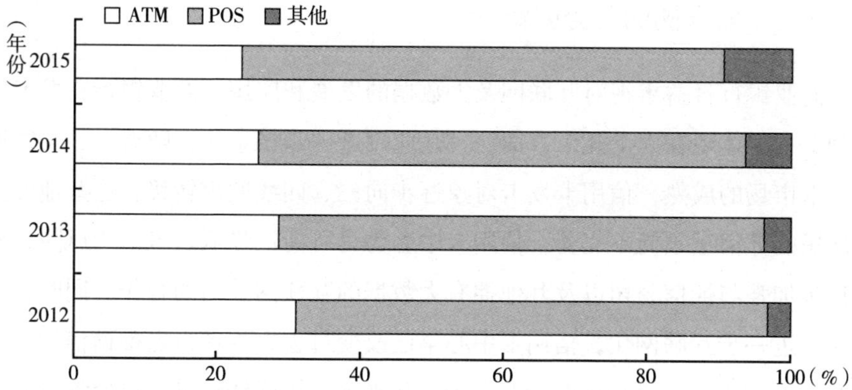

图8－10　2012～2015年银行卡分渠道跨行交易笔数占比及变化

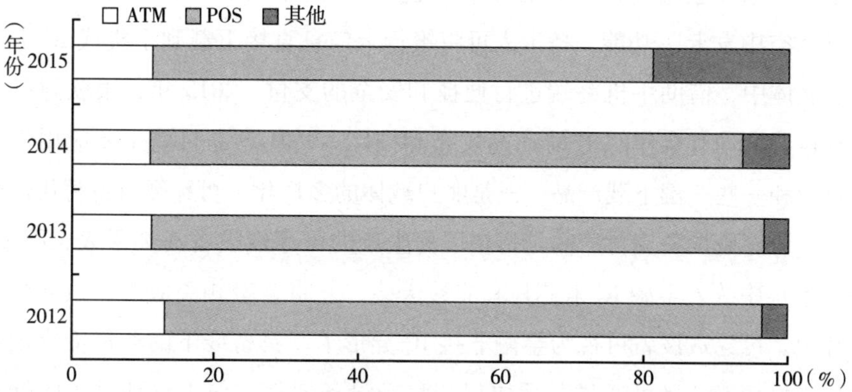

图8－11　2012～2015年银行卡分渠道跨行交易金额占比及变化

三　银行卡市场的创新进一步深化

2015 年，国内各商业银行发卡形式逐步多样化，服务体系更加完善，同时引入新技术提升持卡人用卡体验，并不断推出新业务，丰富应用场景，满足持卡人的用卡需求。

（一）发卡侧的业务创新

商业银行日益重视对互联网及大数据的发展和应用。商业银行在发卡侧的创新主要体现在以下几个方面。一是应用进一步场景化，随着一、二线城市发卡市场的成熟，信用卡发卡对象逐步向三、四线城市转移，这些地区部分居民的征信记录尚不完善，信用卡中心为尽可能地降低发卡信用风险，开始逐步加强与征信公司以及其他拥有大数据的互联网公司的合作。同时，发卡形式进一步互联网化，信用卡中心早已改变过去大规模设点推销信用卡的传统发卡方式，而逐步转变为在电子商务平台、银联钱包等入口处专设发卡营销渠道，这种方式可以更有效地利用这些平台所积累的用户信息，实现发卡的精准性，降低风险水平。二是依托银联的 TSM 平台发卡。银联 TSM 是基于“一卡多应用”技术建立的一套完整的“空中发卡”和应用管理体系。通过“空中发卡”功能，持卡人可将银行卡信息直接下载到手机或 IC 卡等安全载体中，借助手机终端进行便捷和安全的支付。2015 年，银联与三大移动运营商均有合作的 TSM 产品发布和推广。TSM 产品目前主要应用于公交行业和一些一键下载产品。三是账户载体的多样化，可穿戴设备替代传统卡片。可穿戴设备支付产品是指在厂商生产的可穿戴设备（如手表、腕带、手环等）中放入金融 IC 卡芯片和非接天线，并将金融相关应用加载到金融芯片中。可穿戴设备可视为金融非接 IC 异形卡，具备线下的非接借贷记和脱机支付功能；又可通过蓝牙协议与移动设备通信，作为移动设备的外置 SE，使移动设备具有远程有卡支付、空中充值、空中下载等功能。例如，兴业银行推出的“兴动力”手环可绑定银联卡与深圳通卡；交行、银联和

Swatch 合作推出了“贝拉米支付手表”。

在促进用卡方面，商业银行利用微信公众号进行多样化营销，同时不断优化已有手机银行 APP，加入持卡人关注的海淘、商圈优惠、积分兑换等内容，信用卡 APP 通过更便捷地满足持卡人日常生活需求来进一步促进持卡人用卡。

（二）受理侧的业务创新

随着云计算和大数据分析技术的快速发展以及生物识别技术的逐步商用，受理机具也在不断更新换代，并与先进技术相融合，呈现智能化、金融化、便捷化的发展趋势。

1. POS 功能智能化

多家传统 POS 厂商以及第三方支付机构在 2015 年推出了智能 POS 产品，如拉卡拉推出的“互联网 POS +”、万达快钱推出的“快钱智能 POS”。基于云平台提供的大数据分析、云计算等先进技术，智能 POS 融合了 POS 收款、会员卡券、O2O 消息推送、大数据等多项服务。在收款方面，除支持传统的刷卡方式外，还支持二维码、NFC、蓝牙、声波等多种支付方式。在会员卡券方面，可实现商户会员卡及优惠券的派发、充值、消费和积分兑换等管理工作。在 O2O 消息推送方面，智能 POS 能够为商户打通在线订购、外卖、订座平台，并实现商户与各类电子商务平台之间的订单交互。在大数据服务方面，智能 POS 可为商户提供经营统计、消费分析及用户画像建立等服务，并制订针对性的精准营销方案。

2. ATM 验证方式多样化、便捷化

为进一步提升持卡人用卡的安全性、便捷性，商业银行将生物识别技术逐步应用于银行卡受理终端身份验证环节。例如，招行首推 ATM 刷脸取款，持卡人在 ATM 屏幕首页点击选择“刷脸取款”功能，系统将自动抓拍持卡人现场照片，并与银行可信照片源进行比对，验证通过后输入手机号码进一步确认身份，实现安全、便捷取款。

（三）其他业务创新

2015年，银联与商业银行积极推进新型支付业务的发展，加大新型支付业务的推广力度。例如，ATM跨行转账是指持卡人可以通过ATM自助完成不同发卡机构银行卡账户之间的资金转移。相比其他转账产品，持卡人通过任意一台开通跨行转账功能的ATM就可以完成交易，无须输入发卡行的行号、资金汇入方的姓名，并突破了必须通过发卡行渠道完成交易的限制。2015年，境内所有银行ATM跨行转账业务全面开通。银联钱包是银联在其支付网络的基础上，通过合作商户，为持卡人提供整合多张银行卡的“一站式”权益承兑和结合各类生活场景的支付服务。其中，生活服务涉及公共事业缴费、转账、信用卡还款、海外退税、手机充值、违章代办等，同时基于银联大数据分析能力，还为持卡人提供跨行交易明细查询、智能偏好分析、消费趋势预览等服务。

支付机构一方面积极推进互联网与传统业务深度整合，另一方面纷纷拓展蓝海业务，业务发展方向瞄准跨境支付和农村支付市场。

拥有互联网企业背景的第三方支付公司继续深化与商户、银行的合作，加大营销投入推广线下二维码支付，拓展线下市场。同时，以“互联网+”为契机加速向交通、餐饮、超市、便利店、医疗、机场等各行业渗透，不断探索移动互联网与日常生活场景的紧密结合。例如，腾讯与多地政府联合推进“互联网+智慧城市”；蚂蚁金服启动“互联网+城市服务”，推出社保查询、公交查询、挂号医疗等城市服务。

2015年，国家外汇管理局发布《关于开展支付机构跨境外汇支付业务试点的通知》，国务院常务会议部署促进跨境电子商务健康快速发展，鼓励开展跨境电子支付，推进跨境外汇支付试点，支持境内银行卡清算机构拓展境外业务。在政策利好的推动下，各类支付机构纷纷加大跨境支付业务投入力度。例如，招行针对其信用卡持卡人推出Visa Checkout支付服务[①]。

① 持卡人只需在其Visa Checkout账户内一次性输入银行卡信息、商品运送信息和支付信息，无须在购买时重复输入类似信息。

ChinaPay 推出一揽子跨境支付解决方案，包括为境外商户提供面向境内持卡人的跨境 B2C 支付解决方案、为国内进出口企业提供跨境收付款解决方案、为境内外电商提供人民币或外币跨境收款结算的海关电子支付通关解决方案等。微信支付在 2015 年 11 月向境外商户和机构全面开放，支持英镑、美元等 9 个币种的交易，联合西联汇款推出跨境移动转账服务，境外一些国家和地区的商户已接入微信支付。支付宝也已实现在新加坡、日本等国家和地区的商户支付服务。国家外汇管理局批复拉卡拉跨境支付新增业务许可，新增留学教育、酒店住宿、旅游服务和国际展览四项业务。

为支持农村普惠金融发展，提升农村金融服务质效，支付机构纷纷响应政策号召，积极探索农村支付市场。如银联联合产业各方，向农村市场推出 mPOS，大力拓展农资收购、助农取款业务，为农村提供便利的金融服务。

四　2016年银行卡市场发展趋势

（一）适度监管与支付创新的平衡成为共识

在移动互联网的环境下，各种支付创新层出不穷，但是银行卡受理市场的不规范现象一直长期存在，特别是近年来互联网金融业务快速崛起，非金融机构纷纷试水金融业务，金融混业与产品创新成为发展趋势。但由于部分企业风险防范经验不足、能力较弱，加之现有监管体制和监管政策难以完全满足现实需要，风险事件屡屡发生。2015 年，监管部门颁布了一系列规章制度，逐步探索如何科学地规范支付市场，在通过差异化监管等方式为创新保驾护航的同时，为创新提供相对宽松的环境。2016 年，这一趋势还将继续，监管的重点在于既能让创新充满活力，又能营造规范发展的市场环境。

（二）产业主体均加快转型步伐和产业布局，着力点各有侧重

对传统银行卡市场主体来说，信息技术在支付行业的应用和创新使得传统银行卡业务受到较大冲击，尤其是支付和转账两大业务。尽管一些非金融

支付机构提供的支付和转账业务仍基于银行卡账户，但业务处理模式发生了很大的改变。在这种市场环境下，受益于系统集中、数据集中和网上银行/手机银行的普及，银行逐步探索和建立了基于互联网的低成本、开放式的服务模式。2015 年 9 月，招行对所有个人客户网上境内转账汇款手续费全部减免，此后越来越多的银行加入转账免手续费队伍中。银行的服务对象不再仅仅局限于本行卡客户，还向他行客户开始开放越来越多的服务。传统银行卡产业的网络价值和经济性得到进一步挖掘。银行将结合大数据、云计算等推动经营管理模式进一步互联网化。与此同时，银行卡清算机构在继续扩大受理范围（尤其是互联网的受理）和改进支付产品体验的同时，加快向综合支付服务商转型，积极利用其拥有的大数据、丰富的商户资源等向各类客户提供更具个性化的服务。

就快速兴起的非金融支付机构来看，近年来居民资产快速增长，理财意识不断增强，传统的金融服务产品分布于不同的渠道，同期互联网金融的迅猛发展使得越来越多的金融服务可以通过互联网实现；资本实力强大的部分非金融支付机构以支付为切入点，通过收购基金公司、保险公司、证券公司等金融机构的方式在其平台上逐步叠加多样化的金融服务，以满足居民日益增长的“一站式”金融服务需求，进而增强了该平台对消费者、资金的黏性。2016 年很可能会有新的追随者采用以搭建生态圈的方式来构筑平台护城河的竞争模式。另外，境外旅游、海淘已经成为国内居民日常生活的一个组成部分，可以实现全球受理的支付工具必然会成为居民的首选。因此，加快国际化步伐是主要非金融支付机构近年来发展的重点之一。2016 年，这些非金融支付机构将会继续在这方面发力，特别是中国人常去的国家和地区中热门的百货、超市、酒店、餐饮、租车和主流线上电商，其受理范围会进一步扩大。

（三）移动支付、行业应用和农村支付市场将是重点竞争领域

一是移动支付市场将出现竞争新格局。2015 年 12 月 12 日，银联联合 20 多家商业银行推出“云闪付”移动支付品牌。此后，在此品牌下陆续推

出 Apple Pay、Samsung Pay 等支付产品。不同于目前国内一些非金融支付机构主推的二维码支付，这种基于 NFC、HCE 和 Token 技术的支付方式安全且更加便捷。安全便捷的支付体验、庞大的苹果手机用户群、不断完善的非接受理环境将会大大加快 NFC 手机支付的推广速度。这种支付模式的快速扩张又会吸引更多国内手机厂商支持 NFC，长期影响 NFC 手机支付发展的终端瓶颈将得到有效解决。国内手机支付市场格局将会翻开新的一页。

二是针对性的综合解决方案将是支付市场主体拓展行业应用的有力工具。尽管银行卡支付在多个领域得到普及，但受限于当时的发展环境，银行卡市场主体主要解决了银行卡在这些行业的受理问题，较少与行业自身发展的需求深度结合。随着支付市场竞争的加剧以及行业信息化水平的提高，越来越多的行业希望得到包括支付、客户和库存管理等在内的综合解决方案。

三是农村支付市场的发展潜力将进一步显现。2015 年，政府连续出台多项政策措施来支持农村地区发展，尤其是农村电子商务和普惠金融的发展，如 2015 年 11 月出台的《关于促进农村电子商务加快发展的指导意见》等。大型电商纷纷下乡，农村电商的发展离不开电子支付，包括农产品的收购、消费品的下乡。另外，农村地区的发展需要得到普惠金融的支持，而普惠金融在农村地区面临的难点之一是低收入人群没有信用积累，在农村支付发展中积累的支付数据为这类人群的信用评分提供了很好的参考。

参考文献

中国人民银行支付结算司：《2015 年支付体系运行总体情况》，中国人民银行网站，2016 年 4 月 5 日。

中国人民银行网站，http：//www. pbc. gov. cn/。

中国银监会网站，http：//www. cbrc. gov. cn/。

中国支付清算协会网站，http：//www. pcac. org. cn/。

Chapter 8 Development of Bank Card Market with Innovation

Abstract: This article describes the development environment change of bankcard's market from the political, economic, social and technological factors in 2015, analyses the size and change of the domestic bankcard market, sorts out the business innovation of bankcard in the issue, acceptance and other related aspects. Finally, the paper analyses the regulatory policy of payment industry, business transformation and the development trend of industrial distribution in 2016.

Keywords: Bankcard; Regulation; Innovation; Development Trend

第九章 2015年场外金融市场中央对手方清算机制的发展*

摘 要: 2015 年，中国场外金融市场集中清算业务持续推进，清算业务规模保持高速增长态势，业务覆盖面逐渐扩大，市场渗透率日渐提升，参与者规模快速增大。主流利率衍生品实现了强制集中清算，推出了标准债券远期和标准利率互换集中清算业务，航运及大宗商品衍生品清算业务持续创新。相应的中央对手方清算机构也更加积极主动地参与到国际标准的制定完善以及与境外重要监管机构的对话沟通中。

关键词: 场外市场 中央对手方 清算 衍生品

根据国际清算银行（BIS）2015 年 6 月发布的最新统计数据，场外衍生品市场的未到期合约名义本金规模是场内的 8.9 倍，场外交易市场（OTC）在金融交易活动中的地位日渐凸显。本章将侧重讨论场外交易市场的中央对手方（CCP）机制建设与发展问题。

一 CCP 发展的国际现状

2015 年，全球金融市场集中清算向深度发展，产品覆盖面、市场渗透率不断提升。与此同时，各国（或地区）对 CCP 的监管政策不断深入，推

* 本章由上海清算所提供主要素材，相关研究人员在调研及写作过程中给予了帮助，顺致谢忱。

动力度持续加大，并积极适应 CCP 跨境活动的需要，通过替代合规等途径开展跨司法管辖权的监管合作。

（一）产品覆盖面继续扩大

2015 年，全球金融市场有序推进集中清算机制逐步落实。根据金融稳定理事会（FSB）的统计，目前只有 5 个国家（中国、印度、日本、韩国和美国）对至少一种产品存在强制性清算要求；澳大利亚、欧盟和墨西哥已经决定，将于 2016 年中对某些利率衍生产品进行强制集中清算（见表 9－1）。

表 9－1　全球金融市场集中清算实施进度

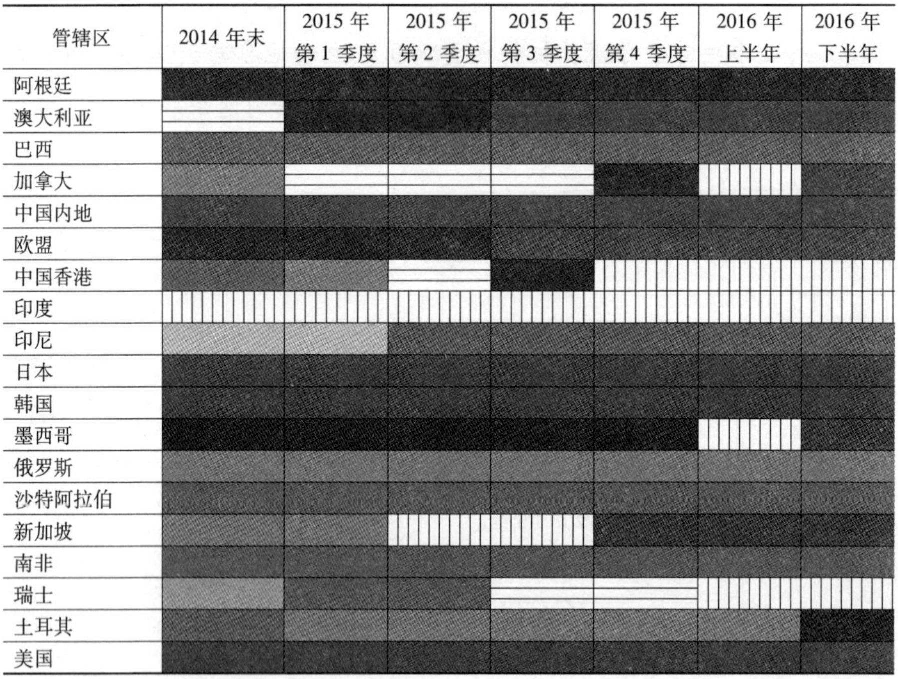

注：已经生效的要求；部分生效的/分阶段的要求；通过（或不适用）法律框架，实施细则已通过；通过（或不适用）法律框架，实施细则已被部分通过；通过（或不适用）法律框架，实施细则已发布征求意见或建议；通过（或不适用）法律框架；正在磋商或者建议的法律框架；未计划的法律/监管措施。

资料来源：FSB，ODWG 第九次报告。

纳入清算的产品覆盖面逐步扩大，相应的，提供清算服务的 CCP 逐步增加，金融市场中 CCP 的可获得性显著改善。巴西、欧盟、俄罗斯和美国的 CCP 被准许清算所有类别资产的至少某些子品种；在另外 14 家会员的管辖区内，至少一家 CCP 被准许清算一些利率衍生品。而对于另外资产类别的 CCP 清算服务则非常有限，有 5 个管辖区内并没有任何 CCP 为场外衍生品交易提供清算服务（见表 9－2）。

表 9－2　全球各细分金融市场 CCP 数量

管辖区	资产类别				
	商品	信用	股票	外汇	利率
阿根廷					
澳大利亚			1		3
巴西	1	1	1	1	1
加拿大	2	2	2		4
中国内地	1			1	1
欧盟	9	6	7	7	13
中国香港				1	1
印度				1	1
印尼					
日本		1			3
韩国					1
墨西哥					1
俄罗斯	1	1	1	1	1
沙特阿拉伯					
新加坡	1			1	1
南非					
瑞士					2
土耳其					
美国	5	5	2	2	7

资料来源：FSB，ODWG 第九次报告。

对于需要为一笔跨境交易提供集中清算的CCP，它需要获得所有相关管辖区的许可。大部分管辖区要求CCP在当地获得许可，以便满足该辖区的强制性集中清算要求。因此，目前跨境CCP的可得性仍然非常有限。在大多数情况下，CCP只能在指定的1～2个管辖区内，为一种特定资产提供清算服务。只有少数CCP，获准同时在多个管辖区内为利率衍生品提供清算服务（见表9－3）。

表9－3　分资产类别的CCP跨境可获得性

单位：家

资产类别	可同时在不同辖区提供清算服务的CCP数目				
	1家管辖区	2家管辖区	3家管辖区	4家管辖区	5家管辖区
商品	5	3	1	1	—
信用	2	4	2	—	—
股票	3	4	1	—	—
外汇	7	4	—	—	—
利率	6	4	5	1	1

注：表中数据截至2015年6月底。这些CCP在特定数目的管辖区内同时获得或即将获得准许（或被暂时免除准许要求），为给定类别资产的至少某些场外衍生品子品种提供直接或间接的清算服务。

资料来源：FSB，ODWG第九次报告。

（二）市场渗透率不断提升

全球场外市场利率互换集中清算市场渗透率过半（见图9－1）。根据FSB的统计，2015年6月底一组大型交易商向DTCC提交的交易报告显示，所有子品种类别的集中清算头寸的仍在存续期的本金名义总量约为175万亿美元，占目前全球能为场外利率衍生品交易提供清算服务的CCP理论清算能力的60%，占全部估计仍在存续期的本金名义数额的48%。当前CCP覆盖了单一货币利率掉期、隔夜指数掉期、息率基准掉期和远期利率协议（四大子产品组）仍在存续期的本金名义总额的近95%，而占这些交易商的仍在存续期的本金名义总额20%的其他子产品组目前并没有被集中清算。

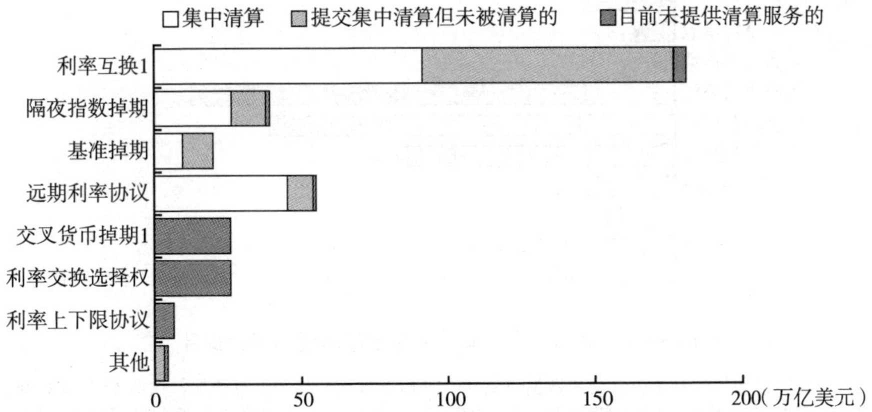

图9-1　全球场外市场利率互换集中清算市场渗透率过半

注：①这些估计基于公开交易数据信息和一些CCP提交的集中清算数据；这些CCP是ASX，BM&F BOVESPA，CCIL，CME，Eurex，HKEx，JSCC，KDPW，KRX，LCH. Clearnet，Nasdaq OMX，Moscow Exchange，SCH和SGX；这些交易既包括某些管辖区的强制性清算交易，也包括自愿性的清算交易。②图示数据为16家交易商上报给DTCC的交易额，为仍在存续期的本金名义总额，经过交易商集中清算交易的重复计算调整。统计数据截至2015年6月底。③"1"根据DTCC分类标准，包括普通产品（超过总额的98%）和奇异产品（不到总额的2%）。

资料来源：FSB，ODWG第九次报告。

信用衍生品集中清算市场渗透率有待提升（见图9-2）。2015年6月底，所有市场参与者（不只是大型交易商，并对双重计数进行调整）的信用衍生品的仍在存续期的本金名义总额达到11.5万亿美元。根据CCP当前提供的信用产品清算服务能力，大约6.7万亿美元（占总额的58%）可以被集中清算，但事实上只有2.4万亿美元（占总额的21%）被集中清算。

（三）监管协调逐步推进

2014年，欧洲金融市场管理局（ESMA）开始对欧洲经济区（EEA）内的CCP开展注册工作。截至2015年末，已有16家欧盟区域内的CCP获得注册（见表9-4）。

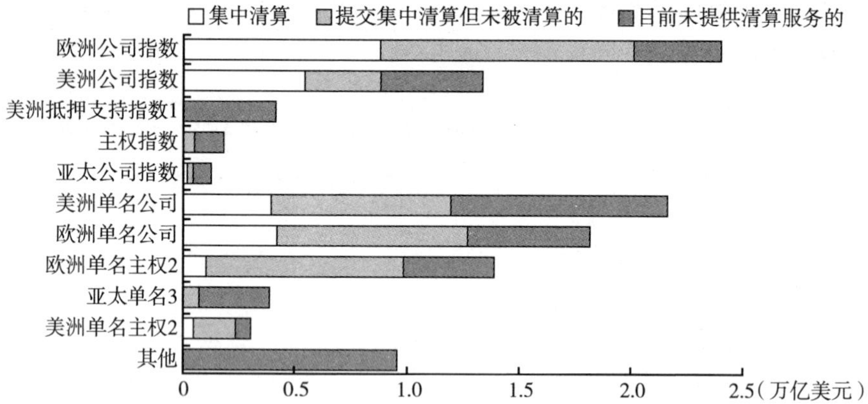

图9－2 信用衍生品集中清算市场渗透率有待提升

注：①这些估计基于公开交易数据信息和一些 CCP 提交的集中清算数据；这些 CCP 是 CME，Eurex，ICE Clear Credit，ICE Clear Europe，JSCC 和 LCH. Clearnet；这些交易既包括某些管辖区的强制性清算交易，也包括自愿性的清算交易。②图示数据经过集中清算交易重复计数调整，为所有交易对手向 DTCC 报的数额。统计数据截至 2015 年 6 月底。③“1”包括住宅和商业抵押贷款支持指数；“2”包括主权国家、非主权国家和国有企业；“3”包括日本、亚洲（含日本）以及澳大利亚/新西兰的公司、主权国家和国有企业。

资料来源：FSB，ODWG 第九次报告。

表9－4 ESMA 批准的 EEA 内 QCCP 名单

序号	CCP 名称	所属国	监管机构	批准日期
1	Nasdaq OMX Clearing	瑞　典	金管局	2014 年 3 月 18 日
2	European Central Counterparty N. V.	荷　兰	央行	2014 年 4 月 1 日
3	KDPW_CCP	波　兰	金融监管委员会	2014 年 4 月 8 日
4	Eurex Clearing AG	德　国	联邦金融监管局	2014 年 4 月 10 日
5	Cassa di Compensazione e Garanzia S. p. A.（CCG）	意大利	央行	2014 年 5 月 20 日
6	LCH. Clearnet SA	法　国	审慎监管及处置局	2014 年 5 月 22 日
7	European Commodity Clearing	德　国	联邦金融监管局	2014 年 6 月 11 日
8	LCH. Clearnet Ltd.	英　国	央行	2014 年 6 月 12 日
9	Keler CCP	匈牙利	央行	2014 年 7 月 4 日
10	CME Clearing Europe Ltd.	英　国	央行	2014 年 8 月 4 日
11	CCP Austria Abwicklungsstelle für Börsengeschäfte GmbH（CCP. A）	奥地利	金管局	2014 年 8 月 14 日
12	LME Clear Ltd.	英　国	央行	2014 年 9 月 3 日

续表

序号	CCP 名称	所属国	监管机构	批准日期
13	BME Clearing	西班牙	国家证券市场委员会	2014 年 9 月 16 日
14	OMIClear – C. C. ,S. A.	葡萄牙	证券市场委员会	2014 年 10 月 31 日
15	Holland Clearing House B. V.	荷　兰	央行	2014 年 12 月 12 日
16	Athens Exchange Clearing House (Athex Clear)	希　腊	希腊资本市场委员会	2014 年 1 月 22 日

资料来源：ESMA。

与此同时，根据《欧洲证券市场监管局（ESMA）对第三国中央对手方（TC – CCP）认证的实践指南》的规定，ESMA 也同步接收非 EEA 的第三国 CCP 申请注册，自 2013 年 3 月 15 日相应的监管技术标准（RTS）生效以来，截至 2016 年 1 月，ESMA 批准和公布了 11 家欧盟境外 CCPs 获得 TC – CCP 认证，分别来自日本、新加坡、中国香港和澳大利亚（见表 9 – 5）。

表 9 – 5　获得欧盟 TC – CCP 认证的 CCP 名单

CCP 名称	时间	开展的业务		
		场外衍生品市场	证券市场	回购市场
ASX Clear (Futures) Pty Ltd.	2015 年 4 月 27 日	权益类、债券类、利率类、通胀类、信用类、货币类、商品类、排放/气候类、航运类	债券	债券回购
ASX Clear Pty Ltd.	2015 年 4 月 27 日	权益类、债券类、利率类、通胀类、信用类、货币类、商品类、排放/气候类、航运类	权益和债券	无
Hong Kong Securities Clearing Company Ltd.	2015 年 4 月 27 日	无	权益	无
HKFE Clearing Corporation Ltd.	2015 年 4 月 27 日	权益类、债券类、利率类、货币类、商品类	无	无
OTC Clearing Hong Kong Ltd.	2015 年 4 月 27 日	利率类、货币类	无	无
The SEHK Options Clearing House Ltd.	2015 年 4 月 27 日	权益类	无	无
Japan Securities Clearing Corporation	2015 年 4 月 27 日	权益类、债券类、利率类、信用类、货币类	权益和债券	债券回购
Tokyo Financial Exchange	2015 年 4 月 27 日	权益类、利率类和货币类	无	无

续表

CCP 名称	时间	开展的业务		
		场外衍生品市场	证券市场	回购市场
Central Depository (Pte) Ltd.	2015 年 4 月 27 日	无	权益和债券	无
Singapore Exchange Derivatives Clearing	2015 年 4 月 27 日	权益类、债券类、利率类、货币类、商品类、航运类	无	无
ICE Clear Singapore	2015 年 9 月 24 日	货币类和商品类	无	无

资料来源：ESMA。

2008 年金融危机之后，美国率先通过 Dodd – Frank 法案确定了集中清算的发展路径，并明确了美联储（Fed）、美国商品期货交易委员会（CFTC）、美国证券交易委员会（SEC）之间的监管分工，Fed 对具有系统重要性的金融市场设施（FMU）进行监管，CFTC 对衍生品清算组织（DCO）进行监管，SEC 对清算机构（CA）进行监管。获得 DCO 的认证有两条路径：其一是直接向 CFTC 申请 DCO 资格认证；其二是通过监管机关双边磋商，达成替代合规模式（Substituted Compliance），从而获得对 DCO 资格认证的豁免权。据 CFTC 网站披露，现有已注册、资格仍有效的 DCO 共有 15 家（见表 9 – 6），其中有 5 家来自美国以外的国家和地区（英国、欧洲地区、加拿大、新加坡），即这 5 家机构选择了第一条路径直接申请。2015 年，来自澳大利亚、日本和韩国三个地区的 3 家中央对手方通过替代合规获得对 DCO 资格认证的豁免权（见表 9 – 7）。

表 9 – 6　美国 DCO 注册的中央对手方

CCP 名称	状态	时间	业务说明
Cantor Clearinghouse, L. P.	注册	2010 年 4 月 20 日	允许清算在 Cantor 交易所交易的外汇现货指数双边弹性期权合约和其他相似风险组合类似的 Fully-margined 双边期权合约
Chicago Mercantile Exchange, Inc.	注册	2000 年 12 月 21 日	NA

续表

CCP 名称	状态	时间	业务说明
Clearing Corporation	注册	2000 年 12 月 21 日	NA
ICE Clear Credit LLC	注册	2011 年 7 月 19 日	NA
ICE Clear Europe Ltd.	注册	2010 年 1 月 22 日	允许清算受特定合约市场规则约束或在特定合约市场交易的期货和期权以及互换
ICE Clear US, Inc.	注册	2000 年 12 月 21 日	NA
LCH. Clearnet LLC	注册	2008 年 12 月 22 日	NA
LCH. Clearnet Ltd.	注册	2001 年 10 月 28 日	允许清算受特定合约市场规则约束或在特定合约市场交易的期货和期权以及互换
LCH. Clearnet SA	注册	2013 年 12 月 17 日	允许清算互换
Minneapolis Grain Exchange, Inc.	注册	2000 年 12 月 21 日	NA
Natural Gas Exchange, Inc.	注册	2008 年 12 月 12 日	允许清算基于能源类产品的实物交割或金融结算的合约(期货或互换),其交易或遵循外方规则,或与外国机构交易,或在特定合约市场或者互换执行设施上进行双边交易,或受特定合约市场或者互换执行设施规则的制约
Nodal Clear, LLC	注册	2015 年 9 月 24 日	NA
North American Derivatives Exchange, Inc.	注册	2004 年 2 月 18 日	允许清算全抵押、现金结算、期货、期权和在其附属的特定合约市场上挂牌交易的互换
Options Clearing Corporation	注册	2001 年 12 月 10 日	允许清算期货、期权以及特定合约市场上的商品期权
Singapore Exchange Derivatives Clearing Ltd.	注册	2013 年 12 月 31 日	允许清算互换

资料来源：CFTC。

表 9-7 美国 DCO 豁免的中央对手方

CCP 名称	状态	时间	业务说明
ASX Clear (Futures) Pty Ltd.	豁免	2015 年 8 月 18 日	允许为美国清算会员清算自营互换头寸
Japan Securities Clearing Corporation	豁免	2015 年 10 月 26 日	允许为美国清算会员清算利率互换头寸
Korea Exchange, Inc.	豁免	2015 年 10 月 26 日	允许为美国清算会员清算利率互换头寸和无本金交割远期外汇

资料来源：CFTC。

与之对应，欧盟于2015年9月将对5个司法管辖区的清算所进行替代合规认可，以显示其在衍生品跨境监管合作上的进步。这5个司法管辖区分别为瑞士、墨西哥、韩国、加拿大和南非。欧盟认为这5个司法管辖区的清算所规则与欧盟清算所规则标准一致。

同时，美国和欧洲的监管机构一直致力于在CCP相关条例上达成一致。然而双方在欧盟对美国CCP是否通过对等监管认定的长期协商过程中出现了分歧，双方分歧主要集中在保证金的计算上。

二　CCP发展的中国经验

自上海清算所成立以来，中国场外金融市场全面进入中央对手方清算时代，经过六年的建设，中国场外金融市场逐步建立起运行规范、市场化色彩明显、对标国际的中央对手方清算机制，目前已基本建立了本外币、现货及衍生品、银行间市场及跨市场的集中清算业务体系，并在全球较早实现利率互换（IRS）的强制集中清算。

经中国人民银行批准，上海清算所将现券净额清算业务自2015年3月30日开始进一步拓展为债券交易净额清算服务，将现券、质押式回购、买断式回购进行统一轧差处理，并适用于上海清算所登记托管的固定收益产品的净额清算业务，进一步将债券净额业务的参与者分为债券净额普通清算会员、债券净额综合清算会员和非清算会员（或称客户）。由此实现了对银行间市场固定收益类产品多种交易方式的全面支持，并实现了市场参与者的有序分层，全面提升了风险管理能力和市场服务能力。

伴随着中国场外金融市场集中清算业务的持续推进，清算业务的覆盖面逐渐扩大，市场渗透率日渐提升，清算业务规模保持高速增长态势。2015年，中国场外金融市场中，以中央对手方清算为代表的净额清算业务规模达到42.63万亿元，同比增长117.31%。其中，债券现券CCP清算11477笔，清算面额为23427.66亿元；利率互换CCP清算63710笔，名义本金为81191.53亿元；航运及大宗商品衍生品CCP清算1818272个月度合约，名义本金为

671.16 亿元。

与此同时，市场参与者规模也快速扩大。截至 2015 年末，银行间债券市场现券净额清算业务参与者有 59 家，其中银行 35 家、证券公司 23 家、财务公司 1 家。外汇竞价集中清算业务参与机构有 258 家，外汇询价集中清算业务参与机构有 41 家。利率互换中央对手方清算业务参与机构有 95 家，其中综合清算会员 5 家、普通清算会员 42 家、非清算会员 48 家。同期，航运及大宗商品衍生品中央对手方清算业务的综合清算会员包括浦发银行、交通银行、建设银行、农业银行 4 家；代理清算会员包括招商证券、中信证券 2 家；截至 2015 年末，具备代理清算业务能力的清算会员共为 377 家客户提供代理清算服务。

三　人民币利率衍生品市场集中清算持续发展

（一）运行情况

1. 主流利率衍生品实现了强制集中清算，有效控制了风险

2015 年，银行间市场人民币利率互换交易中央对手方清算业务为 63710 笔，清算金额（名义本金）为 81191.53 亿元，从金额角度来看是同期国债期货交易量①的 1.35 倍。从清算产品构成来看，按照名义本金进行统计，FR 007 为 7.31 万亿元，Shibor_ O/N 为 2828.83 亿元，Shibor_ 3M 为 5180.26 亿元，占比分别为 90.13%、3.49%、6.38%（见图 9－3）。

根据中国外汇交易中心 2015 年 1～12 月的统计数据，2015 年银行间市场 IRS 成交量共计 82143.76 亿元，以 FR 007 为标的的产品仍是市场主力。以 FR 007、Shibor_ O/N、Shibor_ 3M 为基准利率且符合期限条件（5 年以下）的 IRS 交易量分别为 73537.34 亿元、3094.83 亿元和 5191.25 亿元，满足“银发〔2014〕29 号”规定的、可纳入中央对手方清算的 IRS 名义本金

① 根据中国金融期货交易所的统计数据，2015 年国债期货成交额达 60106.77 亿元。

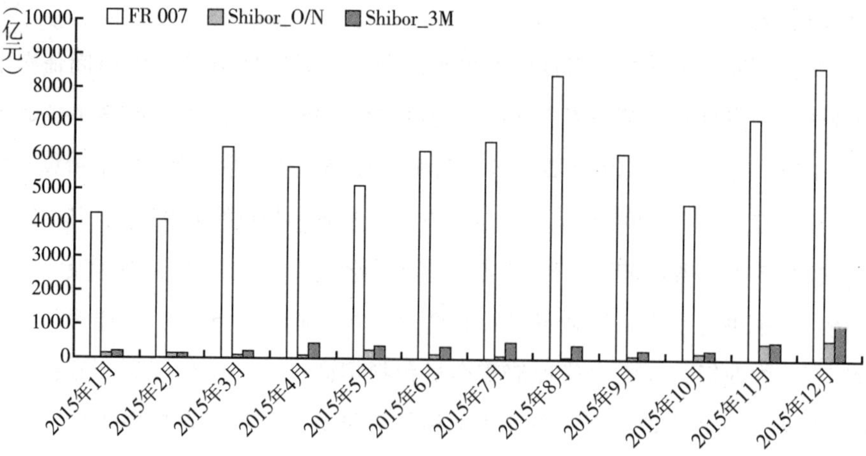

图 9－3　2015 年银行间市场 IRS 集中清算规模

资料来源：上海清算所。

占比为 99.61%。从规模上来看，纳入强制集中清算的上述三类参考利率在 IRS 交易整体中具有显著的代表性，基本上已实现对整个 IRS 市场的有效覆盖，针对主流的利率衍生产品落实了风险集中控制措施。

2. 参与者不断增加，机构类型日趋丰富

截至 2015 年 12 月底，有 76 家银行类金融机构、47 家证券公司、11 家其他类金融机构（包括保险、资管、财务类机构）合计 134 家机构在外汇交易中心备案利率互换交易。其中，银行类金融机构占比为 56.71%，证券公司占比为 35.07%，尽管银行类金融机构仍占半数以上，但是证券公司参与的活跃度不断提高，机构类型也日趋丰富。

此外，截至 2015 年 12 月底，有 54 家银行类金融机构、38 家证券公司以及 3 家其他类金融机构共计 95 家机构参与利率互换集中清算业务。其中，银行类金融机构占比从 2014 年底的 64.10% 下降至 56.84%，证券公司占比从 34.62% 上升至 40.00%。一方面，参与者数量的增加以及机构类型的丰富促进了利率互换交易的活跃度；另一方面，交易量的提升以及代理清算业务的设计鼓励了更多机构加入互换市场。二者效应互相促进，形成良性循环。

2015 年 7 月 14 日，央行明确规定中国银行间债券市场进一步对境外投资者开放，相关境外机构投资者向央行备案完成后，可在银行间市场开展债券现券、债券回购、债券借贷、债券远期，以及利率互换、远期利率协议等其他经中国人民银行许可的交易。这将进一步促进利率互换交易的活跃度和流动性，使利率互换产品在为参与机构提供风险保障功能的同时，也为整体金融市场提供更加精准、市场化的基础利率。

3. 成交量持续攀升，屡创新高

2015 年银行间市场人民币利率互换交易额达 8.22 万亿元，同比增长 103.97%。作为上海清算所开展利率互换强制集中清算业务以来的第一个完整年度，截至 2015 年底，上海清算所集中强制清算利率互换合约 6.36 万笔、名义本金 8.12 万亿元，清算额占交易规模的 98.78%。其中，2015 年上半年清算量为 3.35 万笔，金额为 3.48 万亿元，金额环比增长 55.30%、同比增长 5319.12%；2015 年下半年清算量为 3.01 万笔，金额为 4.64 万亿元，金额环比增长 33.26%、同比增长 106.95%。无论是清算总量还是单位合约涉及金额均有大规模增长。

（二）上海清算所推出标准债券远期和标准利率互换集中清算业务

2015 年，上海清算所在利率衍生品方面的创新主要包括标准债远期集中清算业务和标准利率互换集中清算业务。其中，标准债远期交易及清算业务于 2015 年 4 月 7 日投入运行，而后上海清算所为促进业务发展，积极开展会员代理业务推广、报价团方案研讨修订、交易清算平台建设、会员调研等工作，并于 2015 年 11 月 30 日实现通过 X－Swap 交易和集中清算，当日实现涉及 3 个期限合约、15 家会员单位的 49 笔交易，金额共计 16.2 亿元（单边）。而上海清算所标准利率互换集中清算业务也在积极准备中，考虑到标准利率互换和标准债券远期在业务流程、清算结算、风险控制措施等方面的相似性，为方便市场参与者同时参与两项标准业务的集中清算，上海清算所计划将两项业务在以上方面进行整合，形成一个统一的标准化利率产品集中清算系统。目前整合后的系统正处于系统开发阶段。

四　航运及大宗商品衍生品清算业务持续创新

2015年，场外航运及大宗商品金融衍生品市场创新推出了自贸区铜溢价掉期（FCP）、人民币苯乙烯掉期（CSM）、自贸区乙二醇进口掉期（FMEG）、人民币集装箱掉期（CS）和中国沿海煤炭远期运费协议（CFFA）5个新产品，与2013年推出的人民币远期运费协议（FFA）、2014年推出的人民币铁矿石掉期（CIS）和人民币动力煤掉期（CSS）一起，覆盖了航运、能源、金属、化工四大领域，我国场外航运及大宗商品金融衍生品市场产品类别不断丰富。

（一）业务发展情况

1. 航运

人民币FFA业务上市初期经历了快速增长，然而近年来国际航运市场持续低迷，2015年波罗的海干散货指数更是处于单边下行的趋势。以波罗的海干散货指数为标的的人民币FFA业务因受大环境影响，自2014年起业务量快速缩水，清算金额也大幅下降（见图9－4）。

2. 能源

CSS是截至2015年末场外能源类金融衍生品唯一正式上线产品。产品上市初期就获得了较大关注，且市场反应良好。2014年底至2015年初正值用煤旺季，CSS的清算量猛增。2015年2月，受春节假期影响清算量同清算金额均有较大幅度回落，后稳步上升，至2015年夏季又缓慢回落，但清算规模基本维持在每月1800万吨左右，约合人民币72.4亿元（见图9－5）。

3. 金属

基于市场的良好反应以及为满足实体企业的套保需求，场外金属类金融衍生品继CIS后又于2015年初推出了全球第一个溢价类场外衍生品——FCP。截至2015年末，CIS市场没有一个明显的趋势，呈横盘震荡，自5月

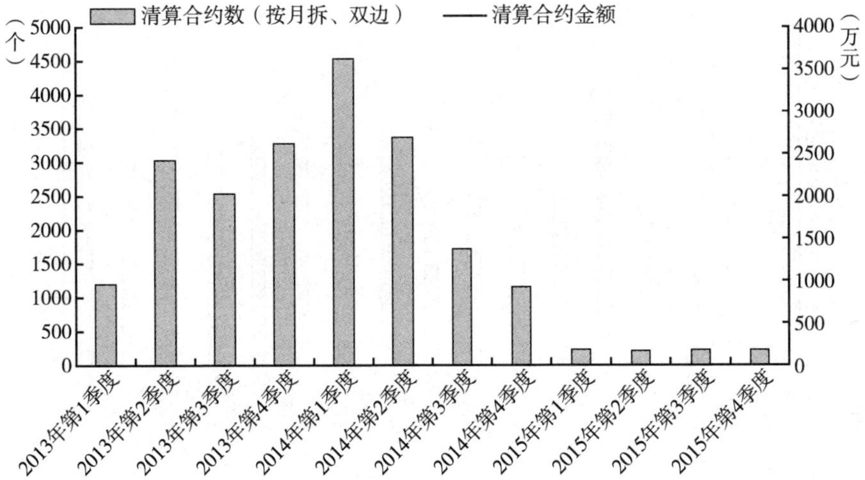

图9－4　2013～2015年人民币FFA业务量

资料来源：上海清算所。

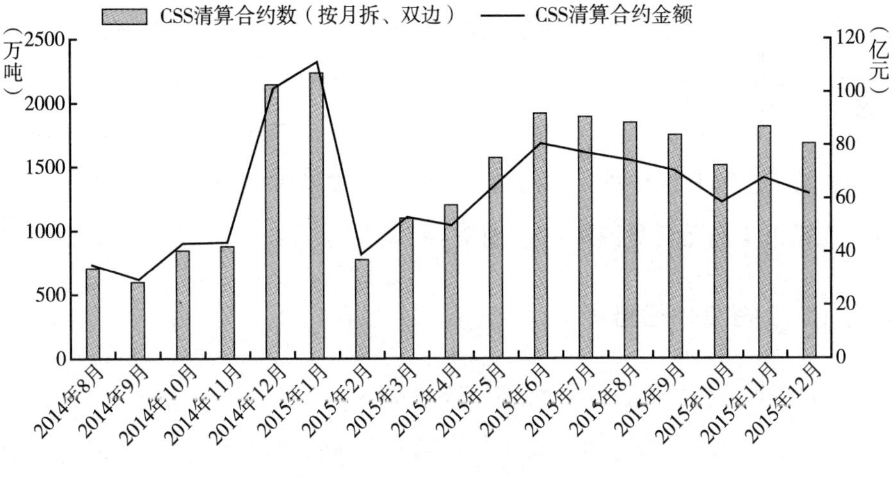

图9－5　2014～2015年人民币CSS业务量

资料来源：上海清算所。

以来月清算量徘徊于800万～900万吨，但由于成交价持续走低，月清算金额自2015年7月起开始小幅回落（见图9－6）。

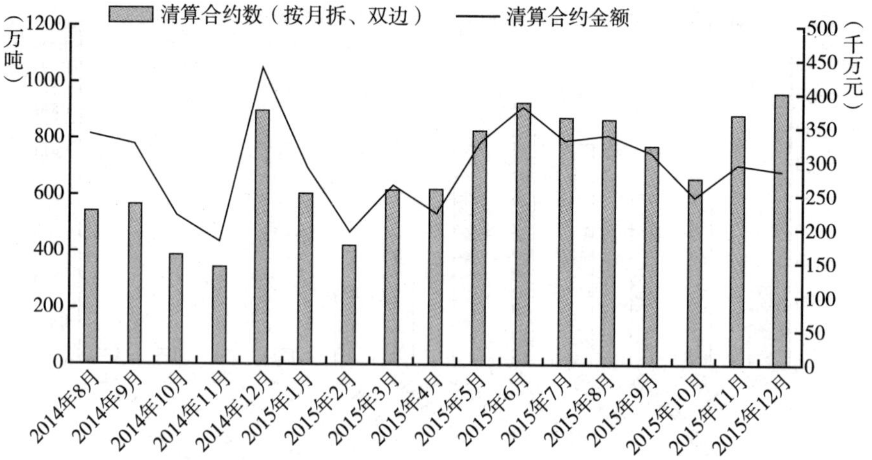

图9－6　2014～2015年人民币CIS业务量

资料来源：上海清算所。

4. 化工

2015年7月，上海清算所推出两款场外化工类金融衍生品——CSM和FMEG，自推出以来运行稳定。CSM清算量自2015年8月以来持续下行，至2015年12月清算规模为20.92万吨，约合人民币14.63亿元。FMEG上市以来清算量呈震荡上行趋势，2015年12月清算规模大幅上升至11.28万吨，约合人民币4亿元（见图9－7、图9－8）。

（二）特点和趋势

1. 创新性地将金融服务实体经济落到实处

场外航运及大宗商品金融衍生品市场的创新发展，与实体经济的真正需求紧密结合。如FCP是针对电解铜现货价格与期货价格存在地区溢价、市场参与者无法通过期货市场实现对电解铜现货交易完全套保的实际情况而开发出的与铜溢价相关的金融衍生品，为相关企业的铜套期保值操作提供了有力工具。另外，如CSM和FMEG、CS和CFFA也都分别满足了相关化工企业和航运企业的套期保值与风险管理需求。场外航运及大宗商品金融衍生品市场

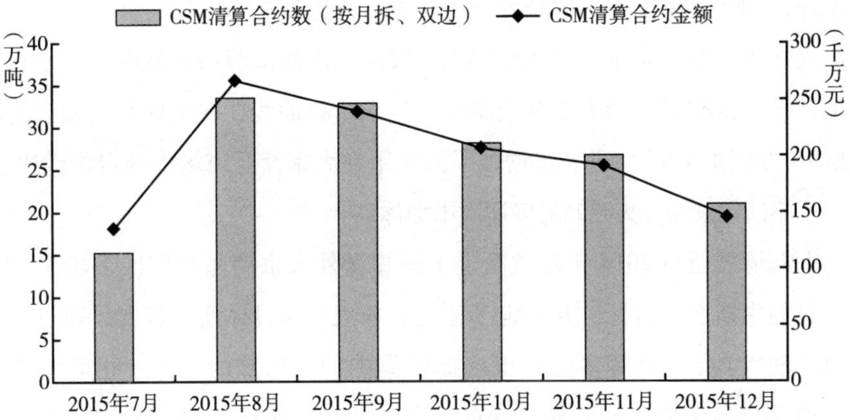

图 9－7　2015 年人民币 CSM 业务量

资料来源：上海清算所。

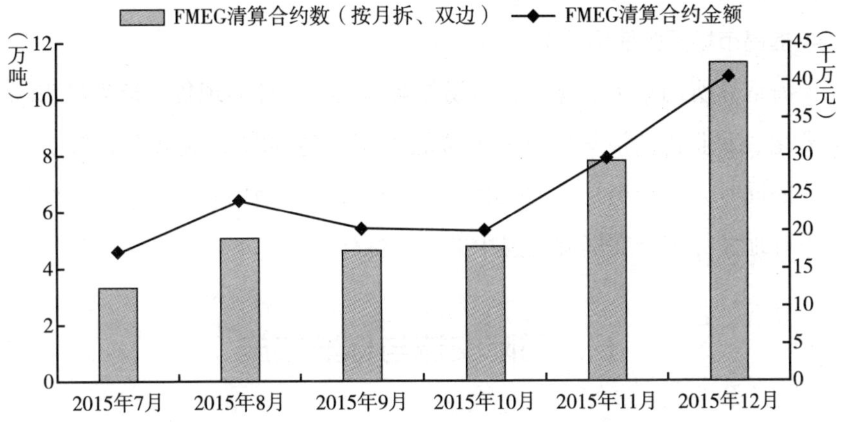

图 9－8　2015 年人民币 FMEG 业务量

资料来源：上海清算所。

在上海清算所的创新推动下，将不断为满足实体经济的切实需求而得到发展完善。

2. 提高人民币在全球大宗商品交易中的定价地位

场外航运及大宗商品金融衍生品均采用人民币（FFA、CIS、CSS、CSM、CS、CFFA）或跨境人民币（FCP、FMEG）计价，产品最终结算价除

FFA外，均基于中国第三方指数方发布的人民币现货价格进行计算，旨在打破美元在大宗商品定价中的垄断局面。同时，上海清算所每日向市场发布人民币计价的铁矿石、动力煤和铜溢价中远期价格曲线，向全球发出大宗商品价格的“中国声音”，进一步增强了人民币在大宗商品市场中的定价作用。

3. 不断完善场外大宗商品多层次市场体系

上海清算所自2014年起就制定了构建场外大宗商品多层次市场集中清算平台的中期发展目标，并确定了相关业务规划和具体实施步骤。通过为大宗商品现货、衍生品等多层次市场提供集中的、标准的、专业化的清算服务，构建“多交易平台、统一清算平台”的运作模式。场外大宗商品金融衍生品市场的快速发展和不断完善正朝着这一目标有力迈进，已取得阶段性成果，对国家实现确立上海全球性的人民币产品创新、交易、定价和清算中心地位的战略目标具有积极意义。

4. 提高市场资金使用效率

上海清算所的集中清算平台为场外航运及大宗商品现货及衍生品市场提供标准化、专业化的清算服务，资金轧差率高达98%，能够在有效防范业务风险的同时，降低交易者的资金成本，提高资金使用效率，有利于活跃交易，更好地发挥市场在资源配置中的决定性作用。

五　国际交流与标准实施

（一）国际合作取得重大突破，成功推动全球中央对手方协会（CCP12）注册落户上海

2015年，上海清算所把握CCP12巴西年会、新加坡全体会员特别大会召开的关键时机，赴20余家CCP12执委和会员机构宣介我国金融市场改革开放成果，在两次会议上分别成功当选CCP12执委会成员和投票通过CCP12注册落户上海，参与国际同业组织的决策层，并参与国际场外金融市场监管协调、国际规则制定，有力地提升了我国金融市场的国际竞争软实

力。上海清算所也已成为国际资本市场协会（ICMA）和亚太中央证券托管组织（ACG）会员，国际交流更加广泛、多元。

（二）与境外监管机构、同业机构开展对话合作，组织参加多项境外会议、培训等

2015 年，上海清算所接待美国财政部、卡塔尔中央银行、国际掉期与衍生品协会（ISDA）、伦敦证券交易所、德意志交易所、芝加哥商品交易所、高盛、摩根大通等来访，深入探讨中央对手方清算理论、实践发展及监管政策协调等。

与此同时，上海清算所参加了纽约中央对手方风险控制框架研讨会、欧洲金融市场协会金融论坛等，积极介绍我国信用债券市场和中央对手方风险控制发展成果，还落实多位员工赴境外同业进行岗位培训等，实地学习国际成熟经验，持续增进国际交流深度与广度。

（三）开展 PFMI 自评估，推进境外合格中央对手方资格（QCCP）认证

2015 年，中国人民银行统一部署全国的金融市场基础设施，包括 CCP 依照国际通行的《金融市场基础设施原则》（PFMI）开展自评估工作。根据逐项对照分析，总体来看，中国的中央对手方清算机构基本符合 PFMI 的要求。针对国内法律体系导致的结算最终性等问题在法律上的不确定性，监管机构和业界已经从推动立法及司法实践的角度进行了持续努力，并取得了积极成果。

与此同时，上海清算所积极推进境外合格中央对手方资格（QCCP）准入调研，初步形成向美国、欧洲争取 QCCP 认证的整体方案。

六　总结与展望

近五年来，中国场外金融市场实现了 CCP 清算机制的从无到有、从小

到大，不仅实现了业务的快速发展和服务对象的不断拓展，相应的中央对手方清算机构建设也取得显著成绩，成为与国际主流 CCP 比肩的金融市场基础设施，更加积极主动地参与到国际标准的制定完善和与境外重要监管机构的对话沟通中来。

随着中国场外金融市场中央对手方清算进入一个新的五年发展阶段，下一步，中央对手方清算机构不仅会在业务服务能力上继续提升，相应的政策配套环境也会进一步完善，机构建设和产品创新还将迎来新的发展机遇。中国的专业清算机构也必将进一步落实《金融市场基础设施原则》的各项要求，提高清算业务运行的稳健性和风险管理能力，增强监管机构和市场成员的信心，不断补充财力资源，提高对系统性风险的识别、应对、处理能力，推进服务利率汇率市场化，提升金融创新的能力和适应境内外市场竞争的能力。

参考文献

EACH, "Comments of EACH on Communication from the Commission to the Council and the European Parliament – Clearing and Settlement in the European Union – COM (2004) 312 ", http: //ec. europa. eu/internal _ market/financial – markets/docs/clearing/2004 – consultation/each_ en. pdf, 2004.

CFTC, "Derivatives Clearing Organizations and International Standards", 17 C. F. R. pts. 39, 140, and 190, 2013.

CPSS, "A Glossary of Terms Used in Payments and Settlement Systems", http: //www. bis. org/cpmi/publ/d00b. pdf, 2003.

CPSS/IOSCO, "Recommendations for Central Counterparties", http: //www. bis. org/cpmi/publ/d64. pdf, 2004.

CPSS/IOSCO, "New Developments in Clearing and Settlement Arrangements for OTC Derivatives", http: //www. bis. org/cpmi/publ/d77. pdf, 2007.

CRMPG Ⅲ, "Containing Systemic Risk: The Road to Reform", http: // www. crmpolicygroup. org/docs/CRMPG – III. pdf, 2008.

FSB, "Ninth Progress Report on Implementation of OTC Derivatives Market Reforms", http：//www. fsb. org/wp – content/uploads/OTC – Derivatives – Ninth – July – 2015 – Progress – Report. pdf，2015.

IMF，“Global Financial Stability Report：Meeting New Challenges to Stability and Building a Safer System”，http：//www. imf. org/external/pubs/ft/gfsr/2010/01/pdf/text. pdf，2010.

Pirrong，Craig，“The Clearinghouse Cure”，*Regulation*，Winter 2008 – 2009.

“Dodd – Frank Act”，http：//www. gpo. gov/fdsys/pkg/PLAW – 111publ203/content – detail. html，2010.

《中国人民银行关于建立场外金融衍生产品集中清算机制及开展人民币利率互换集中清算业务有关事宜的通知》，http：//www. pbc. gov. cn/publish/jinrongshichangsi/284/2014/20140220163044287403512/20140220163044287403512_ . html，2014。

CFTC 网站，http：//www. cftc. gov。

ESMA 网站，http：//www. esma. europa. eu。

SEC 网站，http：//www. sec. gov。

上海清算所网站（http：//www. shclearing. com）及公开资料。

Chapter 9　Development of OTC Central Counterparty Clearing Mechanism in 2015

Abstract：In 2015，the central counterparty clearing mechanism in OTC market continued to develop：the scale growed rapidly，the coverage expanded，market penetration raised and participants increased. Main interest rate derivatives achieved CCP clearing was used for all of the main interest rate derivatives and part of the standard bond interest rate forwards and standard interest rate swaps，and the clearing mechanism for shipping and commodity derivatives innovate continuously. The CCP clearing institution participated more actively in the establishment and improvement of international standards and the communication with important regulatory agencies overseas.

Keywords：OTC Market；Central Counterparty；Clearing；Derivative

第十章 数字货币的原理、方向、风险与监管

摘 要： 本章对数字货币的定义、内涵及特征进行了介绍与总结，认为数字货币是基于P2P网络，应用工作量证明等算法方式形成的分布式总账并在货币发行、使用、支付清算等方面的创新应用。本章对以比特币为代表的数字货币进行了研究，指出比特币并不具有真正意义上的货币特征。本章认为，数字货币的未来发展方向首先应该是形成一个安全、快捷、可追溯及低成本的支付网络。本章还定性研究了数字货币对零售支付系统、金融市场基础设施、铸币税和货币政策效果的潜在影响，并简要介绍了世界主要国家对数字货币的监管政策。

关键词： 数字货币 货币 区块链 P2P网络 工作量证明 支付清算 零售支付 金融市场基础设施 货币政策 监管

一 数字货币的原理

（一）什么是数字货币

1. 数字货币的定义

伴随着人类经济社会的不断发展，货币的概念也在发生演变。目前，数字货币（Digital Currency）没有统一的定义。反洗钱金融行动特别工作组（FATF）认为，数字货币是一种价值的数据表现形式，通过数据交易并发挥

交易媒介、记账单位及价值存储的功能，但它并不是任何国家和地区的法定货币。没有政府当局为它提供担保，它只能通过使用者间的协议来发挥上述功能。国际清算银行（BIS）认为，数字货币是一种基于分布式总账（Distributed Ledger）的去中心化（Decentralised）支付机制。英格兰银行（Bank of England）认为，数字货币就是“加密货币”（Cryptocunrrecy），具有新型的去中心化支付系统和类似早期金本位时期的货币属性，即不受中央银行控制①。

尽管对于“数字货币”尚无统一定义，但不难发现，有关各方对数字货币的定义着重于以下三个方面。

一是加密与分布式总账。

二是脱离中央银行管控。

三是不依赖商业银行的去中介化的点对点支付（Peer to Peer Payments）。

需要注意的是，数字货币不同于传统意义上的电子货币（Electronic Money），电子货币是法定货币的数字化表现，被用来进行法定货币的电子化交易。

2. 数字货币的关键创新：分布式总账

正是分布式总账这一关键创新，使得去中心化的支付数字货币成为可能。在现有的传统银行存款模式下，银行持有货币的数字化记录并确保其有效性而被社会所信任；相反，在数字货币模式下，承载所有交易的数字化记录的总账（Ledger）被所有交易者公开获得，并且与传统银行存款模式下交易者必须信任某特殊机构（如银行、清算所等）相反，信任内生于每个交易者之间，并形成网络，使得每个交易者对总账的更改都是可信任的、有效

① 货币是现代经济的核心，支付与货币紧密相关，货币的形态决定了支付的方式。贵金属作为货币的主要形态在人类经济发展中被逐渐取代，起初被在金器商处可兑换等额黄金的凭证（Receipts）所取代，后来被可在银行赎回等额贵金属的银行钞票（Banknotes）所取代，现在由中央银行发行并决定其价值，而不是由所能兑换黄金的多寡决定其价值的法定货币（Fiat Money）所取代。目前，绝大多数货币以银行存款（Bank Deposits）形式存放，且以电子记账的形式记录于银行的账簿上。由此，不同银行客户之间的支付就必须在一个中央清算系统中进行，因而形成了中心化的支付系统并且受到中央银行的管控。

的。这样的信任机制被称为“分布式总账”。

目前，能够实现可信任的分布式总账的最为典型的技术被称为“区块链”（Blockchain），一个典型的分布式总账系统应用就是“比特币”。

3. 数字货币的网络设施：P2P 网络

基于分布式总账机制的去中心化支付依赖 P2P 网络（Peer to Peer Networks）这一基础设施，支付的形式则被称为 P2P 支付（Peer to Peer Payments）。所谓 P2P 网络，亦称“对等网络”，在该网络上，每个计算节点无主从之分，成千上万台彼此连接的计算节点都处于对等的地位，整个网络一般来说不依赖专用的集中服务器。网络中的每个计算节点既能充当网络服务的请求者，又能对其他节点的请求做出响应，提供资源和服务。伴随着云计算的发展，大规模 P2P 网络应用成为可能，这种具有破坏性创新（Disruptive Innovation）的技术应用正在极大地改变着世界经济图景，金融消费者行为也被这种信息与通信技术（ICT）所改变。诸如众筹、P2P 借贷、电子钱包、移动支付乃至数字货币等金融科技（Fintech）必将革新金融服务的旧有模式，即 P2P 网络技术在金融领域的应用将使得人们告别电子金融（E-finance）时代，进入 P2P 金融①（P2P Finance）新时代，或称“自金融”时代。

4. 数字货币的反欺骗机制：工作量证明

正如 Satoshi Nakamoto 在其经典论文中所证明的，为了防止 P2P 网络中不诚信节点恶意篡改交易记录与信息，如偷窃数字货币，以比特币为代表的数字货币设计了工作量证明（Proof-of-Work，PoW）机制，即只要该网络中

---

① “电子金融”可被定义为通过电子通信与计算机提供的金融服务，包括网上银行、移动支付等，但 P2P 金融或称“自金融”则是终端用户之间通过基于计算和网络的信息与通信技术直接地提供、完成金融服务。具体地说，“自金融”是基于信息与通信技术、加密算法、开源计算、时间戳和 P2P 网络使得每个终端用户能够匿名地、去中介化地、安全地获得资产、支付和其他金融服务。然而，“自金融”也给现有的法律体系带来挑战，诸如与安全和稳定有关的金融市场监管、市场竞争、消费者和投资人保护以及全球公共政策等。具体带来以下棘手问题：一是新形式的网络犯罪与金融诈骗；二是不受控制的“羊群行为”和过度的市场集中，由此产生的市场失灵及对实体经济潜在的灾难性影响；三是具有泡沫动力学（Bubble Dynamics）特征的风险；四是隐匿交易痕迹的洗钱与恐怖融资。

节点的 CPU 耗费的工作量能够满足该工作量证明机制，那么除非重新完成相当的工作量，该区块的信息是不可更改的。由于之后的区块是链接在该区块之后的，所以想要更改该区块中的信息，还需要重新完成之后所有区块的全部工作量。同时，该工作量证明机制还引入了“拜占庭将军问题”（The Byzantine Generals' Problem）以解决在集体投票表决时谁是大多数的问题。如果决定大多数的方式是基于 IP 地址的，一 IP 地址一票，那么若有人拥有分配大量 IP 地址的权利，该机制就被破坏了。而工作量证明机制的本质则是一 CPU 一票。“大多数”的决定表达为最长的链，因为最长的链包含了最大的工作量。如果大多数的 CPU 为诚实的节点控制，那么诚实的链条将以最快的速度延长，并超越其他的竞争链条。Satoshi Nakamoto 证明了一个较慢的攻击者试图赶上随后的区块，那么其成功概率将呈指数化快速递减。

因此，在网络中某个节点或节点合谋控制了绝大多数计算资源时数字货币系统才可能变得不可信赖，亦即“51%攻击”问题。然而，有些研究人员认为即使不控制严格的绝大多数（51%）计算资源，此工作量证明机制也可能被攻破，即工作量证明机制有两个弱点①：一是网络中攻击者所处的位置，如处于结构洞这样的中心位置；二是攻击者选择向剩下的网络节点攻击的择时策略（Strategic Timing）。

（二）数字货币的货币属性：以比特币为例

《货币金融学》教科书告诉我们，在现代经济中货币可视作一系列的债务权利或者借据，即在银行体系中，作为货币主要形态的存款既是银行的负债，也是存款人的资产。同时，新的货币则通过银行发放的贷款被创造出来，即一旦银行发放一笔贷款，则立即在借款人银行账户里创

---

① Deck 和 Wattenhofer（2013）检验了比特币网络上的信息传播时间，并认为一个处于网络中相当中心的节点发起攻击确实不需要控制严格的绝大多数计算资源。Eyal 和 Siser（2013）讨论了比特币网络中一个“自私”的节点故意不及时广播验证成功了区块 N，相反抓住向网络中其他节点广播的时间差，立即验证区块 N + 1 而获得超过其拥有计算资源所对应的比例的收益（比特币），表明了即便是一个远离网络中其他节点的“自私”节点，尽管其控制 1/3 的计算资源，也能得到超过其所拥有的计算资源所对应的收益。

造出对应的存款，这样的过程称为“货币创造”。同样，由中央银行发行的各种形式的纸币作为特殊形式的债务权利既是其负债，也是纸币持有人的资产。

与此相反，以现状来看，数字货币不是任何人的资产或负债，而是一种无形商品、无形资产或数字商品（Digital Commodities），而且这种商品的价值完全取决于持有数字货币的参与者都认为其有价值。这种关于价值的共识以分布式总账和基于算法的新货币创造过程的有效性为保证。特别的，现有的数字货币都遵循一个严格的规则——供给总量不变①，如比特币最终只会有 2100 万枚②。

尽管数字货币的发行与使用在原理上是脱离政府和个人控制的，但众所周知，货币有三大基本职能：一是储藏手段；二是交易媒介；三是价值尺度。这三大基本职能是层层递进的，数字货币是否完全具有货币属性，则需要依照这三大职能逐一考察③。

1. 数字货币：储藏手段

在供给总量基本不变的相同条件下，不妨将比特币与黄金的美元计价进行比较，以考察其价格的波动性。如图 10 - 1 所示，比特币的交易价格波动性较黄金大很多，由此可以判断，比特币在中短期内尚不具备储藏手段的职能，其价格的稳定性还受需求方面的影响，即从长期看，取决于人们对以比特币为代表的数字货币的长期信心。

2. 数字货币：交易媒介

考察以比特币为代表的数字货币在多大程度上具有交易媒介的职能，

---

① 多数数字货币在其开始时就被完全创造出来，如 Ripple，但也有少数加密货币系统，特别是采用“Proof-of-Stake”（PoS）机制的数字货币系统可能永久性地生产货币。

② 正因为有限的、明确的总供给量，以比特币为代表的数字货币被不少比特币追随者认为是人类有史以来最好的货币机制。与金本位制类似，大多数数字货币的分配机制也很相似，即新产生的数字货币被分配给网络中完成交易验证的计算资源提供者，这种分配机制与铸币税（Seigniorage）相似，但是与传统货币不同，数字货币的铸币税不由政府部门获得，而是额外支付新的货币给私人部门，作为完成交易验证贡献计算资源的报酬。

③ 由于比特币是数字货币体系中唯一最具规模的交易标的，故本章采用比特币交易市场的有关数据进行代表性分析。

图 10－1　比特币价格的波动性

资料来源：Blockchain info，World Gold Council。

不妨先观察比特币的交易频率，即每个终端用户交易比特币的频率。由于在数字货币网络上，每个终端用户是一个 IP 地址或是一个“钱包”，则以每个“钱包”的交易频率为近似指标。如图 10－2 所示，比特币在观察期间，每个“钱包”的日均交易频率约为 0.015，尽管有波动，但总体比较稳定。

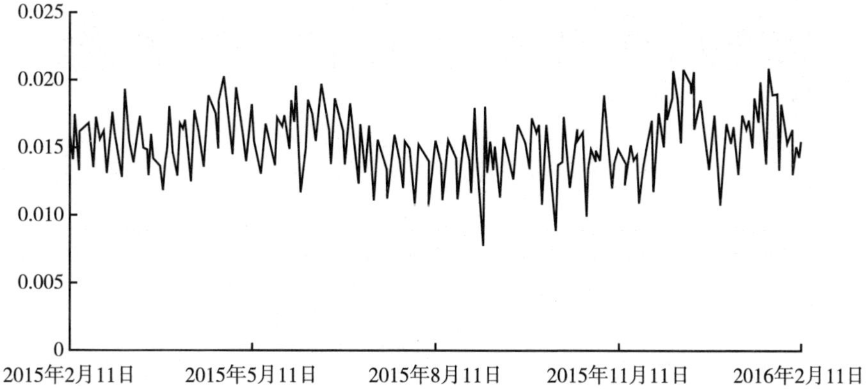

图 10－2　比特币交易频率

资料来源：Blockchain info。

再考察比特币的交易成本，包括交易费用与交易耗时。如图 10－3 所示，比特币的交易费用呈现明显下降趋势，这充分反映出其网络效应的优势。图 10－4 反映了比特币平均交易确认时间即交易耗时稳定。

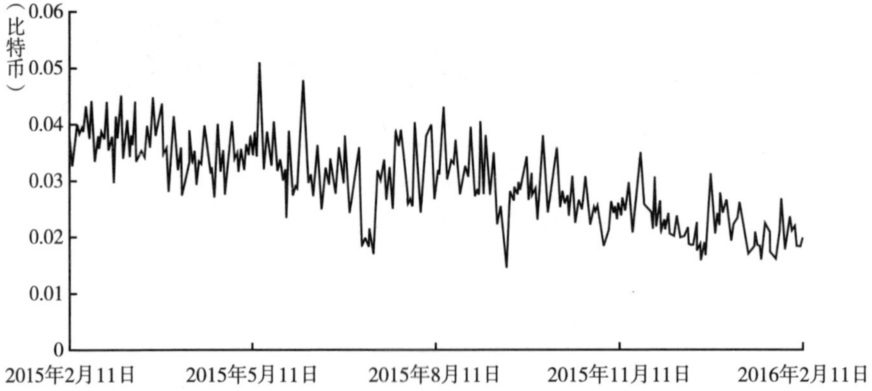

图 10－3　比特币平均交易费用

资料来源：Blockchain info。

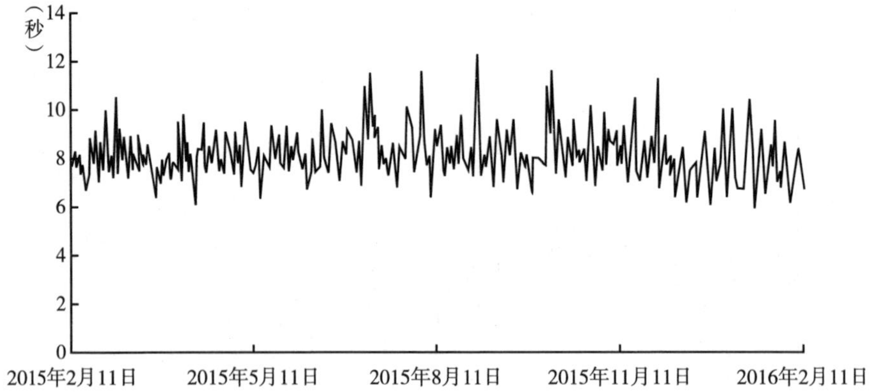

图 10－4　比特币平均交易耗时

资料来源：Blockchain info。

3. 数字货币：价值尺度

考察以比特币为代表的数字货币是否具有价值尺度的职能，则有必要观察流通中单个比特币市值（Market Capitalization）的稳定性。如表 10 - 1 所示，单个比特币市值波动性的均值是黄金的 9 倍多，其方差是黄金的 11 倍多，峰度及偏度亦高出很多倍。因此，尽管有越来越多的零售商店和线上购物网站接受比特币支付并购买商品与服务，但其价值很不稳定，更不用说作为一般等价物的价值尺度功能了。

表 10 - 1　比特币价值波动性

指标	比特币价值波动性	黄金价值波动性
平均	0. 188548	- 0. 02027
标准误差	0. 152401	0. 054417
中位数	0. 104628	- 0. 07168
众数	N/A	0
标准差	2. 911616	0. 872371
方差	8. 477509	0. 761032
峰度	7. 359943	0. 727421
偏度	0. 568042	0. 046265
区域	32. 40413	4. 882972
最小值	- 12. 3536	- 2. 62801
最大值	20. 05049	2. 254962
求和	68. 81998	- 5. 21045
观测数	365	257
置信度(95. 0%)	0. 299697	0. 107162

资料来源：Blockchain info。

因此，一些比特币追随者以比特币供给总量稳定故而没有通胀为由就认为比特币将是人类未来最好的货币形态这一结论是站不住脚的，因为比特币虽然具有某些新型货币的萌芽特征，但尚未完全具备货币的三大基本职能。数字货币要真正成为主流货币体系的一部分，还有较长的路要走，不仅需要进一步完善自身货币属性，而且需要与现有央行主导的货币体系实现某种程度的融合。

二 数字货币的发展方向

如前文所述，以比特币为代表的数字货币虽然还需提升货币属性，但不能否定分布式总账、P2P 网络、工作量证明等破坏性创新技术与理念的价值，数字货币的未来发展方向首先应该是形成一个安全、快捷、可追溯及低成本的支付网络。

在互联网出现之前，支付比现在的情况简单得多，也不像现在的支付对个人生活、工作那么具有基础性作用。那时的支付创新是为了替代现金，继而出现支票、信用卡、电子现金等非现金支付工具。像 SWIFT 这样的跨国电信转账机构已经是发起和接受跨境电子支付的主流机构并有着支配地位，但是境内支付的方式多种多样，如美国的自动清算所（ACH）① 和欧洲的直接借记系统（National Direct Debit Schemes）②。随着互联网的发展壮大，有必要采用新的方法将各种差异较大的全球支付系统联系起来，形成互联互通。因此，出现了专事支付服务的非银行支付机构③，如 PayPal、支付宝等。这些非银行支付机构的根基却是银行系统，由此产生了不少市场竞争与法律合规等问题，还使银行失去了终端客户但不得不持续为非银行支付机构提供账户、安全和合规等各种基础服务。因此，基于区块链的支付网络得以发展，通过提供全球范围的清算服务，支付变得更加快捷、节省和安全。数字货币最有可能的发展方向是像比特币或 Ripple 这样的分布式一致性协议（Decentralised Consensus Protocols），使境内和跨境支付能够以任何货币组合被直接清算而不需要通过信用卡、中央清算所或代理行。

① 自动清算所（ACH）是美国存款机构（Depository Institutions）间处理电子支付的清算与结算系统。

② 2010 年前，直接借记系统由欧盟成员内部独立管理与运营，2010 年 SEPA（Single Euro Payments Area）实施后，欧盟境内跨国的欧元直接借记成为现实。

③ 在美国，将第三方支付纳入货币服务商（Money Service Provider）；在欧洲，则称为电子货币机构（Electronic Money Institution）。

（一）多快好省的交易系统

在节省成本方面，如图 10－5 所示，基于分布式总账的比特币交易的成本（以矿工收入体现）与比特币交易规模的比值呈下降趋势。

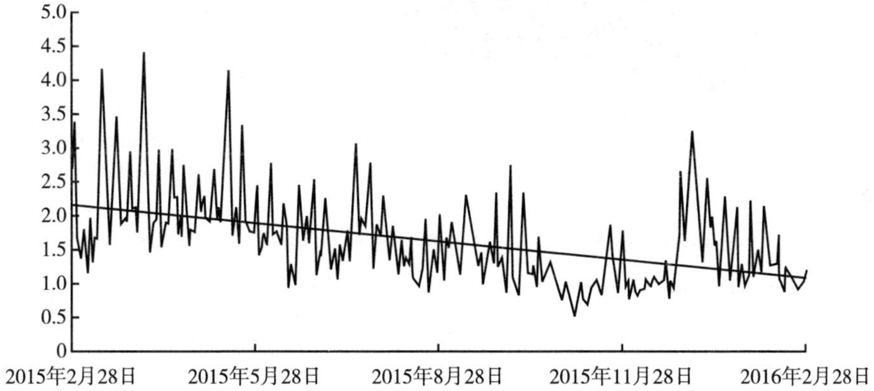

图 10－5　矿工收入/交易规模

资料来源：Blockchain info。

不像信用卡、货币汇兑或银行电信转账等传统支付系统，数字货币受到每个国家法律法规的制约较少，数字货币的交易更不受中介机构、汇率、利率和其他跨国交易费用的约束，因而数字货币的交易成本较传统支付系统低很多，且随着交易规模的边际递增而近乎为零。如图 10－6 所示，以比特币计价的交易成本（包含矿工收入）关于交易规模的系数是 0.00005。

在交易耗时方面，平均交易耗时是 8 秒左右，比特币区块链的设计也导致交易并发数是 7 笔/秒，但可以预期，随着区块链技术的进步，基于分布式总账的支付系统的交易效率必将大幅提升①。

① 据媒体报道，基于区块链技术的支付服务公司 Safe Cash Payment 宣称自己每秒能完成 25000 次交易，这个速度是比特币网络的 3000 倍。详见 http：//mt. sohu. com/20160226/n438595809. shtml，2016 年 2 月 26 日。

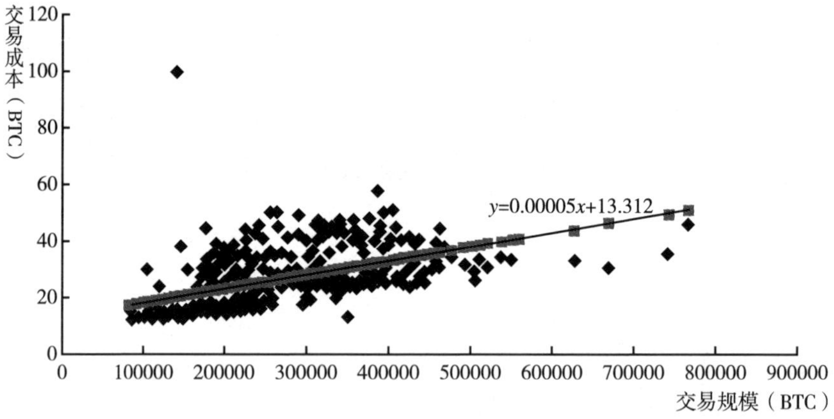

图 10-6　交易成本（BTC）与交易规模（BTC）线性拟合

资料来源：Blockchain info，并经自行计算。

（二）安全且不可撤销的交易技术

基于区块链的数字货币支付技术显著优于传统支付系统甚至 PayPal、支付宝等新型支付服务系统的是其不可撤销的交易技术，这意味着基于数字货币的交易是不可逆的，如从 A 到 B 的交易是不可能被抹去的，相反，只能反向发起一笔从 B 到 A 的交易才能将原交易冲抵，交易记录被完整记录下来且不可篡改。这一特性内生性地满足了支付的基本要求——支付的不可撤销性。

数字货币支付技术相较于传统支付系统的另一显著优势是在交易的区块中运用工作量证明原理搭配使用时间戳（Time-stamping）技术，以防止发生“双重支付”（Double-spending）的问题①。

（三）可追溯且可靠的支付系统

如前文所述，比特币这样的数字货币的所有交易能够保证支付的不可抵

① 比特币的设计从原理上能够防止双重支付的问题，即同一笔交易支付了两次。但在实践中仍然发现比特币交易系统存在双重支付的漏洞，这有待于通过技术的进一步发展予以解决。

赖性（Non-repudiation），比特币的交易也具有匿名性（Anonymity），但能够拿来予以借鉴，将数字货币支付的不可抵赖性与交易的可追溯性相统一。

以比特币为例，发生交易的地址是随机的，造成了交易的匿名性，但由于分布式总账使得每笔交易在公共账本中都是可查询的，意即对每个交易地址都可以进行现金流入、流出的分析，并且通过验证每个交易时点涉及的特定交易地址（输入或输出）的历史交易就可以推算出其时点余额等“账户”信息。例如，给定一个地址 A，可从得到 A 的比特币的地址 B、C 等或者发送给 A 的比特币的地址 D、E 等进行验证和追溯。一般情况下，比特币的交易机制使得比特币参与者的身份信息无法得到验证，因为比特币交易的地址是随机生成的，但若有谁知道拥有交易地址 A 的用户身份，就可以迫使拥有交易地址 A 的用户主动透露其身份（通过全网广播的方式），从而递进式地迫使交易地址 C、D、E 等的用户透露其身份①。

三　数字货币对中央银行体系的影响

基于分布式总账的数字货币无疑给政府及中央银行的运作体系和政策实施带来挑战。数字货币的发展会对货币政策、金融稳定产生综合影响。

（一）对零售支付系统的影响

现阶段，若将数字货币视为零售支付系统的一部分，作为支付系统监管者的中央银行必然要关注数字货币的下述问题或者风险。

一是消费者保护。如前文所述，数字货币是非主权货币，比特币则更像大宗商品，但其内在价值完全取决于市场参与者对其的价值感知与预期，客

① 交易的可追溯性一直是比特币社区的敏感话题，正因如此，比特币用户更被鼓励使用新地址完成每一笔交易，以减少被身份攻击的可能。特别是 2013 年兴起的“混币技术”（Coinjoin）使比特币交易更加难以追溯。但运用区块链技术构建分布式总账的支付清算网络不必使用比特币这样的匿名交易技术，即不得允许用户随机改变交易地址，如以“实名钱包”的方式。

观上造成比特币的价格波动大，购买并持有比特币的市场风险也大，因此，比特币交易者和持有人的金融权益保护问题尤为突出。同时，比特币的欺诈风险也较大。由于比特币被存储在数字钱包（Digital Wallet）里，比特币被盗的安全事件频发也给比特币持有人带来财产损失。

二是更为分散的操作风险。不同于传统零售支付系统，数字货币的终端用户都是支付系统的直接参与者，不需要银行等中间组织参与。分布式总账机制使交易记录和数字钱包余额等信息被对等地存储于数字货币网络中的所有计算机内，由此产生的操作风险就不同于传统支付系统那样集中化（集中于少数金融机构本身）。这有可能降低某些特定的操作风险，如关键特殊节点的失败不至于需要整个系统回滚，但也增加了监管操作风险的难度，使得中央银行的监管力量可能变得更为分散。

监管的时效性与数字货币去中心化支付系统的改进效率可能是一对矛盾。考虑到数字货币的支付机制是基于参与者的共识机制而形成的，不依赖任何中央权威或监管组织，因此，若共识的决策过程过于漫长，支付系统提升过于缓慢而不能及时满足监管要求，则会进一步将数字货币系统暴露于更为严重的操作风险之中。当然，数字货币的开源性会使大部分参与者得到激励以达成新的共识。

三是法律风险突出。由于数字货币的支付是瞬间完成且不可撤销的，没有清算及任何其他中间环节，也不存在发行主体，这有可能在现有法律制度下产生一些法律风险。例如，在数字货币欺诈、丢失或被盗的情况下，因找不到合适的法律主体，消费者保护难以实施，除非存在第三方服务提供商，如数字钱包的提供者。

同时，数字货币的支付机构可能产生一定的结算风险（Settlement Risk）。在数字货币的支付系统中，交易确认、结算一旦完成，理论上就不存在流动性风险而致结算风险，但提供数字货币技术服务的第三方服务商可能需要管理数字货币的流动性以及与主权货币兑换的风险时，则会给数字货币的支付系统带来某种程度的结算风险。

四是反洗钱的问题。事实表明，数字货币的匿名性（Anonymity）和假名性（Pseudonym）给洗钱和犯罪带来便利，而给中央银行履行反洗钱监管职责带来全新的挑战。

（二）对金融市场基础设施的影响

国际支付结算体系委员会（CPSS）认为，基于分布式总账技术的数字货币将给金融市场基础设施带来比零售支付更大的影响，因为分布式总账技术将对抵押担保以及各种金融资产的登记注册产生影响，这样的影响则会对大额实时支付系统、中央证券存管（CSD）、证券结算系统等产生潜在效应。特别是基于区块链的智能合约（Smart Contracts）使其在某些特定条件下自动完成支付，这可能会衍生出基于个体合约的经济行为的新的支付方式，这将极大地改变现在与净头寸和抵、质押品相关的双边保证金（Bilateral Margining）及清算的规则。

（三）对铸币税的影响

数字货币对纸钞的替代必然减少中央银行的非付息负债，故而中央银行倾向于替换付息负债，减小其资产负债规模，从而导致中央银行铸币税收入的减少。当然，中央银行也可能采取诸如电子货币条件下那样的措施去对冲铸币税收入减少的效果，从而继续扩大其资产负债规模。

（四）对货币政策效果的影响

尽管以比特币为代表的数字货币系统没有对各国货币及金融政策产生实质性影响，但不能低估了其潜在效应。理论上，数字货币一旦被广泛使用，其对货币政策的最大风险是中央银行维持低通胀率（一般为2%）以刺激经济增长的目标受到影响。在数字货币环境下，数字货币对法定货币的替代效应会从货币需求函数与货币政策传导两个方面影响货币政策效果。如同电子货币，数字货币会加速货币流通，在一定程度上影响货币供应量的政策效用，特别是像我国这样的将货币供应量作为货币政策中介目标的经济体，这种影响可能更大。同时，数字货币可能会影响对银行准备金的需求、供给与结构。关于对银行准备金需求的影响，数字货币可能对存款准备金产生替代效应或数字货币导致银行结算头寸需求的减少。关于对银行准备金供给与结构的影响，数字货币可能会影响中央银行资产负债规模与结构，当然，这种影响程度取决于数字货币对传统法定货币的替代程度。

四　主流国家与经济体对数字货币的监管政策

目前，世界上主流国家对以比特币为代表的数字货币的监管政策分歧较大，主要分为严禁、限制与准许三大类。

（一）严禁数字货币

以孟加拉国、玻利维亚和冰岛等为代表的不少小国都严厉禁止交易和应用数字货币。冰岛法律规定，购买比特币是非法行为（但出售比特币是默许的）。有研究认为，因为这些国家都在2008年金融危机中遭受了比较大的损失，特别是资本外逃现象严重，故而出于资本管制的考虑，禁止购买或交易比特币。

（二）限制数字货币

以中国、俄罗斯、泰国、印度尼西亚、越南等为代表的多数国家对数字货币较为谨慎，数字货币在争议中发展。

2013年底，中国人民银行、工业和信息化部、银行业监督管理委员会、证券监督管理委员会、保险监督管理委员会五部委联合发布了《关于防范比特币风险的通知》，将比特币视为“虚拟商品”并且严禁金融机构和第三方支付公司开展比特币相关业务，严格防范比特币可能产生的洗钱风险，禁止使用比特币购买实物商品和服务。加强电信管理机构对比特币登记、交易网站的备案、检查与处罚。但中国政府并没有禁绝个人投资者交易比特币。其后，2015年底，中国人民银行召开了数字货币研讨会，认为探索中央银行发行数字货币具有积极的现实意义和深远的历史意义。

俄罗斯在2014年底亦由多个政府部门发布了禁止比特币的政府文件。其后俄罗斯的政府与立法部门就比特币是否恶化俄罗斯资本外逃的问题展开了争论。2015年初，俄罗斯发布法令，关闭境内的比特币交易网站并对比特币的风险发布了警告。2015年7月，俄罗斯总统普京公开表示，俄罗斯不排斥比特币，但认为“数字货币还存在真实而严重的问题”。

泰国中央银行在2013年7月宣布比特币非法且不得被使用。然而，2014年3月泰国央行宣称比特币不是货币，同时向比特币的消费者和投资人警示风险。

（三）准许数字货币

美国、加拿大、多数南美国家、欧盟成员（包括英国）、日本和澳大利亚普遍对比特币这样的数字货币持准许态度。特别是英国等少数国家对比特币及其后的区块链技术与应用表现出极大的兴趣，并给予高度预期。

五　总结与展望

总的来看，数字货币虽然还不够成熟，但是将会给传统货币金融体系带来强大冲击，因为“货币”的可控性、可测性、相关性都在发生变化。在新技术的冲击下，究竟什么是“货币”可能越来越说不清楚了，其概念、范畴、转移机制都在发生变化。其中，大额支付与小额支付、银行机构与非银行机构、中心化体系与去中心化体系，引起了不同形态的货币及货币转移带来的深刻影响，这体现为对货币数量、价格、货币流通速度、货币乘数，以及存款准备金等制度的冲击。

就严格意义上的数字货币来看，更多地开始依托分布式规则、智能代码来发行和运行，其信用支撑已经距离央行的中心化机制越来越远，虽然现在规模尚小且技术还不成熟，但未来对现有货币机制可能带来重大影响。至于区块链技术则属另一层面的概念，如当我们谈到比特币时，它实际上由区块链底层技术（协议与客户端）和现实存在的加密数字货币组成。依托区块链或其改良技术，也出现了其他一些类似比特币的虚拟货币。此外，区块链技术虽然是当前最典型的技术，但数字货币的底层支撑不一定限于区块链，同时区块链也可以进一步拓展到货币之外的各类去中心化价值交换活动中。

因此，当我们谈到数字货币的时候，一种强调的是非法定的、新型的电子货币形态，可以利用加密技术实现独立于中央银行之外，按照特定协议发行和验证支付有效性；另一种强调的则是所谓的改良与妥协，即对现有电子货币典型模式的进一步优化，由央行发行法定数字货币，从而既引入包括赋予货币智能代码之类的新技术支持，又保持央行对货币运行的适度控制力。就各国央行而言，短期内更为关注的应该是后者。

从现金到非现金支付、从传统卡基电子支付到网基电子支付、从简单电子形态支付到智能代码支付、从支付工具层面到货币层面，应该说新技术在不断改变货币金融体系，最终可能带来更高的交易效率、更低的成本、更精准的政策执行、更有效的反洗钱风险控制等结果，从而深刻改变老百姓的生活，并使我们有可能在全球货币体系变革中争取更多话语权。当然，这些目标并非轻易能实现的，夸大或低估其影响都是不理性的，还需大量的研究探索、专业的普及与公众教育，从而“挤出”数字货币领域的违法者、投机者与行业“劣币”。

参考文献

Robleh Ali, John Barrdear, Roger Clews, James Southgate, “Innovations in Payment Technologies and the Emergence of Digital Currencies”, Quarterly Bulletin, 2014 Q3.

Robleh Ali, John Barrdear, Roger Clews, James Southgate, “The Economics of Digital Currencies”, Quarterly Bulletin, 2014 Q3.

BIS, “Digital Currencies”, Nov. 2015, http://www.bis.org/cpmi/publ/d137.htm.

〔美〕米什金：《货币金融学》（第七版），郑艳文译，中国人民大学出版社，2006。

Chapter 10　Digital Currency: Principles, Directions, Risks and Regulation

Abstract: This article focuses on the recently emerging digital currency and its principle, development, risks and regulation policy. Through the investigation and researching on Bitcoins and market data, the conclusion that Bitcoins does not bear the theoretical features of money has been made, however the value of digital currency represented by Bitcoins can not be vanished and its future development direction will be shaping a safe, fast, traceable and low cost retail and cross-boarder payment networks. Meanwhile, this article has revealed the potential risks of digital currency and its influences on retail payment systems, PFIMs, seigniorage and monetary policy. Finally, this article has summaries relative regulation polices of the world.

Keywords: Digital Currency; Money; Blockchain; P2P; PoW; Payments and Settlements; Retail Payments; PFMIs; Monetary Policy; Regulation

第十一章　跨境电子商务支付现状、风险与监管对策

摘　要：　跨境电子商务的繁荣带动了跨境支付业务迅速发展。目前，国内网民跨境支付渠道主要包括第三方支付平台、商业银行和专业汇款公司。跨境支付或将迎来最佳发展时机，但同时也会滋生一系列风险。本章客观分析了中国跨境支付行业运行现状及风险，提出了完善跨境电子商务支付监管的相关建议。

关键词：　跨境支付　风险　跨境电子商务支付监管

近年来，随着互联网技术的进步和国内消费者需求的升级，国内对进口产品的需求呈现爆发式的增长。同时，跨境电子商务交易规模的迅速扩大，则得益于跨境支付（Cross-border Payment）的发展。当下，在高智能手机渗透率逐渐提高、支付方式不断创新和民众消费观念日益变化等因素的共同作用下，跨境电子商务和跨境支付将迎来最佳发展时机，亦将有一大批企业驶向跨境支付市场的“蓝海”。当我们看到跨境支付这片“蓝海”时，也要清醒地认识到，在“海面”下时刻都会出现惊涛骇浪，危及消费者的财产安全。因此，在客观、全面审视跨境支付行业运行模式及风险的基础上，我们应合理、渐进式地构建跨境支付监管框架。

一　跨境电子商务支付的发展背景

（一）跨境电子商务渐成贸易增长新引擎

近年来，我国跨境电子商务发展不断升温，“海淘”族兴起，海外代购

火爆，国人竞相购买“洋货”，如电饭煲、奶粉、药品等，这些现象都是国人消费升级、对高品质产品和服务需求旺盛的表现。跨境电子商务的发展，满足了国人对海外产品的需求，使广大境内消费者真正实现了“轻松一点，足不出户，购遍全球”的消费需求。重要的是，跨境电子商务已经成为我国对外贸易新的增长点。商务部统计数据显示，2014 年，我国跨境电子商务交易额达到 4.49 万亿元，同比增长 44%。中国电子商务研究中心发布的报告显示，2015 年上半年，我国跨境电子商务交易规模为 2 万亿元，同比增长 42.8%，占中国进出口总值的 17.3%。而据商务部预测，2016 年，我国跨境电子商务进出口贸易额将达 6.5 万亿元，未来几年，跨境电子商务交易额占进出口贸易的比重将提高到 20%，年均增长率将超过 30%。

与此同时，受人民币升值、国外需求疲软等因素的影响，国内企业的出口出现一定困难，出口规模呈下降趋势。在此情形下，对于我国中小企业来说，跨境电子商务提供了一种新的贸易渠道，重构了对外贸易方式。跨境电子商务的出现打破了传统外贸模式下时间和地域的限制，中小企业可以因此拓宽自身的销售目的地，充分释放我国产品和服务价格低廉、种类多样的比较优势，有效促进我国产品和服务的出口。另外，跨境电子商务的出现，有效地降低了贸易中间环节和商品流转成本，企业可以提升盈利能力，消费者消费支出成本也会相应降低。

有鉴于此，跨境电子商务的发展既能满足广大消费者的高端需求，又能促进我国中小企业“走出去”，提供新的开拓境外市场的方式，响应当前的供给侧改革。

（二）我国跨境电子商务支付现状

2000 年以来，我国第三方支付产业依托电子商务的发展，经历了从萌芽到迅速发展的过程，如今已经渗透到几乎所有的支付领域和支付场景。随着跨境电子商务的发展，新的市场需求不断被激发，新的支付场景不断出现。如海外自助游的兴起、酒店机票订购、留学教育、软件服务等服务贸易支出呼唤新的支付方式出现；国内消费者“海淘”服装、母婴用品、食品等货物贸易支出也需要支付方式的创新。跨境电子商务在实现商品和服务跨国流动的同时，必然需要资金的跨国流动，并且要实现货物流（服务流）和资金流的匹配，即跨境支付是跨境电子商务交易顺利完成的一个重要环节。

1. 跨境支付的一般模式

跨境支付，一般是指两个或两个以上的国家或地区之间因国际贸易、国际投资及其他方面而发生的国际债权债务，借助一定的结算工具和支付系统实现的资金跨国和跨地区转移的行为。与境内支付不同的是，跨境支付付款方所支付的币种可能与收款方要求的币种不一致，或牵涉到外币兑换以及外汇管制政策问题。国家外汇管理局给出的支付机构跨境外汇支付业务的定义是："支付机构通过银行为电子商务（货物贸易或服务贸易）交易双方提供跨境互联网支付所涉的外汇资金集中收付及相关结售汇服务。"由此，跨境支付可以分为传统的商业银行跨境汇款模式和第三方支付机构参与下的跨境互联网支付模式两种。

（1）传统的商业银行跨境汇款模式。该模式可以理解为线上下单、线下支付模式，即境内消费者通过电子商务平台查询、搜索海外商品信息，挑选商户，再通过向海外商户"了解交易信息"后，发出订单信息，待消费者完成付款后，由海外商户通过国际快递发货。在此模式下，消费者需要应海外商户的要求通过银行柜台或网上银行购汇，填写汇款申请表，按照订单金额汇入海外商户指定账户，并承担汇款后海外商户不发货等风险。可归入传统的商业银行跨境汇款模式的还有信用卡支付模式，即消费者在完成订单并确认提交订单后，选择信用卡完成支付，海外商户在收到支付完成信息后发货。在使用信用卡支付的情况下，如果海外商户接受人民币，那么境内消费者可以使用人民币信用卡向境外商家付款；如果海外商户接受其他货币（如美元），境内消费者应使用双币种或多币种信用卡支付。

（2）第三方支付机构参与下的跨境互联网支付模式。该模式是指境内消费者通过电子商务平台提供的海外特约商户，选择自己希望购买的商品，以电子订单的形式发出购物请求，然后通过与第三方支付机构账号绑定的银行卡，支付相应的人民币给第三方支付机构即可以完成付款；第三方支付机构与备付金存管银行或合作银行完成外汇兑换后，由第三方支付机构将货款划转到境外商户的开户银行。当然，除了我们所熟知的消费者（付款人）在境内、商家（收款人）在境外交易模式——“海淘”外，通过第三方支付平台进行的交易还有购买者（付款人）在境外、商家（收款人）在境内交易模式——境外购买。这两种交易模式除了方向相反外，并无实质的不同，在此不作区分，一并讨论。

2. 中国跨境支付发展现状

目前，中国网民跨境转账汇款渠道主要包括第三方支付平台、商业银行和专业汇款公司。其中，使用过第三方支付平台和商业银行的用户比例较高，分别为82.2%和81.4%。从经常使用的角度来看，第三方支付平台更受青睐，占比为50.9%。相较于商业银行较高的费率和专业汇款公司有限的覆盖网点，第三方支付平台能同时满足用户对跨境汇款便捷性和低费率的需求，因此，受到越来越多网民的青睐。

第三方支付机构跨境支付业务是近年来快速发展起来的。当前，其业务范围逐渐扩大，流程逐渐优化。2007年国家外汇管理局正式批复支付宝公司成为国内首家开展境外收单业务的支付企业，为境内个人购买境外合作商户网站以外币计价的商品提供购汇服务。目前，支付宝的跨境服务已拓展到34个国家和地区，支持美元、英镑、欧元、瑞士法郎等10多种外币结算服务。2012年，支付宝境外收单业务成交总量已达24.6亿元，年均增长242%。2014年，个人跨境网购支出超过15亿美元，支付机构办理跨境电子商务外汇收支17.2亿美元，结售汇18.3亿美元。截至2015年2月，上海、北京、重庆、浙江、深圳5个试点地区共有支付宝、财付通等22家支付机构参与了试点业务。2015年2月，支付机构通过试点业务跨境收付合计超过2.5亿美元，同比增长超过2.5倍。国家也出台了一系列促进跨境电子商务和跨境支付发展的政策措施。

二　跨境电子商务支付面临的主要风险

当下，伴随高性能手机逐渐普及、民众消费观念不断变化和“互联网+”等综合因素的影响，跨境电子商务和跨境支付或将迎来最佳发展时机，但同时也会滋生一系列风险，主要包括以下几个方面。

（一）交易真实性识别风险

跨境电子商务支付关系到个人和企业交易的资金安全和信息安全，涉及金融稳定。相对于目前较为成熟的银行监管系统，通过支付机构进行支付的交易更难以保证真实性。所以，需要特别关注交易的真实性。交易的真实性是跨境电子商务运行和发展的生命线，是跨境电子商务平台必须守住的底线。若非如此，跨境电子商务交易平台会沦为欺诈盛行之地，成为逃避监管的法外“飞地”和跨境洗钱、网络赌博、隐瞒贪污贿赂、网络诈骗等各种犯罪滋生的温床。例如，2014 年 11 月，山东警方破获了一起跨境网络赌博案，涉案金额达 100 亿元；2011 年，犯罪嫌疑人以售卖高档相机为幌子，利用第三方支付机构结算走私贩卖枪支 20 支。同时，交易真实性也是国际收支申报、个人结售汇管理、反洗钱义务履行的前提和保证。

交易真实性包括交易主体的真实性和交易内容或背景的真实性。与一般进出口贸易相比，跨境电子商务支付的真实性更加难以把握。这主要有两个方面的原因。

首先，从交易主体方面来说，第三方支付机构缺乏身份识别的有效手段，很难做到“了解你的客户”。按照 2015 年 1 月国家外汇管理局发布的《关于开展支付机构跨境外汇支付业务试点的通知》（汇发〔2015〕7 号）（以下简称“7 号文”）[①]，

① 国家外汇管理局《关于开展支付机构跨境外汇支付业务试点的通知》（汇发〔2015〕7 号）第七条规定：“支付机构应严格审核参与跨境外汇支付业务客户身份信息的真实性，并留存相关信息 5 年备查。支付机构自主发展境外特约商户，应按照‘了解你的客户’‘了解你的业务’‘尽职审查’原则保证境外特约商户的真实性、合法性。”

第三方支付机构负有对客户身份真实性审核的义务。但是，由于以下几个方面的原因，第三方支付机构目前还难以履行此义务。①第三方支付机构目前尚未使用公安部的身份联网核查系统，难以确保个人身份信息的真实性；而且，对于重号身份证、一代身份证、虚假身份证、转借身份证等也缺乏有效的甄别措施。②境外客户的身份审查更加困难。困难之一是境外客户是否配合提供身份信息；困难之二是审核人员缺乏有效手段对诸如客户的职业、收入情况、通信地址等信息进行核实。③对法人客户身份信息的审核存在漏洞。审核机构对组织机构代码证等的过期、失效、吊销、作废缺乏有效的监督手段和监督工具。支付机构常用的通知更新手段是打电话、发邮件等，但经常遇到电话无法接通等无法联系到法人客户的情况。由于第三方支付机构的法人客户众多，又牵涉到海外商户的情况，此问题不容小觑。

其次，国家外汇管理局在贸易背景真实性审核方面有具体的要求①，但跨境交易的内容真实性审核也同样存在一定困难。①由于第三方支付平台获取境外客户的实际控制人、股权结构等信息存在困难，难以判断客户的财务状况、经营范围与资金交易情况是否相符，所以无法核实跨境交易金额和交易商品是否匹配。加之对境外客户进行尽职调查的成本相对较高，造成审核工作流于形式。②网上交易的部分商品或服务是虚拟产品，对于虚拟产品如何定价缺乏衡量标准，有可能出现以跨境支付为幌子向境外非法转移资金，为境内账款转移到境外提供便利渠道，还有可能出现网络诈骗和欺诈交易。③国际上比较先进的支付机构如 PayPal 账户的功能已经不再仅仅局限于跨境电子商务平台，对于买卖双方基于邮件联系达成交易而产生的付款请求，此邮件信息是否能够被认定为交易真实性的材料，目前这一问题还没有答案。④支付机构可以通过比对订单信息、物流信息、支付信息等方式，确认

---

① 国家外汇管理局《关于开展支付机构跨境外汇支付业务试点的通知》（汇发〔2015〕7 号）第八条规定："跨境外汇支付业务应当具有真实合法的货物贸易、服务贸易交易背景。支付机构不得为以下交易活动提供跨境外汇支付服务：不符合国家进出口管理规定的货物、服务贸易；不具有市场普遍认可对价的商品交易，以及定价机制不清晰、存在风险隐患的无形商品交易；可能危害国家、社会安全，损害社会公共利益的项目或经营活动；法律法规及人民银行、外汇局规章制度明确禁止的项目。"

现金流与货物流或服务流是否匹配，但这同样存在一定困难。从信息获取渠道角度看，电子商务平台和支付平台是两个不同的主体，支付机构仅负责支付事项，并不掌握订单信息和物流信息；从信息质量角度看，支付机构从电子商务平台和物流公司获取的信息可能滞后，信息的准确性也受到影响。总之，第三方支付机构审核跨境交易的内容真实性和主体真实性都存在不少困难，跨境电子商务支付存在交易真实性识别风险。

（二）洗钱和资金非法流动风险

首先，现有《反洗钱法》等法律存在不健全之处。根据我国《反洗钱法》的规定，履行反洗钱义务的主体包括金融机构和特定的非金融机构，第三方支付机构作为非金融机构负有反洗钱的义务。《支付机构反洗钱和反恐怖融资管理办法》是中国人民银行针对支付机构制定的规章，但并未明确规定跨境电子支付中的反洗钱内容，第三方支付机构跨境支付缺少直接的具体规定和规范指引。

其次，对于如何甄别洗钱和合法资金流动缺乏可靠手段。对于同一个跨境交易主体既在境内注册成为第三方支付机构客户，又在境外注册成为海外商户，或者境内机构客户通过在境外设立关联公司的方式，自己与自己交易，绕过国内外汇管理限制，进行跨国资金转移、洗钱等行为，目前缺乏有效的甄别手段。跨境支付有可能沦为“网上地下钱庄”活动的舞台。

（三）备付金管理风险

第三方支付的主要优势在于通过支付机构的自身信用来弥补交易双方信息不对称造成的信用缺失问题。付款方首先把资金汇入支付机构，在支付机构得到付款方付款确认后，根据支付机构支付规则，付款方默认付款，支付机构再支付给收款方。所以，资金不可避免地会在支付机构账户上有一定时间的停留而成为沉淀资金。资金在“非金融机构”沉淀有可能产生诸多风险。①资金被挪用的风险。在跨境支付业务中，由于信息不对称，监管部门难以掌握支付机构备付金管理和使用情况，支付机构也无须缴纳存款准备金，支付机构可以轻易挪用客户备付金，备付金被挪用的风险加大。②流动性风险，在跨境支付业务中，支付机构需要在不同备付金账户之间，包括境内外不同备付金账户之间进行资金调度，以满足正常的客户资金结算需要。支付机构操作失误、调度不及时等可能会造成结算资金不足，引发流动性风险。尤其是涉及境内外账户之间的资金调度，由于结算周期长、业务操作复杂等因素，支付机构面临更大的流动性风险。“7号文”第四章用五个条文专门规定了账户管理问题，要求“支付机构应将客户外汇备付金账户资金与自有外汇资金严格区分”，“支付机构为客户办理结售汇及跨境收付业务均应通过外汇备付金账户进行”，“外汇备付金账户不得提取或存入现钞，不得在无交易情况下预收、预存”，等等。政策效果如何，我们将拭目以待。

（四）逃避个人结售汇限制的风险

我国目前的资本项目尚未完全放开，经常项目基本处于可自由兑换。但对于个人结售汇实行年度限额管理，个人年度结售汇限额不超过等值5万美元。通过第三方支付机构进行的跨境支付，境内消费者在完成订单确认后，需要向第三方支付机构付款，再由第三方机构向银行集中购汇，银行再按照第三方支付机构的指令，将资金划入目标账户。一方面，第三方支付机构只能获取交易双方有限的交易信息，如订单号、银行账号等，银行无法获取个人信息，这样就很难执行个人年度结售汇管理政策。另一方面，如何认定分拆结售汇也存在一定困难。从国家外汇管理局前期试点监测情况来看，试点业务多为C2C个人“海淘”等小额交易，人均结售汇金额不足60美元。境内消费者一天之内几次或十几次小额购物，算不算分拆结售汇？对此，大多银行并没有按照国家外汇管理局颁布的《关于进一步完善个人结售汇业务管理的通知》的规定进行业务办理，就是说默认了PayPal等支付企业使用虚拟电子账户来识别用户，对银行账号和信用卡账号保密，屏蔽资金的真实来源与去向。这将影响国际收支核查工作的有效性，银行无法正常履行相关部门的规定，不利于跨境电子商务支付在国际收支方面的申报。

（五）国际收支的申报管理监测风险

首先，支付机构成为国际收支申报主体，这一情况既存在“越位”的问题，又存在“缺位”的问题，支付机构的定位不甚明确。“7号文”第十八条规定：“支付机构应当根据本指导意见要求报送相关业务数据和信息，并保证数据准确性、完整性和一致性。银行应按照国际收支申报及结售汇信息报送相关规定，依据支付机构提供数据进行相关信息报送。”支付机构在跨境的外汇收支管理中，实际上承担着与银行类似的职责，既要执行外汇管理政策，又要监督交易行为，也就是说支付机构既是运动员又是裁判员。支付机构是以营利为目的的商业企业，让其承担一定的管理职责存在义务的冲突，容易滋生监管缺位和监管腐败问题。另外，由于《外汇管理条例》没有规定跨境支付结售汇的具体内容，支付机构的法律地位也缺乏上位法的依据。

其次，外汇收支统计中存在问题。由于支付机构直接充当跨境电子商务的收付款方，境内外交易主体不发生直接的资金收付行为，因而国际收支申报的收付款主体是支付机构，而不是实际的交易对手，申报时间与资金实际的跨境收支时间不吻合，增加了监测难度，并为以后的调查审核工作带来了不可估量的难度。

最后，实名认证系统不完善。一方面，国家外汇管理局对支付机构的用户——包括跨境电子商务企业和个人，没有进行实名认证管理，无法核实企业是否具有对外贸易经营权。并且，部分从事跨境电子商务交易的企业未办理外汇收支企业名录登记。这样就增加了后续管理的难度，可能造成货物贸易总量核查出错。国家外汇管理局仅对支付机构进行了实名认证管理，但是，认证后这些用户名单并没有直接进入外汇监管系统，给监管带来不便。因此，就存在另一方面的问题，即支付机构对企业和个人用户没有进行区别管理。而实际上，个人项下资金流动相应的申报和审核标准有别于企业。如果两种主体的资金没有进行严格区分，监测和监管的难度同样会加大。

三　我国跨境电子商务支付的监管现状及完善建议

跨境支付行业在进一步发展壮大的同时，若没有相应监管配套措施的跟进，必将滋生一系列风险，制约其繁荣、有序发展。因此，在客观、全面审视跨境支付行业运行模式的基础上，需以发展和创新为理念，合理、渐进地构建跨境支付监管框架。

（一）跨境电子商务支付监管现状

金融市场具有风险易传导、波及面广、涉及金额较大等特点，尤其是在金融市场全球化、混业经营已经成为趋势的背景下，系统性风险像一把“达摩克利斯之剑”，悬在各国监管机构的头顶。监管机构对金融市场的监管可谓用心良苦、极为谨慎，努力在保持金融稳定和防止产生金融抑制之间寻求平衡。

跨境支付市场是新生事物，也是金融市场的一部分，如何在促进跨境电子商务发展的同时，保持金融稳定，不出现系统性风险，同样考验着我国监管机构的监管水平。2010～2016 年，我国相关监管机构发布了一系列针对跨境支付的监管规定和政策，反映了监管机构对发展跨境电子商务的重视，以及对跨境支付市场发展的谨慎态度。

（1）2010 年 6 月，中国人民银行发布《非金融机构支付服务管理办法》，支付市场参与者多元化，但针对跨境支付业务的监管细则未出台。

（2）2012 年 12 月，中国人民银行表示将在支付系统中增加跨境支付清算功能。

（3）2013 年 2 月，国家外汇管理局制定了《支付机构跨境电子商务外汇支付业务试点指导意见》，在上海、北京、重庆、浙江、深圳等地区开展试点，允许参加试点的支付机构集中为电子商务客户办理跨境收付汇和结售汇业务。

（4）2013 年 3 月，《银行卡收单管理办法（征求意见稿）》中增加了跨境支付管理的相关条款。

（5）2013 年 3 月，全国政协委员、国家邮政局局长马军胜在全国政协十二届一次会议上提交提案，指出跨境网购在跨境支付、进出通关、退（征）税、结汇以及跨境寄递等方面的阶段性障碍亟待突破。

（6）2013 年 9 月，支付宝、财付通、快钱、汇付天下等 17 家第三方支付企业获得跨境支付业务试点资格。

（7）2014 年 7 月，试点支付机构增至 22 家；2015 年 1 月，国家外汇管理局在总结五地试点经验的基础上，正式下发了《关于开展支付机构跨境外汇支付业务试点的通知》（汇发〔2015〕7 号）。本次试点以“试机构，不试地区”“守住风险底线，拓宽业务范围”为原则，将试点推广至全国，进一步扩大了服务贸易种类及单笔交易金额上线。

（8）2015 年 3 月，国务院批复浙江省政府，下发《关于同意设立中国（杭州）跨境电子商务综合试验区的批复》（国函〔2015〕44 号）；2015 年 5 月，国务院下发《关于大力发展电子商务加快培育经济新动力的意见》（国发〔2015〕24 号）。

（9）2015 年 6 月 20 日，国务院办公厅正式下发《关于促进跨境电子商务健康快速发展的指导意见》，提出完善电子商务支付结算管理的要求。

（10）2016 年 1 月 15 日，国务院下发《关于同意在天津等 12 个城市设立跨境电子商务综合试验区的批复》（国函〔2016〕17 号）。

总体来看，现有相关规定和政策的制定主体单一，主要是国家外汇管理局单独制定政策，而其主要考虑的是外汇管理政策的执行情况，对于报关、货物和服务贸易真实性审核、第三方支付机构管理、用户身份管理等缺乏管理经验，难以制定详尽而有效的管理规定。也就是说，单靠国家外汇管理局一家专业性机构，难以监管涉及多个监管部门的规定和政策，制定的规定和政策往往是相互割裂和片面的，也难以形成监管合力。

（二）完善跨境电子商务支付监管的相关建议

一方面，跨境电子商务发展迅猛，规模越来越大，已经成为我国经济领域的重要组成部分；另一方面，跨境电子商务运作过程中涉及税务、海关、物流、外汇管理、第三方支付机构等多个领域，我们建议在以后的规定和政策制定过程中，应当由海关、税务、国家外汇管理局、中国人民银行支付结算司、国家邮政局等多个监管部门联手，建立联动工作机制，构建适宜的监管和服务体系，制定相应的行业标准规范，优化监管服务体系，对跨境电子商务支付平台进行全面监管，实现信息流、资金流和物流的匹配与统一，有效解决跨境电子商务运作过程中存在的真实性和合法性问题。

1. 明确跨境支付机构的职责

当前的监管体系使市场存在这样一种认识：资金是通过第三方支付平台完成流转的，所以支付过程中出现的任何问题都应由第三方支付平台承担。根据“7 号文”第八条的规定，第三方支付机构承担着繁重的义务和责任①。例如，要求第三方支付机构对跨境的包裹信息进行审核，加强对跨境网络虚拟交易的审核，承担一定的反洗钱责任和国际收支申报义务等，第三方支付平台承受着“不能承受之重”。我们认为，第三方机构作为一个市场主体，不是监管机构，不应当让其承担监管责任或承担较轻的监管责任。应当减轻第三方支付平台的义务，为其“松绑”。毕竟，市场主体和监管主体的角色定位不一样，存在义务冲突，赋予第三方支付平台一定的监管职责必然造成主体角色的混乱，出现自我监管和不公平监管问题，既当运动员又当裁判员，很难避免“黑哨”问题出现。第三方支付平台主要处理支付问题，如果让其承担检查包裹的义务，是严重的“越位”，也是第三方支付平台所不能胜任的。

目前需要做的是给第三方支付平台“松绑”，但并非放任不管，监管机构需要做的仍然很多。现在，对跨境支付机构实行的是准入管理，国家外汇管理局从支付机构经营外汇的资格、业务范围、内控制度等方面进行监管。随着跨境电子商务的发展，跨境支付业务迅猛增长，市场上需要有更多的跨

---

① “7 号文”第八条规定：“支付机构不得为以下交易活动提供跨境外汇支付服务：不符合国家进出口管理规定的货物、服务贸易；不具有市场普遍认可对价的商品交易，以及定价机制不清晰、存在风险隐患的无形商品交易；可能危害国家、社会安全，损害社会公共利益的项目或经营活动。”

境支付机构加入。根据经济学的基本原理，垄断必然降低市场效率，只有更多的跨境支付机构加入，实现支付市场主体的多元化，才能形成一个竞争有序的市场格局，也才能提供更加优质高效和价格低廉的服务。现在实行的跨境支付机构准入管理制度，阻碍了更多的支付机构进入跨境支付市场，影响了跨境支付市场的效率，监管机构应当适时推出“备案制”，让符合条件的支付机构经过备案都可以进入跨境支付市场。跨境支付市场形成以后，对跨境支付机构这一主体的监管，部分的监管责任可以下放到支付清算协会。支付清算协会的自律监管有一定的优势，成本也相对低廉。

2. 适时修改并完善相关法律

应该适时修改并完善相关法律，明确国家外汇管理局的监管职责和跨境第三方支付机构的法律地位。机构明确、权责统一，是实现有效监管的基本前提。“7 号文”第三条明确规定：“支付机构开展跨境外汇支付业务应当接受国家外汇管理局及其分支机构的监督和管理，并按规定及时报送相关业务数据。”该条确立了国家外汇管理局管理跨境支付的职责。但是，《外汇管理条例》这一上位法并没有授权国家外汇管理局管理跨境支付事宜，而是用兜底条款规定：“非金融机构经营结汇、售汇业务，应当由国务院外汇管理部门批准，具体管理办法由国务院外汇管理部门另行制定。”在跨境电子商务支付迅速发展的今天，应当提高立法等级，在上位法中做出详细规定，解决法律滞后带来的不便。另外，跨境电子商务支付机构实际上承担了一定的类银行管理职责，执行一定的外汇管理政策，但第三方支付机构是“非金融机构”，让其承担这样的管理职责也缺乏上位法依据。建议及时修改法律，明确“非金融机构”在外汇管理中的法律地位。

3. 完善国际收支申报制度

现行的国际收支申报制度及其主要规定是建立在贸易方式传统、货物贸易占交易额绝大多数的基础之上的。随着越来越多的贸易由线下转移到线上，服务贸易占比逐渐攀升，虚拟商品大量出现，已经出现了一些贸易找不到对应的国际收支统计项目的现象。一方面，需要对国际收支统计申报项目进一步细化，以保证国际收支统计的准确，缩小国际收支统计误差；另一方面，需要在网上监控境内外的交易，加强对个人外汇账户真实性审核。

在过去的10多年里，随着互联网和支付新技术的发展，电子商务和移动支付异军突起，并逐渐走向成熟。与此相比，跨境电子商务支付尚属新生事物，一些问题还处于发展过程当中。业界对跨境支付场景等尚处于探索阶段，监管机构对于其职责如何划分、该采取什么样的监管措施和理念还未定型。另外，我国《电子商务法》正在制定当中，对于跨境电子商务、跨境电子商务支付监管已经有了较多的讨论，但法律还未最终通过。《电子商务法》通过后会对跨境电子商务支付产生什么样的影响，还需拭目以待。所以，我们需要用发展的眼光思考跨境电子商务支付中存在的问题，但也要用全新的监管理念看待这一新生事物。

参考文献

《中国跨境支付市场调研报告简版：2012～2013年》，艾瑞咨询网，2015年11月1日，http://www.iresearch.com.cn/Report/2072.html。

国家外汇管理局：《关于开展支付机构跨境外汇支付业务试点的通知》（汇发〔2015〕7号）。

刘丽娟：《支付机构加速国际化》，《中国外汇》2015年第4期。

刘怡婷：《电子商务网络跨境支付外汇管理亟待规范》，《经济师》2016年第1期。

外汇局经常项目管理司业务监管处：《打通跨境电子商务交易的最后“一公里”》，《中国外汇》2015年第4期。

吴崇攀、王佳：《第三方支付跨境业务洗钱风险分析及对策》，《金融监管》2015年第10期。

Chapter 11　Status, Risk and Regulation of Cross-border E-commerce Payment

Abstract: The prosperity of cross-border e-commerce has drived rapid development of cross-border payment. At present, cross-border payment channels of domestic netizens mainly include third-party payment platform, commercial banks and professional company remittance. Cross-border payment will get the best development opportunity, but also contains a series of risk. This article analyzes developing status and risks of cross-border payment industry in China, and puts forward suggestions to perfect the cross-border e-commerce payment regulation.

Keywords: Cross-border Payment; Risks; Cross-Border E-commerce Payment Regulation

第十二章　全球主要国家支付清算体系发展概况

摘　要：2015年以来，全球支付市场发展迅速，大致呈现以下趋势：全球支付市场结构悄然转变；支付技术开发和应用继续升级；复杂支付体系已然形成；数字化货币的长期生存基础不断夯实。本章系统总结了主要发达国家和金砖国家2009～2014年支付清算体系发展概况，以及全球和主要国家支付清算行业监管的最新进展。

关键词：支付市场结构　数字化货币　监管

2015年以来，全球支付市场继续深化创新，新的商业模式不断涌现，支付市场内部结构悄然转变。本章系统总结了全球支付市场2015年的发展新趋势、主要发达国家和金砖国家2009～2014年支付清算体系发展概况，以及支付清算体系国际监管的最新进展和区域支付市场监管的进展。

一　全球支付市场发展新趋势

2015年，全球支付市场发展迅速，支付创新手段层出不穷，且应用覆盖率提升极快。在此背景下，本章观察总结了全球支付市场发展的新动向，大致趋势包括以下四个方面。

（一）全球支付市场结构悄然转变

以移动支付为首的支付创新是否彻底改变了全球支付市场的结构？我们可以大致观察到2015年全球支付市场的内部结构。从市场参与者来看，新的移动支付供应商不断进入该市场，原有的由几家主要机构（如PayPal、MasterPass、支付宝等）分割市场的局面已经被打破，新的赢家也不断出现，市场结构不断转换。仅中国市场，就出现了多家机构共同主导移动支付市场的局面，包括支付宝、银行卡、银联在线、微信支付、京东支付、百度支付、苹果支付等。从支付工具结构来看，据《全球支付报告（2015）》大致统计，截至2015年初，全球支付市场的主要工具支付额及其市场份额见表12－1。

表12－1　全球支付市场结构（2015年初）

支付工具或方式	支付额(10亿美元)	市场份额(%)
信用卡(Credit Cards)	577	29.9
电子钱包(eWallets)	417	21.7
借记卡(Debit Cards)	387	20.1
银行转账(Bank Transfers)	212	11.1
现金(Cash on Delivery)	124	6.5
记账卡(Charge Cards)	59	3.1
预付方式(PrePay)	55	2.9
预付卡(Pre-Paid Cards)	45	2.4
其他	20	1.0
后付方式(PostPay)	18	0.9
直接借记(Direct Debits)	5	0.3
电子发票(eInvoices)	3	0.1

资料来源："Global Payments Report（2015）"，Worldpay，Nov. 2015。

从区域支付市场来看，全球主要地区的支付市场内部结构见表12－2。

表 12－2　全球各地区支付市场结构（2015 年初）

单位：%

支付工具或方式	市场份额			
	北美地区	拉美地区	欧洲、中东和非洲地区	亚太地区
信用卡	40	42	13	31
电子钱包	14	5	20	34
借记卡	25	7	29	8
银行转账	7	9	17	11
现金	4	7	6	9
记账卡	4	3	7	3
预付方式	2	3	3	1
预付卡	1	7	1	1
其他	1	1	1	1
后付方式	0	16	1	1
直接借记	无	无	1	无
电子发票	无	无	1	无

资料来源："Global Payments Report（2015）"，Worldpay，Nov. 2015。

表 12－2 显示，信用卡支付方式在全球支付总额中仍然居首位，其次是新兴的电子钱包，市场份额排名第三的是借记卡。具体而言，北美和拉美地区的信用卡支付量（分别为 40%、42%）在其市场总额中最大，在全球也是排名第一。欧洲、中东和非洲地区最主要的支付方式是借记卡（29%），也是全球使用借记卡最多的地方。亚太地区则是全球新兴移动支付的领头羊，电子钱包（34%）的使用量居全球首位。从银行卡支付量来看，北美地区在全球最高，信用卡和借记卡总支付量占市场总额的 65%，其次是拉美地区（49%），再次是欧洲、中东和非洲地区（42%），最后是亚太地区（39%）。

金融市场最为发达的北美地区，其银行卡支付量在全球排名第一；而商业银行在金融体系中占重要地位的亚太地区，其银行卡支付量却在全球居末位。可以看出，支付市场的发展结构与一国的金融结构不一致，银行卡支付量没有突出商业银行在一国金融体系中的地位。银行卡使用量不能完全代表该地区商业银行的发展实况，原因很明显，支付竞争背后是各类金融机构的竞争，支付涉及的金融机构远不止商业银行，还有各类信用卡发行机构、收单机构等。因此，才会出现上述情况。

在支付方式发展方面，区域差异也比较明显。例如，直接借记和电子发票的支付方式，只在欧洲、中东和非洲地区存在，北美、拉美和亚太地区没有这两类支付方式。根据《全球支付报告（2015）》的数据推测，各地区未来支付市场发展有一些共同的趋势：银行卡支付量减少，银行直接转账支付量略增。其他支付方式发展则存在地区差异，如电子钱包在拉美之外的地区均可能出现支付量上升，而现金、预付方式在各地区的发展趋势则可能完全不同。

总体而言，随着全球电子商务的稳步发展，电子钱包的支付量会不断增加，或居全球支付量首位，但速度可能没有预期中那么快。随着支付体系内部竞争和结构变化，传统银行卡支付（借记卡和信用卡）或会借助近场支付等新型技术，稳定其市场份额，从而在未来5～10年占据全球支付市场的重要地位。

（二）支付技术开发和应用继续升级

移动支付技术和各种分析算法的发展，彻底打破了全球支付行业固有的结构。在哪里购物和消费、如何支付，成为行业竞争的焦点，且开始被深度挖掘。全球多国在支付等金融技术上的投资不断增加，数字化货币技术更加成熟。据不完全统计，自2008年以来，全球金融技术投资总额以每年3倍的速度增长，2013年约为29.7亿美元，2014年全球金融技术投资总额已高达120亿美元。到2020年，其投资总额大约能增加至200亿美元以上。其中，亚洲国家（如中国、日本等）因为消费者对“互联网＋”服务的接受程度比较高，其金融技术投资也随着回报率的提高而不断增加。支付技术的发展速度是否可以被准确预测（如当初计算机技术的发展速度就曾遵循所谓的摩尔定律）？从硬件来看，手机俨然已经成为主要的移动支付载体，集线上、线下移动支付于一身，其他移动支付工具（智能手环等）尚未打破其主导地位。从软件技术来看，未来移动支付发展的主要趋势包括以下几个方面。①近场支付（NFC）已成为重要的移动支付技术。NFC由1983年沃顿发明的非接触式射频识别技术演变而来，在2003年成为ISO/IEC IS 18092国际标准、EMCA－340标准和ETSI TS 102190标准，自此，正式更名为NFC，其可以为多个设备如数码相机、PDA、计算机和手机之间进行交换资料。NFC移动支付随着2012年NFC智能手机投入市场后开始发展，已经成为手机运营商和移动支付平台比较成功的商业模式创新。目前全球知名手机品牌商、Visa等卡组织是NFC移动支付的最新引领者和竞争者。②生物特征识别（Biometrics Authentication）或将成为重要的移动支付安全技术。随着移动支付越来越便捷、高效，与之相关的个人隐私、个人财务数据的安全隐患不断产生，由此，准确识别个人身份信息成为保障移动支付安全的重要前提。自1891年产生指纹识别技术以来，生物特征识别技术不断升级发展，目前最新的生物特征识别技术包括DNA、指纹、声音、面部特征、静脉识别等。其中，指纹机和手形机的商业应用最为成熟。越来越高效的点对点支付模式，需要高度识别个人身份信息的技术，曾经用于高度机密场合的生物特征识别目前是最佳选择之一。虽然目前还没有大规模市场化，但其发展势头强劲，各大手机运营商、支付机构等都在加大投入研发此项安全技术。③移动云计算已经开始提供重要的技术支撑。自2007年以来，云计算概念开始出现并流行。NFC等创新支付技术直接挑战计算能力有限的移动工具，也因此给移动工具之外的移动云计算带来了新的发展机会。作为独立的计算平台，移动云计算能为移动工具中的各种应用如支付，提供更好、更便捷的数据储存、处理、交换等服务。随着移动支付等应用技术的不断发展，移动云计算将凸显其强大的功能，不断为智能工具计算减负。当然，其对互联网的传输速度和质量要求也越来越高，而这也是目前的网络发展趋势。

（三）复杂支付体系已然形成

支付，已经不仅仅是公共的金融基础设施，近年来，支付已经逐步成为商业模式的一部分和市场营销的新手段。市场竞争远没有结束。利用自身的比较优势，新的玩家（如第三方支付、各类手机制造商、电子钱包网络平台等）不断进入支付市场，原有的玩家（如商业银行和信用卡）并没有被击退，而是通过技术合作、商业合作等方式，以新的形式（如银行电子钱包）重新回到市场，支付市场竞争异常激烈。2015 年以来，全球移动支付技术、信用卡体系、商业银行等金融机构、电子商务、传统商家之间深化合作形成了复杂的支付体系，为消费者带来了全新体验。

当各类支付机构共同掌握了前沿支付技术，都具备提供高效支付的能力时，支付场景（远程支付和现场支付）的争夺战就不可避免。而消费者对某一类支付场景的偏好、适应性和黏着度越高，则提供该类支付场景的机构将成为未来支付体系的主导者。互联网电商及第三方支付机构最早打破传统的线下现场支付场景，并围绕第三方支付做加法，涉足金融理财等服务，强化了自身的服务能力。在越来越多的线下商业机构接受第三方支付机构的要约并提供现场第三方支付服务时，传统信用卡市场及其营造的传统现场支付场景真正开始受到猛烈冲击。在此之前，商业银行也依托其银行卡支付服务，设立了电商等商业服务机构，试图营造新的远程支付场景。但这一举措并没有提高其客户黏着度，因此，在一波又一波的支付场景竞争中，几乎被完全淹没。

而今，在第三方支付机构沉淀了大量资金、有了扩张商业信用的必要资本之际，依托移动支付新技术，各类传统信用卡替代工具的出现几乎是必然结果，如美国 PayPal 旗下的 Affirm 公司、Applepay 等，国内的“蚂蚁花呗”“京东白条”等，都可以在消费者进行消费交易时直接提供支付便利的信用贷款，既可以直接提高商家的销售额和利润，又能为消费者节省延迟消费带来的成本。当然，消费者必须为此高效率的服务支付相应的利息。这种创新带来的直接影响是客户逐渐降低对银行信用账户的依赖程度，第三方支付机构的金融属性不断增强；其长期影响是侵蚀经济体系原有的商业模式，改变金融结构和商业社会规则，提高数字化货币实现的可能性。

信用卡替代工具便利的支付服务对传统信用卡是致命的冲击。于是，可以看到，信用卡供应商也开始奋力反击。2015 年，借助新的近场支付技术，全球信用卡供应商试图重新提升客户对信用卡的使用量和黏着度。美国支付市场的行业调查问卷也印证了这一趋势。在《2015 年高级支付报告》（*The Advanced Payment Report 2015*）问卷中，问题“认为哪些机构拉动了移动支付增长”得到的答案显示，拉动移动支付增长的机构排名大致如下：卡网络如美国运通等（82%），手机等通信供应商（78%），PayPal（76%），第三方支付机构（73%），新型互联网公司（72%），银行和金融机构（72%），Google（68%），商家（63%），Start-ups（62%），移动网络运营商（53%）。简言之，从 2015 年的情况来看，美国移动支付新的增长引擎首先是信用卡机构，其次是手机制造商，再次是第三方支付机构，最后是移动网络运营商。这也大致反映了目前全球支付市场的竞争结构。当然，各国的具体情形有细微差异。

再高级的支付创新都必须立足消费者的需求和利益。消费者选择支付方式一般有两个标准：一是高效；二是节约成本。移动支付显然符合这两个标准。但节约成本并不仅仅意味着直接交易费用降低（如支付折扣或奖励等优惠），还包括支付背后商业交易模式带来的间接交易费用（如购买商品的地点及其产生的交通费用等）降低、购物体验满足等。因此，未来各类机构和商家之间的合作还将继续深化，只有通过占有和共享消费大数据，挖掘消费者的多方位需求，进而提供最安全高效的移动支付方式，才能最终占领市场。

（四）数字化货币的长期生存基础不断夯实

无论支付市场的内部结构如何改变，至今可以肯定的一点是，移动支付技术等创新带来了更高的支付服务效率，夯实了数字化货币的长期生存基础。

数字化货币最初出现的基本目的是脱媒，即减少消费者和商家之间的多重货币交换环节（如现金与非现金账户转换、货币之间的兑换等），以降低货币交易成本，提高交换效率。无论哪种数字化货币，若要长期存在并被消费者接受，都需要对消费群体培养一些最基本的消费习惯，如非现金化支付消费，从而提高消费者对数字化货币交易的依赖程度。比特币在很多国家的交易并不成功，源于其投机性交易量远远高于基本的消费支付交易量，本末倒置，没有培养出对其高度依赖的消费者群体，没有形成坚实的生存基础。

在全球，移动支付带动的数字化货币运营机构（商业银行、信用卡网络、第三方支付机构、手机制造商等）正在经历深刻的创新过程。而在其对立面的消费者，也对数字化货币有了切实体验。数字化货币不再是一种理论上的新奇事物，也不再仅仅停留在理论讨论和大宗金融交易，而是开始深入消费者的工作和生活，并呈现蔓延之势。虽然经济发展程度的高低是一国数字化货币发展的重要基础，但并不是唯一因素。而今，这种数字化货币创新都已经触及各国的终端消费者。全球数字化货币发展也迎来了“春天”，很多国家已经尝试实现了无现金社会，更多的国家跃跃欲试。大部分国家在鼓励移动支付创新的同时，也在稳步发展各项金融基础设施，总体提升一国金融体系的服务水平。总体来看，全球移动支付创新大大夯实了数字化货币发展的基础，推动更多的国家在未来进入无现金社会。表12－3是花旗银行编制的全球数字化货币指数排名。

表12－3　全球数字化货币指数排名（90个国家或地区）

国家或地区	2015年排名	2014年排名	政府和市场支持	金融和技术基础设施	数字化货币解决路径	适应性偏好
芬兰	1	1	7	5	1	3
新加坡	2	3	1	2	8	9
美国	3	7	6	7	6	4
瑞典	4	2	11	4	7	1
中国香港	5	5	4	1	17	11
挪威	6	4	15	6	2	7
英国	7	6	12	14	5	5

续表

国家或地区	2015 年排名	2014 年排名	政府和市场支持	金融和技术基础设施	数字化货币解决路径	适应性偏好
荷兰	8	9	2	15	13	8
日本	9	11	5	26	9	2
瑞士	10	8	3	8	23	6
丹麦	11	10	21	12	4	17
德国	12	12	9	13	20	15
奥地利	13	13	17	10	14	18
加拿大	14	14	16	9	16	22
卡塔尔	15	15	8	23	21	10
新西兰	16	16	14	30	11	12
澳大利亚	17	17	22	16	10	16
阿拉伯联合酋长国	18	22	18	35	15	13
爱尔兰	19	19	13	37	19	21
马来西亚	20	23	10	11	27	24
韩国	21	18	26	51	3	14
比利时	22	20	19	19	26	20
法国	23	21	20	21	18	23
以色列	24	24	27	20	12	19
巴拿马	25	25	31	3	32	30
智利	26	26	23	18	31	28
葡萄牙	27	28	29	39	25	27
沙特阿拉伯	28	27	32	41	22	26
西班牙	29	29	35	22	24	29
捷克	30	30	28	25	39	25
南非	31	31	24	45	51	32
土耳其	32	34	34	50	29	37
哥斯达黎加	33	33	36	40	45	31
斯洛文尼亚	34	32	30	56	30	36
波兰	35	36	33	24	41	47
意大利	36	38	45	48	35	39
印度尼西亚	37	43	38	43	53	35
克罗地亚	38	37	60	17	37	46
中国内地	39	41	25	66	42	43
巴西	40	35	79	33	34	34
哈萨克斯坦	41	45	55	60	28	40

续表

国家或地区	2015 年排名	2014 年排名	政府和市场支持	金融和技术基础设施	数字化货币解决路径	适应性偏好
菲律宾	42	44	56	31	64	33
泰国	43	42	46	27	58	41
匈牙利	44	39	40	46	48	44
哥伦比亚	45	47	44	47	44	56
罗马尼亚	46	56	43	53	47	51
墨西哥	47	40	52	44	49	52
萨尔瓦多	48	53	39	28	59	62
多米尼加	49	48	58	38	61	42
危地马拉	50	50	49	29	68	49
特立尼达和多巴哥	51	49	57	57	43	50
科威特	52	55	73	65	36	38
俄罗斯	53	61	67	61	38	45
印度	54	46	65	49	40	61
斯里兰卡	55	52	48	52	65	54
牙买加	56	54	47	59	56	48
肯尼亚	57	59	53	54	52	53
摩洛哥	58	51	42	32	57	71
蒙古	59	58	64	58	33	63
秘鲁	60	62	63	34	67	59
希腊	61	60	61	70	50	55
纳米比亚	62	67	50	68	70	58
博茨瓦纳	63	57	37	72	54	69
加纳	64	64	51	62	63	70
洪都拉斯	65	68	69	36	79	65
越南	66	65	71	64	60	64
乌克兰	67	66	72	67	62	60
塞内加尔	68	69	54	69	74	66
埃及	69	63	74	42	78	72
尼日利亚	70	72	80	74	46	68

续表

国家或地区	2015 年排名	2014 年排名	政府和市场支持	金融和技术基础设施	数字化货币解决路径	适应性偏好
赞比亚	71	71	41	80	73	67
突尼斯	72	70	62	73	71	75
巴基斯坦	73	73	81	55	82	74
阿根廷	74	74	87	79	55	57
科特迪瓦	75	77	59	77	77	76
乌干达	76	75	75	63	76	81
孟加拉国	77	76	83	71	72	80
喀麦隆	78	79	68	86	83	77
加蓬	79	78	82	84	69	79
坦桑尼亚	80	83	78	81	80	82
委内瑞拉	81	82	90	75	66	73
尼泊尔	82	81	77	76	89	84
马里	83	84	70	87	81	83
伊朗	84	80	86	82	75	78
莫桑比克	85	85	66	85	88	85
阿尔及利亚	86	87	84	78	86	87
布基纳法索	87	86	76	83	84	89
埃塞俄比亚	88	89	85	88	87	88
安哥拉	89	88	89	89	85	86
乍得	90	90	88	90	90	90

资料来源：花旗银行，https：//www.citibank.com/icg/sa/digital_symposium/2015/digital_money_index/。

从表 12－3 可以看出，花旗银行将各国所处的数字化货币阶段，按照分数排名分别列为“实质性准备期”（第 1～23 名）、“过渡期”（第 24～45 名）、“形成期”（第 46～68 名）、“初始期”（第 69～90 名）。

各国在数字化货币进程中的得分指数高低与其国内相关政策和金融基础设施紧密相关。以进入实质性准备期的各国为例，在发展数字化货币方面，名列前茅的各国各有优势：芬兰的国内消费者和商业机构对于支付技术等金融创新的适应性非常强；新加坡则对商业机构、政府资金流的数字化等拥有良好的监管规划，以及高度发展的信息交互技术（ICT）基础设施；美国拥有富有活力的创新环境、最新技术在消费者和商业机构中的高扩散率，以及快速发展的 B2C 电子商务，美国消费者基础多样化导致其数字化货币适应性较弱；瑞典具有广阔的 ICT 基础设施，消费者和商业机构对创新的适应性非常强；中国香港拥有良好的 ICT 基础设施，金融服务监管自由化，电信部门和零售部门对数字化货币的适应性强，准备程度高；挪威的零售业对数字化货币的偏好高，消费者对新技术的偏好高；英国的零售商业机构和消费者偏好数字化货币，政府出台数字化货币过渡政策，但其目前的 ICT 基础设施对创新的承受能力较弱；荷兰政府财政资金数字化程度高，消费者和商业机构对创新的适应性强，但与英国相同，ICT 基础设施承受能力弱；日本具有竞争性的私人企业和电信部门，但文化偏见导致其现金使用率依然很高；瑞士拥有良好的 ICT 基础设施，商业机构对创新的接纳程度高，但其他市场的 ICT 基础设施承受能力不强；丹麦的零售部门对数字化货币接纳度高，并通过提高金融服务承受能力来提高其数字化货币声誉；德国本地市场竞争适度，商业机构对各类创新的适应能力强，但其现金使用率依然很高；奥地利本土市场竞争适度，电信部门对数字化货币准备程度高，通过本土创新和企业关系提高其名望；加拿大对数字化货币监管自由度高，金融服务可得度高、承受能力强，但同类市场的 ICT 基础设施承受能力弱。

中国内地排名第 32 位，处于数字化货币过渡期阶段。报告显示，中国发展数字化货币的优势在于有适合创新的环境，政府资金流数字化程度高，劣势则在于电信部门对数字化货币准备程度不高。

二　主要国家的支付清算体系建设进展

依据 BIS 和各国央行等发布的权威统计数据，本部分将系统总结主要发达国家和金砖国家 2009 ~ 2014 年支付清算体系发展概况。

（一）主要发达国家或地区

1. 美国

美国支付清算体系发展概况见表 12－4 至表 12－14。

表 12－4　非银行使用的结算中介

单位：10 亿美元

	2009 年	2010 年	2011 年	2012 年	2013 年	2014 年
银行体系之外流通的钞票和硬币	865. 40	920. 30	1003. 50	1090. 00	1159. 80	1254. 10
可转换存款	853. 30	945. 60	1199. 60	1409. 30	1543. 10	1719. 70
非银行旅行支票	5. 00	4. 60	4. 30	6. 20	5. 90	2. 90
M1	1723. 70	1870. 50	2207. 40	2505. 50	2708. 80	2976. 70
外币可转换存款	3. 52	7. 18	9. 01	6. 34	8. 58	28. 03

注：M1＝通货和硬币＋旅行支票＋活期存款＋其他可开具支票的存款。

资料来源：BIS（2014），Statistics on Payment，Clearing and Settlement Systems in the CPMI Countries；BIS（2015），Statistics on Payment，Clearing and Settlement Systems in the CPMI Countries；Federal Reserve。

表 12－5　商业银行使用的结算中介

单位：10 亿美元

	2009 年	2010 年	2011 年	2012 年	2013 年	2014 年
央行持有的可转账资金	1089. 467	1022. 424	1524. 536	1510. 351	2491. 008	2579. 475
法定准备金	29. 783	31. 768	53. 176	57. 672	69. 011	84. 766
自由准备金	1059. 684	990. 656	1471. 360	1452. 679	2421. 997	2494. 709
其他银行持有的可转账资金	29. 430	32. 345	40. 830	38. 029	32. 528	31. 648
央行展期信贷						
峰值	13. 226	12. 136	7. 358	19. 107	5. 219	3. 924
平均	2. 984	1. 983	0. 930	2. 937	0. 879	0. 661
隔夜	19. 742	0. 074	0. 040	0. 042	0. 084	0. 104
较长期融资	143. 783	45. 268	9. 288	0. 698	0. 098	0

资料来源：BIS（2014），Statistics on Payment，Clearing and Settlement Systems in the CPMI Countries；BIS（2015），Statistics on Payment，Clearing and Settlement Systems in the CPMI Countries；Federal Reserve。

表 12－6 银行券和硬币

单位：10 亿美元

	2009 年	2010 年	2011 年	2012 年	2013 年	2014 年
银行券和硬币发行总量	928.23	982.72	1075.79	1169.13	1241.16	1342.88
银行券发行总量	888.32	942.02	1034.50	1127.10	1198.35	1299.14
USD100	656.39	704.60	782.62	863.07	924.71	1014.50
USD50	65.35	66.90	69.61	72.52	74.48	76.93
USD20	127.55	130.63	141.08	148.95	155.00	162.17
USD10	16.23	16.59	17.19	17.75	18.46	18.89
USD5	11.20	11.46	11.80	12.22	12.70	13.12
USD1	9.57	9.73	10.00	10.30	10.61	11.04
其他	2.04	2.12	2.21	2.30	2.40	2.49
硬币发行总量	39.90	40.70	41.29	42.03	42.82	43.74
USD1	4.37	4.87	4.81	4.93	5.02	5.08
零币	35.54	35.83	36.48	37.10	37.80	38.66
银行持有的银行券和硬币	62.83	62.42	72.99	79.13	81.36	88.78
银行体系之外流通的银行券和硬币	865.40	920.30	1002.80	1090.00	1159.80	1254.10

资料来源：BIS（2014），Statistics on Payment，Clearing and Settlement Systems in the CPMI Countries；BIS（2015），Statistics on Payment，Clearing and Settlement Systems in the CPMI Countries；Federal Reserve；US Treasury。

表 12－7 向非银行提供支付服务的机构

	2009 年	2010 年	2011 年	2012 年	2013 年	2014 年
中央银行						
分支机构数量(家)	36	36	36	36	36	36
银行						
机构数量(家)	15954	15379	14867	14267	13722	13129
分支行数量(家)	110906	110465	118190	117007	116012	114542
交易账户总值(10 亿美元)	1059.59	1123.78	1509.98	1755.40	1911.11	2101.87
——商业银行						
机构数量(家)	6785	6478	6236	6036	5814	5573
分支行数量(家)	79287	78568	86526	87518	86844	85865
交易账户总值(10 亿美元)	903.96	956.75	1301.29	1482.88	1608.02	1738.24
——储蓄机构						
机构数量(家)	1224	1177	1159	1045	996	932
分支行数量(家)	10276	10463	10237	8963	8609	8078

续表

	2009 年	2010 年	2011 年	2012 年	2013 年	2014 年
交易账户总值(10 亿美元)	54.47	55.66	62.61	102.52	96.28	96.01
——信贷联盟						
机构数量(家)	7705	7488	72236	6956	6685	6401
分支行数量(家)	21343	21434	21427	20526	20559	20599
交易账户总值(10 亿美元)	86.56	91.35	102.17	113.07	120.55	133.16
——外国银行						
机构数量(家)	240	236	236	230	227	223
分支行数量(家)	无	无	无	无	无	无
交易账户总值(10 亿美元)	14.60	20.01	43.91	56.94	86.26	134.47

资料来源：BIS（2014），Statistics on Payment，Clearing and Settlement Systems in the CPMI Countries；BIS（2015），Statistics on Payment，Clearing and Settlement Systems in the CPMI Countries；Federal Reserve；US Treasury.

表 12－8　非银行使用的支付工具和终端指数：交易总量

单位：百万笔

	2009 年	2010 年	2011 年	2012 年	2013 年	2014 年
支付工具的交易类型						
信贷转账	7323.5	7667.5	8008.8	8493.6	9026.5	9463.8
非纸币转账	7323.5	7667.5	8008.8	8493.6	9026.5	9463.8
直接借记	11389.8	11736.3	12209.2	12821.7	13574.6	14389.5
支付卡	60871.5	65228.0	73285.9	77938.6	84220.5	90113.0
一般借记卡支付	38518.9	43780.4	49006.1	51717.2	56020.8	59539.3
信用卡支付	22352.6	21447.6	24279.8	26221.4	28199.7	30573.7
零售商信用卡支付	2655.4	2591.7	2402.8	2424.8	2458.3	2510.8
支票	24464.9	22389.2	20378.0	18334.5	16319.7	14338.9
ATMs 现金提取	5966.7	无	无	5804.4	无	无

资料来源：Federal Reserve，EFT Data Book，Thomson Media，The Nilson Report，NACHA；BIS（2014），Statistics on Payment，Clearing and Settlement Systems in the CPMI Countries；BIS（2015），Statistics on Payment，Clearing and Settlement Systems in the CPMI Countries。

表 12-9 非银行使用的支付工具和终端指数：交易总值

单位：10 亿美元

	2009 年	2010 年	2011 年	2012 年	2013 年	2014 年
支付工具的交易类型						
信贷转账	21169.6	23065.4	25033.2	69404.2	74297.9	101200.9
非纸币转账	21169.6	23065.4	25033.2	69404.2	74297.9	101200.9
直接借记	14641.3	15336.4	16034.1	61793.4	63225.0	75363.1
支付卡	3385.9	3695.8	4097.1	4417.6	4762.0	5156.6
一般借记卡支付	1447.3	1648.8	1846.8	1975.8	2130.7	2279.7
信用卡支付	1938.6	2047.0	2250.3	2441.8	2631.4	2876.9
零售商信用卡支付	177.2	174.9	200.0	216.0	232.3	245.4
支票	31599.4	30475.3	28063.2	26033.0	24177.6	21703.6
ATMs 现金提取	646.7	无	无	687.0	无	无

资料来源：Federal Reserve，The Nilson Report，HSN Consultants Inc，Oxnard，CA；NACHA；BIS（2014），Statistics on Payment，Clearing and Settlement Systems in the CPMI Countries；BIS（2015），Statistics on Payment，Clearing and Settlement Systems in the CPMI Countries。

表 12-10 支付卡和汇兑工具数量

	2009 年	2010 年	2011 年	2012 年	2013 年	2014 年
本国发行卡(百万张)						
现金卡	855.2	795.1	805.2	827.4	845.1	869.9
借记卡	278.8	281.3	286.0	290.8	296.0	301.6
信用卡	1107.6	857.3	875.2	905.6	917.4	945.1
零售商信用卡	531.2	343.5	356.0	369.0	368.3	376.8
本国终端(千台)						
ATMs	425.0	无	无	无	无	无

资料来源：2010 年之前的数据来源于 EFT Data Book（Thomson Media），The Nilson Report，HSN Consultants Inc，Oxnard，CA。其余数据来自 BIS（2014），Statistics on Payment，Clearing and Settlement Systems in the CPMI Countries；BIS（2015），Statistics on Payment，Clearing and Settlement Systems in the CPMI Countries。

表 12-11 部分银行间资金转移体系的支付：交易数量

单位：百万笔

	2009 年	2010 年	2011 年	2012 年	2013 年	2014 年
大额支付体系						
CHIPS	84.8	90.9	95.1	97.1	103.1	109.4
Fedwire	124.7	125.1	127.0	131.6	134.2	135.0
支票清算						
私人清算所和交易所	9018.5	8143.7	7427.7	5969.5	5056.2	3803.5

续表

	2009 年	2010 年	2011 年	2012 年	2013 年	2014 年
美联储	8918.0	8018.0	7052.0	6851.0	6171.0	5899.0
自动清算所(ACH)						
私人	6964.9	7276.5	7598.0	7818.3	8070.4	8304.1
借记资金转移	4408.1	4625.5	4810.7	4893.2	5031.3	5190.0
信贷转移	2556.9	2651.0	2787.3	2925.1	3039.1	3114.1
美联储	8290.4	8340.2	8481.4	8932.2	9481.4	9994.0
借记资金转移	4731.2	4634.2	4666.1	4896.6	5166.6	5449.5
信贷转移	3559.2	3706.0	3815.3	4035.6	4314.8	4544.6
美国支票	6528.4	6227.5	5898.3	5514.0	5092.5	4636.4
美国 ACH	3458.0	3787.1	4138.7	4564.8	5049.3	555.1
借记资金转移	2250.6	2476.5	2732.4	3031.9	3376.7	3750.0
信贷转移	1207.4	1310.5	1406.2	1532.8	1672.6	1805.1

资料来源：Clearing House Interbank Payments System，Federal Reserve，NACHA；BIS（2014），Statistics on Payment，Clearing and Settlement Systems in the CPMI Countries；BIS（2015），Statistics on Payment，Clearing and Settlement Systems in the CPMI Countries。

表 12-12　合约和交易的清算数量

单位：百万笔

	2009 年	2010 年	2011 年	2012 年	2013 年	2014 年
国家证券清算公司	23254.0	20372.0	20833.0	17263.0	17723.0	20240.0
固定收益清算公司	31.1	37.2	44.4	39.1	40.2	40.7
政府证券	28.7	34.0	40.5	34.9	36.4	37.0
抵押贷款支持证券	2.4	3.2	3.9	4.2	3.8	3.7

资料来源：Depository Trust & Clearing Corporation；BIS（2014），Statistics on Payment，Clearing and Settlement Systems in the CPMI Countries；BIS（2015），Statistics on Payment，Clearing and Settlement Systems in the CPMI Countries。

表 12-13　合约和交易的清算总值

单位：10 亿美元

	2009 年	2010 年	2011 年	2012 年	2013 年	2014 年
国家证券清算公司	209690	217450	220790	185670	207220	232155
固定收益清算公司	999900	1205900	1126998	1219100	1155200	1073492
政府证券	905100	1101700	1126900	116200	1076500	1008396
抵押贷款支持证券	94800	104200	97700	102900	78700	65096

资料来源：Depository Trust & Clearing Corporation；BIS（2014），Statistics on Payment，Clearing and Settlement Systems in the CPMI Countries；BIS（2015），Statistics on Payment，Clearing and Settlement Systems in the CPMI Countries。

表 12－14　美国用户双向 SWIFT 信息流

单位：千条

	2009 年	2010 年	2011 年	2012 年	2013 年	2014 年
发出的信息	660288	711977	782697	816912	908699	1002676
Ⅰ类信息	92067	104420	115518	127669	135965	146720
Ⅱ类信息	32148	34226	38033	41384	46550	52677
收到的信息	772001	834523	924124	948429	1065767	1197903
Ⅰ类信息	87509	99771	111265	124850	133121	144054
Ⅱ类信息	61753	63238	68323	70824	75057	79241
国内信息交换	290863	301427	336956	349040	388017	434439
全球 SWIFT 信息交换	3760314	4031935	4431100	4589109	5065668	5612724

资料来源：SWIFT；BIS（2014），Statistics on Payment，Clearing and Settlement Systems in the CPMI Countries；BIS（2015），Statistics on Payment，Clearing and Settlement Systems in the CPMI Countries。

2. 欧洲地区

欧洲地区包括奥地利、比利时、芬兰、法国、德国、爱尔兰、意大利、卢森堡、荷兰、葡萄牙、西班牙、希腊、斯洛文尼亚、塞浦路斯、斯洛伐克、爱沙尼亚 16 个国家。欧洲地区支付清算体系发展概况见表 12－15 至表 12－18。

表 12－15　非货币金融机构使用的结算中介

单位：10 亿欧元

	2009 年	2010 年	2011 年	2012 年	2013 年	2014 年
货币金融机构以外流通的银行券和硬币	769.9	808.6	857.5	876.8	921.2	980.6
非货币金融机构持有的隔夜存款	4049.8	4224.5	4282.1	4590.9	4828.4	5284.4
狭义货币供给	4556.2	4754.4	4866.6	5168.7	5445.1	5938.9
非货币金融机构持有的外币隔夜存款	226.9	250.3	274.8	318.4	347.9	407.4
电子货币总值	1.723	2.449	3.087	4.032	4.715	5.712
——卡基产品	1.058	1.535	1.915	2.380	2.667	3.043
——网络产品	0.665	0.914	1.124	1.567	1.929	2.544

资料来源：ECB（Data as of Friday 12 December 2014）；BIS（2014），Statistics on Payment，Clearing and Settlement Systems in the CPMI Countries；BIS（2015），Statistics on Payment，Clearing and Settlement Systems in the CPMI Countries。

表 12－16　银行券和硬币

单位：百万欧元

	2009 年	2010 年	2011 年	2012 年	2013 年	2014 年
银行券和硬币发行总量	829280.6	863719.0	913680.0	938173.0	982425	1043811
银行券发行总量	806411.5	839702.3	888629.0	912593.0	956184	1016538
EUR500	281891.2	287925.9	299588.3	293733.1	291570	303022
EUR200	35647.3	36121.5	36262.2	36846.9	39777	40780
EUR100	147186.1	155106.7	164994.6	170614.2	185001	201617
EUR50	259972.0	277508.0	302257.3	321858.9	348141	375432
EUR20	53804.2	55036.2	57069.0	59767.7	61776	64666
EUR10	20422.8	20392.7	20729.3	21706.8	21555	22443
EUR5	7487.9	7611.4	7728.4	8065.5	8362	8579
硬币发行总量	21316.2	22271.0	23072.7	23658.3	24207	25003
EUR2	8528.8	9042.9	9484.5	9866.2	10188	10580
EUR1	6184.3	6345.2	6457.8	6464.9	6512	6657
EUR0.50	2502.5	2581.5	2632.7	2669.9	2716	2790
EUR0.20	1733.0	1804.2	1862.7	1914.8	1951	2013
EUR0.10	1106.1	1156.6	1205.8	1240.8	1272	1316
EUR0.05	710.9	755.9	793.9	828.5	857	896
EUR0.02	340.0	366.0	389.5	411.5	432	457
EUR0.01	210.6	228.8	245.7	261.7	276	294
货币金融机构持有的银行券和硬币	59409.1	55156.9	56144.0	61386.0	61204	63176
货币金融机构之外流通的银行券和硬币	769871.5	808562.0	857537.0	876787.0	921221	980634

资料来源：ECB；BIS（2015），Statistics on Payment，Clearing and Settlement Systems in the CPMI Countries。

表 12－17　部分银行间资金转移体系的支付：交易量

单位：百万笔

	2009 年	2010 年	2011 年	2012 年	2013 年	2014 年
大额支付体系						
TARGET						
发送的信贷转账	87.84	87.18	88.98	89.62	91.34	87.76
各成员之间发送的总信贷转账	61.81	58.77	57.91	56.37	56.61	54.64
各成员内部发送的信贷转账	26.02	28.41	31.07	33.25	34.73	33.13
EURO1/STEP1						
发送的总交易量	58.29	59.37	62.32	66.59	64.14	57.68

续表

	2009 年	2010 年	2011 年	2012 年	2013 年	2014 年
信贷转账	58.21	59.29	62.24	66.49	64.04	57.61
直接借记	0.02	0.02	0.03	0.03	0.03	0.01
其他支付工具	0.06	0.06	0.05	0.07	0.07	0.05
交易量集中度(%)	30.7	30.1	30.5	32.7	31.6	32.2
STEP2 XCT Service						
发送的总交易量	54.24	46.48	32.78	无	无	无
信贷转账	54.24	46.48	32.78	无	无	无
交易量集中度(%)	34.9	36.8	43.4	无	无	无
STEP2 ICT Service						
发送的总交易量	286.90	301.60	308.10	309.70	277.96	23.48
信贷转账	286.90	301.60	308.10	309.70	277.96	23.48
交易量集中度(%)	99.3	99.9	99.9	99.9	99.9	99.9
STEP2 SCT Service						3791.09
发送的总交易量	89.02	176.56	439.38	641.43	1082.98	3784.12
信贷转账	89.02	176.56	439.38	641.43	1082.98	45.7
交易量集中度(%)	25.2	31.0	51.0	46.4	37.7	

资料来源：ECB；BIS（2014），Statistics on Payment，Clearing and Settlement Systems in the CPMI Countries；BIS（2015），Statistics on Payment，Clearing and Settlement Systems in the CPMI Countries。

表 12－18　部分银行间资金转移体系的支付：交易值

单位：百万欧元

	2009 年	2010 年	2011 年	2012 年	2013 年	2014 年
大额支付体系						
TARGET						
发送的信贷转账	536027.1	631440.0	651274.9	711025.8	559696.0	499271.8
各成员之间发送的总信贷转账	354229.7	450165.8	454336.5	522985.1	389611.0	317712.9
各成员内部发送的信贷转账	181023.1	180490.0	196626.3	187856.7	170004.8	181492.1
交易值集中度(%)	14.6	15.6	15.6	13.0	16.9	15.7
EURO1/STEP1						
发送的总交易值	65204.2	62207.7	64020.3	57907.3	48677.7	41249.9
信贷转账	60686.3	57690.0	59483.3	54177.7	45619.4	41240.4
直接借记	4515.8	4516.2	4535.8	3728.1	2827.5	8.4
其他支付工具	2.2	1.5	1.2	1.4	230.8	1.1
交易值集中度(%)	46.7	48.5	51.4	51.9	47.4	48.6

续表

	2009 年	2010 年	2011 年	2012 年	2013 年	2014 年
STEP2 XCT Service						
发送的总交易值	224.2	204.2	156.3	无	无	无
信贷转账	224.2	204.2	156.3	无	无	无
交易值集中度(%)	30.2	28.8	38.3	无	无	无
STEP2 ICT Service						
发送的总交易值	1193.0	1231.0	1239.1	1044.0	919.6	67.6
信贷转账	1193.0	1231.0	1239.1	1044.0	919.6	67.6
交易值集中度(%)	99.2	99.9	99.9	99.9	99.9	99.7
STEP2 SCT Service						
发送的总交易值	518.4	948.5	1579.7	2445.6	3661.7	9325.4
信贷转账	518.4	948.5	1579.7	2445.6	3661.7	9305.6
交易值集中度(%)	22.5	27.0	29.0	26.6	27.0	35.7

资料来源：ECB；BIS（2014），Statistics on Payment，Clearing and Settlement Systems in the CPMI Countries；BIS（2015），Statistics on Payment，Clearing and Settlement Systems in the CPMI Countries。

3. 英国

英国支付清算体系发展概况见表 12－19 至表 12－28。

表 12－19　非银行使用的结算中介

单位：10 亿英镑

	2009 年	2010 年	2011 年	2012 年	2013 年	2014 年
银行体系以外流通的银行券和硬币	50.59	54.62	57.35	55.70	55.99	65.54
可转账存款总值	1136.81	1182.70	1216.63	1283.74	1352.82	1437.64
狭义货币供给	1185.13	1235.03	1271.62	1341.55	1413.30	1501.47
可转账外币存款	251.56	256.38	258.84	263.16	247.05	234.72

资料来源：BIS（2014），Statistics on Payment，Clearing and Settlement Systems in the CPMI Countries；BIS（2015），Statistics on Payment，Clearing and Settlement Systems in the CPMI Countries。

表 12－20　银行券和硬币

单位：百万英镑

	2009 年	2010 年	2011 年	2012 年	2013 年	2014 年
银行券和硬币发行总量	53.006	54.824	57.750	60.400	62.082	65.808
银行券发行总量	49.309	51.072	53.964	56.490	58.071	61.605
GBP50	9.415	10.149	10.362	10.313	11.223	11.732
GBP20	31.399	32.298	34.491	36.552	37.626	40.282

续表

	2009 年	2010 年	2011 年	2012 年	2013 年	2014 年
GBP10	7. 170	7. 200	7. 510	7. 992	7. 597	7. 908
GBP5	1. 324	1. 425	1. 601	1. 633	1. 625	1. 683
硬币发行总量	3. 697	3. 752	3. 786	3. 910	4. 011	4. 203
GBP2	0. 690	0. 720	0. 738	0. 786	0. 832	0. 895
GBP1	1. 482	1. 500	1. 496	1. 528	1. 553	1. 617
GBP0.50	0. 424	0. 427	0. 433	0. 460	0. 474	0. 498
GBP0.20	0. 498	0. 507	0. 526	0. 541	0. 553	0. 580
GBP0.10	0. 166	0. 164	0. 160	0. 160	0. 163	0. 167
GBP0.05	0. 191	0. 188	0. 188	0. 191	0. 192	0. 199
GBP0.02	0. 134	0. 133	0. 133	0. 132	0. 131	0. 133
GBP0.01	0. 113	0. 113	0. 113	0. 113	0. 113	0. 114
银行持有的银行券和硬币	6. 927	5. 020	5. 716	5. 486	4. 587	6. 822
银行体系之外流通的银行券和硬币	50. 589	54. 621	57. 350	55. 700	55. 986	65. 540

资料来源：BIS（2014），Statistics on Payment，Clearing and Settlement Systems in the CPMI Countries；BIS（2015），Statistics on Payment，Clearing and Settlement Systems in the CPMI Countries。

表 12－21　为非银行提供支付服务的主要机构概况

	2009 年	2010 年	2011 年	2012 年	2013 年	2014 年
中央银行						
分行总数(家)	1	1	1	1	1	无
非银行机构数目(家)	5. 969	5. 177	4. 550	4. 959	4. 920	4. 469
账户总值(10 亿英镑)	31. 638	32. 335	50. 043	70. 163	78. 063	58. 103
账户数目(千个)	5. 995	5. 209	4. 596	4. 993	4. 954	4. 494
银行						
机构总数(家)	364	380	365	361	358	359
分支行数(家)	10790	10627	10685	无	无	无
账户总数(个)	127000	132900	128000	无	无	无
其中:网络开户总数(个)	39600	43600	44800	无	无	无
账户总值(10 亿英镑)	2475. 7	2524. 2	2813. 6	3210. 2	3280. 8	3345. 0
国内银行分支机构						
机构总数(家)	209	207	204	203	203	200
账户总值(10 亿英镑)	1780. 0	1791. 2	2023. 6	2370. 7	2456. 4	2517. 9
外国银行分支机构						
机构总数(家)	155	173	161	158	155	159
账户总值(10 亿英镑)	695. 6	733. 0	790. 0	839. 5	824. 4	827. 1

续表

	2009 年	2010 年	2011 年	2012 年	2013 年	2014 年
为非银行提供支付服务的邮政机构						
机构总数(家)	1	1	1	无	无	无
分支机构或办事处(家)	11952	11905	11677	11500	无	无
非银行持有的账户数(千个)	349000	278000	256000	105000	无	无
非银行持有的账户总值(10 亿英镑)	1. 220	1. 954	1. 486	0. 520	无	无
为非银行提供支付服务的机构(全部)						
机构总数(家)	366	382	367	363	359	360
分支机构或办事处(家)	22743	22533	22364	无	无	无
非银行持有的账户数(千个)	127355	133183	128261	无	无	无
非银行持有的账户总值(10 亿英镑)	2508. 5	2558. 5	2865. 1	3280. 9	3358. 8	3403. 1

资料来源：BIS（2014），Statistics on Payment，Clearing and Settlement Systems in the CPMI Countries；BIS（2015），Statistics on Payment，Clearing and Settlement Systems in the CPMI Countries。

表 12－22　支付卡功能和汇兑工具

	2009 年	2010 年	2011 年	2012 年	2013 年	2014 年
本国发行卡(千张)						
现金卡	162208	165065	165100	168993	175593	178869
支付卡	79270	84642	86325	88553	95689	95663
借记卡	2309	2403	2192	2324	2262	2150
延期借记卡	58604	55601	54483	56443	55362	56927
电子货币卡	无	无	无	无	无	无
总卡数	162584	165262	165100	168993	175593	178869
本国终端(千台)						
ATMs	62. 2	63. 1	64. 4	66. 1	68. 0	69. 4
提现功能的 ATMs	62. 2	63. 1	64. 4	66. 1	68. 0	69. 4
转账功能的 ATMs	19. 9	19. 9	17. 1	8. 7	8. 3	8. 6
POS 终端	1179. 2	1252. 7	1360. 6	1639. 3	1653. 9	1701. 9

资料来源：BIS（2014），Statistics on Payment，Clearing and Settlement Systems in the CPMI Countries；BIS（2015），Statistics on Payment，Clearing and Settlement Systems in the CPMI Countries。

表 12－23　非银行使用的支付工具和终端指数：交易总量

单位：百万笔

	2009 年	2010 年	2011 年	2012 年	2013 年	2014 年
支付工具的交易类型						
信贷转账	3274.6	3396.3	3601.5	3693.1	3871.1	3939.7
纸币型	219.6	421.3	379.5	352.1	331.1	286.7
非纸币型	3055.0	2975.0	3222.0	3341.0	3540.0	3653.0
直接借记	3149.2	3229.3	3322.4	3416.7	3524.9	3672.0
国内支付卡	8185.0	8807.0	9901.0	10546.0	11608.0	13010.0
借记卡	6017.0	6604.0	7612.0	8155.0	9040.0	10227.0
延期借记卡	166.0	170.0	166.0	167.0	164.0	381.0
信用卡	1819.0	1857.0	1926.0	2023.0	2194.0	2402.0
支票	1282.0	1113.0	970.0	848.0	718.0	644.0
总支付工具数	15890.8	16545.6	17794.9	18503.8	19722.0	21265.7
发出的跨境交易	303.0	384.0	469.0	693.0	941.0	1493.0
各类终端交易						
现金交易	2916.0	2786.0	2874.0	2915.0	2899.0	2830.0
POS 支付交易	8041.0	8603.0	9521.0	2915.0	2899.0	2830.0
a 国内发行卡在国内终端的交易						
现金交易	2916.0	2786.0	2874.0	2915.0	2899.0	12082.0
ATMs 现金提取	2916.0	2786.0	2874.0	2915.0	2899.0	2830.0
POS 支付交易	7886.0	8425.0	9434.0	9853.0	10668.0	11518.0
b 国外发行卡在国内终端的交易						
POS 支付交易	155.0	178.0	87.0	439.0	196.0	564.0
c 国内发行卡在国外终端的交易						
现金交易	3.0	3.0	1.0	1.0	1.0	0
ATMs 现金提取	3.0	3.0	1.0	1.0	1.0	0
POS 支付交易	303.0	384.0	469.0	639.0	891.0	1442.0

资料来源：BIS（2014），Statistics on Payment，Clearing and Settlement Systems in the CPMI Countries BIS（2015），Statistics on Payment，Clearing and Settlement Systems in the CPMI Countries。

表 12－24　非银行使用的支付工具和终端指数：交易总值

单位：10 亿英镑

	2009 年	2010 年	2011 年	2012 年	2013 年	2014 年
支付工具的交易类型						
信贷转账	67819.62	65034.07	67519.06	75060.20	73549.65	71517.51
纸币型	124.05	220.77	196.95	178.38	172.28	161.21
非纸币型	67695.58	64813.31	67322.11	74881.82	74955.30	71356.39

续表

	2009 年	2010 年	2011 年	2012 年	2013 年	2014 年
直接借记	885.71	948.14	1044.68	1075.51	1115.07	1167.27
国内支付卡	421.43	455.19	501.93	511.08	560.73	606.21
借记卡	276.84	305.44	348.66	356.98	401.04	439.17
延期借记卡	36.81	37.88	35.76	34.02	33.14	32.57
信用卡	107.78	111.87	117.50	120.08	126.56	134.47
支票	1278.63	1094.25	962.84	855.39	733.38	693.56
总支付工具数	70405.39	67531.65	70028.50	77502.17	77536.75	73984.54
发出的跨境交易	25.56	27.47	28.10	34.32	40.45	55.92
各类终端交易						
现金交易	192.80	185.78	191.32	193.61	191.83	189.36
POS 支付交易	403.30	429.75	488.44	507.58	534.02	574.85
a 国内发行卡在国内终端的交易						
现金交易	192.80	185.78	191.32	193.61	191.83	189.36
POS 支付交易	396.12	427.92	473.98	476.84	520.37	550.39
b 国外发行卡在国内终端的交易						
POS 支付交易	7.18	1.84	14.47	30.74	13.65	24.46
c 国内发行卡在国外终端的交易						
现金交易	0.25	0.19	0.15	0.08	0.08	0.10
POS 支付交易	25.56	27.47	28.10	34.32	40.45	55.92

资料来源：BIS（2014），Statistics on Payment，Clearing and Settlement Systems in the CPMI Countries；BIS（2015），Statistics on Payment，Clearing and Settlement Systems in the CPMI Countries。

表 12-25　银行使用的结算中介

单位：10 亿英镑

	2009 年	2010 年	2011 年	2012 年	2013 年	2014 年
央行持有的可转账资金						
法定准备金	2.60	2.77	2.39	2.38	4.08	4.10
自由准备金	153.50	142.96	174.61	218.81	301.80	302.07
其他银行持有的可转账资金	695.43	659.41	624.09	654.23	730.24	458.37
央行展期信贷						
每日	17.81	21.49	22.77	30.46	无	无
较长期融资	11.31	10.58	6.16	5.35	0.01	0.76

资料来源：BIS（2014），Statistics on Payment，Clearing and Settlement Systems in the CPMI Countries；BIS（2015），Statistics on Payment，Clearing and Settlement Systems in the CPMI Countries。

表 12－26　部分银行间资金转移体系的支付：交易数量

单位：百万笔

	2009 年	2010 年	2011 年	2012 年	2013 年	2014 年
大额支付体系						
CHAPS Sterling						
信贷转账	31.91	32.15	34.02	33.94	34.98	36.52
交易量集中度(%)	79.0	76.0	73.0	73.0	73.0	72.0
零售支付体系						
支票和信贷清算						
发出的国内交易总量	980.04	865.72	762.64	667.42	587.26	518.46
信贷转账	82.15	70.00	62.40	54.25	47.37	40.96
支票	897.88	795.72	700.24	613.17	539.89	477.50
交易量集中度(%)	75.0	75.0	77.0	79.0	79.0	80.0
BACS						
发出的国内总交易量	5638.73	5672.59	5717.00	5616.39	5695.03	5841.23
信贷转账	2489.57	2443.25	2394.64	2199.74	2170.12	2169.24
直接借记	3149.15	3229.34	3322.36	3416.65	3524.91	3672.00
交易量集中度(%)	78.0	80.0	80.0	81.0	81.0	81.0
更快捷的支付服务						
国内总交易	无	无	无	811.09	967.63	1100.93
信贷转账	无	无	无	811.09	967.63	1100.93
交易量集中度(%)	无	无	无	88.0	88.0	88.0

资料来源：BIS（2014），Statistics on Payment，Clearing and Settlement Systems in the CPMI Countries；BIS（2015），Statistics on Payment，Clearing and Settlement Systems in the CPMI Countries。

表 12－27　部分银行间资金转移体系的支付：交易值

单位：10 亿英镑

	2009 年	2010 年	2011 年	2012 年	2013 年	2014 年
大额支付体系						
CHAPS Sterling						
信贷转账	59510.1	56720.8	63876.8	71716.9	70138.9	67959.5
交易值集中度(%)	74.0	70.0	67.0	68.0	68.0	63.0
零售支付体系						
支票和信贷清算						
发出的国内交易总值	941.9	819.0	727.5	646.0	576.1	537.3
信贷转账	46.4	36.7	32.4	27.5	24.6	23.0
支票	895.5	782.3	695.1	618.5	551.5	514.2
交易值集中度(%)	77.0	79.0	86.0	83.0	81.0	82.0
BACS						
发出的国内总交易值	3855.4	4059.4	4362.2	4112.2	4218.6	4420.5

续表

	2009 年	2010 年	2011 年	2012 年	2013 年	2014 年
信贷转账	2969. 7	3111. 2	3318. 5	3036. 7	3103. 6	3253. 3
直接借记	885. 7	948. 1	1044. 7	1075. 5	1115. 1	1167. 3
更快捷的支付服务						
国内总交易	无	无	无	617. 9	771. 4	903. 8
信贷转账	无	无	无	617. 9	771. 4	903. 8
交易值集中度(%)	无	无	无	87. 0	87. 0	88. 0

资料来源：BIS（2014），Statistics on Payment，Clearing and Settlement Systems in the CPMI Countries；BIS（2015），Statistics on Payment，Clearing and Settlement Systems in the CPMI Countries。

表 12 - 28　合约和交易的清算总值

单位：10 亿英镑

	2009 年	2010 年	2011 年	2012 年	2013 年	2014 年
LCH Clearnet Ltd.(GBP)						
合约和交易的清算总值	588812. 9	无	无	无	无	63529. 8
证券交易清算总值	66222. 6	无	无	无	无	63527. 4
债务性证券	63128. 3	无	无	无	无	无
股权	3094. 2	无	无	无	无	2. 4
回购交易清算值	62639. 1	101502. 0	81000. 2	68200. 8	67299. 4	62972. 8
债券回购	62639. 1	101502. 0	81000. 2	68200. 8	67299. 4	62972. 8
短期票据回购	无	无	无	无	无	无
国债回购	无	无	无	无	无	无
交易所交易的衍生品合约清算值	450255. 4	无	无	无	无	无
金融期货	258592. 1	无	无	无	无	无
金融期权	183267. 3	无	无	无	无	无
商品期货	8395. 2	无	无	无	无	无
商品期权	0. 8	无	无	无	无	无
其他商品衍生品	无	无	无	无	无	无
场外市场衍生品合约清算总值	72334. 9	无	无	无	无	无
金融期货	831. 3	无	无	无	无	无
金融期权	1502. 6	无	无	无	无	无
其他金融衍生品	69968. 3	无	无	无	无	无
商品期货	32. 2	无	无	无	无	无
商品期权	0. 6	无	无	无	无	无
LCH Clearnet SA(EUR)						
合约和交易的清算总值	12566. 7	19496. 1	23457. 1	24097. 5	25271. 1	20451
证券交易清算总值	12566. 7	19496. 1	23457. 1	24097. 5	25271. 1	20451
债务性证券	12566. 6	19496. 1	23065. 4	24097. 5	25271. 1	20451
短期票据	658. 8	1509. 9	2223. 0	2022. 7	2264. 0	1704
国债	11907. 8	17986. 2	21234. 1	22074. 8	23007. 1	18748

续表

	2009 年	2010 年	2011 年	2012 年	2013 年	2014 年
股权	0. 1	无	无	无	无	无
回购交易清算值	12480. 8	19283. 5	23065. 4	23580. 3	24775. 9	19797. 3
债务性证券	12480. 8	19283. 5	23065. 4	23580. 3	24775. 9	19797. 3
短期票据	647. 8	1476. 5	2143. 1	1962. 5	2177. 6	1581
国债	11833. 1	17807. 0	20922. 3	21617. 8	22598. 3	18217

资料来源：BIS（2014），Statistics on Payment，Clearing and Settlement Systems in the CPMI Countries；BIS（2015），Statistics on Payment，Clearing and Settlement Systems in the CPMI Countries。

4. 加拿大

加拿大支付清算体系发展概况见表 12－29 至表 12－38。

表 12－29　非银行使用的结算中介

单位：10 亿加元

	2009 年	2010 年	2011 年	2012 年	2013 年	2014 年
银行体系以外流通的银行券和硬币	55. 07	57. 11	59. 90	62. 22	65. 54	69. 42
可转账存款总值	496. 67	544. 60	592. 88	640. 87	675. 87	699. 48
狭义货币供给	551. 74	601. 71	652. 78	703. 09	741. 41	768. 90
可转账外币存款	53. 39	66. 51	74. 46	87. 86	95. 32	113. 34
电子货币总储值	无	无	无	无	无	无

资料来源：BIS（2014），Statistics on Payment，Clearing and Settlement Systems in the CPMI Countries；BIS（2015），Statistics on Payment，Clearing and Settlement Systems in the CPMI Countries。

表 12－30　银行使用的结算中介

单位：10 亿加元

	2009 年	2010 年	2011 年	2012 年	2013 年	2014 年
央行持有的可转账资金	2. 947	0. 033	0. 025	0. 063	0. 187	0. 176
自由准备金	2. 947	0. 033	0. 025	0. 063	0. 187	0. 176
其他银行持有的可转账资金	1. 233	1. 533	1. 933	1. 886	2. 018	1. 894
央行展期信贷						
当日	0	0	0	0	0	0
隔夜	0	0. 008	0	0. 012	0	0
较长期融资	26. 1650	1. 1790	0. 5200	0. 692	0. 848	1. 397

资料来源：BIS（2014），Statistics on Payment，Clearing and Settlement Systems in the CPMI Countries；BIS（2015），Statistics on Payment，Clearing and Settlement Systems in the CPMI Countries。

表 12－31　为非银行提供支付服务的主要机构概况

	2009 年	2010 年	2011 年	2012 年	2013 年	2014 年
中央银行						
分行总数(家)	1	1	1	1	1	1
非银行机构数目(家)	3	3	3	3	3	3
账户总值(10 亿加元)	2.947	0.033	0.025	0.063	0.187	0.176
账户数目(家),所有	14	15	15	15	15	15
账户数目(家),银行	11	12	12	12	12	12
银行						
机构总数(家)	74	75	75	76	76	77
分支行总数(家)	6705	6757	6867	6987	7039	7064
账户总值(10 亿加元)	433.97	477.39	513.56	546.74	602.17	622.61
国内银行						
机构总数(家)	21	21	22	22	24	24
分支行总数(家)	6472	6522	6609	6732	6788	6807
账户总值(10 亿加元)	395.74	436.95	468.64	517.93	570.16	588.39
外国银行分支机构						
机构总数(家)	25	25	25	25	23	23
分支行总数(家)	201	202	227	223	220	222
账户总值(10 亿加元)	33.08	34.73	36.89	20.22	21.16	21.85
外国银行支行						
机构总数(家)	28	29	28	29	29	30
支行或办事处总数(家)	32	33	31	32	31	35
账户总值(10 亿加元)	5.14	5.71	8.02	8.59	10.86	12.38

资料来源：BIS（2014），Statistics on Payment，Clearing and Settlement Systems in the CPMI Countries；BIS（2015），Statistics on Payment，Clearing and Settlement Systems in the CPMI Countries。

表 12－32　为非银行提供支付服务的其他机构概况

	2009 年	2010 年	2011 年	2012 年	2013 年	2014 年
为非银行提供支付服务的其他机构						
机构数量(家)	979	910	860	805	752	726
账户总值(10 亿加元)	70.21	73.97	79.95	85.26	83.68	92.03
地方信贷联盟						
机构总数(家)	945	877	826	771	724	694
分支机构和办事处数目(家)	3302	3253	3162	3117	3031	2972
账户总值(10 亿加元)	63.12	67.13	69.79	76.53	73.38	76.05
信托和贷款公司						
机构总数(家)	33	32	33	33	27	31
账户总值(10 亿加元)	0.62	0.75	1.15	1.16	0.92	0.94

续表

	2009 年	2010 年	2011 年	2012 年	2013 年	2014 年
政府储蓄机构						
机构总数(家)	1	1	1	1	1	1
分支机构和办事处总数(家)	165	167	170	170	171	171
账户总值(10 亿加元)	6.47	6.09	9.01	7.58	9.39	15.03
为非银行提供支付服务的全部						
机构数量(家)	1054	986	936	882	829	804
账户总值(10 亿加元)	507.13	551.39	593.53	632.06	686.04	714.82

资料来源：BIS（2014），Statistics on Payment，Clearing and Settlement Systems in the CPMI Countries；BIS（2015），Statistics on Payment，Clearing and Settlement Systems in the CPMI Countries。

表 12－33 支付卡功能和汇兑工具

	2009 年	2010 年	2011 年	2012 年	2013 年	2014 年
本国发行卡(千张)						
借记卡	22300.00	23900.00	23300.00	23600.00	23900.00	25000.00
贷记卡	73806.00	74470.22	78796.16	78439.03	81127.26	76581.34
零售商卡	10074.25	9547.09	7897.64	7020.83	6116.58	5756.51
本国终端(千台)						
ATMs	58.20	59.60	60.00	59.10	65.00	65.99
提现 ATMs	58.20	59.60	60.00	59.10	65.00	65.99
转账 ATMs	17.26	17.32	17.59	16.88	18.58	18.78
POS 终端	708.70	727.35	740.00	794.00	829.00	879.00
EFTPOS	708.70	727.35	740.00	794.00	829.00	879.00

资料来源：BIS（2014），Statistics on Payment，Clearing and Settlement Systems in the CPMI Countries；BIS（2015），Statistics on Payment，Clearing and Settlement Systems in the CPMI Countries。

表 12－34 非银行使用的支付工具和终端指数：交易总量

单位：百万笔

	2009 年	2010 年	2011 年	2012 年	2013 年	2014 年
支付工具的交易类型						
信贷转账	944.14	997.56	1043.72	1136.01	1225.35	1262.43
纸币转账	13.84	12.51	10.63	8.60	7.45	5.86
非纸币转账	930.29	985.05	1033.10	978.28	976.80	1256.57
直接借记	630.79	651.12	673.77	699.27	728.37	762.32
国内信用卡支付	6552.40	6846.09	7227.24	7484.81	7890.34	8796.76
一般借记卡支付	3881.00	3971.00	4143.00	4357.31	4518.93	4899.00
信用卡支付	2671.40	2875.09	3084.24	3127.50	3371.41	3897.76

续表

	2009 年	2010 年	2011 年	2012 年	2013 年	2014 年
支票	943.68	915.46	870.86	805.45	761.14	708.86
交易支付总笔数	9071.00	9410.23	9851.59	10126.26	10814.82	11530.92
各类终端交易						
现金交易	858.20	845.11	817.62	797.89	751.24	713.72
ATMs 提款	635.71	627.83	605.99	573.40	558.26	531.47
ATMs 存款	222.49	217.27	211.63	224.50	192.98	182.25
POS 支付交易	6552.40	6846.09	7227.24	7484.81	8099.24	8796.76

资料来源：BIS（2014），Statistics on Payment，Clearing and Settlement Systems in the CPMI Countries；BIS（2015），Statistics on Payment，Clearing and Settlement Systems in the CPMI Countries。

表 12－35　非银行使用的支付工具和终端指数：交易总值

单位：10 亿加元

	2009 年	2010 年	2011 年	2012 年	2013 年	2014 年
支付工具的交易类型						
信贷转账	1431.36	1579.00	1774.50	2043.03	2241.87	2420.70
纸币转账	14.66	12.53	11.23	10.29	11.07	10.81
非纸币转账	1416.70	1566.47	1763.27	2033.65	2230.80	2409.89
直接借记	503.36	536.55	581.61	574.67	611.28	642.46
国内信用卡支付	460.18	482.03	513.76	546.12	570.93	614.70
一般借记卡支付	171.36	175.62	182.70	190.45	196.10	211.00
信用卡支付	288.82	306.41	331.06	355.67	374.83	403.70
支票	2811.70	2863.71	2933.44	2990.64	2935.19	2977.47
交易支付总值	5206.61	5461.29	5803.32	6156.71	6360.61	6656.20
POS 支付交易总值	460.18	482.03	513.76	546.12	570.93	614.70

资料来源：BIS（2014），Statistics on Payment，Clearing and Settlement Systems in the CPMI Countries；BIS（2015），Statistics on Payment，Clearing and Settlement Systems in the CPMI Countries。

表 12－36　银行间资金转移体系的支付：交易数量

单位：百万笔

	2009 年	2010 年	2011 年	2012 年	2013 年	2014 年
大额支付体系						
总交易量	5.61	6.04	6.61	7.03	7.58	7.92
信用转移	5.61	6.04	6.61	7.03	7.58	7.92
交易量集中度(%)	81.4	81.4	80.8	80.9	80.9	80.4
零售支付体系						
自动清算结算体系						
总交易数	5823.44	6018.44	6253.72	6505.97	6734.16	6776.37

续表

	2009年	2010年	2011年	2012年	2013年	2014年
信用转移	944.14	997.56	1043.72	1136.01	1225.35	1262.43
直接借记	630.79	651.12	673.77	699.27	728.37	762.32
卡支付	3054.63	3210.15	3431.99	3636.91	3799.85	3833.52
ATMs 交易	250.20	244.15	233.38	227.61	218.73	208.70
支票	943.68	915.46	870.86	748.02	688.53	708.86
交易量集中度(%)	85.3	85.8	86.4	79.9	85.8	89.1

资料来源：BIS（2014），Statistics on Payment，Clearing and Settlement Systems in the CPMI Countries；BIS（2015），Statistics on Payment，Clearing and Settlement Systems in the CPMI Countries。

表 12-37 银行间资金转移体系的支付：交易值

单位：10 亿加元

	2009年	2010年	2011年	2012年	2013年	2014年
大额支付体系						
总交易额	38696.3	37656.6	39565.8	38171.0	37609.4	38652.8
信用转移	38696.3	37656.6	39565.8	38171.0	37609.4	38652.8
交易值集中度(%)	74.2	75.1	74.3	74.4	72.2	76.4
零售支付体系						
自动清算结算体系						
总交易额	4911.4	5150.4	5469.5	5798.0	5982.5	6233.7
信用转移	1431.4	1579.0	1774.5	2043.9	2241.9	2420.7
直接借记	503.4	536.6	581.6	574.7	611.3	642.5
卡支付	137.6	144.2	153.2	161.0	167.1	166.9
ATMs 交易	27.4	27.0	26.7	26.4	25.7	25.3
支票	2811.7	2863.7	2933.4	2919.3	2850.9	2977.5
交易值集中度(%)	80.2	80.1	80.3	80.1	79.5	80.1

资料来源：BIS（2014），Statistics on Payment，Clearing and Settlement Systems in the CPMI Countries；BIS（2015），Statistics on Payment，Clearing and Settlement Systems in the CPMI Countries。

表 12-38 合约和交易的清算总值

单位：10 亿加元

	2009年	2010年	2011年	2012年	2013年	2014年
CDCC						
金融期权(场内)	5.61	5.23	6.10	5.92	5.06	5.36
金融期权(场外)	0.01	0.01	0.10	0.25	0.33	0.20
NGX						
合约和交易清算总值	97.04	114.31	89.14	51.48	79.78	91.78
交易所衍生品合约清算值	74.27	89.18	66.36	33.66	58.07	68.26

续表

	2009 年	2010 年	2011 年	2012 年	2013 年	2014 年
其他商品衍生品	74. 27	89. 18	66. 36	33. 66	58. 07	68. 26
OTC 衍生品合约值	22. 77	25. 13	22. 77	17. 83	21. 71	23. 53
其他商品衍生品合约值	22. 77	25. 13	22. 77	17. 83	21. 71	23. 53
ICE						
合约和交易清算总值	29. 53	38. 24	52. 55	57. 58	60. 22	49. 40
交易所衍生品合约清算总值	29. 53	38. 24	52. 55	57. 58	60. 22	49. 40
商品期货	29. 53	37. 85	52. 27	57. 34	59. 63	49. 10
商品期权	0. 21	0. 39	0. 28	0. 24	0. 59	0. 30

资料来源：BIS（2014），Statistics on Payment，Clearing and Settlement Systems in the CPMI Countries；BIS（2015），Statistics on Payment，Clearing and Settlement Systems in the CPMI Countries。

（二）金砖国家（BRICS）

1. 中国

2015 年，人民币加入 SDR 篮子。据 SWIFT 数据统计，截至 2015 年 12 月，人民币承担了全球货币总支付量的 2. 31%。人民币继美元、欧元、英镑和日元之后，成为世界第五大支付货币。而在 2012 年底，人民币支付量在全球仅占 1%，排名第 12。全球主要货币支付量排名见图 12－1。

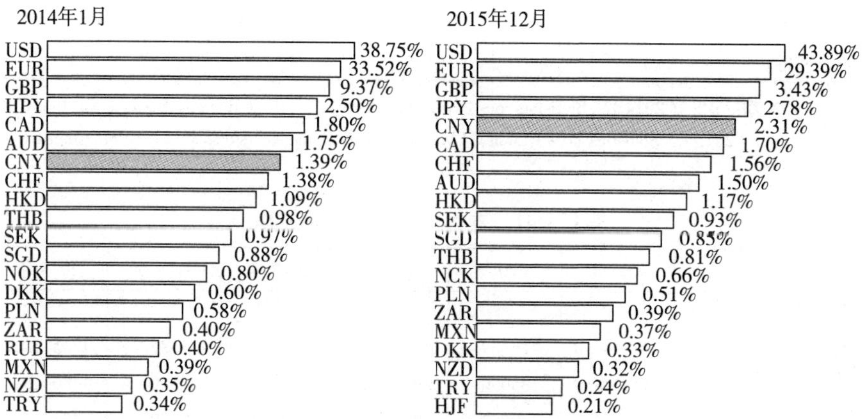

图 12－1　全球主要货币支付量排名

资料来源：SWIFT，https：//www. swift. com/insights。

中国支付清算体系发展概况见表12－39至表12－47。

表12－39　非银行使用的结算中介

单位：10亿元

	2009年	2010年	2011年	2012年	2013年	2014年
银行体系以外流通的银行券和硬币	3824.6	无	无	无	无	无
可转账存款总值	18175.6	22199.3	23909.9	25400.4	27871.7	28779.7
狭义货币供给	22000.2	26662.2	28984.8	30867.3	33729.1	34805.6
可转账外币存款	无	无	无	无	无	无
电子货币储值总值	无	无	无	无	无	无

资料来源：BIS（2014），Statistics on Payment，Clearing and Settlement Systems in the CPMI Countries；BIS（2015），Statistics on Payment，Clearing and Settlement Systems in the CPMI Countries。

表12－40　银行使用的结算中介

单位：10亿元

	2009年	2010年	2011年	2012年	2013年	2014年
央行持有的可转账资金	10126.7	13281.7	16790.2	19114.6	20536.9	22659.7
自由准备金	无	无	无	无	无	无
其他银行持有的可转账资金	无	无	无	无	无	无
央行展期信贷	无	无	无	无	无	无
当日	无	无	无	无	无	无
隔夜	无	无	无	无	无	无
较长期融资	无	无	无	无	无	无

资料来源：BIS（2014），Statistics on Payment，Clearing and Settlement Systems in the CPMI Countries；BIS（2015），Statistics on Payment，Clearing and Settlement Systems in the CPMI Countries。

表12－41　支付卡功能和汇兑工具

	2009年	2010年	2011年	2012年	2013年	2014年
国内发行的卡（千张）						
现金卡	2065944.0	2415309.0	2949049.8	3534.147.3	4213892.8	4935718.6
借记卡	1880388.0	2185656.0	2663590.8	3203052.1	3823100.4	4480623.6
信用卡	185556.0	229653.0	285458.9	331095.3	390792.4	455095.0
卡总数	2065944.0	2415309.0	2949049.8	3534147.3	4213892.8	4935718.6
国内终端（千台）						
ATMs	214.9	271.1	333.8	415.6	520.0	614.9

续表

	2009 年	2010 年	2011 年	2012 年	2013 年	2014 年
提现 ATMs	214.9	271.1	333.8	415.6	520.0	614.9
转账 ATMs	214.9	271.1	333.8	415.6	520.0	614.9
POS 终端	2273.4	3334.0	4826.5	7117.8	10632.1	15935.2
EFTPOS	无	无	无	无	无	无

资料来源：BIS（2014），Statistics on Payment，Clearing and Settlement Systems in the CPMI Countries；BIS（2015），Statistics on Payment，Clearing and Settlement Systems in the CPMI Countries。

表 12－42　非银行使用的支付工具和终端指数：交易总量

单位：百万笔

	2009 年	2010 年	2011 年	2012 年	2013 年	2014 年
支付工具的交易类型						
信贷转账	818.20	1022.04	1172.63	1410.00	1837.17	2569.04
纸币转账	无	无	无	无	无	无
非纸币转账	无	无	无	无	无	无
直接借记	无	无	无	无	无	无
国内信用卡支付	3419.24	4849.42	6413.01	9009.07	12970.95	19754.40
一般借记卡支付						
信用卡支付						
支票	875.55	896.52	846.66	783.67	693.43	578.22
交易支付总数	5184.99	6767.98	8432.29	11202.74	15501.56	22901.65
终端交易						
现金交易	6357.79	8358.72	10312.71	11452.56	12874.53	13715.11
ATMs 现金提取	6357.79	8358.72	10312.71	11452.56	12874.53	13715.11
POS 支付交易	3491.24	4849.42	6413.01	9009.07	12970.95	19754.40

资料来源：BIS（2014），Statistics on Payment，Clearing and Settlement Systems in the CPMI Countries；BIS（2015），Statistics on Payment，Clearing and Settlement Systems in the CPMI Countries。

表 12－43　非银行使用的支付工具和终端指数：交易总值

单位：10 亿元

	2009 年	2010 年	2011 年	2012 年	2013 年	2014 年
支付工具的交易类型						
信贷转账	270191	362720	466028	629008	880418	1078717
纸币转账	无	无	无	无	无	无

续表

	2009年	2010年	2011年	2012年	2013年	2014年
非纸币转账	无	无	无	无	无	无
直接借记	无	无	无	无	无	无
国内信用卡支付	6861	10430	15212	20826	31832	42384
一般借记卡支付	无	无	无	无	无	无
信用卡支付	无	无	无	无	无	无
支票	270033	284518	301114	296366	287697	269986
交易支付总值	547086	657668	782354	946199	1199946	1391087
终端交易						
现金交易	6722	9187	12352	15264	19355	21826
ATMs 现金提取	6722	9187	12352	15264	19355	21826
POS 支付交易	6861	10430	15212	20826	31832	42384

资料来源：BIS（2014），Statistics on Payment，Clearing and Settlement Systems in the CPMI Countries；BIS（2015），Statistics on Payment，Clearing and Settlement Systems in the CPMI Countries。

表12－44　部分银行间资金转移体系的支付：交易值

单位：10亿元

	2009年	2010年	2011年	2012年	2013年	2014年
大额和零售支付体系						
HVPS						
总交易额	803948	1104368	1355281	1771997	2060762	2346893
交易值集中度(%)	46.9	42.5	40.6	40.3	41.0	35.1
零售支付体系						
BEPS						
发出的总交易值	11462	16212	18361	18548	20315	22075
信用转移	无	无	无	无	无	无
直接借记	无	无	无	无	无	无
卡支付	无	无	无	无	无	无
ATMs 交易	无	无	无	无	无	无
支票	无	无	无	无	无	无
交易值集中度(%)	59.0	47.6	48.0	47.2	47.3	53.6

资料来源：BIS（2014），Statistics on Payment，Clearing and Settlement Systems in the CPMI Countries；BIS（2015），Statistics on Payment，Clearing and Settlement Systems in the CPMI Countries。

表 12－45　部分银行间资金转移体系的支付：交易量

单位：百万笔

	2009 年	2010 年	2011 年	2012 年	2013 年	2014 年
大额和零售支付体系						
HVPS						
总交易量	248.02	291.22	372.12	470.36	595.49	712.57
交易量集中度(%)	61.0	58.0	57.5	57.6	58.6	58.4
零售支付体系						
BEPS						
发出的总交易量	225.81	386.74	563.06	753.94	1040.28	1435.80
信用转移	无	无	无	无	无	无
直接借记	无	无	无	无	无	无
卡支付	无	无	无	无	无	无
ATMs 交易	无	无	无	无	无	无
支票	无	无	无	无	无	无
交易量集中度(%)	63.2	62.4	60.9	63.0	63.2	62.4

资料来源：BIS（2014），Statistics on Payment，Clearing and Settlement Systems in the CPMI Countries；BIS（2015），Statistics on Payment，Clearing and Settlement Systems in the CPMI Countries。

表 12－46　合约和交易清算总量

单位：百万笔

	2009 年	2010 年	2011 年	2012 年	2013 年	2014 年
SD&C						
合约和交易清算总量	3659.13	3106.00	无	无	无	无
证券交易清算总量	3659.13	3106.00	无	无	无	无
债务性证券	无	无	无	无	无	无
股权	3658.14	3103.00	无	无	无	无
其他	无	无	无	无	无	无
回购交易清算总量	无	无	无	无	无	无
交易所衍生品合约清算总量	无	无	无	无	无	无
场外衍生品合约清算总量	无	无	无	无	无	无

资料来源：BIS（2014），Statistics on Payment，Clearing and Settlement Systems in the CPMI Countries；BIS（2015），Statistics on Payment，Clearing and Settlement Systems in the CPMI Countries。

表 12－47　合约和交易清算总值

单位：10 亿元

	2009 年	2010 年	2011 年	2012 年	2013 年	2014 年
SD&C						
合约和交易清算总值	63878.5	63937.7	无	无	无	无
证券交易清算总值	63878.5	63937.7	无	无	无	无
债务性证券	无	无	无	无	无	无
股权	60331.0	57349.9	无	无	无	无
其他	无	无	无	无	无	无
回购交易清算总值	无	无	无	无	无	无
交易所衍生品合约清算总值	无	无	无	无	无	无
场外衍生品合约清算总值	无	无	无	无	无	无

资料来源：BIS（2014），Statistics on Payment，Clearing and Settlement Systems in the CPMI Countries；BIS（2015），Statistics on Payment，Clearing and Settlement Systems in the CPMI Countries。

2. 巴西

巴西支付清算体系发展概况见表 12－48 至表 12－54。

表 12－48　非银行使用的结算中介

单位：10 亿雷亚尔

	2009 年	2010 年	2011 年	2012 年	2013 年	2014 年
银行体系以外流通的银行券和硬币	105.80	121.98	131.74	150.16	164.68	179.15
可转账存款总值	144.43	159.89	153.64	174.89	179.83	172.46
狭义货币供给	0	0	0	0	0	0
可转账外币存款	250.23	281.88	285.38	325.05	344.51	351.60
电子货币储值总值	无	无	无	无	无	无

资料来源：BIS（2014），Statistics on Payment，Clearing and Settlement Systems in the CPMI Countries；BIS（2015），Statistics on Payment，Clearing and Settlement Systems in the CPMI Countries。

表 12－49　银行使用的结算中介

单位：10 亿雷亚尔

	2009 年	2010 年	2011 年	2012 年	2013 年	2014 年
央行持有的可转账资金	41.53	50.35	48.07	55.20	47.18	46.58
法定准备金	41.53	50.35	48.07	55.20	47.18	46.58
自由准备金						
其他银行持有的可转账资金	无	无	无	无	无	无

续表

	2009 年	2010 年	2011 年	2012 年	2013 年	2014 年
央行展期信贷						
当日	38.68	30.28	31.02	54.73	56.14	81.42
隔夜	无	无	无	61.85	无	无
较长期融资	无	无	无	无	无	无

资料来源：BIS（2014），Statistics on Payment，Clearing and Settlement Systems in the CPMI Countries；BIS（2015），Statistics on Payment，Clearing and Settlement Systems in the CPMI Countries。

表 12－50　支付卡功能和汇兑工具

	2009 年	2010 年	2011 年	2012 年	2013 年	2014 年
国内发行的卡(千张)						
现金卡	237167	295280	324752	335558	348185	350250
借记卡	221474	226100	233326	263694	291218	295476
信用卡	152290	172100	169142	165888	182408	162036
电子货币卡	1274	1661	2257	2649	2231	2673
卡总数	无	无	无	无	无	无
零售商卡	196467	225347	247402	258928	无	无
国内终端(千台)						
ATMs	165567	174920	173864	175139	179413	180938
提现 ATMs	138909	155566	157492	160171	164007	165055
转账 ATMs	无	无	无	无	无	无
POS 终端	4712596	3419526	3515829	4096585	4452255	4985804
EFTPOS	3407676	2836759	3135598	3978381	4382581	4968394

资料来源：BIS（2014），Statistics on Payment，Clearing and Settlement Systems in the CPMI Countries；BIS（2015），Statistics on Payment，Clearing and Settlement Systems in the CPMI Countries。

表 12－51　非银行使用的支付工具和终端指数：交易总量

单位：百万笔

	2009 年	2010 年	2011 年	2012 年	2013 年	2014 年
支付工具的交易类型						
信贷转账	7157.90	7716.39	8439.41	9012.62	9588.15	10749.07
纸币转账	无	无	无	无	无	无
非纸币转账	7157.90	7716.39	8439.41	9012.62	9588.15	10749.07
直接借记	4264.70	3584.04	4156.25	4357.75	5083.33	5686.13

续表

	2009 年	2010 年	2011 年	2012 年	2013 年	2014 年
国内信用卡支付	5126.20	6322.51	7553.44	8664.66	10036.07	11119.42
一般借记卡支付	2309.40	2928.98	3606.98	4006.24	4910.31	5628.24
信用卡支付	2816.82	3393.53	3946.45	4658.43	5125.76	5491.18
电子支付交易	23.69	35.36	37.39	36.00	38.08	27.78
卡基电子货币	23.69	35.36	37.39	36.00	38.08	27.78
其他电子货币	无	无	无	无	无	无
支票	1802.69	1675.00	1587.77	1438.48	1304.05	1170.70
交易支付总数	18375.22	19333.30	21774.26	23509.51	26049.69	28753.10
发出的跨境交易	50.42	74.64	89.90	99.49	107.97	125.95
收到的跨境交易	0.44	0.24	0.30	0.46	0.39	0.31
终端交易						
现金交易	4032.09	4297.09	4600.53	3996.75	4477.83	4567.44
ATMs 现金提取	2736.71	2936.78	3133.54	3078.67	3377.21	3529.04
ATMs 现金存款	767.98	762.62	774.47	723.58	856.52	801.76
POS 支付交易	5086.32	6249.86	7463.76	8565.34	9928.23	10993.63
国内卡 POS 交易	39.91	74.45	89.67	99.33	107.84	125.79

资料来源：BIS（2014），Statistics on Payment，Clearing and Settlement Systems in the CPMI Countries；BIS（2015），Statistics on Payment，Clearing and Settlement Systems in the CPMI Countries。

表 12－52　非银行使用的支付工具和终端指数：交易总值

单位：10 亿雷亚尔

	2009 年	2010 年	2011 年	2012 年	2013 年	2014 年
支付工具的交易类型						
信贷转账	18558.75	20682.77	23439.84	27957.97	32989.03	35119.06
纸币转账	无	无	无	无	无	无
非纸币转账	18558.75	20682.77	23439.84	27957.97	32989.03	35119.06
直接借记	5075.30	5490.20	5846.00	7793.01	9400.59	8866.25
国内发行卡支付	402.16	506.98	614.66	723.78	850.07	968.21
一般借记卡支付	128.48	159.50	196.06	237.77	293.29	348.61
信用卡支付	273.68	347.48	418.59	486.01	556.77	619.60
电子货币支付交易	1.11	1.69	2.10	2.26	3.30	1.77
卡基电子货币	1.11	1.69	2.10	2.26	3.30	1.77
其他电子货币	无	无	无	无	无	无

续表

	2009 年	2010 年	2011 年	2012 年	2013 年	2014 年
支票	2504.87	2688.56	2785.64	2843.61	2926.50	2826.13
交易支付总值	26542.19	29370.20	32688.24	39320.64	46169.48	47781.42
发出的跨境交易	11.85	16.80	20.93	23.82	24.15	27.26
收到的跨境交易	3.62	1.98	1.84	1.75	1.65	1.50
终端交易						
现金交易	1506.35	1708.23	1849.65	1767.22	1914.98	1841.39
ATMs 现金提取	637.43	738.36	846.39	906.64	1069.92	1179.55
ATMs 现金存款	668.61	731.19	720.89	703.05	651.61	443.20
POS 支付交易	391.11	491.47	596.48	702.91	826.90	942.19
国内卡 POS 支付交易	11.05	15.51	18.17	20.87	23.17	26.02

资料来源：BIS（2014），Statistics on Payment Clearing and Settlement Systems in the CPMI Countries；BIS（2015），Statistics on Payment，Clearing and Settlement Systems in the CPMI Countries。

表 12－53　合约和交易清算总量

单位：千笔

	2009 年	2010 年	2011 年	2012 年	2013 年	2014 年
BmfBovespa – Equities						
合约和交易清算总量	82300.0	107191.0	142408.1	193086.2	220600.2	228132.5
证券交易清算总量	无	87224.1	119817.7	161755.0	193492.4	203848.4
债务性证券	无	3.1	无	无	无	无
股权	无	86477.8	118724.8	160398.9	191511.5	201405.7
其他	无	743.2	1089.8	1353.2	1978.4	2440.7
回购交易清算总量	无	971.6	1417.8	1313.4	1693.2	1518.4
股权回购交易清算总量	无	971.6	1417.8	1313.4	1693.2	1518.4
交易所衍生品合约清算总量	无	19967.0	22590.4	31331.1	27107.8	24284.1
金融期货	无	387.3	286.3	238.9	193.4	147.4
金融期权	无	19579.7	22304.1	31902.3	26914.4	24136.7
场外衍生品合约清算总量	无	无	无	无	无	无
BmfBovespa-Derivatives						
清算的合约和交易总量	373424.5	618669.2	671977.7	712342.2	703202.5	634527.7
交易所衍生品合约清算量	无	615491.3	669060.2	710085.6	700711.0	578790.6
金融期货	无	526226.5	596952.2	591436.8	647534.1	634527.7
金融期权	无	86057.2	68783.9	115888.2	50827.1	52007.2
其他金融衍生品	无	21.7	28.6	1.0	48.6	193.1

续表

	2009 年	2010 年	2011 年	2012 年	2013 年	2014 年
商品期货	无	2475.9	2261.2	2034.9	1970.0	2175.6
商品期权	无	708.8	1020.1	722.9	325.4	360.3
其他商品衍生品	无	1.2	14.1	1.8	5.7	1.0
场外衍生品合约清算量	无	3177.9	2917.5	2256.6	2491.5	2999.2
金融期货	无	无	无	无	无	无
金融期权	无	1136.3	862.0	270.2	993.1	583.0
其他金融衍生品	无	2041.5	2055.5	1986.4	1498.5	2416.2

资料来源：BIS（2014），Statistics on Payment Clearing and Settlement Systems in the CPMI Countries；BIS（2015），Statistics on Payment，Clearing and Settlement Systems in the CPMI Countries。

表 12－54 合约和交易清算总值

单位：10 亿雷亚尔

	2009 年	2010 年	2011 年	2012 年	2013 年	2014 年
BmfBovespa－Equities						
合约和交易清算总值	1605.53	2205.44	2370.67	2599.78	2894.75	2560.26
证券交易清算总值	无	2092.97	2272.48	2505.45	2814.93	2482.02
债务性证券	无	0.89	0.94	2.19	1.08	1.26
债券	无	0.89	0.94	2.19	1.08	1.26
股权	无	2078.59	2254.04	2456.82	2768.14	2438.35
其他	无	13.49	17.50	46.45	45.70	42.41
回购交易清算总值	无	465.61	732.75	785.93	785.93	735.02
股权回购交易清算总值	无	465.61	732.75	785.93	785.93	735.02
交易所衍生品合约清算总值	无	112.47	98.19	94.33	79.82	78.24
金融期货	无	36.40	29.39	25.43	57.12	57.82
金融期权	无	76.06	68.80	68.90	22.70	20.42
场外衍生品合约清算总值	无	无	无	无	无	无
BmfBovespa-Derivatives	26784.59	42518.33	46501.65	48527.20	54789.76	47464.85
合约和交易清算总值	无	无	无	无	无	无
交易所衍生品合约清算值	无	42323.19	46338.81	48410.74	54517.21	47239.80
金融期货	无	41495.51	45674.60	48261.44	54403.35	47122.97
金融期权	无	758.10	587.60	95.20	59.24	31.51
其他金融衍生品	无	1.83	2.37	0.10	5.50	24.22
商品期货	无	67.26	73.07	53.39	48.82	60.71
商品期权	无	0.47	0.85	0.56	0.17	0.36

续表

	2009 年	2010 年	2011 年	2012 年	2013 年	2014 年
其他商品衍生品	无	0.02	0.31	0.05	0.14	0.03
场外衍生品合约清算值	无	195.14	162.85	116.46	272.55	225.05
金融期货	无	无	无	无	无	无
金融期权	无	93.06	60.07	17.14	197.62	104.24
其他金融衍生品	无	102.08	102.78	99.32	74.92	120.81
BmfBovespa – Securities						
合约和交易清算总值	123.70	115.07	260.35	40.13	3.85	0.02
证券交易清算总值	123.70	115.07	260.35	40.13	3.85	0.02
债务性证券	123.70	115.07	260.35	40.13	3.85	0.02
国债	123.70	115.07	260.35	40.13	3.85	0.02
回购交易清算总值	无	107.55	255.22	39.41	2.90	0.02
债务性证券回购交易清算总值	无	107.55	255.22	39.41	2.90	0.02
国债回购交易清算总值	无	107.55	255.22	39.41	2.90	0.02
CETIP						
合约和交易清算总值	11032.36	13464.57	17229.25	17558.57	20290.28	21439.57
证券交易清算总值	10905.30	13330.45	17144.32	17429.20	19983.55	20587.60
债务性证券	10905.30	13330.45	17144.32	17429.20	19983.55	20587.60
短期票据	无	8494.66	11206.71	8810.33	8824.39	8696.01
债券	无	4819.88	5923.07	8609.67	11153.74	11884.31
国债	9.63	15.91	14.54	9.21	5.43	7.28
股权	无	无	无	无	无	无
回购交易清算总值	无	1014.31	1284.95	2474.53	4287.89	4990.23
债务性证券	无	1014.31	1284.95	2474.53	4287.89	4990.23
短期票据	无	0.96	10.69	18.06	23.49	23.01
债券	无	1012.94	1273.85	2456.30	4264.38	4967.21
国债	无	0.42	0.41	0.17	0.01	0.01
股权	无	无	无	无	无	无
交易所衍生品合约清算总值	无	无	无	无	无	无
场外市场衍生品合约清算总值	127.07	134.12	84.92	129.37	306.72	851.97
金融期货	无	无	无	无	无	无
金融期权	无	无	无	无	无	无
其他金融衍生品	127.07	134.12	84.92	129.37	306.72	851.97

资料来源：BIS（2014），Statistics on Payment Clearing and Settlement Systems in the CPMI Countries；BIS（2015），Statistics on Payment，Clearing and Settlement Systems in the CPMI Countries。

3. 俄罗斯

俄罗斯支付清算体系发展概况见表 12－55 至表 12－62。

表 12－55　非银行使用的结算中介

单位：10 亿卢布

	2009 年	2010 年	2011 年	2012 年	2013 年	2014 年
银行体系以外流通的银行券和硬币	4038.1	5062.7	5936.2	6427.2	6973.0	7147.9
可转账存款总值	4287.6	5797.1	6918.9	7323.5	8551.0	8217.3
狭义货币供给	无	10859.9	12857.4	13753.6	15536.6	15388.8
可转账外币存款	无	无	无	无	无	无
电子货币储值总值	无	无	无	无	无	8.5

注：M1＝银行体系以外流通的现金＋活期存款（非金融机构、信贷机构之外的金融机构和居民）。

资料来源：BIS（2014），Statistics on Payment，Clearing and Settlement Systems in the CPMI Countries；BIS（2015），Statistics on Payment，Clearing and Settlement Systems in the CPMI Countries。

表 12－56　银行使用的结算中介

单位：10 亿卢布

	2009 年	2010 年	2011 年	2012 年	2013 年	2014 年
央行持有的可转账资金	613.80	625.90	855.16	879.14	1098.40	1338.77
法定准备金	195.04	233.08	501.71	569.45	794.10	966.90
自由准备金	418.76	392.82	353.46	309.69	304.30	371.87
其他银行持有的可转账资金	131.22	141.99	204.60	225.19	246.01	248.38
央行展期信贷						
当日	115.32	143.83	204.72	274.86	310.46	418.48
隔夜	2.16	0.83	0.72	1.64	0.80	0.74
较长期融资	818.59	24.02	964.24	2753.45	4163.42	7001.25

资料来源：BIS（2014），Statistics on Payment，Clearing and Settlement Systems in the CPMI Countries；BIS（2015），Statistics on Payment，Clearing and Settlement Systems in the CPMI Countries。

表 12－57　为非银行提供支付服务的主要机构概况

	2009 年	2010 年	2011 年	2012 年	2013 年	2014 年
中央银行						
分行总数(家)	630	608	543	505	439	365
非银行机构数目(家)	62.37	61.97	69.98	80.81	95.34	112.41
账户总值(10 亿卢布)	1875.3	1756.1	2678.8	2810.3	2520.5	2397.2

续表

	2009 年	2010 年	2011 年	2012 年	2013 年	2014 年
账户数目(家),银行	3.31	3.12	3.05	2.92	2.69	2.34
银行						
机构总数(家)	1058	1012	978	956	923	834
分支行数(家)	40672	41284	43317	44990	45236	43312
账户总数(千家)	505047	539403	601456	670898	715014	753328
其中:网络账户(个)	6854	11722	21356	30726	45003	84039
账户总值(10 亿卢布)	4216.9	5759.5	6853.6	7331.5	8483.5	8201.3
其他机构:俄罗斯邮政						
机构总数(家)	1	1	1	1	1	1
分支行总数(家)	40486	41575	41617	41556	41420	41640
向非银行提供支付服务的全部机构						
机构总数(家)	1060	1014	980	958	925	836
分支行总数(家)	81788	83467	85477	87051	87095	85317
非银行持有的账户(千个)	505109	539465	601526	670979	715110	753441
其中:网络账户(个)	6854	11722	21356	30726	45003	84039
账户总值(10 亿卢布)	6092.1	7515.7	9532.4	10141.9	11004.0	10598.6
电子货币机构						
机构总数(家)	无	无	无	38	82	97

资料来源：BIS（2014），Statistics on Payment，Clearing and Settlement Systems in the CPMI Countries；BIS（2015），Statistics on Payment，Clearing and Settlement Systems in the CPMI Countries。

表 12－58　支付卡功能和汇兑工具

	2009 年	2010 年	2011 年	2012 年	2013 年	2014 年
国内发行的卡(千张)						
现金卡	126032.8	144418.8	200169.8	239547.5	248573.6	278545.6
借记卡	115390	127786.7	147872.3	169012.7	188274.6	195949.2
信用卡	8600.5	10047.4	15025.8	22482.6	29188.9	31764.7
电子货币卡	2042.2	6584.7	37271.7	48052.2	31110.2	50831.7
卡总数	126032.8	144418.8	200169.8	239547.5	248573.6	278545.6
零售商卡	无	无	无	无	无	无

续表

	2009 年	2010 年	2011 年	2012 年	2013 年	2014 年
国内终端(千台)						
ATMs	88128	116161	141897	171909	188789	222761
提现 ATMs	84498	97087	112115	131640	139951	139042
转账 ATMs	83135	109807	136176	164963	183559	218054
POS 终端	407174	463874	557366	718011	965539	1288658
EFTPOS	354391	434518	528511	695023	953749	1280205

资料来源：BIS（2014），Statistics on Payment，Clearing and Settlement Systems in the CPMI Countries；BIS（2015），Statistics on Payment，Clearing and Settlement Systems in the CPMI Countries。

表 12－59　非银行使用的支付工具和终端指数：交易总量

单位：百万笔

	2009 年	2010 年	2011 年	2012 年	2013 年	2014 年
支付工具的交易类型						
信贷转账	2010. 86	2630. 00	2683. 59	2689. 16	2833. 36	2840. 47
纸币转账	1147. 61	1680. 17	1615. 94	1551. 30	905. 12	857. 31
非纸币转账	863. 25	949. 83	1067. 65	1137. 86	1928. 25	1983. 15
直接借记	136. 10	136. 68	117. 99	82. 08	84. 82	84. 63
国内信用卡支付	677. 20	1014. 27	1662. 11	2853. 91	4584. 48	6815. 64
一般借记卡支付	641. 25	959. 58	1556. 88	2631. 18	4150. 06	6100. 97
信用卡支付	35. 95	54. 69	105. 24	222. 72	434. 42	714. 67
电子货币支付交易	47. 75	79. 11	106. 19	225. 67	564. 38	1013. 58
卡基电子货币	47. 75	79. 11	106. 19	225. 67	440. 97	779. 57
其他电子货币	无	无	无	无	123. 41	234. 01
支票	0. 010	0. 007	0. 003	0. 001	0. 000	0. 000
交易支付总数	855. 82	971. 57	1076. 09	1458. 50	1711. 52	1895. 38
终端交易						
现金交易	1761. 38	2067. 23	2445. 56	2843. 40	3167. 80	3289. 63
ATMs 现金提取	1710. 13	2014. 47	2388. 02	2764. 72	3102. 88	3231. 09
ATMs 现金存款	无	无	无	无	无	无
POS 支付交易	339. 89	524. 24	847. 49	1575. 53	2465. 15	3971. 02
国内卡现金交易	1749. 10	2053. 80	2429. 59	2822. 27	3149. 81	3274. 09
国内卡 ATMs 现金提取	1698. 01	2001. 20	2372. 18	2743. 71	3085. 00	3215. 74
国内卡 POS 支付交易	329. 74	506. 61	823. 98	1543. 43	2428. 64	3920. 57
国外卡现金交易	12. 28	13. 43	15. 97	21. 14	17. 99	15. 54

续表

	2009 年	2010 年	2011 年	2012 年	2013 年	2014 年
国外卡 ATMs 现金提取	12. 12	13. 27	15. 84	21. 02	17. 88	15. 35
国外卡 POS 支付交易	10. 15	17. 64	23. 51	32. 10	36. 50	50. 45
国内卡国外现金交易	10. 63	12. 75	15. 29	21. 69	27. 68	26. 02
国内卡国外 POS 支付	33. 51	54. 33	90. 82	148. 84	229. 38	323. 67

资料来源：BIS（2014），Statistics on Payment，Clearing and Settlement Systems in the CPMI Countries；BIS（2015），Statistics on Payment，Clearing and Settlement Systems in the CPMI Countries。

表 12－60　非银行使用的支付工具和终端指数：交易总值

单位：10 亿卢布

	2009 年	2010 年	2011 年	2012 年	2013 年	2014 年
支付工具的交易类型						
信贷转账	372329. 6	374689. 5	433553. 9	487217. 7	557397. 8	640798. 6
纸币转账	46267. 4	54186. 8	60473. 4	62592. 6	77724. 2	73438. 6
非纸币转账	326062. 3	320502. 7	373080. 5	424625. 1	479673. 6	567360. 0
直接借记	2226. 5	1334. 9	1442. 6	1300. 8	1554. 8	1843. 4
国内发行卡支付	1256. 4	1875. 3	3377. 1	5230. 8	8135. 7	12059. 5
一般借记卡支付	1157. 2	1733. 9	3135. 0	4806. 3	7412. 4	11023. 4
信用卡支付	99. 2	141. 5	242. 1	424. 4	723. 4	1036. 1
电子货币支付交易	34. 10	72. 76	198. 35	388. 29	590. 60	861. 7
卡基电子货币	34. 10	72. 76	198. 35	388. 29	488. 03	726. 6
其他电子货币	无	无	无	无	102. 57	135. 1
支票	3. 5	2. 2	0. 5	0. 2	0. 1	0. 0
交易支付总值	4788. 9	4927. 4	5574. 0	4987. 5	5443. 9	6571. 1
支付工具交易总值	380639. 0	372902. 0	444146. 5	499125. 2	573122. 9	662134. 3
终端交易						
现金交易	8720. 1	10953. 1	14041. 4	18017. 7	21362. 7	23892. 0
ATMs 现金提取	7799. 2	9822. 2	12560. 3	15926. 5	19306. 1	21815. 3
ATMs 现金存款	无	无	无	无	无	无
POS 支付交易	644. 4	934. 0	1608. 2	2590. 5	3596. 9	5020. 3
国内卡现金交易	80. 4	79. 4	93. 0	123. 1	106. 0	100. 0
国内卡 ATMs 现金提取	71. 3	73. 3	88. 3	118. 5	101. 9	94. 2
国内卡 POS 支付交易	60. 1	71. 8	82. 9	102. 1	114. 9	135. 6
国内卡国外现金交易	88. 7	105. 9	138. 0	188. 8	236. 3	250. 2
国内卡国外 ATMs 现金提取	无	无	无	无	无	无
国内卡国外 POS 支付交易	192. 5	273. 4	397. 8	570. 9	755. 0	881. 2

资料来源：BIS（2014），Statistics on Payment Clearing and Settlement Systems in the CPMI Countries；BIS（2015），Statistics on Payment，Clearing and Settlement Systems in the CPMI Countries。

表 12－61　银行间资金转移体系的支付：交易数量

单位：百万笔

	2009 年	2010 年	2011 年	2012 年	2013 年	2014 年
大额支付体系						
BESP 体系						
总交易数	0. 063	0. 205	0. 626	1. 189	2. 105	2. 926
交易量集中度(％)	63. 6	91. 4	18. 1	18. 1	12. 9	21. 8
大额和零售支付体系						
VER						
发出的总交易数	748. 67	819. 34	898. 65	923. 36	934. 61	919. 67
交易量集中度(％)	无	无	无	无	无	无
MER						
发出的总交易数	192. 55	238. 50	287. 62	333. 94	404. 36	447. 95
交易量集中度(％)	无	无	无	无	无	无
汇票通知书支付						
发出的总交易数	1. 66	0. 91	0. 71	0. 51	0. 13	0. 01
交易量集中度(％)						

资料来源：BIS（2014），Statistics on Payment，Clearing and Settlement Systems in the CPMI Countries；BIS（2015），Statistics on Payment，Clearing and Settlement Systems in the CPMI Countries。

表 12－62　银行间资金转移体系的支付：交易值

单位：10 亿卢布

	2009 年	2010 年	2011 年	2012 年	2013 年	2014 年
大额支付体系						
BESP 体系						
总交易值	106609. 4	127309. 5	222844. 1	447258. 3	504112. 9	475550. 9
交易值集中度(％)	98. 0	48. 0	73. 0	47. 4	51. 6	41. 4
大额和零售支付体系						
VER						
发出的总交易值	432748. 1	444999. 6	600570. 7	599227. 8	604349. 4	607716. 8
交易值集中度(％)	无	无	无	无	无	无
MER						
发出的总交易值	69620. 3	81335. 1	92398. 3	103535. 0	116334. 9	121909. 9
交易值集中度(％)	无	无	无	无	无	无
汇票通知书支付						
发出的总交易值	887. 9	721. 0	340. 3	476. 3	96. 3	2. 3
交易值集中度(％)	无	无	无	无	无	无

资料来源：BIS（2014），Statistics on Payment，Clearing and Settlement Systems in the CPMI Countries；BIS（2015），Statistics on Payment，Clearing and Settlement Systems in the CPMI Countries。

4. 南非

南非支付清算体系发展概况见表 12－63 至表 12－70。

表 12－63　非银行使用的结算中介

单位：10 亿南非兰特

	2009 年	2010 年	2011 年	2012 年	2013 年	2014 年
银行体系以外流通的银行券和硬币	61.78	65.08	75.40	81.04	87.01	94.19
可转账存款总值	396.87	460.52	516.02	562.03	629.26	678.80
其他	347.61	337.19	355.76	391.96	415.67	470.53
狭义货币供给	806.26	862.79	947.17	1035.04	1131.95	1243.57
可转账外币存款	2.35	1.91	4.19	3.88	4.97	7.53

资料来源：BIS（2014），Statistics on Payment，Clearing and Settlement Systems in the CPMI Countries；BIS（2015），Statistics on Payment，Clearing and Settlement Systems in the CPMI Countries。

表 12－64　银行使用的结算中介

单位：10 亿南非兰特

	2009 年	2010 年	2011 年	2012 年	2013 年	2014 年
央行持有的可转账资金	46.41	53.18	55.10	61.19	66.60	72.51
法定准备金	48.99	52.43	57.17	63.78	69.31	75.55
自由准备金	－2.58	0.75	－2.07	－2.59	－2.72	－3.05
其他银行持有的可转账资金	143.04	90.72	107.28	86.70	103.40	96.23
央行展期信贷						
每日	0	0	0.22	－0.75	－7.51	－0.83
较长期融资	7.60	18.30	17.10	24.60	25.20	25.20

资料来源：BIS（2014），Statistics on Payment，Clearing and Settlement Systems in the CPMI Countries；BIS（2015），Statistics on Payment，Clearing and Settlement Systems in the CPMI Countries。

表 12－65　为非银行提供支付服务的主要机构概况

	2009 年	2010 年	2011 年	2012 年	2013 年	2014 年
中央银行						
分行总数(家)	7	7	7	7	7	7
非银行机构数目(家)	0.124	0.222	0.227	0.228	0.230	0.247
账户总值(10 亿南非兰特)	53.74	63.81	65.86	71.20	78.55	73.67
账户数目(千个)	0.054	0.054	0.051	0.052	0.054	0.058

续表

	2009 年	2010 年	2011 年	2012 年	2013 年	2014 年
银行						
机构总数(家)	32	30	30	31	32	33
分支行数(家)	3165	3429	3718	3706	3697	4169
账户总数(个)	无	无	无	无	无	无
其中:网络开户总数(个)	无	无	无	无	无	无
账户总值(10 亿南非兰特)	2181.9	2288.5	2501.0	2598.3	2786.4	3002.1
为非银行提供支付服务的机构(全部)						
机构总数(家)	33	31	31	32	33	34
分支机构或办事处(家)	3172	3436	3725	3713	3704	4176
非银行持有的账户数(千个)	0.124	0.222	0.227	0.228	0.230	0.247
非银行持有的账户总值(10 亿南非兰特)	2235.6	2352.3	2566.9	2669.5	2864.9	3075.8

资料来源：BIS（2014），Statistics on Payment，Clearing and Settlement Systems in the CPMI Countries；BIS（2015），Statistics on Payment，Clearing and Settlement Systems in the CPMI Countries。

表 12－66　支付卡功能和汇兑工具

	2009 年	2010 年	2011 年	2012 年	2013 年	2014 年
本国发行卡(千张)						
总卡数(千台)	52729	57828	622211	77104	87316	89602
本国终端						
ATMs	21025	23259	24063	25471	26588	27659
提现功能的 ATMs	21025	23259	24063	25471	26588	27659
转账功能的 ATMs	无	无	无	无	无	无
POS 终端	236626	273798	277478	276448	307793	367448
EFTPOS 终端	236626	273798	277478	276448	307793	367448

资料来源：BIS（2014），Statistics on Payment，Clearing and Settlement Systems in the CPMI Countries；BIS（2015），Statistics on Payment，Clearing and Settlement Systems in the CPMI Countries。

表 12－67　非银行使用的支付工具和终端指数：交易总量

单位：百万笔

	2009 年	2010 年	2011 年	2012 年	2013 年	2014 年
支付工具的交易类型						
信贷转账	438.04	528.66	567.17	653.34	664.62	697.20
纸币型	无	无	无	无	无	无
非纸币型	无	无	无	无	无	无
直接借记	571.74	563.24	628.00	707.16	766.07	791.26
国内支付卡	884.30	1017.85	1130.65	1365.46	1616.00	1955.30
支票	104.25	77.10	53.66	42.17	30.93	22.90
总支付工具数						
各类终端交易						
现金交易	885.83	968.25	1066.14	1060.75	1074.28	1084.19
ATMs 现金提取	875.89	955.01	1046.29	1029.75	1026.60	1017.34
ATMs 现金存款	9.94	13.24	19.85	31.00	47.68	66.85
POS 支付交易	847.61	1007.67	1115.47	1282.83	1542.17	1650.73
a 国内发行卡在国内终端的交易						
现金交易	885.83	968.25	1066.14	1060.75	1074.28	1084.19
ATMs 现金提取	875.89	955.01	1046.29	1029.75	1026.60	1017.34
ATMs 现金存款	9.94	13.24	19.85	31.00	47.68	66.85
POS 支付交易	847.61	1007.67	1115.47	1282.83	1542.17	1650.73
b 国外发行卡在国内终端的交易						
POS 支付交易	无	无	无	无	无	无
c 国内发行卡在国外终端的交易						
现金交易	8.85	9.07	9.20	9.69	10.39	13.82

资料来源：BIS（2014），Statistics on Payment，Clearing and Settlement Systems in the CPMI Countries；BIS（2015），Statistics on Payment，Clearing and Settlement Systems in the CPMI Countries。

表 12－68　非银行使用的支付工具和终端指数：交易总值

单位：10 亿南非兰特

	2009 年	2010 年	2011 年	2012 年	2013 年	2014 年
支付工具的交易类型						
信贷转账	13497.2	14089.0	15552.4	17202.5	20338.3	22179.6
纸币型	无	无	无	无	无	无
非纸币型	无	无	无	无	无	无

续表

	2009 年	2010 年	2011 年	2012 年	2013 年	2014 年
直接借记	769.9	777.9	1010.6	1247.9	1319.4	1240.6
国内支付卡	366.4	407.9	457.4	563.5	686.3	829.2
支票	2372.2	1672.9	1180.4	851.0	500.3	501.3
各类终端交易						
现金交易	544.9	614.1	709.7	776.5	838.2	885.1
ATMs 现金提取	512.1	581.6	664.7	710.5	764.0	791.7
ATMs 现金存款	32.8	32.5	45.0	66.0	74.2	93.4
POS 支付交易	319.9	388.5	466.2	494.5	614.7	644.4
a 国内发行卡在国内终端的交易						
现金交易	544.9	614.1	709.7	776.5	832.2	885.1
ATMs 现金提取	512.1	581.6	664.7	710.5	758.0	774.9
ATMs 现金存款	32.8	32.5	45.0	66.0	74.2	93.4
POS 支付交易	319.9	388.5	466.2	494.5	599.9	593.5
b 国外发行卡在国内终端的交易						
现金交易	无	无	无	无	6.0	16.8
ATMs 现金提取	无	无	无	无	6.0	16.8
POS 支付交易	无	无	无	无	14.8	51.0
c 国内发行卡在国外终端的交易						
现金交易	12.1	12.3	13.0	14.9	18.1	25.3

资料来源：BIS（2014），Statistics on Payment，Clearing and Settlement Systems in the CPMI Countries；BIS（2015），Statistics on Payment，Clearing and Settlement Systems in the CPMI Countries。

表 12－69　部分银行间资金转移体系的支付：交易数量

单位：百万笔

	2009 年	2010 年	2011 年	2012 年	2013 年	2014 年
大额支付体系						
SAMOS－large						
发出的总交易	2.617	3.316	4.100	5.017	5.796	6.400
交易量集中度(%)	88.7	89.5	91.7	92.4	92.6	91.2
零售支付体系						
SAMOS－retail						
发出的交易总量	0.248	0.275	0.287	0.308	0.326	0.344

续表

	2009年	2010年	2011年	2012年	2013年	2014年
信贷转账	0.06	0.087	0.096	0.105	0.119	0.128
直接借记	0.083	0.089	0.096	0.104	0.109	0.117
卡支付	0.029	0.038	0.042	0.044	0.045	0.046
ATMs交易	0.029	0.033	0.034	0.038	0.037	0.037
电子货币交易	无	无	无	无	无	无
支票	0.017	0.017	0.017	0.017	0.017	0.016
其他支付工具	64.7	63.6	62.6	59.8	59.3	59.3

资料来源：BIS（2014），Statistics on Payment，Clearing and Settlement Systems in the CPMI Countries；BIS（2015），Statistics on Payment，Clearing and Settlement Systems in the CPMI Countries。

表12－70 部分银行间资金转移体系的支付：交易值

单位：10亿南非兰特

	2009年	2010年	2011年	2012年	2013年	2014年
大额支付体系						
SAMOS－large						
发出的总交易值	71413.9	71622.1	76616.4	83302.3	87924.6	104999.5
交易值集中度(%)	84.9	86.3	86.6	85.5	82.9	77.1
零售支付体系						
SAMOS－retail						
发出的交易总值	6271	6701.5	7247.0	7966.7	8735.2	9359.3
信贷转账	4354.9	4821.8	5397.6	6131.0	6876.1	7484.8
直接借记	525.5	573.7	649.7	747.5	807.7	749.1
卡支付	247.5	303.6	367.4	481.6	643.0	766.8
ATMs交易	76.8	91.1	103.0	117.4	132.3	147.1
电子货币交易	无	无	无	无	无	无
支票	991.9	838.4	710.9	489.2	276.1	211.6
其他支付工具	75.2	72.9	18.5	0.0	0	0
交易值集中度(%)	96.6	96.1	95.3	94.8	93.7	92.9

资料来源：BIS（2014），Statistics on Payment，Clearing and Settlement Systems in the CPMI Countries；BIS（2015），Statistics on Payment，Clearing and Settlement Systems in the CPMI Countries。

5. 印度

印度支付清算体系发展概况见表 12－71 至表 12－78。

表 12－71 非银行使用的结算中介

单位：10 亿卢比

	2009 年	2010 年	2011 年	2012 年	2013 年	2014 年
大额支付体系						
SAMOS－large						
银行体系以外流通的银行券和硬币	7674.2	9106.6	10227.3	11301.2	12476.3	13860.3
可转账存款总值	10702.7	11463.7	10671.9	10739.0	12340.9	13563.1
狭义货币供给	13309.6	15917.7	16978.1	18128.7	19896.4	21885.7
可转账外币存款	无	无	无	无	无	无
电子货币	无	9.383	12.141	10.115	10.436	13.919
卡基电子货币	无	无	无	5.153	4.926	7.791
网基电子货币	无	无	无	4.962	5.510	6.128

资料来源：BIS（2014），Statistics on Payment，Clearing and Settlement Systems in the CPMI Countries；BIS（2015），Statistics on Payment，Clearing and Settlement Systems in the CPMI Countries。

表 12－72 银行使用的结算中介

单位：10 亿卢比

	2009 年	2010 年	2011 年	2012 年	2013 年	2014 年
央行持有的可转账资金	3523.0	4235.1	3562.9	3206.7	4297.0	4655.6
法定准备金	2752.1	3388.1	3323.3	3019.1	4070.9	4396.8
自由准备金	无	无	无	无	无	无
其他银行持有的可转账资金	无	无	无	无	无	无
央行展期信贷	无	无	无	无	无	无
每日	无	无	无	无	无	无
较长期融资	无	无	无	无	无	无

资料来源：BIS（2014），Statistics on Payment，Clearing and Settlement Systems in the CPMI Countries；BIS（2015），Statistics on Payment，Clearing and Settlement Systems in the CPMI Countries。

表 12－73　为非银行提供支付服务的主要机构概况

	2009 年	2010 年	2011 年	2012 年	2013 年	2014 年
中央银行						
分行总数(家)	17	17	17	17	17	20
非银行机构数目(家)	0.004	0.095	0.093	0.084	0.084	0.048
账户总值(10 亿卢比)	2435.2	2851.4	2232.9	2024.8	2327.0	4624.0
账户数目(千个)	0.133	0.192	00.197	0.146	0.147	0.336
银行						
机构总数(家)	1843	1812	1789	1759	1740	1730
分支行数(家)	90362	99897	107645	122092	128193	136283
账户总数(个)	无	无	无	无	无	无
其中:网络开户总数(个)	无	无	无	无	无	无
账户总值(10 亿卢比)	64838.4	74322.2	83530.7	94171.2	106928.6	100447.2
公有银行						
机构总数(家)	27	26	26	26	27	27
分支机构或办事处(家)	57616	63616	68849	73818	81750	87268
账户总值(10 亿卢比)	36918.0	43724.5	50020.1	57457.0	65890.2	71954.8
私有银行						
机构总数(家)	22	21	20	20	20	20
分支机构或办事处(家)	9412	11707	13578	21985	18090	20070
账户总值(10 亿卢比)	8228.0	10027.6	11745.9	13958.4	15916.9	18344.7
地方村镇银行						
机构总数(家)	82	82	82	62	57	56
分支机构或办事处(家)	15475	16034	16597	17096	18426	19472
账户总值(10 亿卢比)	1547.5	1639.3	1830.1	2064.6	2333.7	2662.1
城市合作银行						
机构总数(家)	1674	1645	1618	1606	1589	1579
分支机构或办事处(家)	7522	8178	8235	8790	9526	9053
账户总值(10 亿卢比)	1931.5	2120.3	2386.0	2769.0	3155.0	3414.6
不定期商业银行						
机构总数(家)	4	4	4	4	4	4
分支机构或办事处(家)	50	50	69	79	90	106
账户总值(10 亿卢比)	7.4	9.0	11.1	13.1	16.2	20.1
外国银行分支机构						
机构总数(家)	34	34	39	41	43	44
分支机构或办事处(家)	287	312	317	324	311	314

续表

	2009 年	2010 年	2011 年	2012 年	2013 年	2014 年
账户总值(10 亿卢比)	2378. 5	2406. 9	2770. 6	2877. 8	3524. 2	4050. 9
提供支付服务的邮政机构数目(家)	1	1	1	1	1	1
为非银行提供支付服务的机构(全部)						
机构总数(家)	1845	1814	1791	1761	1742	1732
分支机构或办事处(家)	90379	99914	107662	122109	128210	136303
非银行持有的账户数(千个)	无	无	无	无	无	
非银行持有的账户总值(10 亿卢比)	67273. 6	77173. 6	85763. 6	96196. 0	109255. 6	105071. 2
电子货币机构(家)	无	9382. 7	12140. 6	10114. 8	10436. 3	13919. 2

资料来源：BIS（2014），Statistics on Payment，Clearing and Settlement Systems in the CPMI Countries；BIS（2015），Statistics on Payment，Clearing and Settlement Systems in the CPMI Countries。

表 12－74 支付卡功能和汇兑工具

	2009 年	2010 年	2011 年	2012 年	2013 年	2014 年
本国发行卡(百万张)						
现金卡	200. 56	245. 96	296. 40	351. 19	414. 04	575. 03
借记卡	181. 97	227. 84	278. 28	331. 20	394. 42	553. 45
延期借记卡	0. 26	0. 07	0. 47	0. 44	0. 43	0. 46
信用卡	18. 33	18. 04	17. 65	19. 55	19. 18	21. 11
电子货币卡	无	5. 43	10. 50	12. 44	9. 63	17. 47
卡总数(各种独立功能的卡总和)	200. 56	245. 96	296. 40	351. 19	414. 04	575. 03
混合功能的卡	181. 97	227. 84	278. 28	331. 20	394. 42	553. 45
本国终端(百万台)						
ATMs	0. 060	0. 075	0. 096	0. 114	0. 162	0. 189
提现功能的 ATMs	0. 060	0. 075	0. 096	0. 114	0. 162	0. 189
转账功能的 ATMs	无	无	无	无	无	无
POS 终端	0. 485	0. 589	0. 661	0. 846	1. 066	1. 127
EFTPOS 终端	0. 485	0. 589	0. 661	0. 846	1. 066	1. 127

资料来源：BIS（2014），Statistics on Payment，Clearing and Settlement Systems in the CPMI Countries；BIS（2015），Statistics on Payment，Clearing and Settlement Systems in the CPMI Countries。

表 12－75　非银行使用的支付工具和终端指数：交易总量

单位：百万笔

	2009 年	2010 年	2011 年	2012 年	2013 年	2014 年
支付工具的交易类型						
信贷转账	198.2	299.4	403.2	586.0	910.0	1135.7
纸币型	无	无	无	无	无	无
非纸币型	198.2	299.4	403.2	586.0	910.0	1135.7
直接借记	149.3	156.7	164.7	176.5	192.9	226.0
国内支付卡	3760.6	4747.7	5745.4	6414.3	7241.6	8514.3
借记卡	3517.6	4470.5	5409.5	5999.2	6711.9	7872.5
延期借记卡	6.5	10.1	13.8	16.0	17.7	22.4
信用卡	236.5	267.1	322.2	399.1	512.0	619.4
电子货币支付交易	无	9.7	30.6	66.1	133.6	310.7
支票	1380.3	1387.4	1341.9	1313.7	1257.3	1195.8
总支付工具数	5488.3	6600.9	7685.8	8556.6	9735.5	11382.5
各类终端交易						
现金交易	3349.7	4235.4	5084.1	5532.7	6095.8	7068.7
ATMs 现金提取	3349.7	4235.4	5084.1	5532.7	6095.8	7068.7
ATMs 现金存款	无	无	无	无	无	无
POS 支付交易	404.4	502.2	647.5	865.7	1091.1	1423.2
a 国内发行卡在国内终端的交易						
现金交易	3343.6	4228.2	5071.6	5525.4	6087.3	7059.9
ATMs 现金提取	3343.6	4228.2	5071.6	5525.4	6087.3	7059.9
ATMs 现金存款	无	无	无	无	无	无
POS 支付交易	388.6	484.2	629.0	850.3	1075.0	1405.0
电子货币卡支付交易	无	9.7	30.6	66.1	133.6	310.7
b 国外发行卡在国内终端的交易						
现金交易	6.1	7.2	12.5	7.3	8.4	8.8
ATMs 现金提取	6.1	7.2	12.5	7.3	8.4	8.8
ATMs 现金存款	无	无	无	无	无	无
POS 支付交易	15.8	18.0	18.5	15.3	16.1	18.2
c 国内发行卡在国外终端的交易						
现金交易	3.4	4.7	5.1	5.4	5.9	6.8
ATMs 现金存款	3.4	4.7	5.1	5.4	5.9	6.8
POS 支付交易	13.6	22.0	27.9	26.6	37.1	46.4

资料来源：BIS（2014），Statistics on Payment，Clearing and Settlement Systems in the CPMI Countries；BIS（2015），Statistics on Payment，Clearing and Settlement Systems in the CPMI Countries。

表 12-76　非银行使用的支付工具和终端指数：交易总值

单位：10 亿卢比

	2009 年	2010 年	2011 年	2012 年	2013 年	2014 年
支付工具的交易类型						
信贷转账	645085.8	688380.5	743123.9	707634.7	780625.9	815855.3
纸币型	无	无	无	无	无	无
非纸币型	645085.8	688380.5	743123.9	707634.7	780625.9	815855.3
直接借记	698.2	736.5	833.6	1083.1	1268.0	1739.8
国内支付卡	9440.4	12076.1	12728.9	18765.1	22323.8	25736.8
借记卡	8742.5	11323.1	11903.2	17393.4	20612.5	23621.9
延期借记卡	54.1	73.6	110.7	127.7	154.6	192.3
信用卡	643.9	679.4	714.9	1243.9	1556.7	1922.6
电子货币支付交易	无	14.4	62.0	79.2	82.4	212.8
支票	104099.4	101341.3	99012.1	100181.8	93438.2	85439.3
支付工具总支付值	759323.7	802548.7	855760.5	827743.9	897738.2	928984.1
各类终端交易						
现金交易	8491.14	11150.78	14010.32	16664.50	19674.83	22431.92
ATMs 现金提取	8491.14	11150.78	14010.32	16664.50	19674.83	22431.92
ATMs 现金存款	无	无	无	无	无	无
POS 支付交易	882.42	1142.06	1500.45	1972.90	2494.36	3112.57
电子货币卡支付交易	无	14.35	62.01	78.67	80.87	212.85
a 国内发行卡在国内终端的交易						
现金交易	8445.28	11096.65	13926.64	16571.22	19605.45	22358.39
ATMs 现金提取	8445.28	11096.65	13926.64	16571.22	19605.45	22358.39
ATMs 现金存款	无	无	无	无	无	无
POS 支付交易	747.70	979.49	1300.76	1829.37	2292.37	2894.40
电子货币卡支付交易	无	14.35	62.01	78.67	80.87	212.85
b 国外发行卡在国内终端的交易						
现金交易	45.86	54.13	83.68	93.28	69.37	73.53
ATMs 现金提取	45.86	54.13	83.68	93.28	69.37	73.53
ATMs 现金存款	无	无	无	无	无	无
POS 支付交易	134.72	162.57	199.69	143.53	201.99	218.18
c 国内发行卡在国外终端的交易						
现金交易	45.61	64.62	73.68	84.45	101.50	121.10
ATMs 现金存款	45.61	64.62	73.68	84.45	101.50	121.10
POS 支付交易	78.57	125.55	156.69	132.91	207.18	254.79

资料来源：BIS（2014），Statistics on Payment，Clearing and Settlement Systems in the CPMI Countries；BIS（2015），Statistics on Payment，Clearing and Settlement Systems in the CPMI Countries。

表 12－77　部分银行间资金转移体系的支付：交易数量

单位：百万笔

	2009 年	2010 年	2011 年	2012 年	2013 年	2014 年
大额支付体系						
RTGS						
发出的总交易	33.24	49.26	55.03	68.51	81.10	92.77
交易量集中度(%)	33.0	40.6	45.1	45.6	40.8	40.8
零售支付体系						
Cheque Clearing						
发出的交易总量	1379.09	1387.40	1341.87	1313.66	1257.30	1195.81
支票	1379.09	1387.40	1341.87	1313.66	1257.30	1195.81
交易量集中度(%)	65.8	60.4	53.6	45.7	36.8	30.1
ECS/NECS						
发出的总交易	247.41	274.04	286.24	298.71	345.45	341.36
信贷转账	98.13	117.30	121.50	122.18	152.54	115.35
直接借记	149.28	156.74	164.74	176.53	192.91	226.01
交易量集中度(%)	11.8	11.9	11.4	10.4	10.2	8.6
NEFT						
发出的总交易	66.34	132.34	226.11	394.13	661.01	927.55
直接借记	66.34	132.34	226.11	394.13	661.01	927.55
交易量集中度(%)	3.2	5.8	9.0	13.7	19.4	23.3
卡基支付						
发出的总交易	3754.05	4738.80	5731.60	6398.35	7223.94	8423.57
卡支付	404.38	502.21	647.50	865.66	1128.16	1423.19
ATMs 交易	3349.67	4236.59	5084.11	5532.68	6095.78	7068.72
交易量集中度(%)	19.3	21.9	25.9	30.1	33.2	35.8

资料来源：BIS（2014），Statistics on Payment，Clearing and Settlement Systems in the CPMI Countries；BIS（2015），Statistics on Payment，Clearing and Settlement Systems in the CPMI Countries。

表 12－78　部分银行间资金转移体系的支付：交易值

单位：10 亿卢比

	2009 年	2010 年	2011 年	2012 年	2013 年	2014 年
大额支付体系						
RTGS						
发出的总交易	394533.6	484872.3	539307.5	676841.0	734252.4	754032.4
交易值集中度(%)	46.0	44.4	42.5	40.1	41.0	45.8
零售支付体系						

续表

	2009 年	2010 年	2011 年	2012 年	2013 年	2014 年
Cheque Clearing						
发出的总交易	104019.7	101341.3	99012.1	100181.8	93438.2	85439.3
支票	104019.7	101341.3	99012.1	100181.8	93438.2	85439.3
交易值集中度(%)	93.8	88.6	81.8	74.7	65.0	56.0
ECS/NECS						
发出的总交易	1871.4	2553.3	2671.4	2854.4	3760.2	3758.9
信贷转账	1176.1	1816.9	1837.8	1771.3	2492.2	2019.1
直接借记	695.2	736.5	833.6	1083.1	1268.0	1739.8
交易值集中度(%)	1.7	2.2	2.2	2.1	2.6	2.5
NEFT						
发出的总交易	4095.1	9391.5	17903.5	29022.4	43785.5	59803.8
直接借记	4095.1	9391.5	17903.5	29022.4	43785.5	59803.8
交易值集中度(%)	3.7	8.2	14.8	21.7	30.6	39.2
卡基支付						
发出的总交易	9386.3	12295.8	15510.8	18637.4	22168.8	25544.5
卡支付	895.2	1142.1	1500.4	1972.9	2493.9	3112.6
ATMs 交易	8491.1	11153.8	14010.3	16664.5	19674.8	22431.9
交易值集中度(%)	0.8	1.0	1.2	1.5	1.7	2.0

资料来源：BIS（2014），Statistics on Payment，Clearing and Settlement Systems in the CPMI Countries；BIS（2015），Statistics on Payment，Clearing and Settlement Systems in the CPMI Countries。

（三）2010～2014年 CPMI 各成员支付清算体系发展数据

2010～2014 年 CPMI 各成员支付清算体系数据统计见表 12－79。

表 12－79　2010～2014 年 CPMI 各成员支付清算体系数据统计

支付体系指标	2010 年	2011 年	2012 年	2013 年	2014 年
流通的银行券和硬币(10 亿美元)	4205.78	4427.16	4616.03	4661.47	4513.29
央行持有的可转账存款额(10 亿美元)	3789.97	5314.84	6222.14	7705.61	8498.01
——占 GDP 比重(%)	7.32	9.36	10.66	12.92	13.81
其他银行持有的可转账存款额(10 亿美元)	2192.75	2006.22	1942.29	2040.51	1490.67
——占 GDP 比重(%)	5.65	4.80	4.63	4.84	3.49

续表

支付体系指标	2010 年	2011 年	2012 年	2013 年	2014 年
非银行持有的可转债存款账户数(千个)	1690740	1774740	1743426	1818945	1703197
非银行持有的可转账存款额(10 亿美元)	19723	21512	23897	23996	23443
存款账户总值占 GDP 比重(%)	43.6	43.7	48.6	48.5	46.8
为非银行提供支付服务的机构数量(家)	200551	195583	190376	186735	183880
每位居民享受到的支付服务机构数量(个)	50.6	49.0	47.2	45.9	44.6
非银行企业和居民的支付交易总量(百万笔)	259290	279957	298630	312090	338770
——信贷转账交易量	44941.3	47406.6	49898.6	53605.6	57118.2
——直接借记交易量	36830.0	38280.0	39730.0	42007.0	43214.5
——支票交易量	33611.0	30814.4	27927.2	25070.0	22376.2
——电子货币交易量	4931.5	5984.7	6723.3	7801.0	9251.3
——卡支付交易量	137266.9	155575.5	172025.4	186063.7	209950.4
非银行企业和居民支付交易总值(10 亿美元)	516568	593232	784908	849952	883417
——信贷转账交易值	无	无	无	无	无
——直接借记交易值	28063	33655	94402	96742	94668
——支票交易值	99504	102365	98104	92969	86307
——电子货币交易值	38.629	53.797	67.021	74.458	87.643
——卡支付交易值	9849.6	11817.4	13383.3	15923.7	18509.2
其中:借记卡	3582.9	4135.8	4448.5	4889.4	5612.4
延期借记卡	148.6	162.3	155.5	168.9	316.9
信用卡	4087.0	4607.1	4928.1	5134.3	5479.0
非银行支付交易总值占 GDP 比重(%)	14.1	14.2	13.5	14.3	14.4
发行银行卡(百万张)					
——现金卡	5049.25	5769.19	6550.56	7366.63	8307.40
——电子货币卡	385.49	447.04	486.94	501.35	559.78
——支付卡	6184.55	6879.70	7670.90	8510.61	8773.40
——借记卡	4171.40	4795.11	5512.51	6265.27	7088.15
——延期借记卡	53.49	52.60	55.21	56.33	41.34

续表

支付体系指标	2010 年	2011 年	2012 年	2013 年	2014 年
——信用卡	2001.75	2067.94	2151.19	2230.30	2037.94
国内终端数量(千台)					
——ATMs	1361.6	1492.0	1635.5	1824.4	2044.3
——POS 终端	19317.4	21636.2	25508.1	30315.9	35638.1
——电子货币卡登录终端	281.8	265.7	102.5	92.7	141.5
——电子货币卡支付终端	1542.1	1679.1	1733.7	1881.5	2873.1
终端交易量(百万笔)					
——国内卡在国内 ATMs 现金提取	30209.46	34083.92	36308.51	39069.12	41963.26
——国外卡在国内 ATMs 现金提取	无	无	无	无	无
——国内卡在国外 ATMs 现金提取	188.88	189.03	191.94	191.86	173.93
——国内卡在国内电子货币交易终端的交易	67.61	69.99	41.03	72.54	68.23
终端交易值(10 亿美元)					
——国内卡在国内 ATMs 现金提取	4104.68	5077.86	5621.58	6565.30	7047.91
——国外卡在国内 ATMs 现金提取	无	无	无	无	无
——国内卡在国外 ATMs 现金提取	无	无	无	无	无
——国内卡在国内电子货币交易终端的交易	无	无	无	无	无

资料来源：Capgemini（2014），Capgemini Financial Services Analysis，2014；BIS（2014），Statistics on Payment，Clearing and Settlement Systems in the CPMI Countries；BIS（2015），Statistics on Payment，Clearing and Settlement Systems in the CPMI Countries。

三　全球支付清算体系监管新趋势

高度创新的支付市场也蕴含风险，如操作风险、黑客风险、欺诈风险、信用风险、法律风险等。在给予宽松和优惠政策的同时，政府必须致力于构建一个适合本国支付市场发展的监管框架。历史已经证明，没有监管的市场创新是不可持续的。

支付监管实际上涉及各国对商业机构的行业政策和监管，而各国对本国国内和跨境零售商业的政策千差万别。因此，短时间内难以形成单一的全球支付监管政策。与商业银行的国际监管类似，支付行业的国际监管遵循自律原则，主要是巴塞尔委员会（BIS）等国际金融机构于2012年提出的监管原则建议，现已经在各成员范围内广泛推广实施。

（一）BIS的监管指导进展

支付和市场基础设施委员会（CPMI）与国际证券委员会组织（IOSCO）曾在2012年颁布了《金融市场基础设施原则》（PFMI），针对这一原则进行推进和实施。CPMI和IOSCO选择了28个国家或地区①进行监测，并将其评估过程分为三个阶段：第一阶段，即评估原则的实施进展和态势；第二阶段，评估实施框架的完整性及其与PFMI的一致性程度；第三阶段，评估此监管体系效果的连贯性。目前，针对上述28个国家或地区，主要推行了第一阶段的评估工作，预计2016年结束。评估过程中的主要发现是大部分成员针对PFMI的推行实施已经高度尽职。在28个司法主体中，澳大利亚等16个国家或地区②在五个责任方面均通过观察，比利时等2个国家或地区③在大部分责任方面通过了CPMI的观察。

（二）区域支付市场监管进展

2015年以来，全球各个国家或地区在支付体系的行业发展和监管方面都有所进展，2015年全球支付体系核心监管措施和区域动态见表12－80。

---

① 28个国家或地区包括阿根廷、澳大利亚、比利时、巴西、加拿大、智利、中国内地、欧洲地区、法国、德国、中国香港、印度、印度尼西亚、意大利、日本、韩国、墨西哥、荷兰、俄罗斯、沙特阿拉伯、新加坡、南非、西班牙、瑞典、瑞士、土耳其、英国和美国。

② 16个国家或地区包括澳大利亚、巴西、中国内地、欧洲地区、法国、德国、中国香港、印度、意大利、日本、荷兰、新加坡、西班牙、瑞典、瑞士、英国。

③ 2个国家或地区包括比利时、沙特阿拉伯。

表 12－80　2015 年全球支付体系核心监管措施和区域动态

1. 巴塞尔委员会关于银行结算与日间资金的报告 巴塞尔银行监管委员会针对银行日间流动性使用制定了七项措施，以提升银行即时结算机制的效率。欧洲银行业协会拟定于 2016 年中推出一份草稿，并于 2016 年 12 月起试执行巴塞尔委员会的此项指导措施，于 2019 年全面推行。美国则预计在 2017 年全面执行此项措施。
2. 互联网金融安全进程 全球多个国家已经开始采取互联网金融安全措施。在印度，印度储备银行对所有在线信用卡支付进行双因素备案。欧洲银行业协会于 2014 年 12 月制定了《互联网支付安全指导原则》，并于 2015 年 8 月 1 日全面推行。最终指导原则为欧盟境内所有的支付达到最低限度的安全标准提供了法律基础。但是，英国、斯洛伐克和爱沙尼亚并不打算遵从此期限。英国的监管者建议在执行欧洲支付指令Ⅱ之后再推行此原则。
3. 各国即时支付进展 欧洲零售支付委员会要求欧洲支付委员会在单一欧元区支付体系信用转账的基础上发起一个泛欧即时支付项目。其他机构也可以在此基础上寻求即时支付解决方案。在新加坡，快捷安全转移即时支付体系自 2014 年起已经开始运行。美联储则发布了一份实现即时支付的咨询文件。澳大利亚也已经开展了新型支付平台工作，将为该国即时支付提供运行框架。荷兰银行则承诺在 2019 年引入即时支付体系。
4. 主要国家清算体系进展 中国自 2015 年 6 月 1 日起已经对外开放了银行卡清算。外国公司如 Visa 和 MasterCard 以及国内公司有资格申请银行卡清算执照。英国的快捷支付公司（Faster Payments）在 2015 年底对支付机构放宽设立条件，以适应不断增加的实时支付需求。一些清算体系也向非国内银行机构开放，如英国的 CHAPS 准许巴黎银行英国分行进入清算体系。
5. 欧盟卡交换费多边监管 2015 年 6 月 8 日起，欧盟卡交换费多边监管规则开始强制执行。交换费上限于 2015 年 12 月实施。与以往对个人借记卡支付征收 0.2% 的上限不同，该监管认为 0.2% 可以作为年度内所有支付交换费的平均比重。
6. 全球支付体系的 ISO 20022 标准 单一欧元支付区一直执行 ISO 20022 标准，允许所有的即时支付体系进行杠杆交易，并以此作为普通标准在核心信息水平上提供互通。新加坡的快捷安全转移体系一直选择国际 ISO 20022 标准。瑞典也将其原来执行的 ISO 5853 标准改为 ISO 20022 标准。ISO 实时支付体系集团在英国支付体系支持下，由全球 50 位专家组成，于 2015 年 8 月发布第一份全球跨境即时支付项目的 ISO 20022 信息草稿。
7. 欧洲移动支付安全措施 欧洲支付委员会已经接受了安全支付论坛关于移动支付安全的倡议。但它警告，该倡议在初期施加了太多的细节要求，使得其新出路和商业模型都包含一定的风险。欧洲央行建议移动支付服务供应商应在 2017 年 1 月之前落实该倡议。

续表

8. 欧洲地区开展金融交易税

欧盟 11 个国家通过高级合作程序加入了金融交易税协议,金融税的范围和征收原则依然在讨论中。目前,该协议在法国和意大利已经强制执行,但没有达到预期效果,且税收成本过高。所有成员开展金融税的期限暂定为 2016 年 1 月。

9. 欧洲支付服务指令Ⅱ(PSDⅡ)

PSDⅡ认为,2009 年 PSDⅠ生效后出现了许多新的问题。其中最明显的问题是第三方支付机构的监管,又可以细分为两类:一类是支付发起服务供应商(PIS);另一类是账户信息服务供应商(AIS)。PIS 允许消费者使用第三方机构的应用软件,直接从其银行账户扣款支付。AIS 则允许第三方机构汇总者与一个或多个 PSPS 合作,共享客户详细信息。PSDⅡ其他领域的变化包括对一些欧洲经济区外支付行为的现有要求的延伸,以及欧洲经济区内非欧洲经济区货币的支付。PSDⅡ在 2015 年底完成其欧洲法律进程,两年后在欧洲经济区内各国法律中生效(虽然 TPP 的一些协议要求 EBA 技术标准)。

10. 欧盟支付数据隐私和保护问题

欧盟网络安全法以及美国的个人数据通知和保护法,都对公司如何应对网络安全攻击设定了标准。美国的法案要求任何涉足州际商业、搜集过超过 10000 人个人身份信息的机构,在发现数据泄露时,必须在 30 天之内通知个人和新闻媒体。

11. 欧洲地区的单一欧元支付区(SEPA)

自 2014 年 8 月以来,欧洲地区所有的信用转账和 SCT、SDD 形式的直接借记,以及所有的合法工具都被清除了。非欧盟国家如英国、瑞典和波兰将从 2016 年起必须遵守 SEPA 的规定。SEPA 对其管辖范围内的银行卡、卡基础设施等的初始定义制定了一套标准。所有参与 SEPA 卡运行的机构都将被要求在此版本的基础上提供相关产品和服务。自 2017 年起,卡即时交易将必须满足对终端和卡提出的新要求。

12. 欧洲委员会颁布电子识别和信任指令(eIDAS)

欧洲委员会于 2014 年 10 月颁布 eIDAS 监管法并成立工作组。这项监管旨在为国内市场中居民、企业和公共机构之间的电子交易提供一项共同的安全电子交易基础,以提高相互间的信任程度。通过参股和发起私人部门,不仅能提高欧盟公共和私人在线服务及电子商务的效率,也被视为打开单一数据市场的出路。欧盟相关机构和各成员公共行政部门将共同推行 eIDAS,坚信其对欧盟的居民和企业都将有益处。

13. 欧洲跨境小额支付进展

行业参与者希望跨境代理行小额支付能有更多的选择。一种选择是通过即时支付项目,欧洲实时跨境支付效率得以提高。

14. 美国关于虚拟货币的监管

现有的虚拟货币监管限制了经济增长。纽约金融服务局建立了一套虚拟货币监管机制,即 Bitlicense,美国其他洲也在考虑推行类似机制。25 家银行和技术公司对区块链技术表示了浓厚的兴趣,因为其有巨大的潜能来降低成本,提高产品供应力。分布式总账的应用将在未来打破整个支付行业的限制。

续表

15. 中国的跨境支付体系进一步完善 中国的跨境支付体系助推人民币国际化，将以上海为依托，开展便捷的跨境贸易结算、直接投资和其他人民币交易。该网络将合并和替代现有的人民币多元清算所，并与 Visa 和 MasterCard 等展开竞争。
16. 英国支付系统监管体系（PSR） 英国的 PSR 成立于 2015 年 4 月，是价值 75 万亿英镑的英国支付行业的新经济监管者。PSR 的职责包括：保障支付体系的运行和发展有利于所有使用支付体系的机构和消费者用户；促进运营者、PSPS 和支付市场基础设施供给者有效竞争；促进支付体系发展和创新，尤其是相关基础设施。
17. 英国支付体系治理 全球央行已经通过建立支付治理体系来管理风险，鼓励执行普通标准，促进竞争并鼓励创新。在英国，PSR 主导和控制支付体系。欧盟委员会在 2014 年 10 月决定进一步提高治理和控制人的参与程度，以适应其地区结构情况。2015 年 2 月重新修订了章程并已经生效。
18. 印度的金融包容之路 数字化金融服务可以使用便利的工具如手机，因此有助于提高金融包容程度。印度政府自 2014 年 8 月起开展了 Pradhan Mantri Jan – Dhan Yojana（PMJDY）项目，目的是为每一个人提供一个银行账户。仅前 5 个月，就新开了 1.15 亿个账户。政府的计划是每年用 5100 亿卢比直接补贴下一年 1.55 亿个银行账户受惠者。作为金融包容的倡导者之一，印度储备银行向 11 家支付银行发放了牌照。这些银行将为低收入家庭、小型企业和其他用户提供小额储蓄账户、支付服务和汇兑服务。

资料来源：*World Payments Report 2015*。

四　总结与展望

全球支付清算体系在 2015 年发生了巨大变化，异常激烈的市场竞争为消费者带来了空前多样化的支付选择，切实提高了全球金融服务水平。总体来看，2015 年全球支付体系快速发展，支付市场结构在市场竞争中不断变化。消费者对创新的接受能力超出预期，近场支付等创新技术应用速度非常快，数字化货币发展的基础不断夯实。

支付体系竞争和内部结构转变强化了金融脱媒，资金脱离银行账户的趋势不减，并以各种方式进入各式电子钱包，无卡式支付越来越占主流，这种情况在亚太地区尤为明显。当然就全球而言，现金支付习惯和偏好不容易被改变，现金支付不会快速下降，当前 7% 左右的现金支付比例或许会持续数年。尽管如此，商业银行、中央银行的现金管理还是会进一步受到冲击，除了不断改变应对支付体系创新的监管举措，商业银行等传统支付机构必须重新适应多元化竞争的现代支付体系，强化自身竞争优势。

当前，支付体系创新的主要内容包括新的支付手段（移动支付）、支付场景和支付中介，移动支付居于核心地位。这些创新的直接结果是，从不同层次替代央行发行的现金支付和商业银行活期存款支付。例如，具有中国特色的移动支付（支付宝、微信等扫码支付），在短短两年之内，已经覆盖了国内大部分商业交易活动。借助不断升级发展的支付体系创新，有支付优势的互联网金融机构发展迅速，来势凶猛。移动支付是支付体系创新的焦点、核心，以此为轴心，衍生出新的商业模式、新的金融中介和新的宏观金融管理方式。移动支付发展导致的结果之一就是数字化货币，进而是无现金社会。对于全世界的央行来说，无现金社会并不可怕，凭借其背后的国家信用，其可以发行比纸质货币更廉价的数字化货币，且数字化货币管理与纸质货币管理差别不大，技术上的改变并不难。最可怕的事情或许是没有货币的社会。当商业模式无限发展，彻底改变全球商品和服务交易，用各种信用支撑的支付手段（如时间）来代替个人财富水平，各种信用中介强势取代弱财政支撑的国家信用时，现代中央银行或将面临真正的生存挑战。当然，无货币社会到来的可能性比较小，即使有这种可能性，其到来的速度也远远慢于无现金社会到来的速度。除非整个人类社会存在的经济制度被重新改写，如彻底进入乌托邦社会。

参考文献

国际清算银行网站，http：//www. bis. org。

美联储网站，http：//www. federalreserve. gov。

欧洲中央银行网站，http：//www. ecb. europa. eu/paym/html/index. en. html。

American Express（2015），*The Advanced Payment Report 2015.*

BIS（2014），Statistics on Payment，Clearing and Settlement Systems in the CPSS

Countries.

BIS（2015），Statistics on Payment，Clearing and Settlement Systems in the CPMI Countries.

Capgemini and RBS（2015），*World Payments Report 2015*.

World Pay（2015），*Global Payments Report*.

Chapter 12 Development of Payment and Settlement Systems in Main Countries of the World

Abstract: Global payment and clearing system has gone through rapid development since 2015 with four distinct trends: global payment market structure changed, development and application of payment technology continued to upgrade, a new complex payment system formed, digital currency's long-term survival foundation continuously strengthened. Meanwhile, this article summarizes payment and settlement systems development of the main developed countries and the brics in 2009 -2014, and Payment and clearing regulation progress in major countries and the world.

Keywords: Payment Market Structure; Digital Currency; Regulation

第十三章　支付清算理论与政策研究的新进展：支付经济学及其他

摘　要：　本章致力于探究作为一个学科分支的"支付经济学"概念的起源、发展脉络与研究现状，特别是以近年来的两次支付经济学国际研讨会的成果为样本，跟踪支付经济学研究的前沿动态，对该学科的发展进行前瞻性评论。此外，本章还考察了近年来支付清算研究领域的其他一些代表性文献。

关键词：　支付清算　支付经济学　货币经济学　产业组织

鉴于支付经济学的文献数量已经颇为可观，本章的文献综述将主要聚焦于梳理支付经济学的发展历程与发展现状，力图通过对代表性文献的剖析，探究支付经济学的学术内涵与分析方法，勾勒该理论分支的基本轮廓。此外，我们还将延续以往的传统，梳理过去一两年间国内外支付清算研究的其他一些代表性文献，特别是现实问题分析与政策探讨方面的文献。

一　支付经济学的起源与发展脉络：重要文献概述

尽管经济学家在理论上不重视研究支付清算体系，但支付清算对经济金融体系的重要性是怎么形容都不为过的。在真实的经济活动中，交易摩擦无处不在；各类经济主体始终在寻求更具效率、更加安全的方式来处理其支付事务，以降低交易成本。从这个意义上说，由支付、清算和结算系统构成的市场基础设施网络正是应对货物与金融交易中出现的各类摩擦的一种公共物品。因此，支付清算体系不应被经济学家所遗忘。

虽然支付问题长期未被纳入主流经济学，但如果从宏观经济思想史的长河中仔细追溯，我们仍然能够找到与支付清算体系有关的理论阐述。主流宏观经济学家的研究（如 Svensson，1985；Lucas and Stokey，1987）显示，在一个没有支付清算体系的经济中，经济主体必须持有足够多的现金，以支撑其在给定时期内所有可能愿意参与的市场交易。由于现金是没有收益的资产，大量持有现金必然导致经济主体的福利受损。于是，经济主体宁可减少交易，也不愿意持有大量现金。这一逻辑清晰地表明，经济主体之间结算资产的匮乏会阻碍其清偿彼此之间的债务，并因此会阻碍市场交易，从而使得市场范围缩小，分工和专业化受阻，经济增长停滞，波动加剧。在经济思想史中经常被引用的例子是20世纪初美联储成立之前美国短期利率存在巨大的季节性波动。米尔顿·弗里德曼在其1963年出版的名著《美国货币史》中敏锐地将这种波动归因于农产品收获季节市场交易量上升导致的货币供给短缺（弗里德曼、施瓦茨，2009）。

由于支付问题研究长期被主流经济学家所忽视，上述理论逻辑和弗里德曼的现实观察并未得到严密论证。直至1996年，斯科特·弗里曼（Freeman，1996）才首次用规范的数理模型大致论证了上述理论逻辑。该文假定，经济主体首先用债务（内部货币）进行交易，在一段时间后再用外部货币支付来清偿其债务。根据假定，债务人与债权人不能直接清偿债务，必须依赖一个可以转售债务给第三方并由此获得外部货币的市场。该文指出，如果没有足够的外部货币，债务将被打折交易，这就会抑制实体经济的交易。随后，作者用一个两期迭代模型证明，中央银行的介入可以临时性地创造额外的外部货币，并将其借出去，从而使得债务市场能以债务的面值实现出清，进而提高社会福利。同时，这种政策操作并不会对价格水平造成持久性影响，因为只要贷款被偿还，其创造的额外的外部货币也就被收回了。在我们看来，这篇论文的结论是富有一般意义的，适用于刻画央行在支付方面的许多政策实践。例如，央行可以对支付系统进行日间流动性管理，即在白天可以在较低的价格水平上提供日间信贷，以促进结算效率的提高，而隔夜贷款与长期贷款则应以一个足够高的利率来提供，以保证货币市场的价格稳定。尽管如此，类似于 Freeman（1996）这样的规范研究在 20 世纪 90 年代仍属非主流范畴，不太为经济学界所重视。

随着新经济泡沫破灭、“9·11”事件、次贷危机、欧债危机等突发性重大事件的爆发，21 世纪初的人们对支付清算的重要性开始有了新的认识，支付清算研究长期被忽略的状况也开始发生改变。格林斯潘在其回忆录中这样写道：“若是要存心搞垮美国经济，只需摧毁电子支付系统就行了。如此一来，银行就只好重归低效的资金实物转移，商业活动也就将仅限于物物交换和欠据欠条。整个国家的经济运行状况将会急速下降。”（Greenspan，2007）。格林斯潘的判断代表着中央银行家们的共识：支付系统一旦失效，人类社会就会退回到使用高成本现金，乃至物物交换的原始状态，这将会给实体经济的增长带来难以估量的巨大负面影响。基于这一共识，近年来，大量旨在连接支付清算实践与理论研究的活动快速展开，有关支付清算的学术会议、工作论文、数据库等各类平台快速增加。特别是各大中央银行在支付经济学的研究上投入了可观的资源，来自中央银行的经济学家也成为研究支付经济学最主要的力量之一。

在上述背景之下，支付清算不再扮演经济学理论中可有可无的边缘角色。以上面谈到的支付系统对实体经济的价值这一主题为例，Williamson（2003）采用了与 Freeman（1996）类似的理论框架证明，市场交易效率的高低取决于外部资产（中央银行货币）或经济主体之间债务清偿的集中安排（支付系统）是否存在。此外，如果家庭现金比最优配置水平更低，则势必导致家庭消费过少。如果引入由中央银行运营的清算所，家庭就可以与清算所兑换私人债务，从而增加消费。这就意味着，私人债务（内部货币）与外部货币（准备金）的结合能够增加消费者福利。Williamson（2005）的研究进一步分析了支付系统被采用的前提条件：使用支付系统的成本越低，经济主体在只有现金的环境下“失窃”的成本就越高，通过交易获得的收益越大时，这个支付系统就越可能被采用。Lester（2006）、Millard 和 Williamson（2006）等人的文献则在此基础上具体研究了支付系统中的结算风险与操作风险，分析了这些风险对福利的影响。

与支付清算问题日益为主流学界所关注这一现象相适应，“支付经济学”作为一个严谨的理论概念也开始被广泛讨论。根据我们的文献检索，来自里奇蒙德联邦储备银行的经济学家莱克尔（Lacker）对支付经济学的创建发挥了重要作用。他在权威期刊《货币经济学杂志》发表的三篇论文是支付经济学的奠基性文献。Lacker（1997）发展出了一个一般均衡模型来分析私人支付工具的清算和结算行为，这是将支付结算纳入主流货币经济学理论的初步努力。Lacker 和 Weinberg（2003）的文献是较早提出这一概念的正规学术文献。作者开宗明义地将论文标题设定为《支付经济学：对交换机制的研究》。该文在大量前人有关支付工具、清算结算组织、双边市场理论等领域研究的基础上，首先提出并论证了“支付经济学”的概念。该文认为，支付经济学讨论的主要是支付过程中的各种交换机制，既包括代理人完成支付使用的支付工具，也包括各类金融中介在支付过程中所发挥的作用。Lacker（2004）借助支付经济学的基本框架对 2001 年“9·11”事件对支付体系的冲击进行了分析。在这三篇标志性文献发表后，有关支付经济学的文献数量开始快速增长，学术期刊上开始出现以“分期支付经济学”“支付卡经济学”“双边支付卡市场经济学”等为题的文献，涵盖与支付有关的各类问题。

在电子货币与现代支付体系对货币与货币政策的影响、现代支付体系与金融风险两个领域，文献数量已堪称庞杂。相关文献综述可参见我们在《中国支付清算发展报告（2013）》中的综述，在此无须赘述。我们只需重申文献中所呈现的两个基本共识。第一，快速变化的支付体系既有可能使得今天的中央银行对货币资产和利率的控制力持续下降，同时也有可能会提高公开市场操作效率，增加货币乘数，从而增强货币政策的有效性。因此，支付体系的变革与货币政策的关系是复杂的、多维的，不可做简单、片面的判断。第二，支付清算系统为银行、证券等各类金融市场的交易提供了后台保障，因此支付清算系统的内在组织结构在很大程度上决定了冲击如何在金融系统中传播，这一问题在后危机时代显得格外重要。

在上述两大领域之外，近年来最具代表性的支付经济学综合性论文至少包括以下几篇。Kahn 和 Roberds（2009）的文献是一篇具有前瞻性的综述文章。该文在梳理庞杂的支付文献的基础上，通过构建一个简单的模型来分析支付的基本功能，并借助它阐述了通过制度安排来实现这些基本功能的机制。该文指出，这一基本模型具有丰富的微观与宏观政策含义，支付经济学与货币理论、公司金融、产业组织理论均有密切的联系。Bolt 和 Chakravorti（2008）的标题为《支付卡经济学》。该文针对决策者和经济学家们在信用卡支付市场的费率结构问题上缺乏共识的困境，借鉴产业组织理论的成熟模型，讨论了三个关键性问题：①在消费者和商户之间，什么样的支付费用结构是最优的？②支付供给者之间、支付网络之间和支付工具之间的竞争能够改善消费者和商户的福利吗？③政策当局在对支付费用进行管制时应遵循什么样的规则？该文的理论分析是严谨的，但没有给出明确的政策建议。其中的症结在于，现有的支付经济学文献仍局限于理论模型分析，并没有为决策者提供足够的数据分析和案例分析。McAndrews and Wang（2012）的研究对象也是信用卡市场。该文在更加贴近现实的若干微观假设基础（如商户和消费者使用支付设备需要付出较高的固定成本，但边际成本较低；消费者存在显著的异质性；等等）上，对双边支付卡市场进行了微观经济学分析。这套理论有助于解释信用卡不断增长的、较高的交换费率。Bounie 和 Francois（2011）把研究焦点对准票据支付。作者观察到，尽管有关支付的经济学文献数量日益增加，然而这些文献的关注焦点集中于零售支付，对于在欧元区使用更为普遍的票据支付则关注甚少。该文利用一手数据，检验那些被用于分析零售支付工具选择的标准理论框架是否可以运用在票据支付领域。研究结果是否定的：那些成型的标准框架不能被直接用于分析票据支付问题，理论创新仍是支付经济学学科建设面临的最关键问题。

上述几篇重要文献均来自英文学术期刊。此外，与支付经济学相关的高质量学术专著也开始出现，其中的两本代表性著作已有中译本。来自克利夫兰联邦储备银行的经济学家诺赛尔（Nosal）和罗什托（Rocheteau）的工作体现了将支付问题纳入主流货币经济学框架的努力。诺赛尔和罗什托（2015）并不关注支付市场中的具体现实问题，而是致力于解答某些本质问题，如什么因素决定了什么物品能够成为交易媒介而另一些物品则不行？该书以纯货币经济学为基础，将竞争性和双边交易交替出现的市场结构，以及拟线性的偏好作为全书所有理论模型的基本假设前提，通过将货币支付结算问题纳入标准的货币经济学模型，来研究支付、结算等基本现象在现代经济中的存在基础，借此研究商业银行、清算所和中央银行等支付体系组织结构的形成及其作用，并将研究最终导向货币、货币政策等货币经济学研究的基本对象，为读者提供了一个近乎全景式的支付经济学研究框架。相对这一部抽象的理论著作而言，来自英格兰银行的一批经济学家针对大额支付系统的经济学分析则更具可读性（曼宁等，2013）。进入 21 世纪以来，尽管学术界和中央银行在支付经济学研究方面取得了长足进展，但目前还很少有人尝试从这些不断增加的研究中抽取其核心内容，并以一种可读的形式展示给那些有经济学背景但在货币理论或支付方面缺少专门培训的读者。曼宁等（2013）所做的研究正是在这个方向上的可贵探索。该书在富有历史感地回顾了中央银行在货币、支付和信用中的角色之后，分析了支付结算中系统性风险的来源，并探讨了支付结算系统的治理和管理方式，研判了中央银行未来面临的政策挑战。该书在政策建议上的一大特色是，倡导以对推动支付系统发展和决定支付系统风险状况的各种经济力量进行稳健分析为基础，来制定中央银行的各类政策。

在有关支付经济学的正式论文和专著越来越多的同时，各类研讨会、各大央行及国际组织的网站上也频频出现有关支付清算理论与政策的会议论文、演讲稿和书稿等学术信息。另外，欧央行还联合了一些发达国家的央行和学术机构，成立了支付经济学研究小组（Payment Economics Network），旨在加强支付领域的理论和经验研究，使得支付经济学得到更大范围的认可和进一步的发展。

行文至此，我们已经对支付经济学的起源与发展有了一个初步的了解。在第二部分中，我们将结合支付经济学研究小组的研究工作以及 2008 年以来两次支付经济学研讨会的论文，继续梳理支付经济学的基本内涵和基本理论框架，为国内学界开展支付经济学研究提供一些理论线索。

二　支付经济学的晚近代表性文献

在 Lacker 和 Weinberg（2003）之后，支付经济学研究小组从现实问题入手，对支付经济学的研究对象进行了更为详尽的阐述。在该小组看来，支付经济学的研究范围涵盖三类对象：大额支付系统、零售支付系统、结算系统。首先，相对而言，对大额支付系统的研究最为完备，理论与实证文献较为丰富，该领域的研究主题包括：①流动性分析；②交易的模式、时间与参与者行为；③银行间货币市场；④拓扑与网络分析；⑤虚拟场景模拟。其次，零售支付系统的研究主要关注信用卡、移动支付和电子支付。研究工作旨在区分消费者行为类型，分析技术进步和产业规制等因素的影响，提供零售支付领域的新创意。最后，对结算系统这一金融基础设施的研究是支付经济学的新分支。该领域的研究重点是通过建模、模拟等方式研究中央结算对手方的行为。

从学科分类角度看，由于现实当中的支付清算问题与中央银行、金融机构、消费者、商户、技术创新者、政府、行业协会等多个主体密切相关，故而支付经济学也必然是一个多学科交叉的研究领域。产业组织理论、博弈论、行为经济学、货币经济学和规制经济学的研究方法均可在支付经济学范畴之内找到用武之地。总体而言，货币经济学与产业组织理论成为支付经济学融入主流的两个主要努力方向。

试举一例，“支付工具的创新”这一研究主题就可以充分体现货币经济学和产业组织理论的最新研究成果。从货币经济学角度看，早在 40 余年之前，哈耶克在《货币的非国家化》一书中就已经出现了允许私人机构提供多元化纸币的天才式构想。尽管在此后的数十年间，政府垄断货币供给的状况并未发生改变，但技术的进步在 20 世纪 90 年代之后开始发挥作用，货币制造与使用方式出现革新，电子货币、数字货币等补充性货币得到初步应用。针对这一现象，列特尔（2002）充分研究了单一支付体系和计价体系的缺陷，论证了新型支付手段在增进弱势群体福利和改善社区就业等方面的重要意义。更细致的文献可以参考我们2013年度的文献综述。货币经济学的研究视角是宏观性的，注重从货币制度的演变角度审视新型支付工具的作用，但未能从微观视角研究作为支付工具的货币存在的网络外部性特征。产业组织理论正好弥补了这一缺陷。我们在2015年度的文献综述中已经提及，Rochet和Tirole（2003）、Armstrong（2006）、Economides和Katsamakas（2006）等的代表性文献从交叉网络的外部性角度对支付工具的双边市场结构问题进行了分析。另外，芬兰银行的经济学家夏和塔尔卡的工作也富有启发性（Shy and Tarkka，1998）。该文分析了电子支付工具出现后消费者和商户选择支付工具的约束条件，发现在不同的成本结构约束之下，消费者和商户在不同金额的交易中会选择不同的支付工具（现金、电子货币、银行卡等）。总体上看，从产业组织理论角度对支付工具创新的研究高度重视双边市场中的交叉网络外部性、价格非对称性、需求的互补性或相互依赖性等基本特性，对银行卡定价策略、市场结构分析等方面的研究成果很好地弥补了货币经济学理论的不足。不过，货币经济学和产业组织理论的运用仍然无法使得支付经济学跟上现实世界变化的步伐，目前学术界对网络支付、移动支付、数字货币等领域工具创新现象的研究仍缺乏坚实的理论基础。

从这个例子中不难发现，支付经济学是一个新兴的交叉学科，主流经济学许多成熟分支的工具都可能在该领域有广阔的应用前景。也许正因为支付经济学的研究范式如此富有交叉性、多元性，支付经济学学科的演进动力也是多元化的，由来自中央银行、政府、学术界、企业界等不同群体的研究人员共同构成。

各界研究者共同推进支付经济学研究的一个重要平台是各国央行举办的支付经济学学术研讨会。其中最具代表性的是加拿大央行于2008年11月举办的“支付经济学：理论与政策”研讨会和波士顿联储两年一届的“支付经济学”系列研讨会，最新的一届是于2014年3月召开的第七次研讨会。下面将以在这两次研讨会上宣读的会议论文为主，对这一研究领域的概况进行介绍。

加拿大央行2008年举办的“支付经济学：理论与政策”研讨会论题较

为集中，11 篇会议论文重点探讨了大额支付系统及信用卡市场的效率与风险问题，涵盖了这些领域的主要热点，我们在此将重点讨论其中的一些代表性论文。

此次会议的信用卡问题研究论文有着十分清晰的政策含义。Hayashi（2008）以“支付卡费率结构的经济学”为题，重点分析了美国信用卡产业提高效率、优化福利分配的政策组合。该文的研究表明，有四个政策选项经常被拿来讨论：鼓励竞争、允许商户收取附加费、规范商户收费、规范支付卡奖励。然而，任何一项政策单独拿出来实施，都无法实现决策者的目标。应将上述政策建议综合起来考虑，多措并举。Bolt 和 Chakravorti（2008）在对信用卡经济学完整分析架构的基础上，重点研究了银行和商户影响消费者选择支付工具的能力。作者准确地把握了消费者与商户选择信用卡时的不同关切点：前者关注信用卡的收费、安全性、与商户的匹配程度；后者关注生产成本与获利机会。该文发现，信用卡的价格结构取决于银行提供支付服务的成本，包括信贷损耗的水平、偷盗的可能性、收入流的时间安排等。

支付、流动性与资产价格是此次会议最为热门的话题，多篇论文都围绕这一主题展开分析。Lester、Postlewaite 和 Wright（2008）关注了资产的两重属性：增加回报与提高流动性。同时，市场交易总是发生在有摩擦的分散化市场中，交换需要媒介。以此为出发点，该文探讨了信息、流动性与资产价格的关系。有些资产之所以适合承担交换媒介的角色，是因为它的流动性较强，能够在交易中更容易地被接受，哪怕它的回报率不高。Afonso 和 Shin（2008）研究了高价值支付系统中的流动性与系统性风险的关系。该文运用格子理论的方法进行了均衡分析，结果发现，银行试图保护流动性的行为会增加日内信贷的需求，最终导致支付系统的崩溃。此外，一旦某家银行被认为是容易出问题的机构，那么其他银行就会选择不再进行与该银行之间的支付活动，这将对整个金融体系产生系统性影响。Nosal 和 Rocheteau（2008）的论文与他们后来出版的专著《货币、支付与流动性》一样，是将支付问题纳入主流货币经济学框架的前沿探索。该文将资产的功能定位于支付工具，在法定货币与实物资产并存的环境中运用搜寻理论分析了两两交易环境下支付、资产价格与货币政策的关系。分析结果表明，通货膨胀率的上升会导致资产价格的上升与资产回报率的降低，也会使得各类实物资产之间的回报率差异不断扩大，这与作者之前观察到的典型化事实是吻合的。另外，从文章的结论也可以推断，存在一个通货膨胀率区间，在此区间之内可以实现资源的最优配置。Merrouche 和 Schanz（2008）运用博弈论方法分析了运行中断期间内的银行日间流动性管理问题，并利用英国支付体系的数据进行了检验，是一篇较为规范的经验研究论文。Sanches（2008）的研究视角很新颖，从不完美记忆、有限责任与偷窃角度来研究货币与信用问题。作者认为，不完美记忆使得货币是有用的，但同时也令偷窃行为难以被发现，从而为小偷提供了获利机会。有限责任约束着信贷安排，而不完美记忆会减轻对信贷市场中不良行为的惩罚力度，从而使得这种约束变得更紧。这一逻辑有着明确的货币政策含义：偷窃行为对最优货币政策而言是重要的，然而这一行为在最优模型中却未能体现。如果考虑偷窃行为，那么弗里德曼规则通常不是最优的，偷窃成本的降低会导致最优货币增长率攀升。

Chapman 等（2008）的论文是一篇很有特色的理论文章，力图从网络结构角度研究结算体系。该文认为，成本结构与信息结构是决定结算网络层级均衡水平的关键因素。另外，从福利角度看，清算机构的失效可以被分解为无效操作和私人信息损失。

Kahn（2008）关注到的现象是私人支付体系的迅速发展对中央银行构成的冲击，即央行长期以来在为金融交易提供最终结算方面具有垄断地位，而私人支付体系的崛起对这种垄断地位构成了挑战。该文还分析了公共支付体系与私人支付机构之间的竞争对央行货币政策带来的冲击，结果表明，私人支付体系的出现是对货币当局实施紧缩货币政策能力的一个考验。

实时大额支付系统（RTGS）作为重要的金融基础设施一直备受关注。Allsopp 等（2008）对实时大额支付系统的发展前景做了一个全景式的展望，并重点研究了中央银行在其中扮演的角色，是一篇分析现实问题的重要文献。

在 2008 年危机爆发之后，支付清算系统的重要性进一步凸显，其作为金融基础设施的支撑作用得到了各国政府与国际组织的高度重视。2010 年颁布的《多德－弗兰克华尔街改革与消费者保护法案》指出，金融市场发挥正当功能依赖于对支付、证券以及其他金融交易安全、高效的清算与结算安排。组织或支持多边支付、清算及结算业务活动的金融市场设施可降低市场参与者和金融体系的风险。然而，该设施同时也可能聚集或创造新的风险，必须妥当设计并且使之处于安全可靠的运营状态。因此，务必加强对支付、清算及结算业务活动的管制与监督，降低金融体系系统性风险，促进金融稳定。

支付结算委员会（CPSS）和国际证监会组织（IOSCO）也于2012年4月正式发表了权威文件《金融市场基础设施原则》（PFMI），明确将金融市场基础设施定义为“参与机构之间用于清算、结算或记录支付、证券、衍生品及其他金融交易的多边系统”，其主要功能是“为参与者之间或参与者与中央对手方之间的金融交易提供集中清算、结算和记录，以提高效率、降低风险和成本”。进一步对金融市场基础设施进行分类，可分为支付系统、中央证券存管、证券结算系统、中央对手方、交易数据库五种类型。2012年12月，CPSS与IOSCO还联合发布了为PFMI配套制定的《金融市场基础设施原则——披露框架和评估方法》报告。各国监管当局大多积极落实PFMI提出的各项要求，推行重点监管措施（Key Regulatory and Industry Initiatives）。

在以上种种新的政策背景之下，波士顿联储于2014年3月召开的第七次支付经济学研讨会的内容更加丰富，整个会议包含数字货币、信用卡市场——需求侧、信用卡市场——供给侧、独特的数据来源、金融市场与银行流动性、消费者支付行为、对杜宾修正案的评估七个专题，涵盖货币经济学、产业组织理论、金融市场学、微观经济学等学科范畴，主流经济学的各类分析方法全面登堂入室，支付清算领域的各类问题都开始为主流学界所关注。这次会议延续着波士顿联储支付经济学系列研讨会的传统，将中央银行、政府、学术圈和实业界的支付问题研究专家聚在一起，讨论支付领域的新现象，为支付经济学的创建开展富有创造性的讨论。

在数字货币方面，Gans和Halaburda（2013）以“私人数字货币的一些经济学”为题，对数字货币的最新发展进行了详尽评论。这篇文章的关注重点在于那些由平台支持的货币，如 Facebook Credit。作者借助平台经济学理论工具进行分析后指出，这类数字货币在未来不大可能成为法定货币的有力竞争对手。Chiu 和 Wong（2014）讨论了电子货币的本质。作者建立了一个一般均衡模型来比较不同支付体系的效率。研究表明，电子货币的一些重要特征有助于降低现金使用中出现的交易摩擦，提高社会福利。

信用卡市场依旧是此次会议关注的重点。Drozd 和 Serrano - Padial（2013）试图用理论模型来刻画信用卡革命。这篇论文抓住了现实中信用卡市场的两个关键要素：普遍存在的道德风险和信息技术运用导致的高昂的状态测试成本。该文发现，信息技术的进步能够促进信贷市场的产出，这一点对于我们理解 20 世纪 80 ~ 90 年代信用卡借贷活动的急速扩张至关重要。Agarwal 等（2014）运用差分内差分方法研究了美国 2009 年“信用卡责任与披露制度”（Credit Card Accountability Responsibility and Disclosure）的实施对消费者金融产品的影响。结果发现，对信用卡收费的管制降低了整体的借贷成本。McGee 和 Perez - Saiz（2014）关注的主体是作为支付服务提供者的非银行机构。在过去的数十年间，非银行机构作为各类零售支付服务的提供者，其重要性得到快速提升。在这篇实证论文中，作者力图解释加拿大零售商提供的信用卡被消费者采纳和使用的原因。在网络的相近性、信贷约束、金融压力和其他人口变量等因素中，网络的相近性有显著的正向影响，信贷约束对消费者决策并不重要。Kuchler（2014）利用在线服务的数据，研究信用卡债务偿还问题。文章用每个信用卡使用者的消费支出相对于其薪水的敏感度来刻画其短期内的不耐程度。实证结果表明，按照计划需要偿还的债务量对于成熟的消费者（了解自身的不耐程度）的实际还款额具有较高的预测精确度，而对于不成熟的消费者（不了解自身的不耐程度），其预测力则较弱。

在数据库资源的开发方面，此次研讨会也展示了新的突破。Bagnall 等（2014）的研究是一项跨国经验研究，其主要创新点在于运用了来自澳大利亚、奥地利、加拿大、法国、德国、美国与荷兰 7 个国家的支付调查数据，来测度消费者的现金使用情况。结果表明，虽然各国之间的现金使用存在显著的差异，但我们仍可以认为，现金作为一种支付工具并没有消失，尤其在那些价值较低的交易中更是如此。我们同时也发现，现金的使用与交易规模、人口特征和销售地点的特征等因素有关。Wang 和 Wolman（2014）的数据来源同样独特。作者利用来自大型连锁折扣店的交易数据，与邮政编码级别的解释变量一道，来研究消费者在不同交易规模、交易地点和交易时间下的支付选择。该文的主要预测结果是，在未来几年间，零售额中的现金使用比例将以每年 2.54 个百分点的速度下降。Hayashi 和 Cuddy（2014）研究了通用增值（General Purpose Reloadable）预付卡的使用、收费与欺诈风险问题。

在金融市场与流动性专题中，Sanches（2013）研究了银行危机与银行联盟形成的关系。作者发现，巨大的外部总量冲击常常导致支付机制的失效和市场交易的瘫痪。某种特定形式的银行联盟是应对外部冲击的有效制度安排，联盟中的各成员银行可以建立资本缓冲，以吸收外部冲击造成的震荡。如此安排亦可在外部震荡较小的情况之下，有效避免由于银行资产贬值带来的交易活动终止。当然，在外部冲击较大时，这一安排只能减轻负面冲击，而不能完全消除它。Gofman（2014）的视角比较独特，从金融机构之间“太过紧密而不能倒”（Too – Interconnected – to – Fail）的制度入手，关注金融结构的效率与稳定问题。促使金融结构更加稳定的监管措施常导致金融机构的规模被限制。该文的校准结果表明，银行的交易伙伴数量如果受到限制，那么流动性配置的效率将下降，而内生传染爆发的概率将增加。作者还发现，在一个较为分散的金融结构之下，更多的银行会触发一系列的市场失灵，而且还很难事先甄别出这些高风险的银行。总而言之，限制银行规模和银行之间联系的办法并不是解决“太过紧密而不能倒”问题的有效途径，它会导致金融结构趋于分散、越发脆弱、难以监管。

在消费者支付行为专题中，有一组有趣的论文。Burdett 等（2014）的论文是一篇极富开拓性的重要论文。作者借鉴新制度经济学大师罗纳德·科斯研究企业性质时的研究思路，将个人消费的实现途径归结为两条：从市场上购买商品，在家庭中生产商品；婚姻使得家庭生产更为便利。假定家庭生产的商品与市场中的商品可以相互替代，那么市场中的各种摩擦（税收、搜寻、谈判等）会提高人们的结婚倾向。另外，当且仅当单身意味着现金密集型时，通货膨胀会促使人们尽快成家。微观数据证实，单身人士的确比已婚人士更多地使用现金。而跨国面板数据分析则具体展示了通货膨胀率、税收和其他宏观变量对结婚率的影响机制。Lotz 和 Zhang（2013）研究的现象是“作为支付手段的货币与信用同时存在”。进一步地说，该文发展出了一个简单的理论模型，用以解释在通货膨胀率降低时，对信用的需求为什么也相应降低以及因新技术的采用而引发的一系列问题。该文的结论表明，货币与信用共存时，均衡水平通常是缺乏效率的，债务限额的变化是非中性的。

在对杜宾修正案的研究方面，美国财政部和联储官员合作完成的成果（Kay，et al.，2014）很有权威性。作者认为，这一修正案深刻影响了美国借记卡支付产业的竞争结构。市场人士预期，非利息收入和银行总收入将下降；而为了弥补损失，账户收费将会增加。此外，银行还会通过裁员和关闭分支机构来应对修正案的出台。该文的计量分析则表明，相关银行的交换费收入和非利息收入的确会下降，而银行也可以通过存款费用的增加来部分弥补这一损失。

从上述介绍中可以看出，支付经济学作为一门新兴的学科分支，其发展速度相当快，与货币经济学、产业组织理论、博弈论、制度经济学、计量经济学等经济学成熟学科分支的融合也做得比较好，代表性文献能够较快地回应现实需求，对现实中的许多重大政策问题亦能进行比较严谨规范的理论分析，论证的视角已有许多新颖独到之处。不过，支付经济学目前的研究框架仍然主要依靠“拿来主义”，即从其他学科分支借用比较成熟的工具，有什么工具就用什么工具。支付经济学本身的理论内核和保护带尚远未建立，要成为一个逻辑严谨、内核清晰、框架完备的学科分支，支付经济学的研究者还有很长的路要走。好在现实当中的支付清算与结算问题精彩纷呈，为理论研究提供了肥沃的土壤，同时也吸引越来越多的学者投身于支付经济学的创建中。我们的年度文献综述也将持续关注这一领域的研究动态。

三　支付清算政策研究的新进展：对近年英文文献的简要梳理

除了支付经济学理论文献之外，近年来支付清算政策研究方面的英文文献也颇有一些亮点。我们在此选择一些有特色的文献加以介绍。

需求方对支付工具的选择是影响支付工具创新的重要决定性因素。Emmi 等（2015）对欧盟 27 个国家的实证研究表明，对支付工具的需求存在显著的异质性特征。一方面，在货币统一之后，欧盟国家的民众在现金、借记卡、信用卡等传统支付工具的选择上有趋于收敛的走势；另一方面，各国在移动支付等新型电子支付工具的选择上则存在巨大的差异性。这篇文献的结论给我们的启示是，消费者需求的异质性意味着支付行业的供给应当是多元化的，一味强调支付工具的同质化和标准化会导致支付市场的供给无法满足需求，市场长期处于非均衡状态。与这一结论互为印证的是，近年来欧盟已修订了《支付服务指令》，鼓励支付行业的充分竞争，降低第三方支付的准入门槛，形成多元化的供给结构。

技术创新与金融稳定的关系也是研究人员始终关注的焦点。Bailey（2015）认为，新的技术变革与法律和监管体系的变化一道，对支付产业形成巨大冲击。人们应当力求在变革的过程中同时实现支付系统使用者收益增长和金融体系的稳定。为了实现这一目标，我们在思考现代支付体系的图景是如何变化的、哪些领域是银行要重点关注的这类问题时，需要综合考量结算风险、稳健性与弹性、支付连续性与有效监管等要点。

虚拟货币是近年来各大机构关注的热点话题。除了第七次支付经济学研讨会上的讨论之外，还有一些论著值得关注。根据 ECB（2012）、Fung 和 Halaburda（2014）的界说，虚拟货币事实上是指那些不与法定货币相关联的数字货币。其中，没有发行者的一类由计算机软件计算产生的去中心化货币（数字加密货币）尤为引人注目，比特币就是其中的典型代表。有关比特币的外文文献，可参见董昀、李鑫（2014）的综述。此外，2014 年以来还有一些新的文献和观点值得关注。美联储前主席伯南克2016年在接受媒体专访时认为，仅就技术角度而言，数字货币是有前途的，技术上的创新进步很可能对我们的支付体系更高效、更安全，意义重大。这些技术为支付体系的改善，以及人类的日常交易提供了很大的空间。然而，他不认为缺乏主权政府背书的货币，如比特币，最终可能在国际金融体系中扮演一个较重要的角色。人们还将继续用美元、欧元和人民币等进行交易。Ali等（2014）从创新角度的分析认为，数字货币的创新点在于建立了全局分布式账户系统，使得人们可以不需要依靠金融机构的支持，而仅仅依托于该系统就可以完成支付活动。Evans（2014）的观点则有所不同。该文对全局分布式账户系统与传统支付模式进行了比较研究，结果显示，新的支付模式是否具有优势尚难有定论。英格兰银行高级官员Broadbent 2016年在伦敦经济学院的演讲中分析了数字货币的本质特征。作者称，“数字”是一个十分含混的概念，似乎与计算机有关，代表“现代”的事物都可被冠以“数字”之名。因此，数字货币的概念也是模糊的。究其本质，数字货币背后的分布式簿记技术提供的实际上是“去中心化的虚拟清算所和资产登记册”，它提供了一条交换和持有包括货币在内的各种资产的新路径（Broadbent，2016）。

四　2015年中文文献中的支付清算研究

2015年，中文世界的支付清算文献仍主要集中于对现实问题的分析，对理论逻辑的探究则相对较少。在少数理论文献中，吴晓求（2015）以及王国刚、张扬（2015）的文献是两篇富有思辨色彩的代表性理论文章。吴晓求（2015）认为，包括互联网支付和移动支付在内的互联网金融生存和发展的逻辑基础是金融功能与互联网技术特性在基因层面上的匹配，而其生存的必要条件是广阔的市场空间。互联网金融与传统金融之间的激烈竞争，有利于促进金融结构变革与效率提升，完成金融体系从嫌贫爱富型向普惠型的转变。王国刚、张扬（2015）则认为，以第三方支付、余额宝与P2P平台为代表的互联网金融在功能上并不会颠覆传统金融，其在机制上更多地利用了中国金融制度结构的缺陷来实施监管套利，这对金融体系的完善的确具有拾遗补阙的作用，但不会成为中国金融的主流运行方式。

程华（2015）对电子支付工具的理论研究更具主流经济学风格。该文围绕需求方的网络外部性和异质性两个基本特质，对信息技术发展背景下的电子支付创新逻辑进行了理论分析。结果发现，信息技术的发展既可以通过用户基础的拓展和与法币体系的互联互通，弥合电子支付工具与传统支付工具在网络效应上的差距，又可以通过各种其他附加功能的创造，更好地满足多样化的支付需求。

有一些文献以电子信息技术和互联网技术的快速发展为现实背景，分析了支付清算行业发展的某类现实问题。例如，杨涛、李鑫（2015）从分工的视角集中研究我国清算市场发展模式问题。该文对银行卡清算模式的演变历程进行了梳理，并在此基础上对国内第三方支付清算模式进行了理性的剖析，认为目前互联网的技术发展并没有给清算环节的分工带来实质性的变化。新清算模式只是在特定制度环境下传统清算模式的变通形式。再如，王雷涛、李汝平（2015）在强调支付结算业务对商业银行业务运营重要性的基础之上，着重分析了在互联网金融兴起的背景下，加强支付管理的若干对策。

借鉴国际经验依然是中文文献关注的主题之一。周莉萍（2015）以非现金支付市场为切入点，全面追踪全球支付清算体系的发展趋势，包括支付工具创新、监管体系、跨境支付市场发展、支付理论等方面。米安等（2015）通过对两次大危机当中美联储政策的回顾发现，中央银行之所以必须充当“最后贷款人”，是为了避免发生银行挤兑导致的健康银行破产和支付系统崩溃。对于中央银行救助对象，存在两种截然不同的观点：一种是虽然要保护存款人和支付清算系统，但不需要救助银行的长期债权人或股东；另一种是银行作为借款人与出借人之间的中介，需要实行特殊的激励和信息服务，因此必须保护银行债权人和股东。

上海国际金融中心建设与支付清算系统的建设息息相关。焦瑾璞

（2015）把推动金融基础设施建设、提升金融效率与安全视为人民银行建设上海国际金融中心的四大举措之一。其中，基本形成了涵盖债券、外汇、大宗商品衍生品的中央对手方清算机制，规范促进第三方支付服务业务发展，推动支付系统国家处理中心上海中心的投产运行等支付清算系统建设的成就最为引人瞩目。高洪民（2015）则更为具体地分析了上海建设全球清算中心的可行性与具体路径。该文的核心论点是，要以安全、高效、规范为总体原则，以市场化、国际化的银行和金融要素市场结算体系为基础，建设全球清算中心，亦即逐步形成支付结算工具和全球地域时差全覆盖的、各结算系统互联对接的全球性人民币结算清算网络。

银行卡市场始终是中文文献关注的焦点话题。巴曙松、罗永涛（2015）在研判近年来国内银行卡产业发展出现的一系列问题的基础上，发现当前中国银行卡价格体系的主要问题表现在行业价差难以维系、线上线下价格双轨制导致机构面临不公平竞争环境、发卡行收益标准未合理反映借贷记卡交易的成本差异三个方面。该文的政策建议是，同一行业价格分类、交换费实行借贷差别定价、线上线下一体化定价。沈一飞、习辉（2015）的讨论集中于加强我国银行卡标准建设。该文指出，我国自主研发的 PBOC 3.0 标准已经成为银行卡联网通用的技术基础，成为改善金融服务、实现金融服务民生的基础要素。坚持我国标准，对信息消费快速增长、支付清算业务与数据完整性、人民币国际化发展乃至国家金融安全都具有重要意义。

数字货币及与之密切相关的区块链技术成为 2015 年热度最高的互联网金融话题之一。中文文献在这方面既有理论思考，也有政策分析。谢平、石午光（2015）认为，数字加密货币是基于密码学和网络 P2P 技术，由计算机程序产生，并在互联网上发行和流通的新型货币。该文从数字加密货币基本原理、货币特征和争议、发展与演变、对支付创新的启示、合法化和监管六个方面对数字加密货币研究文献进行了梳理。谢平等（2015）认为，以比特币为代表的互联网货币的流行表明，点对点、去中心化的私人货币在纯粹竞争环境下可以与中央银行的法定货币一较高下，货币也未必一定要与信用联结起来。对于内生的、超主权的互联网货币，货币政策既非数量控制，也非价格控制，而是对经济体中总的风险承担水平的控制，更接近宏观审慎监管。焦瑾璞等（2015）的文献是一篇现实问题分析的文献，从实证角度系统研究了数字货币与普惠金融发展的关系。该文总结了数字货币在扩大金融服务的覆盖面、降低金融服务成本以及提升金融服务质量等方面的重要作用，并进一步逐一分析了政府、企业和个人在货币向数字化方向发展的三大阶段中的受益情况。同时，通过对比数字货币三大监管模式，该文还分析了数字货币监管体系未来的发展趋势，并讨论了央行发行数字货币的利弊。

区块链技术的发展成为支撑比特币的基础型力量，不搞清楚区块链的运行机理，就难以把握数字货币的本质特征。然而，经济学家的知识储备已不足以支撑对区块链技术的深入研究。正因如此，我国学者在区块链技术方面所做的系统研究尚不多见，具有代表性的是一本2016年初出版的译著——美国学者斯万的《区块链：新经济蓝图及导读》。该书把区块链视为一种具备多种层级和多种类型应用的综合技术，涵盖资产等级、清单编写、价值交换，涉及金融、经济、货币的各个领域，它是任何事物所有量子数据呈现、评估和传递的一种新型组织范式。究其本质，区块链就是一本全网记录所有已经发生的比特币交易的公开账本，由于矿工不断地创造新的区块来记录最新的交易，所以这个账本一直会增长、延长。每一个完整的节点都有一份区块链信息的备份，因此，可以很容易地利用一个特定的地址，通过区块浏览器查询区块链的信息。根据该书的逻辑，区块链作为一种去中心化的、具有革命性的计算范式，有可能具备熊彼特“创造性破坏”的特征，能够催生一个新的生态系统，出现法币与数字加密货币同时并存的“哈耶克式”货币多样化，促进大规模的人类协同操作。

中国人民银行行长周小川也高度关注区块链技术的发展。他认为，区块链技术是一项可选的技术路线，其特点是分布式簿记、不基于账户，而且无法篡改。中国人民银行部署了重要力量研究探讨区块链应用技术，但是到目前为止区块链占用资源还是太多，不管是计算资源还是存储资源，都应对不了现在的交易规模（王烁等，2016）。

参考文献

巴曙松、罗永涛：《银行卡价格改革趋势》，《中国金融》2015 年第 19 期。

程华：《网络外部性、需求异质性与电子支付创新》，《经济理论与经济管理》2015 年第 9 期。

《多德 - 弗兰克华尔街改革与消费者保护法案》，董裕平等译，中国金融出版社，2010。

董昀、李鑫：《互联网金融的发展：基于文献的探究》，《金融评论》2014 年第 5 期。

〔美〕弗里德曼、施瓦茨：《美国货币史（1867 ~ 1960）》，巴曙松等译，北京大学出版社，2009。

高洪民：《上海建设人民币全球清算中心的条件和路径研究》，《世界经济研究》2015 年第 6 期。

〔英〕哈耶克：《货币的非国家化》，姚中秋译，新星出版社，2007。

焦瑾璞：《稳步建设上海国际金融中心》，《中国金融》2015 年第 18 期。

焦瑾璞、孙天琦、黄亭亭、汪天都：《数字货币与普惠金融发展——理论框架、国际实践与监管体系》，《金融监管研究》2015 年第 7 期。

〔美〕列特尔：《货币的未来》，新华出版社，2002。

曼宁等：《大额支付结算的经济学分析：中央银行视角的理论与政策》，中国金融出版社，2013。

米安、苏菲、王宇：《最后贷款人与市场救助》，《金融发展研究》2015 年第 11 期。

〔美〕诺赛尔、罗什托：《货币、支付与流动性》，童牧等译，中国金融出版社，2015。

沈一飞、习辉：《加强我国银行卡标准建设》，《中国金融》2015 年第 9 期。

〔美〕斯万：《区块链：新经济蓝图及导读》，龚鸣等译，新星出版社，2016。

王国刚、张扬：《互联网金融之辨析》，《财贸经济》2015 年第 1 期。

王雷涛、李汝平：《加强支付管理应对互联网金融的思考》，《农村金融研究》2015 年第 2 期。

王烁等：《专访周小川》，《财新周刊》2016 年第 6 期。

吴晓求：《互联网金融：成长的逻辑》，《财贸经济》2015 年第 2 期。

谢平、石午光：《数字加密货币研究：一个文献综述》，《金融研究》2015 年第 1 期。

谢平、邹传伟、刘海二：《互联网金融的基础理论》，《金融研究》2015 年第 8 期。

杨涛、李鑫：《互联网时代银行卡清算模式的发展与演进》，《金融监管研究》2015

年第11期。

《金融市场基础设施原则》，中国人民银行支付结算司译，中国金融出版社，2013。

周莉萍：《全球支付清算体系发展概况和趋势》，《银行家》2015年第6期。

Afonso, G. M. , H. Shin, "Systemic Risk and Liquidity in Payment Systems", Paper Prepared for Payments Economics: Theory and Policy, 2008.

Agarwal, S. , et al. , "Regulating Consumer Financial Products: Evidence from Credit Cards", Paper Prepared for the Economics of Payments Ⅶ, 2014.

Ali, R. , J. Barrdear, R. Clews and J. Southgate, "Innovations in Payment Technologies and the Emergence of Digital Currencies", Bank of England Quarterly Bulletin 2014 Q3.

Allsopp, P. , et al. , "The Future of Real – Time Gross Settlement", Paper Prepared for Payments Economics: Theory and Policy, 2008.

Armstrong, M. , "Competition in Two – sided Markets", *The RAND Journal of Economics*, 2006, 37 (3).

Bagnall, J. , et al. , "Consumer Cash Usage and Management: A Cross – Country Comparison with Diary Survey Data", Paper Prepared for the Economics of Payments Ⅶ, 2014.

Bailey, D. , "The Future of Payment Systems: Stability Through Change", Speech Given at the Westminster Business Forum Keynote Seminar, 2015.

Bolt, W. , S. Chakravorti, "Economics of Payment Card: A Status Report", Economic Perspectives, Federal Reserve of Chicago, 2008 Q4.

Bolt, W. , S. Chakravorti, "Consumer Choice and Merchant Acceptance of Payment Media", Paper Prepared for Payments Economics: Theory and Policy, 2008.

Bounie, D. , A. Francois, "The Economics of Bill Payment: An Empirical Analysis", *Applied Economic Letters*, 2011, 18.

Broadbent, B. , "Central Banks and Digital Currencies", Speech Given at London School of Economics, 2016.

Burdett, K. , et al. , "Marriage, Markets and Money: A Coasian Theory of Household Formation", Paper Prepared for the Economics of Payments Ⅶ, 2014.

Chapman, J. , J. Chiu and M. Molico, "A Model of Tiered Settlement Networks", Paper Prepared for Payments Economics: Theory and Policy, 2008.

Chiu, J. , R. Wong, "On the Essentiality of Electronic Money", Paper Prepared for the Economics of Payments Ⅶ, 2014.

Drozd, L. A. , R. Serrano – Padial, "Modeling the Credit Card Revolution: The Role of Debt Collection and Informal Bankruptcy", Paper Prepared for the Economics of Payments Ⅶ, 2013.

ECB, "Virtual Currency Schemes", 2012.

Economides and Katsamakas, "Two – sided Competition of Proprietary vs. Open Source

Technology Platforms and the Implications for Software Industry", *Management Science*, 2006, 52 (7).

Emmi, M., S., Heiko, T. Tuomas, "Convergence of European Retail Payments", *Journal of Banking and Finance*, Vol. 50, 2015.

Evans, D., "Economic Aspects of Biticon and Other Decentralized Public Ledger Currency Platforms", University of Chicago Coase – Sandor Institute for Laws & Economics Research Paper, No. 685, 2014.

Evans, D., S. Richard, *Paying with Plastic: The Digital Revolution in Buying and Borrowing*, Cambridge, MA: MIT Press, 2005.

Freeman, S., "The Payments System, Liquidity and Redicounting", *American Economic Review*, 1996, 86 (5).

Fung, B., H. Halaburda, "Understanding Platform – based Digital Currencies", *Bank of Canada Review*, May 13, 2014.

Gans, J. S., H. Halaburda, "Some Economics of Private Digital Currency", Paper Prepared for the Economics of Payments Ⅶ, 2013.

Gofman, M., "Efficiency and Stability of a Financial Architecture with Too – Interconnected – to – Fail Institutions", Paper Prepared for the Economics of Payments Ⅶ, 2014.

Greenspan, Allen, *The Age of Turbulence*, Penguin, UK, 2007.

Hayashi F., "The Economics of Payment Card Fee Structure", Paper Prepared for Payments Economics: Theory and Policy, 2008.

Hayashi, F., E. Cuddy, "General Purpose Reloadable Prepaid Cards: Penetration, Use, Fees and Fraud Risks", Paper Prepared for the Economics of Payments Ⅶ, 2014.

Kahn, Charles M., "Offshore Settlement, Collateral and Interest Rate", Paper Prepared for Payments Economics: Theory and Policy, 2008.

Kahn, Charles M., William, Roberds, "Why Pay? An Introduction to Payments Economics", *Journal of Financial Intermediation*, Vol. 18, Iss. 1, 2009.

Kay, B., et al., "Bank Profitability and Debit Card Interchange Regulation: Bank Responses to the Durbin Amendment", Paper Prepared for the Economics of Payments Ⅶ, 2014.

Kuchler, T., "Sticking to Your Plan: Hyperbolic Discounting and Credit Card Debt Paydown", Paper Prepared for the Economics of Payments Ⅶ, 2014.

Lacker M. J., "Clearing, Settlement and Monetary Policy", *Journal of Monetary Economics*, 1997, 40 (2).

Lacker M. J. and J. A. Weinberg, "Payment Economics: Studying the Mechanics of Exchange", *Journal of Monetary Economics*, 2003, 50.

Lacker M. J. , "Payment System Disruptions and the Federal Reserve Following September 11, 2001", *Journal of Monetary Economics*, 2004, 51 (5).

Lester, B. , "A Model of Interbank Settlement", Society for Economic Dynamics 2006 Meeting Papers, No. 282, 2006.

Lester, B. , A. , Postlewaite and R. Wright, "Information, Liquidity and Assets Prices", Paper Prepared for Payments Economics: Theory and Policy, 2008.

Lotz, S. , C, Zhang, "Money and Credit as Means of Payment", Paper Prepared for the Economics of Payments Ⅶ, 2013.

Lucas, R. and Stokey, N. , "Money and Interest in a Cash – in – Advance Economy", *Econometrica*, 1987, 53.

McAndrews, J. and Wang, Z. , "The Economics of Two – sided Payment Card Markets: Pricing, Adoption and Usage", Federal Reserve Bank of Richmond, Working Paper, 2012.

McGee, G. and H. Perez – Saiz, "The Role of Non – Banks as Payment Providers", Paper Prepared for the Economics of Payments Ⅶ, 2014.

Merrouche, O. , J. Schanz, "Banks- Intraday Liquidity Management during Operational Outages", Paper Prepared for Payments Economics: Theory and Policy, 2008

Millard, S. P. and Williamson, M. , "The Welfare Benefits of Stable and Efficient Payment Systems", Bank of England Working Paper, No. 301, 2006.

Nosal, E. , G. Rocheteau, "Pairwise Trade, Payments, Assets Prices and Monetary Policy", Paper Prepared for Payments Economics: Theory and Policy, 2008.

Rochet, J. , J. Tirole, "Platform Competition in Two – sided Markets", *Journal of European Economic Association*, 2003, 1.

Sanches, D. , "Banking Crises and the Role of Bank Coalitions", Paper Prepared for the Economics of Payments Ⅶ, 2013.

Sanches, D. , "Money and Credit with Limited Commitment and Theft", Paper Prepared for Payments Economics: Theory and Policy, 2008.

Shy, O. and J. Tarkka, "The Market for Electronic Cash Cards", Bank of Finland Discussion Paper, 1998, 98 (21) .

Svensson, L. E. O, "Money and Asset Prices in a Cash – in – Advance Economy", *Journal of Political Economy*, 1985, 93 (5).

Wang, Z. , A. L. Wolman, "Payment Choice and the Future of Currency: Insights from One Billion Retail Transactions", Paper Prepared for the Economics of Payments Ⅶ, 2014.

Williamson, S. D. , "Payments Systems and Monetary Policy", *Journal of Monetary Economics*, 2003, 50 (2).

Williamson, M. , "Real – time Gross Settlement and Hybrid Payment Systems: A Comparison", Bank of England Working Paper, No. 252, 2005.

Chapter 13 Development of Academic Research and Policy Practice Payment and Settlement

Abstract: This paper attempt to inquiry the source, evolution and current situation of the payment economics as a new branch of economics. The key points of this paper are tracking the frontier of payment economics and commenting upon this topic. Our research sample is mainly from two academic conferences on payment economics in recent years. In addition, we also discuss other important literatures on payment and settlement published in 2014 and 2015.

Keywords: Payment and Settlement; Payment Economics; Monetary Economics; Industrial Organization

第十四章　美国支付体系提升战略*

一　前言

安全、高效、广泛可得的支付体系对美国经济至关重要。作为金融改革的领导者、倡导者和金融机构、财政部支付服务的提供者，美联储在促进支付体系提升方面发挥着重要作用。

二　概要

美联储认为，美国支付体系改革正处于关键期。科技正在迅速地改变支付过程所涉及的诸多要素。高速传输的数据网络无所不在，计算设备越来越复杂、越来越易于移动，信息处理的时效性不断增强。这些要素正在改变着商务活动的本质和最终用户（End - user）的支付服务期望。同时，作为影响公众对支付体系信心的基础要素，支付安全和敏感数据的保护正在面临动态、持续和快速上升的威胁。此外，越来越多的美国居民和企业进行日常转账，需要有快速、高效和更好的支付选择①。

从美联储2013年发布的《提升支付体系——公开征求意见稿》（征求

* 本章根据美联储于2015年1月26日发布的 *Strategies for Improving the U. S. Payment System*，由央行支付结算司组织专家翻译而成。

① 本章中，企业不仅包括私人部门企业，而且包括政府部门企业。

意见稿）的反响来看，公众对报告中提出的差距、机遇和期望结果广泛认同[①]。近期关系人（Stakeholder）之间的对话取得显著进展，朝共同目标推进的动力逐渐增强。许多支付关系人开始主动探讨支付体系提升问题，特别是提升端到端支付速度和安全的前景问题。我们相信，这些变化说明一些因素正在创造变革的有利条件。通过《美国支付体系提升战略》，美联储呼吁所有关系人抓住机遇，共同努力，以提升支付体系。

（一）期望结果

在2013年的征求意见稿中，美联储提出提升美国支付体系的五方面期望结果。在对征求意见稿反馈意见的说明和其他一些调研成果中[②]，美联储已对期望结果进行了细化，现在正寻求关系人的支持以实现这些目标。这些期望结果只有通过所有关系人的共同努力方可实现，而不仅仅是美联储的职责。最终期望结果如下。

（1）速度。通过灵活和成本效益划算（Cost - effective）的方式为支付清算结算团体快速并且具有最终性地结清其头寸，对各种不同的商业支付和个人支付所需的普遍的、安全的和更快的电子解决方案提供支持。

（2）安全。美国支付体系要具有很高的安全性，社会公众要对其拥有高度的信心，对威胁不断演进和扩大的情况要予以防范并及时做出响应。

（3）效率。提高以电子方式收发支付的比例，以便降低支付业务端到端的（社会）平均成本，并使得创新的支付服务所增加的价值转移至消费者和商业企业。

（4）国际化。为美国消费者和企业发起和接收便捷、成本效益划算且及时的跨境支付提供更好的选择。

---

① 征求意见稿发布网址为 https：//fedpaymentsimprovement. org/wp - content/uploads/2013/09/Payment_ System_ Improvement - Public_ Consultation_ Paper. pdf。本章的概要信息在以下网址可查：https：//fedpaymentsimprovement. org.

② 以下研究已完成：最终用户对更快的支付功能和其他属性的需求；美国的支付趋势；美国的支付安全前景；美国实现更快支付能力的可选方案；美国实施新的全球标准（ISO 20022）的商业案例；美联储支持为实现期望结果需进行的金融服务改进。

（5）协作。广大支付参与者都要认识到并支持必要的支付体系提升战略，且在实施这些战略过程中取得实质性进展。

（二）战略

通过认真研究和广泛征求公众意见，美联储将联合关系人寻求一套提升美国支付体系的战略。该战略要求支付参与者合作和共同行动。该战略要求：①继续保持已增强的与支付体系关系人的互动；②与支付关系人一起识别实施美国支付基础设施的有效方法，支持支付基础设施具有安全的、普遍的和更快速的支付能力，以提高交易效率、促进创新、减少欺诈、增强公众信心；③与关系人合作，降低欺诈风险，提升支付体系的安全性、保密性（Security）和韧性（Resiliency）。此外，美联储将鼓励进行国家层面的努力，提供更高效的中央银行结算解决方案，提高跨境交易能力，以促进美国支付体系现代化。只要附录9中描述的长期原则和标准满足，美联储将提供新的金融服务以实现该战略。这些标准包括：长期成本的完全覆盖；新的服务将使公众受益的预期；不能指望其他提供者以合理的效力、合理的范围、合理的公平以及兼顾公众评价而单独提供这种快速支付服务的理念。美联储将积极监测、寻求反馈并随支付体系发展调整战略。

美联储已确认下述战略可以提升美国的支付体系。支付关系人将最终通过其单独或集体的行动决定这些战略实现的程度。美联储致力于推进支付体系以下几个方面的实质提升：充分考量关系人的看法、为众多用户（而不是有限的群体）所使用、提升安全性。在此过程中，美联储将公开其政策决策以及不断发展的运营决策（如适宜）以使公众评价。下面是这些战略的一个高度总结。

战略1：就提升美国支付体系倡议，与关系人积极进行互动。

• 建立并强化支付关系人为本报告确立的战略（及战略的演进）提供建议和支持的机制，包括建立快速支付工作组和支付安全工作组。

• 通过一系列网络及面对面互动机制，为关系人提供额外的反馈渠道，确保其知悉支付体系提升安排。

战略2：对实现安全的、普遍的、更快速的支付能力的有效方法进行识别（2015 年开始）。

• 建立并牵头快速支付工作组（2015 年初）。

• 与工作组协作，根据其他支付体系关系人的建议，评估快速支付能力的可选方案，包括对每种方案的核心基础设施描述、安全保密、参与者与基础设施接口所需的操作改变的评估，以及实施方案的成本和时间的评估。

• 梳理多个支付服务提供商环境下可能产生的政策问题，如规则制定框架（预计 2016 年完成）。

• 基于关系人的建议和分析，识别在美国实现快速支付的有效方法（预计 2016 年完成）。

• 适当支持关系人共同努力实现快速支付。

战略 3：努力降低欺诈风险，并提升支付体系的安全性、保密性和韧性（2015 年开始）。

• 建立并牵头支付安全工作组开展以下工作：

- 提供支付安全方面的建议；

- 与快速支付工作组合作，为新建或改造的支付基础设施提供解决方案，以确保其既快速又安全；

- 明确提升支付体系安全保障、安全保密和韧性（恢复能力）的未来行动中的关注点和优先顺序。

• 支持发展和采用适当的支付安全标准。

• 拓展战略 5 中提到的美联储反欺诈和风险管理服务体系，并持续改进美联储的支付网络以支持美国支付体系的安全保障、安全保密和韧性（继续）。

• 探索利用美联储公开可得的支付欺诈数据的潜力，开展支付安全研究以提示行业和政策决策，并与支付关系人共享成果（2015 年开始初步探索）。

战略 4：国内支付和跨境支付要实现更高的端到端效率（2015 年及以后）。

• 为美国支付交易应用 ISO 20022 标准制定实施战略[①]。

---

① ISO 20022 是国际标准化组织建立的金融报文标准。关于该标准的更多信息可参见 http：//www. iso20022. org/。

- 加快采用企业之间（B2B）安全的电子支付[①]。
- 为促进 P2P、P2B 和小企业 B2B 支付目录（Directories）更强的互用性而开发技术和制定规则。

战略 5：提升美国联邦储备银行的支付服务、结算服务和风险管理服务（2015 年及以后）。

- 延长国家结算服务时间，提高其服务能力，缩短银行间支票的处理时间。
- 促进更加广泛的利用当日自动清算所（ACH）的处理能力。
- 扩展和提升美联储国际支付服务。
- 拓展美联储金融服务方面的风险管理服务。
- 为联邦储备银行的金融机构客户网络提供能共同使用的安全目录工具。

（三）下一步工作

《美国支付体系提升战略》是关系人协作的成果，反映了广大支付关系人对该战略的支持。美联储认为，集体参与设计的解决方案是实现期望结果的基础，这将需要关系人之间广泛协作和承担义务。

1. 美联储将致力于通过领导和行动来推进上述战略

美联储将作为领导者、召集人以及适时推动者，利用自身资源推动战略的实施。美联储将持续提升其现有服务。美联储不会考虑拓展其支付服务提供者的角色范畴，除非它认定此举将给支付体系带来重大提升，或者私人部门单独行动可能无法有效地实现速度、效率、安全的期望结果。美联储将积极监测和交流进展、收集反馈并随情况发展调整战略。

2. 美联储需要支付关系人行动起来以实现上述战略

- 积极参与工作组。这些措施取得成功的关键是代表不同关系人的利益和有效的资源投入。表达参与意向的目录详见 FedPaymentsImprovement. org。

---

① 在 B2B 支付中推广电子支付的工作将与现有机构的工作相结合，如汇款联盟（Remittance Coalition）。汇款联盟是行业关系人共同组成的、旨在解决 B2B 支付和直通处理中各类信息问题的开放组织。

不同关系人工作组将在 2015 年建立，鼓励感兴趣的机构参与其中。

• 参与信息反馈研讨。除了通过工作组收集关系人建议外，在倡议推进过程中，美联储将继续征求所有关系人对关键问题的意见。通过面对面研讨、调研、与行业或者美联储赞助的机构协作，以及通过 FedPaymentsImprovement.org 上的公开信息反馈机制促进关系人建言献策。订阅 FedPaymentsImprovement.org 上的信息更新是参与这一过程的关键的第一步。

• 支持期望结果的个别行动。除了成功落实报告中列出的提升支付体系的倡议之外，实现端到端服务的提升需要参与支付环节的所有机构的共同努力，具体表现为遵守最佳实践、执行标准以及参与研究和数据收集、升级系统等。

到目前为止，支付关系人对本报告的形成贡献巨大。美联储致力于与关系人共同努力，将未来目标变为现实，鼓励关系人亦以此为使命。唯有通过共同努力，方可实现美国支付体系快速、普遍、安全、高效的目标。

三 引言

一国支付体系的安全、效率和可获得性对该国的金融稳定和经济发展有至关重要的作用。支付在支持金融交易、便利商务活动以及推动企业、消费者和金融机构之间价值转移等方面发挥了重要作用。2012 年，全美非现金支付（不含大额转账）交易量达 1224 亿笔，交易额约为 174.4 万亿美元①。作为美国的中央银行，美联储殷切希望支付体系安全稳定运行。为此，美联储承担了支付体系建设的推动者、服务提供者以及监管者等多重角色。本报告旨在从支付服务提供者和支付体系建设推动者的角度，解读美联储提出的提升美国支付体系的建议。

美联储发布本报告的目的如下。

（1）解释提升美国支付体系的期望结果，公布社会公众对征求意见稿

---

① 统计数据来自《美联储支付研究》（2013 年），参见 http：//www.frbservices.org/files/communications/pdf/research/2013_ payments_ study_ summary.pdf。

的反馈意见以及支持本项倡议的相关研究结果。

（2）介绍美联储作为推动者和服务提供者与关系人一道为实现以上目标在未来拟采取的战略。

（3）号召关系人积极参与上述战略的进一步细化及实施。

美联储认为美国的支付体系改革处于关键时期。技术的革新从方方面面影响着支付流程。高速传输的数据网络无处不在，计算设备越来越复杂、越来越易于移动，信息处理的时效性不断增强。相应的，商务活动的实质和最终用户对支付服务的期望值也在发生变化。支付安全和敏感数据的保护关系到公众对支付体系的信心。而近年来，它们受到越来越多的威胁和挑战。此外，越来越多的个人和企业进行日常跨境转账。他们对相关支付服务的效率有了更高的要求。

传统的支付服务多基于陈旧的设施，很难迅速适应这些新情况和新发展。新的参与者开始迅速进入支付服务市场，提供创新产品。此刻各方应加强合作，以防止美国支付服务的进一步碎片化，缩小美国与其他经济体在支付体系方面的差距。

一致行动有利于提高支付服务的便利性，扩大覆盖面，保障安全性和跨境支付的互联互通，并降低成本。

自美联储2012年提出支付体系改进倡议后，行业内交流与合作得到了有效推动，各方对共同目标的推动力有所增强。许多支付关系人已开始自行讨论如何改进支付体系（特别是如何提高支付过程的速度和保障支付过程的安全性）。从对美联储前期征求意见稿的反馈意见中可以看出各方高度认同本报告所提出的差距/机遇和期望结果。关系人团体开始合作，以有效提升支付体系，其一致性和共同愿景超出了我们之前的预期，表明一些因素为变革创造了有利条件。美联储希望通过本报告号召关系人抓住机遇、通力合作，改善支付体系。

四　背景

2012年10月，美联储正式表示其关切，希望提高美国支付体系端到端服务的速度和效率，同时保证其安全性和可获得性①。美联储的端到端支付服务愿景涉及支付过程整个链条，包括支付业务的发起、付款通知、对账、银行间结算和收款等。为实现该愿景，美联储做了以下工作。

（1）制订了行业参与者计划，将关系人都纳入支付体系提升倡议框架内。通过此项计划，美联储向银行、卡组织、软件供应商、支付服务处理商、包括收单方在内的企业、支付服务提供者、传统和替代性支付网络、政府机构、贸易协会和消费者组织等征求了意见。各方的反馈意见被纳入了倡议和本报告中描述的每条战略中（见附录1）。

（2）2013年9月发布了征求意见稿，表达了美联储对当前支付环境面临的差距与机遇，以及弥补差距、抓住机遇的期望结果的看法。征求意见稿就美联储的研究发现、潜在的支付体系提升战略及其在此过程中的角色等征求了公众的意见（见附录2）。

（3）支持针对最终用户的定性和定量研究，以了解支付服务的速度和其他属性对消费者和企业的意义及重要性（见附录3）。

（4）开展了每三年一次的美联储支付研究（2013年），对2012年美国非现金支付、存取款业务和无授权交易的数量和金额进行了统计（见附录4）。

（5）完成了关于支付安全的一项研究，以明确薄弱环节和可改进的地方（见附录5）。

（6）研究评估提高美国支付服务速度的可选方案，其中包括开发（准）实时零售支付系统（见附录6）。

（7）联合发起了一项研究，对美国采取ISO 20022国际支付报文标准的商业案例进行评估（见附录7）。

（8）研究了其他几项可能支持期望结果的美联储金融服务倡议的优点（见“战略”部分以及附录8和附录9）。

美联储分别分析了上述每个倡议的结果，与支付体系关系人讨论了有关

---

① 参见Sandy Pianalto在2012年芝加哥支付研讨会上的演讲，https：//fedpaymentsimprovement.org/wp－content/uploads/2013/09/102212_ frfs_ strategic_ plan. pdf。

发现，尔后形成了对支付体系提升目标、战略和战术的看法。本报告的其他部分介绍了这些倡议的结论，以及美联储提升美国支付体系的期望结果和美联储作为支付体系建设推进者和服务提供者将与关系人一起采取的战略。

五　期望结果

在 2013 年的征求意见稿中，美联储提出了 10 年内要达成的 5 项期望结果，以提升美国支付体系。其中一些目标被细化，另一些目标根据征求意见稿的反馈意见和其他倡议的结果进行了再次确认。许多反馈者表示 10 年的期限过长，建议制定近期目标。美联储同意为达成期望结果所进行的努力应兼顾近期速度和长期动力。具体目标的时间表和顺序（如适用）已列示在本报告的“战略”部分。这些期望结果的实现不单是美联储的责任，更需要关系人的共同努力。

（一）期望结果1

通过灵活和成本划算的方式为支付清算结算团体快速并且具有最终性地结清其头寸，对各种不同的商业支付和个人支付所需的普遍的、安全的和更快捷的电子解决方案提供支持。

1. 基本原理

正如征求意见稿所述，目前美国消费者和企业尚不能通过普遍便捷和成本划算的方式从一个银行账户向另一个银行账户[①]完成（准）实时支付。美联储认为满足此类诉求能够极大地提升美国支付体系，并保持其全球竞争力。对支付网络来说，能够获得成本划算、快速、安全的结算服务意义重大。

2. 对征求意见稿的反馈意见

超过 3/4 的反馈者认为以下属性对（准）实时支付系统非常重要：

---

① 现有的支付工具确实可以在某些场景（用例）下满足最终用户的需求，而在另一些场景下则不能满足其需求。未能满足其需求的更多细节见附录6（快速支付的可选方案分析）。

- 普遍的[①]；
- 发起人不需要知道接收人的银行账号；
- 支付发起时即确认“良币”来源（Good Funds）；
- 支付完成时发起人和接收人均能及时收到通知；
- 借记付款人账户后，资金实时转移给收款人。

但是，也有评论者表示（准）实时支付应只在确有明确商业需求时使用，并在特定用例中得到验证。还有一些评论者指出支付服务仅在某些方面有提速的必要（如合适资金来源的确认、支付状态提示、付款通知），具体情况应具体分析。另一些评论者建议期望结果应更加明确地体现银行间清算结算的效率要求。

3. 后续倡议

根据反馈意见，美联储发起了最终用户研究和快速支付分析，旨在探究以下内容：①在不同的用例中特定的支付需求；②估算可能从快速支付服务中获益的支付业务的数量；③提升美国支付服务速度的其他可选方案，包括开发（准）实时零售支付系统。

从最终用户研究中我们发现支付速度对消费者和企业都很重要，快速支付更受欢迎。“普遍的”对消费者和企业而言则是另一个重要的支付属性[②]。

快速支付分析结果表明，支付速度的提高每年至少可使290亿笔交易（约占全国交易总量的12%）获益[③]。这些交易主要集中于P2P（如亲朋好友间转账）、B2B（如即时付货款）、P2B（如时效性强的票据支付）和B2P（如临时工资发放）。一旦参与方习惯了“快速”特征所带来的好处，就会发起更多的快速支付交易。

快速支付可选方案分析综合考虑了一系列设计方案，以满足不同目标用

---

① “普遍的”是指支付产品的可获得性强，且可在不同的场景下使用。

② 附录3详述了最终用户研究结果。

③ 估算的数字不包括快速支付实现后释放的潜在需求和POS交易。通过POS机进行的转账交易通常不是快速的。如果银行间清算结算效率有所提高，则其速度也会得到改善。如想了解更多细节，请参见附录6“快速支付可选方案分析”和“战略”部分对更快速的银行间结算的讨论。

例（Target Use Cases）下的速度要求和其他特定需求，并对每种方案能否有效满足用户需求进行了评估。同时，也探究了更高级的商业需求、技术要求和有关业务方面的考虑。

4. 美联储的结论

综合考虑征求意见稿的反馈意见、最终用户研究结果和快速支付分析的发现，美联储认为“普遍的”和快速支付能力可以提高美国支付体系的效率。使用快速支付方式可以给最终用户带来好处，除此之外，还有更多定性和战略方面的因素可支持此期望结果。定性分析的结果表明：

- 尽管美国支付体系创新层出不穷，但协调不力导致碎片化现象产生，阻碍了普遍性的实现，并造成混乱；
- 一些国家已经拥有或者正在培育普遍的、快速的支付能力，美国已有落后的危险，从其他国家的经验来看，快速支付所引发的创新很可能带来诸多好处；
- 快速支付能力可能促使没有银行账户或很少使用银行账户的人获取主流金融服务①；
- 关系人对在全行业推行快速零售支付服务表现出了很大的热情，这有利于期望结果 1 的实现。

5. 有关修订工作

相较于征求意见稿发布之前的版本，美联储对期望结果 1 做了以下修订：删除了有关哪些支付服务（良币来源确认和最终用户通知等）必须更加快速的表述；认识到每项功能所需的速度有所不同，应当在更快速的支付解决方案设计阶段加以考虑②；增加了一些表述，以强调在多边清算结算中，效率、速度和结算最终性的重要性。

---

① 根据金融服务创新中心发布的报告［*Beyond Check - cashing*: *An Examination of Consumer Demand and Business Innovation for Immediate Access to Check Funds*（*June 2014*）］，多数使用支票兑现服务的消费者已经拥有或者有资格申请银行账户，但考虑到速度和便捷性，他们仍然愿意使用支票兑现服务。

② 每项支付功能所需的速度在附录 6“快速支付的可选方案分析”中有更详细的表述。

（二）期望结果2

美国支付体系要具有很高的安全性，社会公众要对其拥有高度的信心，对威胁不断演进和扩大的情况要予以防范并及时做出响应。

1. 基本原理

随着支付服务电子化进程的加快，支付安全面临越来越大的挑战。数据泄露、钓鱼行为、诈骗网站、盗取银行卡信息、ATM 盗现、电脑恶意程序和 POS 系统入侵等风险事件越来越普遍，应对成本越来越高。支付业务发起方式和途径越来越多，这给交易、最终用户和设备的鉴定工作带来了很大的挑战。新的参与者不仅带来了创新的支付产品和服务，而且带来了需要加强识别、监测和管理的风险。

美联储相信安全是任何支付体系的基石。美联储愿与关系人一道营造良好的支付环境，保护数据的私密性和完整性，提升公众信心，更好地应对各类威胁和挑战。关系人应各尽其责，积极努力地实现期望结果 2。

防止和消除网络威胁对很多监管部门来说都是很重要的工作，这是一个涉及国家利益的广泛的话题，并不局限在支付领域。支付服务改进倡议中涉及的安全问题仅限于：

- 明确妨碍支付业务顺利进行的技术手段，其中会涉及网络攻击；
- 在美联储系统内对数据安全威胁（包括网络方式）做出部署。

防范和化解网络攻击是一项重要议题，但是不在本期望结果的范围内。其他的私有和公共部门在开展应对网络安全威胁方面的研究，美联储也在积极参与这些工作。尽管此议题不在我们倡议的范围内，但考虑到网络问题会影响支付体系，欢迎各有关公共和私有部门继续应对这一棘手的挑战。本报告将更多地讨论与支付体系安全紧密相关的问题。

2. 对征求意见稿的反馈意见

多数反馈者表示支持本期望结果，并强调支付安全的重要性。但很多人认为征求意见稿中所列出的与支付安全有关的差距和机遇尚不够全面。

我们根据反馈意见整理了其他一些安全问题（见附录 2）。在“战略”

部分对此也有讨论。

3. 后续倡议

为增进对支付安全隐患和改进机会的认识，美联储发起了支付安全问题研究，并调查了最终用户对特定安全属性的偏好。此外，还收集了有关欺诈行为的数据。

通过这项研究，明确了美国支付体系有以下四个隐患①。

（1）数据加密、密钥和更强的认证方式等技术手段有利于提升美国支付服务的安全性。但是，标准和协议的更新无法赶上环境威胁的变化，各参与者对这些技术的应用也不够充分。

（2）安全技术手段欠佳或未被恰当使用，使得支付体系面临影响广泛的、极其打击公众信心的安全漏洞②。

（3）对欺诈和支付安全威胁数据的收集，报告和研究频率不高、深度不够，不足以推动改进安全系统设计、协调防范措施并制定有效的公共政策。

（4）复杂的监管环境（特别是非银行和新兴支付方式的监管）给不同监管者之间的沟通交流带来了挑战，可能会留下监管空白，且使有关参与者感到困惑。

最终用户研究表明，安全问题对最终用户来说很重要。如果可以选择的话，绝大多数消费者和企业更愿意隐藏银行账户，使用电子邮箱或电话号码等匿名方式收付款③。

《美联储支付研究》收集了美国境内未授权交易（一种第三方代理的欺诈行为）的数量和金额等信息。但是，未包括损失的数据。这些估算表明此类交易的数量、金额和发生频率因支付类别不同而有很大不同。例如，普通银行卡明显比自动清算所和支票未授权交易的金额和数量高出许

① 参见附录5。

② 正如“后续倡议”部分所述，本倡议仅限于找出使支付交易免受网络攻击的技术，而非防止网络攻击本身。

③ 参见附录3。

多①。

4. 美联储的结论

基于征求意见稿的反馈意见和本部分前述的各项研究结果，美联储仍然认为支付体系的安全性至关重要，应始终作为每项期望结果的重点。支持该项期望结果的战略随后论述。

5. 有关修订工作

自拟写征求意见稿后，基本意向从未改变。不过，对本部分内容在措辞上稍微做了调整，以使其与其他期望结果更具有一致性②。

（三）期望结果3

提高电子方式收发支付的比例，以便减少支付业务端到端的（社会）平均成本，并使得创新的支付服务所增进的价值转移至消费者和商业企业。

1. 基本原理

本项期望结果主要基于以下考虑：对支票的使用偏好；引导无银行账户的人员使用电子支付的困难；推动金融创新的益处。

从20世纪90年代中期开始，纸质票据的使用量稳步下降。最近的《美联储支付研究》表明，2012年85%的非现金支付实现了电子化。然而，每年仍有数以亿计的支票还在使用中。支票在B2B支付业务中的地位仍然牢固。尽管支票的使用量呈下降趋势，但美联储认为为节约社会成本，应加快纸质支票向电子支付方式的转变。

在美国，很大一部分人不使用银行账户或者传统金融服务，这使得他们无法采用低成本的电子支付手段③。这部分人群可选择使用预付卡或者移动支付工具，不过难以获得主流金融服务。为此，美联储开展了多项倡议，以

① 参见附录4。

② 在修订后的版本中，拓展了与关系人的合作，强调合作对实现所有的期望结果都很重要。此外，涵盖了美联储金融服务的安全性，不再将其与其他支付网络、方式和服务加以区别。

③ 根据联邦存款保险公司（FDIC）的调查（National Survey of Unbanked and Underbanked Households，https：//www. fdic. giv/householdsurvey/），全美超过28%的家庭没有银行账户或者未使用传统金融服务。

提高其金融素养，并开发金融产品，减少无账户或享受过较少金融服务的人口的数量。使更多消费者获得主流金融服务，可以扩大支付服务的覆盖面，降低最终用户的使用成本。

创新可以促进竞争，从而降低成本，为最终用户带来更多价值。美联储力图营造良好的环境，降低参与者的准入门槛，并鼓励创新。为支付服务制定易于推行的技术标准和业务规则，有利于降低门槛。各支付体系参与者采用合理的风险管理和安全标准，有利于营造可预测的、公平的、创新与安全并重的环境。

2. 对征求意见稿的反馈意见

多数反馈者认同本期望结果，也支持发展可以替代纸质支票的电子支付。许多反馈者建议由市场力量而非法规要求或主观意志决定从支票迁移到电子支付的步伐。反馈者还指出了影响迁移速度的因素，如支票法的优势、开展电子支付的实际困难、最终用户对替代方案的认知不够、收单成本高，以及电汇信息传递的困难等①。

3. 美联储的结论

美联储对期望结果 3 未做改动。美联储研究了有可能增加电子支付相对于纸质支票吸引力的几种战略的优势。具体实施方法包括拟订支付目录、改进某些支付标准、探索可以通过支票系统处理的电子产品、找出可以纳入快速支付解决方案的提升效率的方法（如普遍适用的电子发票系统）等。有关研究结果会在“战略”部分和相关附录中详细阐述。

（四）期望结果4

为美国消费者和企业发起和接收便捷、成本效益划算且及时的跨境支付提供更好的选择。

1. 基本原理

全球化进程不断加快，消费者和企业对快速、高效和易得的跨境支付的

① 就目前多数的电子支付工具而言，发起方需要知道接收方的账户信息，这增加了交易的难度。

需求也日益强烈。通常，跨境支付比国内支付的交易费更高，处理时间也更长。一些创新者最近推出了可以部分解决此问题的产品和服务，但是并不够全面。美联储认为应对此加以改进。

2. 对征求意见稿的反馈意见

反馈者基本支持此期望结果，不过对优先级尚有分歧。很多反馈者建议采用一些特定方法以改进跨境支付服务，如采取诸如 ISO 20022 等国际标准、将美国支付系统与境外支付系统直连等。

3. 美联储的结论

美联储未对此期望结果进行更改。美联储研究了一些实施战略和具体方法，请参见“战略”部分。

（五）期望结果5

广大支付参与者都要认识并支持必要的支付体系提升战略，且在实施这些战略过程中取得实质性进展。

1. 基本原理

美国支付体系错综复杂，涉及成千上万的金融机构、数以百万计的个人和企业、成百上千的非银行支付服务提供者（包括许多新的创新型参与者）。这使得协调工作颇具挑战性，广泛接受改进的支付服务难以企及。

美联储认为关系人通力合作，共同推动支付体系的改善，将极大地提高达成期望结果的可能性。

2. 对征求意见稿的反馈意见

反馈者强烈赞同本期望结果。许多人希望美联储继续协调推动各方的合作。反馈者基本认同此项倡议的定位和将支付业务关系人均纳入框架的包容性做法。

3. 美联储的结论

美联储组织关系人参与该倡议，并在与各参与者的交流中获益匪浅①。各方广泛而深入的合作对推动支付体系全面提升具有至关重要的作用。

---

① 参见附录 1。

六　战略

经过仔细研究和广泛征求社会公众意见，美联储将会同相关各方探索一套提升美国支付体系的战略。这套战略需要众多支付参与者的合作与共同行动。主要的战略要求有：①保持关系人较高的参与水平；②和支付关系人一起识别有效的方法以提供安全的、普遍的、更加快速的支付服务，进而提高交易效率、促进创新、减少欺诈、增强社会公众的信心；③与关系人协同合作，降低欺诈风险，提高支付体系的安全性、保密性和韧性。此外，通过提供更加有效的中央银行结算解决方案，提高跨境支付能力，美联储能够动员全国力量来实现美国支付体系现代化。美联储还将根据支付体系的发展积极进行监测、寻求反馈并调整这些战略。

美联储已确认下述战略可以提升美国支付体系。支付关系人将最终通过其单独或集体的行动决定这些战略实施的程度。美联储致力于推进支付体系以下各方面的实质提升：充分考量关系人的看法；为众多用户（而不是有限的群体）所使用；提升安全性。在此过程中，美联储将公开其政策决策以及不断发展的运营决策（如适宜），以便公众评价。

（一）战略1：就提升美国支付体系倡议，与关系人积极进行互动

近年来，美联储致力于提升美国支付体系，广泛增强与支付关系人的互动。美联储将继续采取措施，包括建立额外的机制促使支付关系人积极参与各项倡议，以及进一步完善本报告中提到的战略。此外，在适当的时候，美联储还将参与产业自发的倡议活动，用以推动期望结果的实现。

这种机制将包括以下几点。

2015 年将建立快速支付工作组，成员由关系人代表组成。该工作组将明确并评价各种可选方案，用以在美国实现安全的、普遍的、更快速的支付

服务。可以成立专家工作组，对确定的可选方案和相关政策问题进行细化和评估（2015 年）。

2015 年将成立支付安全工作组，成员由关系人代表组成。该工作组将为美联储提供建议，内容涉及支付安全问题、与快速支付工作组的合作问题，并决定提升支付体系安全性、保密性和韧性（恢复能力）的未来行动中的关注点和优先顺序（2015 年）。

一旦这些工作组成立并开展具体工作，美联储将考虑举办论坛来获取高级别支付体系关系人的重要观点。

为确保所有关系人在评议可能的支付体系提升成果时，都有机会提供意见和信息，美联储将为关系人提供额外的反馈渠道，使其能够使用一系列在线或者面对面的互动机制来提交反馈意见，获知支付体系提升安排。

反馈渠道信息可在 FedPaymentslmprovement. org 网站上获得。

（二）战略2：对实现安全的、普遍的、更快速的支付能力的有效方法进行识别（2015年开始）

美联储将为实现快速支付提供各种形式的指导，如关系人协调、公共政策解读、评估方法分析等。快速支付能力将满足最终用户对更加迅速的授权、清算、资金或结算可用性的要求。美联储的研究结果（如附录 6 所描述）表明，在 5 个主要用例中都需要更快的支付速度。这 5 个主要用例包括至少 290 亿笔支付业务，或者美国年支付交易量的 12%。每一个用例都有提速的要求，从日间的数小时到数分钟，甚至可能只有数秒。

就像“战略 1”中所提到的，快速支付工作组将促进关系人之间的合作。有了关系人的广泛参与，快速支付工作组将以确定能实现预期结果的最佳方案为目标，评估实现更快速的支付能力的各种可选方案。这些可选方案，从扩大现有基础设施到建设新贷记推动的清算基础设施，均在附录 6 中进行了详细探讨。

美联储将以下措施和手段作为战略 2 的组成部分。

（1）建立并牵头快速支付工作组（2015年初）。

（2）与工作组协作，在其他支付体系关系人的参与下，评估快速支付能力的可选方案，包括对每种方案的核心基础设施的描述、安全保密、参与者与基础设施接口所需的操作改变的评估，以及实施方案的成本和时间的评估。

（3）梳理多个支付服务提供商环境下可能产生的政策问题，如规制制定框架（预计2016年完成）。

（4）基于本报告中关系人的参与和分析，识别在美国实现快速支付的有效方法（预计2016年完成）。

（5）适当支持关系人共同努力，实现快速支付。

在提供这种快速支付能力的过程中，美联储不会考虑充当运营者角色，除非它认定此举将产生清晰的公共利益，或者不能指望其他提供者以合理的效力、合理的范围、合理的公平以及兼顾公众评价而单独提供这种快速支付服务①。

贷记推动支付和借记拉动支付

在征求意见稿中已经讨论过，人们认为电子支付有时不如支票方便，因为使用支票时，付款方不必知道收款方的账户信息。许多电子支付类型需要付款人将资金“推”给收款人。电汇和ACH贷记支付就使用这种“贷记推动”方法，需要付款人在支付信息中明确收款人的账号和国际电汇编码信息。要完成“贷记推动”支付，付款人通常要求收款人提供账户信息。然而，收款人不总是接触到这些账号，并且出于安全原因，也时常不希望提供这些信息。

相反，.使用借记拉动支付，付款人需向收款人提供其账户信息。收款人的金融机构从付款人的账户中收取款项。尽管这对付款人来说可能更加方便，但是增加了接触到付款人账户信息且未经授权从付款人账户中盗取资金

---

① 见附录9，可获知美联储在评价是否提供一项新服务时的考虑因素的相关信息。

的可能性。因此，执行电子化的“P2P”“B2B”以及某些账单支付时，贷记推动支付成为标准。

很多征求意见稿的反馈者建议任何快速支付都必须使用贷记推动模式，而非借记拉动模式。贷记推动系统允许付款银行验证客户身份并确保交易“良币”，这样可以创造从付款人到收款人的更加可靠的支付循环。

（三）战略3：努力降低欺诈风险，并提升支付体系的安全性、保密性和韧性

支付体系面临动态、持续和不断升级的威胁，关系人也越来越意识到有必要提高支付的安全性。通过《支付安全前景研究》，美联储认为支付关系人应做到以下几点。

（1）优先考虑强化交易过程中对交易、当事人和设备的验证，积极探求保护敏感信息、使用限制和访问限制的方法。

（2）共享欺诈和网络威胁信息，开展数据分析，缓解这些威胁对支付体系安全的负面冲击。

（3）增加对安全性的关注，对其优先考虑，采用额外的资源强化安全性。

尽管各方关注度增加，支付体系仍然面临一些重大挑战，包括建立安全标准的时间、采取安全改良措施存在不一致性、关系人共享欺诈威胁信息存在障碍等。根据这些情况以及期望结果 2 中提到的支付安全的薄弱环节，美联储将更加关注提升美国支付体系的安全性、保密性和韧性，并与期望结果 2 中定义的范围保持一致。实际上，美联储相信，为实施这一战略，在任何可能的情况下都必须优先考虑采取非监管性质（或者非立法层面）的策略手段。

（4）战略 1 曾提到，2015 年将成立支付安全工作组，承担以下工作：

- 提供支付安全方面的建议；
- 配合快速支付工作组，为新建或改造的支付基础设施提供相关解决方

案，确保其既快速又安全；

• 明确提升支付体系的安全性、保密性和韧性（恢复能力）的未来行动的关注点和优先顺序。

（5）美联储将支持创新，采取适当的支付安全标准。

（6）拓展战略5中提到的美联储反欺诈和风险管理服务体系，并持续改进美联储的支付网络以支持美国支付体系的安全性、保密性和韧性（继续）。

（7）美联储将充分利用其公开可得的支付欺诈数据，寻求潜在的改进空间，开展支付安全研究，使之能体现行业和政策方面的决策，并与支付关系人共享成果（2015年开始初步探索）[①]。

除了战略3中提到的这些辅助策略外，美联储还将探索进一步扩大与政府部门和产业参与方的合作机会，共享威胁信息，强化网络威胁保护措施，维护支付体系的灵活性。

（四）战略4：国内支付和跨境支付要实现更高的端到端效率

尽管美联储在以下列举的每一个支持策略中的角色开始时仅限于领导者或推动者，但将来其角色可以扩展至服务提供者，这取决于工作初期的成果。

1. 制定在美国支付交易中采取ISO 20022标准的实施战略

近年来，联储银行与美国关系人团体（包括清算所公司、电子支付协会、X9公认标准委员会）合作发起赞助了一项研究，对采取ISO 20022标准的支付清算参与者进行评估。此研究由独立的外部咨询机构实施[②]。

在研究中，美联储计划与相关关系人团体一起研究ISO 20022的实施战略。研究建议见表14－1。

---

① 研究重点关注在采取改进的支付安全技术方面存在的理解性障碍。附录5将提供其他计划研究的课题案例。

② 关于此研究结果更加深入完整的讨论参见附录7中采取ISO 20022标准的商业案例评估。

表 14－1

步骤	行动与措施
计划和培训	加大 ISO 20022 的培训力度,形成实施 ISO 20022 的国内策略
跨境支付	在使 ISO 20022 适用于跨境自动清算支付业务后,使其适用于跨境电汇业务*
境内支付	评估国内电汇和自动清算支付业务采取 ISO 20022 的价值定位和时间表
其他考虑	考虑采用 ISO 20022 作为新产品和服务的信息报文标准

注：*一些跨境自动清算支付业务，如使用国际支付框架的 ACH 支付业务，已经从使用国内报文标准转变为 ISO 20022 标准。

关系人团体还计划实施一项评估，明确 ISO 20022 能够解决的具体薄弱点和机会。

一旦更加具体的工作完成后，美联储将鼓励关系人团体表达支持实施 ISO 20022 标准的意愿，包括采取该标准的时间表、措施和范围。

2. 为促进 P2P、P2B 及小企业 B2B 支付目录更强的互用性而开发技术和制定规则

美联储将与支付行业关系人一起建立和完善技术与规则，促进 P2P、P2B 和小企业 B2B 支付目录的普遍可得及互用性。这项工作支持实现普遍的贷记推动支付。这种支付模式既可以在新兴电子支付平台上实现，也可以在传统电子支付平台上实现①。

3. 加快采用安全的 B2B 电子支付

美联储计划与关系人共同解决企业采用电子支付时遇到的障碍，汇款联盟已经完成了杠杆化工作。美联储将在适当的时候会同汇款联盟，推动以下工作②。

（1）与关系人合作建立和实施支持 B2B 电子支付目录（如“战略 4”所述）。

（2）2015 年，与银行、其他服务提供商、小企业专家一起建立和实施

① 目录细节见附录 8。

② B2B 战略的详细内容见附录 8。

培训教育工作，内容包括为金融机构和大企业设计的工具包，用以使作为交易对手的小企业能够采用电子支付和获得相关信息。

（3）建立并完善简化且通用的目录，使在电子支付和相关信息中实施和使用 B2B 标准更加容易；

（4）2015 年，探索建立并实施类似于其他国家已经发展成熟的、标准化、普遍应用的 B2B 电子凭证和处理平台的可能性。

（五）战略5：提升美国联邦储备银行的支付、结算和风险管理服务

以下辅助策略是美联储扮演支付服务提供者角色时所使用的。

1. 延长国家结算服务时间，提高其服务能力，缩短银行间支票处理时间

美联储计划加强国家结算服务，使其作为私营部门安排的结算载体更富有吸引力。改善的服务可以准许私营部门对围绕提升支付速度、安全性和效率的解决方案进行创新。改善服务的措施将分三个阶段进行[①]。

- 第 1 阶段（2015 年初完成）

- 将服务开始时间提前 1 个小时至东部时间早上 7：30，延迟关闭时间 30 分钟至东部时间下午 5：30[②]；

- 加强宣传培训，让市场充分认识到国家结算服务的优势。

- 第 2 阶段（2015 年末完成）

- 将服务时间提前至与联邦资金转账服务开始时间一致，即前 1 个日历日东部时间下午 9 点；

- 对如何改善和提升服务征求意见，包括简化的接入流程、额外的数据传输能力等。

- 第 3 阶段（2016 年或以后）

- 探索技术、基础设施、操作程序和资源方面的变化，以支持周末时段

① 关于加强银行间结算服务的详细信息参见附录 8。

② 联储银行于 2015 年 1 月延长国家结算服务的时间。

或者实现 24×7 小时的运行；

- 在适当的时候，实施在第 2 阶段中确定的改进服务的产品或方法。

尽管国家结算服务能够改善私营支付系统的结算速度，美联储还将继续采取措施加快美联储服务的结算速度。最近，美联储已经实现了当日提交和退回支票的清算与结算，将结算时间缩短了 1 天。美联储还支持加快 ACH 结算时间，下面将对此进行探讨。

2. 促进对当日 ACH 处理能力的更广泛应用

美联储支持采用分步方案，使得 ACH 对大部分交易都能实现广泛的当日结算。当日 ACH 结算能力有利于使用 ACH 结算时间紧急的支付，加快结算最终性，提高资金对收款方的可获得性①。在分段实施强制性当日 ACH 服务的同时，选择性 FedACH 当日服务将继续适用。美联储期望实现广泛的当日服务，更好地满足 ACH 关系人的需求。

3. 扩展并提升美联储的国际支付服务

美联储正在考虑扩展其目前的 FedGlobal 国际支付服务，用以解决市场对可预期费用、汇率、时间的跨境支付的需求②。

美联储正在考虑在当前 35 个国家范围之外进一步拓展 FedGlobal ACH 支付网络，并且专门针对企业和消费者汇款支付业务提供改进措施（2015 年完成）。此外，关联储还在探索这样一种可能性，使美联储资金转账服务参与者利用其既有的与美联储转账系统的连接为企业和消费者发送跨境电汇，既可以用美元也可以用外币，支付给全世界任何司法和货币组合领域内的收款人。

4. 拓展美联储金融服务方面的风险管理服务

美联储将继续同其金融服务的使用者一起，明确改进风险管理产品的需

---

① 每天有 8700 万笔交易通过 ACH，其中大部分涉及不需要实时授权和清算的用例。然而，这些支付中的一部分，也将受益于当日 ACH 处理循环，因为这样降低了交易对手风险或者加快了最终用户资金可用性的速度。实现广泛的当日 ACH 结算能力将有利于不以实时为目的的交易，并与任何新实时交易能力互为补充。

② 关于美联储国际支付拓展计划参见附录 8。

求。这些风险管理产品是美联储汇款、ACH 和支票服务的一个补充。

5. 为联邦储备银行的金融机构客户群体提供能共同使用的安全目录

通过改进服务，美联储能够给其金融服务客户提供安全的接入途径，使其可以使用支持传统和新兴支付类型的共同目录工具，从而极大地促进“战略 4”中预想的目录的广泛性。

七　下一步工作

《美国支付体系提升战略》是众多关系人协作的成果，反映出广大支付关系人对该战略的支持。美联储认为，集体参与设计的解决方案是实现期望结果的基础，这将需要关系人之间广泛协作和承担义务。

第一，美联储致力于通过其领导和行动来推动这些倡议。美联储将充当领导者、召集者、推动者的角色，甚至在适当的时候充当服务提供者的角色，利用自身资源推动战略的实施。美联储还将积极监测并披露进展情况，收集反馈信息，并随情况发展调整战略。

第二，美联储需要支付关系人行动起来推动实施这些战略。

（1）参与工作组。对相关资源的保证和不同关系人的利益代表是这些倡议成功实现的关键所在。会员身份的要求和表达参与意向的目录详见 FedPaymentsImprovement. org。各类关系人工作组于 2015 年建立，鼓励感兴趣的机构参与其中。

（2）参加各种信息反馈研讨。除了通过工作组收集关系人建议外，在倡议推进过程中，美联储将继续征求所有关系人对关键问题的意见。通过面对面研讨、调研、与行业或者美联储赞助的机构协作，以及 FedPaymentsImprovement. org 上的公开信息反馈机制促进关系人建言献策。订阅 FedPaymentsImprovement. org 上的信息更新是参与这一过程的关键一步。

（3）支持期望结果的个体行动。实现支付体系提升的期望结果需要的不仅仅是报告中明确的战略的成功实施。实现端到端服务的提升需要参与支付环节的所有机构的努力。这表现为遵守最佳实践、执行标准、参与研究和数据收集、升级系统等。

支付关系人对本报告的形成贡献巨大。美联储致力于与关系人共同努力，将未来目标变为现实，鼓励关系人亦以此为使命。唯有通过共同努力，方可实现美国支付体系更快速、普遍、安全、高效的目标。

八　附录

（一）附录1　关系人的参与成果

2012 年，美联储制订了一项行业参与者计划，将支付关系人纳入支付体系提升倡议框架内。考虑到该倡议重点关注端到端支付，美联储寻求了众多支付关系人的参与，以了解其需求及其在支付过程中面临的挑战。

通过此项计划，美联储已向金融机构、软件供应商、支付服务处理商、包括商户在内的大小型企业、支付服务提供商、传统和替代型支付网络、政府机构、贸易协会和消费者组织等征求了意见。关系人的反馈意见已被纳入本倡议和本报告所描述的每项战略中。

在此项计划实施初期，美联储根据 2013 年 9 月发布的征求意见稿发起一对一会议和小型研讨会，以审核支付体系的差距和机遇的第二次研究结果①。根据已发布的征求意见稿，宣传活动重点确保关系人了解报告和提供反馈。在全国范围内，宣传活动包括广泛的电子通信交流、在芝加哥支付研讨年会上的特别演讲、超过 75 次的与关系人的一对一会议、在 5 个国家和众多地区行业会议上多层次的交流、在各行业活动上超过 40 次的业务展示以及 6 次公共市政厅会议。

在接受了许多关于征求意见稿内容的意见后，美联储将主要的宣传活动

① 为与发布的征求意见稿保持同步，关联储开办了网站 FedPaymentsImprovement. org，作为分享支付系统提升的信息和活动的在线平台，同时也将网站作为收集行业反馈的一个渠道。

重点集中在听取关系人在具体领域的研究与分析，以及分享他们对征求意见稿的看法和研究工作上①。对关系人超过100场的访问传递出他们对支付安全前景研究、快速支付可选方案分析以及ISO 20022商业案例评估的支持。大概有230次一对一的会议、140场行业展示会和10次圆桌会议在这一阶段的关系人参与活动中完成。

美联储的参与计划下一步将吸取关系人在这份报告里关于潜在的支付系统提升战略的意见。美联储已经在全国范围内举行了6次公开的市政会议和4次圆桌会议。这些研讨会的观点将会影响本报告中的战略选择②。

美联储非常感谢与众多支付系统参与者之间富有成效的对话和积极的合作，相信让支付系统获得成功提升的最好方案将会在合作交流和探讨中产生。

（二）附录2　征求意见稿的反馈意见

美联储在2013年9月发布了征求意见稿，在2013年12月底前公开征求公众意见。这份意见稿包括目前支付系统的差距和机遇、潜在的期望结果、未来美国支付体系战略战术以及美联储在支付体系提升过程中的角色③。公众的反馈是美联储关于《美国支付体系提升战略》的基础。

美联储收到了近200份书面反馈意见（见图14－1）。这些反馈来自不

---

① 详见附录2。

② 市政会议和论坛情况的总结参见FedPaymentsImprovement. org。

③ 在征求意见稿中被确认的差距和机遇包括以下几个方面。一是最终用户签发支票的动作还在继续。最终用户还在使用数以十亿计的纸质支票，因为他们认为支票不会被电子设备轻易地取代和复制。二是交易走向电子化支付的挑战。支付和会计系统造价昂贵、处理复杂的现状，很难让交易进行直通式处理。三是封闭的支付群体。支付创新使电子支付更容易，但是参与者很有限，必须让更多的参与者进入这个群体。四是传统的支付方式缺乏时代特征。如实时确认、及时通知、隐藏账户信息等特征点，都是最终用户所需要的。五是更快的支付速度。在全世界的一些国家，已经逐渐开始广泛使用实时零售支付系统，但美国没有这个能力。六是国际支付中的障碍。如跨境支付速度太慢、不方便、成本高且缺乏透明度。七是移动技术革命。移动设备正在改变商业贸易的方方面面。八是安全问题。消费者有时候会担心支付安全问题，从而抑制电子支付的使用。

同关系人团体，包括独立的金融机构、企业、支付网络商、支付服务处理商、软件供应商、支付创新者、咨询机构、消费者和贸易团体等。

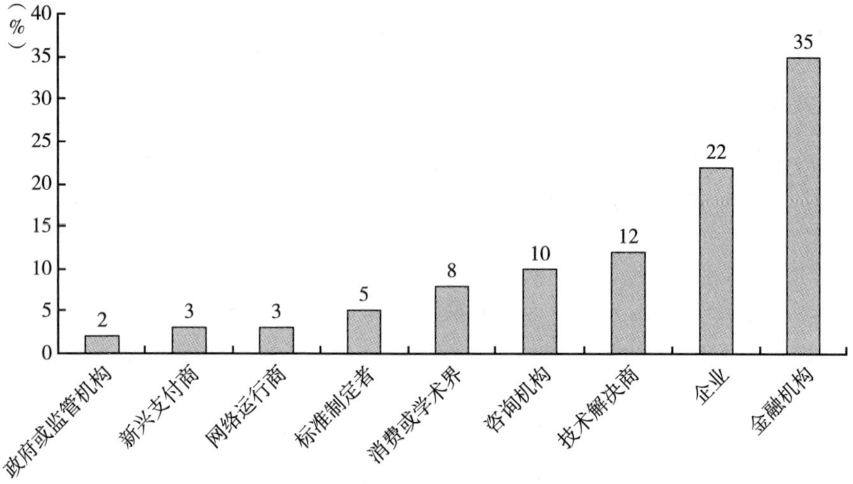

图 14－1　200 份书面反馈中的各机构占比

具体 200 份书面反馈查阅请登录 FedPaymentsImprovement. org/user－submissions/。

对征求意见稿反馈的情况具体如下。

1. 对支付体系面临的差距、机遇及期望结果持赞同意见

大约有 3/4 的反馈者赞同征求意见稿中描述的支付体系所呈现的差距、机遇和期望结果。但是许多反馈者建议美联储应该扩大关注面，尤其是涉及监管的复杂性方面和处理没有银行账户的人的需求方面。另外，不少反馈者也指出，征求意见稿中对未来十年规划所达到的成就不够积极主动，许多行动在近期内就能达成。

2. 提升支付体系的途径

美联储在提升美国支付体系和推动支付行业走向更广阔的前景方面所做的努力得到了广泛的支持。不过在美联储是否应该鼓励改进私营支付系统，以及巩固美联储服务提供商（领导者）的地位或者解决问题的手段等方面也有一些不同的观点。

许多反馈者建议美联储在发展和实现支付标准方面要更积极主动一些，尤其是银行卡、移动支付和安全问题等方面。他们也希望美联储能继续与支付系统的参与者进行合作，或许可以通过成立由一些关系人参加的行业咨询机构，来促进美联储的目标更好地实现。商家们表示希望能有一个包容性更强的支付体系治理结构，使得它们在其中更有影响力。金融机构则指出它们会坚持使用比非银行支付系统提供商更高的监管规则和风险管理标准。一些非银行支付参与者希望直接通过支付系统完成结算，但许多金融机构认为整个支付体系依然要以银行为中心来进行支付。

3. 快速支付

超过3/4的反馈者同意以下特性在一个（准）实时支付系统中会很重要：广泛参与、合适资金的确认、实时或者接近实时地向最终用户提示支付状态。

然而，一些评论者认为，如果最终用户在针对性的状况下证明过的需求支撑着一个清晰的商业案例，那么行业可以考虑只从事（准）实时支付的开发。也有一些评论者认为只需要支付速度设置中的某些要素够快就行了（如资金足额确认、支付状态通知、从付款人到收款人的记账时间等），并且这些特性还取决于周围支付环境的情况。还有些评论者认为不能将重点只放在商业案例中，因为在一个需要被提升的涉及个人组织的支付系统基础设施中广泛的公共利益是很难被衡量的。

一些评论者也提出银行同业间结算速度应该控制得更明确一些。许多评论者呼吁未来任何关于快速支付的想法中对信用卡支付的想法应该被限制，以帮助防止欺诈行为，但也有其他评论者认为储蓄卡的支付速度需要更快一些。

4. 目录

公众对目录的使用没有达成共识。许多反馈者说某种形式的中央目录对推进会计信息的广泛性、便利性和私密性是很有必要的。另外一部分反馈者虽然认为中央目录会带来很多风险并且未必能行得通，但他们支持分散型的目录建设。还有一些反馈者指出如果其他技术（如加密技术、动态认证、更强的验证协议等）能够降低支付报文中的信息对潜在诈骗犯的价值，就没有必要设立中央目录。

5. 支票技术的改进

随着电子化设备的发展（通常称之为“电子支付口令”），整个行业在是否应该采取行动来推进支票处理方面也存在不同声音。一些人认为只要最终用户对支票支付感到满意，并且有需求，行业就应该继续对支票设施进行投资。但另外一些人认为如果对支票设施进行投资，就会减少已经稀缺的各种资源，无法使行业的注意力集中到追求更好的支付体系战略提升上来。还有许多反馈者认为市场的力量（而不是法规要求或主观意愿）或许会走出一条从签发支票到电子支付的道路。

6. 国际支付

在是否优先提升国际支付能力这个观点上存在分歧。一些反馈者鼓励联邦银行扩展联邦环球自动清算所（FedGlobal ACH）能够进行支付的范围，并且希望其考虑（准）实时支付系统与国外类似系统相连接。

7. 安全性

许多反馈者都强调了支付体系的重要性，并且注意到征求意见稿中支付体系有关安全问题的差距和机遇的论述。这些论述虽然有效，但不够全面。他们建议全行业一起努力共同开发一个欺诈数据库，并且加大欺诈信息服务的力度。他们还提倡加快对用户和设备验证、符号化、动态认证（像 EMV 芯片）和加密等标准的制定与开发，尤其是一个（准）实时支付的系统在开发或完成时，这些就更有必要了。这些反馈者也提到，消费者还需要更多的教育和激励来避免他们在支付时被欺诈。

（三）附录3　最终用户支付属性需求研究

美联储发起了主要市场的调查来更好地了解最终用户关于付款和收款时的习惯[①]。这个调查分为两个阶段。第一个阶段由一系列定性的探索研究组成（包括小组讨论和一对一访谈），以更好地了解消费者和各类企业对支付

---

① 这项研究由独立的外部市场研究公司完成。

速度的意义和重要性的认识以及对其他支付属性的看法①。调查公司利用定性研究出来的结果设计了一套量化调查问卷，向约1200名消费者和500家企业发放了问卷。这套定量调查问卷主要是用来衡量企业和消费者对支付的态度、某些行为发生的概率以及某些偏好的重要程度②。

这项调查探讨了在征求意见稿中期望结果2涉及的最终用户与需求相关的下列特性：

（1）普遍性；

（2）支付速度；

（3）汇款通知；

（4）在无法得知收款人账户信息情况下的付款能力；

（5）付款起始时的款项足额确认。

这项研究也提供了企业和消费者对不同支付工具的认识和愿意为支付付费情况的见解，包括以下主要观点。

（1）这项研究表明，企业和消费者在不同程度上对征求意见稿期望结果2定义的支付属性表示了兴趣。

（2）总体来说，更快地付款这一特性受到企业和消费者的喜爱，但这并不是他们选择付款方式中最重要的特性。

（3）消费者调查显示，更快地从消费者付款人账户中借记资金这一特性比更快地贷记给收款人账户显得重要得多。

（4）对企业来说，资金快速可用的能力是支付速度中很重要的因素。

（5）对85%的消费者和81%的企业来说，在进行汇款时，不需要向收款人透露他们的银行账户信息是很重要的。企业和消费者愿意提供他们的电

① 消费者、中小型企业和大型公司讨论了他们的支付习惯，阐述了支付速度对他们的意义，明确地表达了快速支付的重要性。消费者和中小型企业通过小组讨论的方式完成了调查。大型公司主要采取一对一深度访问的模式。

② 这个量化调查是在2013年11月进行的。问卷涵盖了对支付系统和支付方式使用的态度，并且还包含了一个在相同的支付环境下对各种特征和属性的偏好程度进行量化考察的离散选择测验。消费者数据文件根据年龄、收入以及从消费者人口调查中提取的人口普查区域基准分布进行加权处理。企业数据文件主要根据企业的规模和所处的行业进行设计。

子邮箱和电话来进行收付款的比例大大超过了愿意提供他们的银行账户信息进行收付款的比例。

（6）大概有 1/3 的消费者和 3/4 的企业表示，他们愿意为更快捷的支付服务付费。

（7）61% 的消费者和 67% 的企业赞成“可以不使用某种支付方法，如果它不被大多数的百姓和企业使用并接受”这一观点（消费者和企业更喜欢采用已经被广泛使用的支付产品）。

（8）大约有 75% 的消费者和 84% 的企业声明，及时收到账户的扣款通知是很重要的事情。大概有 70% 的消费者付款人和 82% 的付款企业表示当收款人收到付款时，给他们一个反馈信息也是很重要的。

（9）当让收款人和付款人在 1 小时、12 小时、12 ~24 小时或者 2 ~3 个工作日中选择支付时效时，有 69% 的消费付款人和 75% 的企业收款人表示他们更倾向于在 1 小时内就收到款项[①]。

（四）附录4　2013年美联储支付研究

美联储体系对美国非现金支付总趋势进行三年一度的评估研究，2013 年的美联储支付研究是这一系列研究中的第五份。评估以来源于金融机构、支付网络、处理商和发行人的调查数据为基础。该研究报告了 2012 年所有消费者和企业（包括营利性和非营利性企业），以及联邦、州和地方政府机构完成的非现金支付的总交易笔数和交易金额。这些支付包括从美国本土开立的账户所发起的交易，尤其是借记卡、预付费卡和信用卡，以及自动清算所支付和支票。为了做趋势分析，这份报告将 2012 年的评估与以往研究中的评估做了比较。此外，2013 年的研究还包含了对所有未经授权交易（第三方欺诈）的评估，涉及支票、自动清算所支付和卡支付，以及金融机构提供的其他支付的信息。

---

① 这里所说的支付速度，特指从付款人的账户借记资金到收款人的账户贷记资金所需要的速度。

这项研究的详细内容可以在以下网址找到：www. frbservices. org/files/communications/pdf/research/2013_ payments_ study_ summary. pdf。研究的要点如下。

• 近年来，支付日益以卡基为主。在某些支付中卡的使用已经取代了支票，2009～2012年，卡支付增加的数量已经远远超过了支票支付下降的数量。

• 信用卡支付的数量在2006～2009年略有下降，2009～2012年有所增长。

• 借记卡支付的数量在2009～2012年的增长超过了其他任何支付方式。

• 虽然纸质支票仍然在非现金支付中占重要份额，但银行间的处理和清算已基本电子化。2012年与2009年一样，几乎所有的支票都是通过电子影像交换的或转化为自动清算所支付。

• 极少有支票以纸质形式进入银行体系。2012年，大约1/7的支票由账户持有人以电子影像而不是纸质票据存储。

• 2012年，未经授权交易（第三方欺诈）的交易笔数为3230万笔，交易金额为64亿美元。

• 2012年，卡支付中未经授权交易的笔数和金额远高于自动清算所支付和支票支付。卡欺诈交易笔数和金额的增长率也非常高。

• 2012年，在卡支付中，密码借记卡交易（包括消费和ATM取款）的欺诈交易笔数和金额最低。

• 2012年，在签名借记卡和信用卡支付中，无卡交易的欺诈率是有卡交易欺诈率的3倍多。但是，无卡交易和有卡交易欺诈金额的增长率没有太大的区别。

（五）附录5 支付安全前景研究

为了加强对支付中端到端安全的理解，美联储完成了一项支付安全前景研究。这项研究的主要目的是对当前非现金支付安全的状况进行描述，明确薄弱环节和可改进的地方，对维护美国支付体系高安全级别提出战略建议。这项研究分析了有关支付欺诈、数据泄露的数据，以及弱安全性的其他指标，对有关支付安全报告做了进一步研究，通过案例研究来探讨各主要支付类型的控制架构，并通过采访关系人及监管者和回顾对征求意见稿的意见来获取外部数据。

该研究涵盖了以下支付安全的关键属性①。

（1）保密。保留对支付信息访问和披露的授权限制，包括保护个人隐私和专有信息的方式。

（2）完整性。防范支付信息被篡改或毁坏，包括确保交易对手和设备是真实的，以及支付链中的环节都是经授权的，清算和结算都是真实可靠的。

（3）美国支付体系的现状。支付体系面临着动态、持续和快速上升的威胁，关系人越来越意识到需要提升支付安全。然而，支付发起地点和方式的多样化选择，对交易验证、最终用户和设备带来越来越多的挑战。随着新进入者将创新的支付产品和服务带入市场，产生了新的风险，必须被识别、监控和管理。以下分析描述了美国支付体系中的关系人如何应对管理支付安全风险所面临的挑战。

• 参与者将高度重视对支付过程中当事人和设备的验证，并积极寻求方法来保护敏感信息，限制其使用和可获得性。

• 参与者正在寻求信息共享和数据分析，以消减这些安全威胁给支付体系安全带来的不利影响。

• 参与者越来越重视和优先考虑安全性，利用更多的资源来强化安全。

• 参与者有机会通过创新和获得先进技术来强化支付安全。然而，美国支付体系的复杂性使得协同发展极具挑战性，要在体系内全部采用安全提升技术需要消耗大量的时间和资源。

• 监管机构正在重新评估其监督及执法的方式和活动，针对在电子支付中表现突出的非银行机构，重新分配资源并积累专业经验。

---

① 虽然这份研究专注于支付安全，美联储也积极参与了私营和公共部门对网络安全和支付体系弹性的研究，这些也是影响公众对支付体系信心的重要因素。正如期望结果 2 中所描述的，这些更广泛的努力不在这份研究报告的范畴内。

1. 差距、机遇与战略

除了记录参与者有关支付安全的活动外，该研究也力图找出美国支付体系的薄弱环节和提升的机会。专栏 1 是关于与标准、信息共享和有效安全措施存在差距的深层次反思。在对薄弱环节和提升机会进行总结，并提出解决策略后，进行以下讨论。

专栏 1：薄弱环节和改进机会

支付安全前景研究列明了美国支付体系存在的四个薄弱环节和相应的改进机会。

<table>
<tr><th>薄弱环节</th><th>改进机会</th></tr>
<tr><td>1. 标准和协议。已有的技术可以强化美国的支付安全(如加密、符号化和更强的身份验证)。然而,标准和协议的发展跟不上风险的变化,支付参与者采用这些技术的速度和广度都不够。</td><td rowspan="2">协调。提升对及时采纳和实施技术、标准、协议的产业协同,以解决传统和新兴支付的安全缺陷。
降低风险。降低敏感数据(如支付卡和银行账户凭据或信息)受损给支付体系造成的风险,包括在支付处理中减少或消除敏感数据①。
授权和验证。加强对所有支付方式(卡、ACH、大额转账、支票)的当事人、装备、渠道(远程、移动和在线支付/银行)的授权和验证,并随着支付体系的演进采用新的方式。</td></tr>
<tr><td>2. 安全技术的实施。采用次优的安全技术或不当执行将支付体系暴露在安全威胁中,这些威胁损失大、广泛可见且损害公众的信心。最新的例子是一些大型零售商发生的支付卡数据泄露事件。</td></tr>
<tr><td>3. 数据报告的频率和质量。对已有欺诈和支付安全威胁的数据收集、报告和研究还不够多和全面,不利于提高安全系统的设计、协同防御和制定有效的公共政策。</td><td>更好的数据。加强对欺诈损失和欺诈防范汇总数据的收集和报告,包括欺诈的源头、欺诈相关成本的分摊、参与者的损失。这样,参与者和公共部门才能有效地管理支付安全风险。
获取信息。让支付体系的参与者更广泛地获取安全和欺诈威胁信息,包括规模较小、复杂程度较低的参与者和最终用户。</td></tr>
<tr><td>4. 监管的复杂性。复杂的监管环境,尤其是对非银行机构和新兴支付的监管,增加了监管机构之间协调和沟通的难度,产生监管空白,并会给关系人造成混乱。</td><td>公权力的协调。加强公权力部门的交流与协作,对不同的参与者、支付方式和渠道明确监管、业务规则和管理方式,反映在一个快速演进的支付体系和风险环境中,树立端到端的支付安全理念。</td></tr>
</table>

---

① 期望结果 2 中所描述的这一动议的范围被限定为在网络攻击中阻挠成功交易的技术,而非阻止网络攻击的技术。

2. 标准

在美国，标准的改进通常是一个缓慢的过程，涉及成千上万的中介机构和几百万终端。在新标准确立前，参与者可能延缓标准的改进速度，允许薄弱环节的存续，或者开发其自有的非标准方法。当前改善支付安全的环境很复杂，方式不确定。虽然是提高加密、身份验证和符号化的新标准，但解决同一个缺陷也有多样化的标准，目前还不清楚这些不断演进的标准是相互补充的还是相互竞争的替代品。

3. 信息共享

研究发现，支付安全数据的收集和分享面临很多障碍。这些障碍包括数据的专有属性，对声誉风险、法律风险和隐私的担忧，以及参与者对为避免欺诈活动收集数据的成本与收益的权衡。

4. 端到端实施过程中的注意事项

还有各种各样的因素影响有效的安全程序、工具以及技术在端到端的有效执行。这些因素包括技术的配置和维护、对关系人激励的错位，以及新的支付平台带来的复杂性和分散性。关系人可能会因为成本高于收益而不采用解决方案或标准。企业在评估一项潜在的安全提升技术所能带来的收益时，可能没有考虑该技术能够降低数据泄露带来的声誉风险。不同的最终用户对安全和支付便捷的权衡是有所不同的，使得采用的安全标准和技术是不一致的。另外，越来越复杂、分散和数量众多的支付平台也使得安全技术采用的一致性受到挑战。

5. 增强美国支付体系安全性的战略

从现实考量来看，美联储认为如有可能，在这一战略的支持下，最好采用非监管/非立法手段这一策略。美联储将建立一个支付安全工作组致力于以下内容：

• 提供有关支付安全的建议；

• 与快速支付工作组合作，为新建或改造的支付基础设施提供解决方案，以确保其既快速又安全；

• 明确提升支付体系安全性、保密性和韧性的未来行动中的关注点和优先顺序。

美联储也将支持好的支付安全标准的发展和应用。许多对征求意见稿的反馈者都建议，一个复杂和零散的支付安全标准环境抑制了对更强安全技术和协议在美国的快速和普遍采用，并敦促联储银行更多地参与其中。

作为回应，美联储体系将增加资源，扩大其在支付安全标准活动中的参与度，增强与其已参与的各种标准组织的合作。例如，通过已有的以产业为重点的工作组，如移动支付产业工作组和认可标准委员会 X9，美联储将继续专注于移动支付和其他安全标准活动。

作为支付服务提供商，如“战略 5”所指出的，美联储准备扩大其整套防欺诈和风险管理服务，并不断改进自身的支付网络，以支持美国支付体系的安全性与韧性。美联储还将探索对其所公开的欺诈数据进行改进，将支付安全研究提示业界和决策者，并与支付关系人共享成果。

支付欺诈数据可使支付体系参与者和政府机构在支付安全方法和政策方面的决定更符合实际。在美国，支付欺诈的统计数据有限，支付安全前景研究的参与者表示，希望对欺诈损失、安全事故和欺诈成因的汇总信息有更频繁的报告。已有的研究缺乏一致的方法论，也使得在不同支付体系和不同时间段中进行防欺诈措施比较具有挑战性。

近年来，欺诈报告有显著的改善。自美国国会在 2010 年通过《杜宾修正案》后，美联储一直通过其两年一次的借记卡发卡行调查问卷①来收集有关借记卡欺诈交易的数据。此外，美联储支付研究已扩大到未经授权的 ACH、支票和支付卡交易信息。

在美国，由于没有可信方的参与和合作，欺诈数据的改进将很有限。尽管获取欺诈统计数据有很多好处，但收集的成本也很高。收集和共享安全数据有很多障碍，如私营企业会因为法律或声誉风险而不愿意向其他公司提供

---

① 《多德－弗兰克华尔街改革和消费者保护 2010 法案》的《杜宾修正案》对《电子资金转账法》进行了修改，要求美联储委员会每两年公布一次借记卡发卡方和卡网络的成本、交换费等数据。可参见 15 U. S. C. 1693o－2（a）（3）（B）（2014）。

其专有信息。作为服务提供者、金融监管机构和被授权监管支付体系的机构，美联储对如何在商业和政策决策中使用数据有其独特视角，也借助其有利地位来向全国收集和报告支付安全数据。

鉴于复杂和动态的支付安全环境，美联储加强对支付安全的了解，对其制定更好的评估政策和更好地应对安全事件非常重要。此外，一些关系人指出，客观的研究对制定支付安全商业政策很有价值。定量研究是一个有用的机制，有利于更好地理解提升支付安全技术所面临的障碍和其他挑战。美联储准备与私人（和公共）机构合作研究与支付安全相关的问题。美联储体系内的几个研究小组开展了支付体系研究，其中包括支付安全研究，也会将资源集中在这些主题上。

将要展开的支付安全研究领域的例子包括：

• 对采用一定的安全技术进行成本效益分析/基于各种支付参与者视角的方法；

• 研究采纳较强的安全技术所面临的障碍，将特别关注阻碍及时采用新方法和技术的动机与协调问题；

• 通过在金融机构和其他支付参与者之间共享可提起诉讼的客户层面的欺诈指标，研究隐私和更强的身份验证之间的法律和经济平衡。

除本附录前面介绍的辅助策略外，美联储将探讨加强与政府和行业参与方的合作，共享威胁信息，增强网络威胁防控，确保支付体系灵活。此外，美联储将评估与监管机构和联邦政府的信息安全部门是否有更多的合作机会，以提高对支付安全风险的端到端评估。

（六）附录6　快速支付的可选方案分析

为进一步研究美国普遍的快速支付能力相关问题，美联储聘任了独立的外部顾问，对加快美国支付速度的可选方案进行高水平评估工作。评估的目的在于：

（1）根据其他国家的经验，找出快速支付的目标用例；

（2）对每种目标用例，制定一系列可能的设计方案，满足对速度的要求以及其他需要的特性；

（3）对每种设计方案满足用例需求的情况进行有效性评估；

（4）研究高水平的业务需求、技术需求和商业案例；

（5）对将来可能的路径提供高水平工作计划。

顾问的工作集中于研究支持快速支付所需的中央基础设施，并不对谁要成为中央基础设施的运营者进行判定和假设。五个工作组已完成全球案例研究、用例分析、设计方案研发、商业案例分析和未来可能路径的工作计划，并发布了这些评估，概述如下。

1. 全球案例研究

为对快速支付估值提供背景，顾问开展了全球案例研究，征求了来自10个国家的行业领导者和政府官员的意见和建议。这些国家改进支付体系的计划和行动过程不同，构成了分散的样本。

案例研究强调了一国可能决定改革其支付体系的多种原因，这些原因包括提供竞争性来满足最终用户的需求，实现跨系统之间的互联互通。在设计和实现改进的支付体系方面，案例研究产生了以下关键认识。

• 决定上线快速支付系统是首要策略，并非基于详细的、正向的商业案例；大多数国家依赖共同行动和授权来改进基础设施。

• 当改进支付体系时，各国倾向于最先改进的 P2P（速度）和 B2B（速度、汇款数据）支付。

• 实现资金实时可用并不要求实时结算，而且不需要升级结算来实现快速清算。

• 支付提供者在新支付系统的公共基础设施之上创造出新的服务将有助于使用。

• 在产品细分不足的时候对改进的系统额外收费可能阻碍最终用户的使用。

• 对所有国家的研究基于激励机制、阻碍因素和（威胁）规章制度或要求来驱动金融机构和最终用户使用。

• 关系人参与，包括关系人设计、拥有和运营系统的要件，是新支付系统获得行业支持的有力工具。

2. 用例分析

用例分析旨在明确哪种支付用例未能满足美国最终用户对速度的需求，对于每种用例，支付处理的哪些特性和功能需要改进。通过 11 种用例和 11 种支付的特性和功能确定出最终用户需求①。然后，对比最终用户的需求与已有工具提供的特性和功能，以明确可能的差距。这些差距定性地指出支付基础设施最可能改进的用例。

这些分析明确了 5 种主要的用例可从更快的授权、清算、结算和/或资金可用性中获益，这些案例构成至少 290 亿笔交易，或美国年均支付量的 12%。如同下面“案例分析”部分讨论的一样，这些分析假定这些交易中的一部分将要迁移至快速支付系统。表 14－2 显示在这些主要的用例中，为满足最终用户需求需要改进的特性和功能。

表 14－2　为满足最终用户需求需要改进的特性和功能

相对于已有工具服务的用例，可从快速支付特性中获益的用例	年业务量（占美国年均支付量的比重）	需要的授权和清算速度	需要的资金可用性	需要的结算速度
P2P 样本支付：向朋友或小微企业支付	43 亿笔（2%）	（准）实时	（准）实时	日终
P2B 远程支付 样本支付：紧急账单支付、时间敏感的账单更正支付	103 亿笔（4%）	（准）实时	日终	日终
B2P 小额支付 样本支付：向临时工人支付工资或对时间敏感的工资更正支付	32 亿笔（1%）	（准）实时	日间	日间

① 最终用户的需求基于美联储征求意见稿的反馈意见和建议、对最终用户的调研，以及对行业专家的访谈确定。这 11 个特性和功能包括系统的准入、贷记支付和借记支付、信息内容、验证支持、最终用户的隐私权和安全与授权以及清算的时点和方式、资金的可用性、银行间结算的时点和方式、可撤销性和例外处理、交易通知和存档、跨境互联互通。

续表

相对于已有工具服务的用例，可从快速支付特性中获益的用例	年业务量（占美国年均支付量的比重）	需要的授权和清算速度	需要的资金可用性	需要的结算速度
B2P 大额支付 样本支付：医疗保险索赔、法律结算、联办紧急情况管理机构的转移支付	不可得	（准）实时	（准）实时	日终
B2B 小额支付 样本支付：及时供应商支付	111 亿笔（5%）	（准）实时	日间	日间

3. 设计方案研发

设计方案工作组的目标在于研究和评估 5 种主要的用例中提高支付系统基础设施速度的可选方式。9 种可能的设计方案被分成三类。

（1）设计方案涉及传统支付基础设施（如自动清算所、卡、大额转账、支票）。

（2）设计方案利用新兴支付基础设施（如通信支付基础设施①、使用基于公共 IP 网络通用信息协议和标准的分布式架构、数字价值转移工具②）。

（3）设计方案要求建立全新的支付基础设施（例如，新的准实时支付基础设施，可能利用已有平台的技术要素，连接有限参与网络的新网络交换器）。

尽管单个设计方案可能包括 3 个种类的内容（如“建设全新基础设施”设计方案可以利用传统或新兴支付基础设施的要素），分类的目的在于作为一个框架来帮助全面考虑和确认多个设计方案。

经初步评估，评选出 4 种设计方案可进一步进行研究：①提升借记卡网络；②利用分布式公共互联网协议（IP）架构；③建立新（准）实时基础设施满足目标用例，利用已有基础设施来结算；④建立新（准）实时支付

① 通信支付基础设施是指基于移动电话的货币转移和小微金融服务，这种方式允许使用者将货币存储在其移动手机上的账户，对他人和企业发送余额，并可以取现。

② 数字价值转移工具是价值的分散式数字存储，这些价值可以交换。

基础设施，这种设施也可以处理传统的 ACH 和支票平台的交易类型，以及可能的大额转账平台。

方案 1：推动 ATM/PIN 借记基础设施利用现有的实时功能。

可以利用 ATM/PIN 借记网络来实现贷记推动型支付的实时授权和清算。为满足目标用例中的要求，银行间结算要通过现有结算体系如联邦资金转账系统和联储国家结算服务来实现日间结算。由于公司现金管理系统现在通过发起行接入 ACH 和联邦资金转账系统，而不是 ATM/PIN 借记基础设施，这种设计方案可能需要企业、发起行和接收行对系统进行实质性改造。此外，这种方案还需要 ATM/PIN 借记网络具有大范围的贷记推动能力，这种模式是与原 POS 交易不同的新经济模式，需要被超过 15 个已有 ATM/PIN 借记网络应用。

行业访谈对方案 1 的观点如下。

• 考虑到现有 ATM/PIN 借记网络的实时性，许多人认可这种方案的吸引力。

• 对实施可行性，大家具有相当不同的观点。

• 处理机构希望以最低的成本将金融机构公司现金管理系统接入此网络，尤其是一些机构可以通过现成的技术来实现。

• 一些金融机构强烈表示与其他设计方案相比，将现金管理系统连接到网络的成本较高，并且指出金融机构的零售和企业部门存在不同。

• 其他金融机构，特别是那些参与零售业务的金融机构，表示这种方案可能是最简单，并且实施起来成本最低的。

• 一些机构表达了对（交换费）成本和网络运行机构分割的担忧。

• ATM/PIN 借记网络运行机构对增加业务量非常热衷，好多机构已经开始了利用其网络开展实时解决方案的工作。

方案 2：便利金融机构间基于使用通用协议和标准发送并接受支付的公共 IP 网络直接清算。

与通过中心辐射状网络结构清算交易相比，金融机构间基于公共 IP 网络的信息分布式架构有可能降低成本。中央当局要在中央总账里建立报文标准、通信、安全和记录交易的通用协议，以便利相应的银行间结算。中央当局还要建立系统规则。参与机构能够直接交换经（准）实时授权/清算的贷记推动交易，付款行确保资金可用性。

一旦双方机构同意交易有效，支付即被清算并自动记入最终用户账户，协议可便利交易记录在中央总账上的时点。通过现有系统（联邦资金转账系统、NSS 等）日间窗口实现结算。利用公共基础设施可以降低或消除网络结算费用，但这会被更高的与安全性相关的成本所抵消。

行业访谈对方案 2 的观点如下。

• 一些人认为，作为支付架构的演进，直接清算是任何其他设计方案的必要要素，反对将此作为独立设计方案。

• 由于使用公共 IP 基础设施（尽管其他人指出这种趋势已经在当今的基础设施上发生）在安全方面的忧患，对此方案有本能的抵触。

• 小金融机构担心缺少能力或规模来参与这种方案。

方案 3：构建新的（准）实时支付基础设施来满足目标用例，利用已有基础设施结算。

这种设计方案需要构建新的、只处理贷记推动业务的清算基础设施，该基础设施在清算指令中使用单个交易报文（而不是批量报文）。发起和接受金融机构之间通过（准）实时网络运行机构交换报文。一旦收到支付报文，接受行即记入收款人账户。交易的银行间结算通过已有结算机制的日间结算窗口实现。在清算和记账处理过程中，付款人和收款人将接收（准）实时的通知（可能通过金融服务提供者的增值服务获得）。

行业访谈对方案 3 的观点如下。

• 很多金融机构对此方案表示强烈支持。

• 对实现自动记入最终用户账户的难度，金融机构所持观点不同。

方案 4：建立新的（准）实时基础设施，该基础设施处理已有 ACH 和支票平台（可能也包括潜在的大额转账平台）处理的交易类型。

这种方案提供了与方案 3 同样的所有功能，但可能扩展至包含当前已有的 ACH、支票甚至大额转账基础设施提供的功能。这种情况可能包括满足特定情形（实时、日间、日终、第二天等）需求的多个速度，并且将扩展能力包含批量清算，以及可能包含借记拉动的支付。为了投资这个新的基础设施，对已有系统的投资将受到限制或被迫停止，该新基础设施将通过共同平台满足所有用例（先前通过 ACH、支票和大额转账服务）的需求。在这种设计方案中，系统性重要支付仍将保持为独立的基础设施，以满足更严格的恢复要求。一段时间后，一旦新的共同平台取代了已有平台的功能，可能要中止已有平台的服务。

行业访谈对方案 4 的观点如下。

• 所有接受访谈的人员都认为这是理想的设计方案，这种方案将改变支付系统，但是怀疑可能成本高、导致对现有系统的沉没投资以及需要花费时间来建设。

• 许多观点认为这种方案是可能的长期的目标。

未被选中做进一步研究的设计方案如下。

改进现有 ACH 基础设施。相对于开发大范围 ACH 当日结算能力的倡议，这种方案更可取，因为这种方案将降低风险并对大多数交易改善资金的可用性。然而，ACH 基本上是批量系统，并未设计提供（准）实时清算，所以没有将其选中作为主要用例做进一步研究。

改进现存大额转账基础设施。对小金额支付提供其不需要的实时结算将导致无效率。为使此方案可行，需要构建基于（准）实时清算和延迟结算的新产品，以及为改进最终用户的接口、访问和价格，要与已有联邦资金转账系统具有不同的规则和要求。这与上述方案 3 的战略相似。在方案 3 和方案 4 中，利用现有的大额转账支付基础设施的组成部分是可能的。

改进现有支票基础设施。研究电子化产生的事项（以前是指“电子支付指令”）。这种方案不适合满足主要用例中的实时授权和清算需求。

利用通信基础设施没有做进一步研究，主要是因为这种方案可能天生受限于移动渠道，并且与现有银行体系只有有限的连接。

数字转移工具。目前还未成为足够成熟的技术，但是考虑到市场对此的强烈兴趣，这种方案将被进一步研究并监测。值得关注的是，在利用分散式

IP 网络进行点对点通信方面，方案 2（利用分布式架构，已被挑选进行进一步研究）与这种方案有一定的相似性。

建设新的网路交换器。连接有限参与网络处理 P2P 转移，这种方式在处理的支付类型（用例）上非常受限。此外，对这种设计方案参与网络规则的有限的标准化程度存在担忧。

4. 商业案例分析

基于 10 年期间迁移交易至 5 种主要用例的直接量化价值，顾问从行业和最终用户角度分析了在美国实现快速支付能力的商业案例。这些分析在以下三个方面有意保持保守。

（1）交易迁移估计依赖保守性估计，并没有假定任何潜在的需求或相关用例采纳的情况。

（2）最终用户使用快速支付系统的交易平均成本假定为 0.27 美元，取决于对最终用户支付意愿的更多研究。

（3）来源于通过使用快速支付系统的额外的增值服务或者新产品的收益没有被估算。

如同以下讨论的内容，顾问发现，基于前面提到的保守性假设，量化商业案例将为净中性至负值。基于这些发现，当扩展至额外的一些年份或者包含价值的额外来源（如潜在的需求、潜在的创新、潜在的非速度维度的效率改进、对已有平台减少投资等）时，商业案例将变为正值。

为估算商业案例，顾问将支付生态系统的收益和成本分为三类。

（1）支付行业价值贡献。是指来自主要工具类型（支票、ACH、大额转账、贷记、PIN 借记、签名借记、现金和快速基础设施）的交易受理方、交易处理方、网络、发行处理方和工具受理方的所有的运行收益和成本。这种度量方式计算出支付工具间预期的净业务量迁移，作为快速支付的可用结果（如包括从大额转账、ACH 等迁移至快速支付对行业收益和成本的影响）。

（2）最终用户盈余。是指作为快速支付的结果，所有最终用户（如商户、客户）收入的改变。这种价值可以分为三种类型。

a. 现有支付的可避免成本

是指最终用户实施交易的成本改变。例如，对于每笔从支付迁移至快速支付解决方案的交易，假定每张支票0.47美元的成本将减少至每笔快速支付的0.27美元。

b. 社会产品

i. 替代性金融服务的可避免成本。是指通过向银行未服务到的人群提供低成本、快速支付方案，来改变那些使用高成本替代性金融服务的最终用户获取银行体系服务的成本。

ii. 更少的来自现金犯罪的经济损失。是指通过增加银行服务人口的数量，来减少来自现金犯罪的经济损失。

（3）实施成本。是指金融机构和网络为实施快速支付所需要的对新技术和处理流程升级、测试和配置的成本。尽管不是量化商业案例计算中的一部分，但有观点指出价值的其他相关来源，包括可能伴随着快速支付能力产生的其他业务基础设施改进带来的商业效率/成本节约。因为全球案例研究表明，投资快速支付基础设施经常伴随着其他改进（如信息能力）。

5. 发现

顾问断定：2015~2025年，对仅基于5种主要用例的交易迁移产生的快速支付进行量化商业案例分析，其将为净中性至负值。这主要基于下列计算[①]。

• （+）在考虑对已有工具的迁移后，2015~2025年对支付行业累计增加12亿美元的价值贡献。

- 到2025年，目标交易池预期增长至年交易41亿~75亿美元。

- 从已有支付产品到快速支付的迁移率随工具不同而不同（2015年的高迁移率场景下，现金为-1%，支票为-27%，大额转账为-7%），这将随着设计方案的不同而不同[②]。

---

① 对商业案例的分析基于文献研究、与行业从业者/专家的访谈、国际案例研究和顾问专有知识的分析。

② 顾问预计从现金迁移至快速支付的比例为1%，一些关系人认为这个预测值太低。

- 这些支付代表着2015年ACH、支票和大额转账价值链将实现8亿美元的利润，但快速支付方案将带来14亿美元的利润，这反映了2015年支付行业作为一个整体将净增6亿美元的利润。

• （+）最终用户累计增加18亿~79亿美元的价值（其中，7亿~36亿美元来自避免的成本，11亿~43亿美元来自社会产品）。

• （-）累计38亿~72亿美元的实施成本。

• 净商业案例：介于-9亿~18亿美元之间。

6. 相关机会和潜在需求

尽管在上述“发现”部分的描述中与5种主要用例相关的定量商业案例为净中性至负值，但价值可能存在额外来源，这些价值可以改善商业案例。这包括对快速支付的潜在需求，扩展至额外的用例、企业和金融机构的成本节约/高效率，以及涌现出未预料到的产品和服务。尽管这些额外需求和价值的来源不容易捕捉，但这些需求和价值可能很大并且是正面的。

快速支付基础设施应捕捉这些潜在需求。许多潜在需求的范例可能出现，即使不能提前预测——当改善的基础设施或技术进入市场时，这是典型现象。

有了快速支付，企业和金融机构将发现对开展业务更有效率的新方式。其中一个范例是，英国快速支付服务使得零售商转换至及时产品配送模式，减少了对运转资本的需求。

依赖于设计方案，快速支付基础设施可以减少对维护已有平台的资源需求（如方案4：支付共同平台）。这些好处没有在上述“发现”部分的商业案例计算中体现出来。

此外，全球案例研究表明，快速支付解决方案还经常伴随着非速度的改善，如改进的信息能力。如果快速支付解决方案在帮助企业自动AR/AP处理过程中取得成功，这将获得显著的效率提升。这些效率提升也没有在上述商业案例计算中体现出来。

值得注意的是，实现快速支付的成本在2015~2025年是前置的，但价值贡献将在期末显著增加。如果时间延伸到2025年之后，那个时候行业有望从快速支付解决方案中赚取峰值，上述商业案例将日益有价值。

7. 工作计划战略

实现快速支付能力应始于关系人参与，在进行过程中，联邦储备应提供以下支持。

• 成立并牵头快速支付工作组（2015 年初）。

• 在其他支付系统关系人的参与下，与工作组合作开展工作，评估快速支付能力的可选实现方式，包括对核心基础设施的描述、安全性和参与者与此基础设施接口连接需要的改变，以及预计的实现成本和时间。

• 审查与可能的多个提供者环境相关的政策，如确定规则的框架（2016 年完成）。

• 基于关系人的参与和分析，明确在美国实现快速支付的有效方法（2016 年完成）。

• 适当时，支持关系人共同努力实现快速支付能力。

（七）附录7　ISO 20022的案例评估

世界上一些主要市场已经宣布准备采取 ISO 20022 的支付报文标准，以适应监管授权或是新系统/技术升级发展的需要。鉴于这些全球性发展，评估美国采取 ISO 20022 支付报文标准意愿的关系人团体随之出现①。关系人团体需要权衡采取 ISO 20022 能否保证以下情况：①参与全球贸易的美国企业，其金融机构、国内转账支付、自动化交易支付网络能够维持和其他市场的互联互通或相互竞争；②保持美元作为全球货币的吸引力。

关系人团体雇用了一个独立的外部顾问以客观评价支付参与方采取 ISO 20022 支付报文的商业案例。商业案例评估主要源于以下三个方面。

（1）全球扫描。采访已经采取 ISO 20022、美国之外的支付关系人，以评估驱动程序、实施细节和既有经验。

---

① 关系人团体包括美国纽约储备银行（代表它自己以及部分地区的美联储）、美国清算所支付公司、美国电子支付协会、可信标准委员会。

（2）美国产业概览。通过对美国支付、清算和结算参与者的网络调查和访问，以评估 ISO 20022 的未来前景及采取情况。

（3）竞争力影响评估。评估如果美国不采取 ISO 20022，会对美国的参与者和美元的竞争力带来的影响。

咨询介入后导致了以上三个方面的下述延伸问题。

1. 全球扫描

各国对 ISO 20022 的采取程度是不同的。

● 欧洲已经能够很成熟地将 ISO 20022 实施于支付基础设施中。

● 印度、南非、日本、新加坡和瑞士正在逐渐采取 ISO 20022，它们有着明确的实施计划，市场参与者也广泛支持国内基础设施采取 ISO 20022 的某些部分。

● 澳大利亚、加拿大、英国和新西兰有意落实 ISO 20022，承诺在新的支付项目上将采取 ISO 20022。

在以上国家以及其他国家中，升级到 ISO 20022 通常被认为是更为广泛的技术升级、监管授权或新系统建设的一部分。

通过 ISO 20022 采取情况的全球扫描，可以从其他市场学习到大量应用中的经验。

● 沟通、培训和建设的执行截止期限是成功的关键。

● 仅仅是将现有报文格式替换为 ISO 20022 版本将无法获得采取 ISO 20022 带来的全部好处。

● 采取 ISO 20022 后，处理流程将被影射为端对端。

● 在支付报文和报告报义，以及对最终用户的报文转化和丰富服务中，都应该采取 ISO 20022。

● 使用一份简明的报文使用目录将有利于市场参与者降低成本和风险。

到目前为止，对于 ISO 20022 的益处主要是定性分析，这些益处在已经采取 ISO 20022 标准的国家并未完全实现。能够实现这些益处的期望将对美国进一步采取 ISO 20022 至关重要。

2. 美国市场的观察

尽管大型跨国银行和企业有采取 ISO 20022 的需求，但目前美国普遍缺乏对 ISO 20022 的理解，更多的支付关系人仍满足于现状。对采取 ISO 20022 成本和收益的评估令人深思，商业案例的财务结果也并不能令人信服。尽管如此，外部顾问的评估明确了非财务的战略原因。

• 全球趋势。美国大型企业和银行正在积极采取 ISO 20022，而且这种势头将持续下去。

• 全球竞争力。对 ISO 20022 报文格式的兼容性将帮助美国继续保持和其他全球市场的对等，以及与采取 ISO 20022 报文标准的其他司法管辖内的美元结算系统保持对等，这将有利于保持美元作为全球货币的吸引力。

• 成本节约和处理高效。标准报文格式允许银行和企业支付平台的连接，这将促使处理更加直接，成本快速下降。

• 一致、丰富的数据。ISO 20022 报文格式可以帮助所有参与方利用共同的字典式排列的数据要素，从而极大地扩展了支付报文涵盖信息的容量。

• 互联互通。一种通用的报文格式（单一开放的标准，而非多个专有的标准）可以促使国内和全球的业务办理更加简易。

• 适应监管变化需要的灵活性。ISO 20022 报文格式能提供所有的发起者和接受者的信息（第三方或最终受益人），从而改进监管报告和监测。

• 新型创新成果。系统间通用的报文格式可以减少向市场提供新型创新产品和服务所需要做出的改变。

该评估还指出美国不采取 ISO 20022 可能带来的一系列风险。例如，随着全世界越来越多的地区采取 ISO 20022，美国的金融机构和企业将继续经历目前支持多个国内报文格式、抑制渠道灵活性所造成的冲突。同样，支持大量的系统和报文格式，导致在美国市场的运作速度更慢，提供产品和服务的成本更高。

随着时间的推移，美国机构保留多个报文格式导致的无效率，会引发全球金融界产生一种负面看法，即美国是异类，拒绝改变，最极端的情况是，这可能影响到美元作为全球货币的吸引力。

3. 建议

研究表明，为降低风险和成本，美国应该用分步骤的方法采取 ISO 20022。

- 步骤 1：规划和培训

－推进 ISO 20022 培训工作，制定采取 ISO 20022 的全国性战略。

- 步骤 2：跨境支付

－跨境转账支付在跨境自动化交易所支付之后采取 ISO 20022。

- 步骤 3：国内支付

－评估国内转账支付和自动化交易所支付采取 ISO 20022 的价值和时机选择。

- 其他考虑

－考虑 ISO 20022 作为新产品和新服务的标准报文格式。

除了这些建议，关系人团体打算开展一次评估，以明确 ISO 20022 可以解决的具体棘手问题以及具体时机。

作为短期内的下一步工作，美联储将与关系人团体一起制定美国支付落实 ISO 20022 的战略和具体行动。美联储将鼓励关系人团体表达支持 ISO 20022 的意图，一旦具体工作细节完成，采取 ISO 20022 的时机、手段和范围也将确定下来。

（八）附录8　前文附录未提及的战略

1. 建立健全技术和规则，促进 P2P、P2B 及小企业 B2B 业务相关支付目录更具互操作性

与征求意见稿的分析相同，电子支付有的时候让人感觉不如使用支票便利，因为付款人使用支票支付无须知道收款人的信息。许多电子支付方式要求由付款人发起指令将资金“推”至收款人。电子支付和 ACH 贷记业务均采用“贷记推动”方式划转资金，要求付款人在支付指令中详细列明收款人的账户号码和路径信息。为此，付款人使用贷记推动支付通常需要向收款人了解其账户信息。但是，收款人未必总是知晓这些信息，有时也会因为担

心安全问题不愿告知付款人。

借记拉动支付业务与此不同，由付款人告知收款人自己的账户信息，由收款人的财务部门发起将资金从付款人账户划转出来。这对付款人而言可能较为方便，但是也可能存在未经授权方在知晓付款人账户信息的情况下，以欺骗的手段从付款人账户中划转资金。因此，以电子方式进行的 P2P、B2B 支付，以及特定票据的支付，普遍选择贷记推动支付。

许多关于征求意见稿的建议认为，任何快速支付业务都应采用贷记推动支付，而非借记拉动支付。贷记推动支付允许付款银行对客户进行鉴真，以确保其拥有交易所需的“良币”，进而建立起一个从付款人到收款人的可预见性较高的支付流程。但是，要在随时随地都会发生的电子业务中采取贷记推动支付存在挑战。很多实例显示，如果付款人不能轻松获知收款人的账户信息，就会使用支票或现金完成支付①。这在消费者与小微企业中表现得尤其明显。支付目录是应对这一挑战的路径之一。在支付目录中，收款人的账户信息均以诸如手机号码、电子邮件地址或者标准化的公司标识符等别名进行可靠的存储。付款人可以使用这一别名发起贷记推动支付，而无须知道收款人的账户信息。如果这些别名是众所周知的，或者任一付款人都可在支付目录中查询到，电子化的贷记推动支付将有可能被广而用之。

众多企业关系人及专家认为，随着移动技术的不断发展与延伸，推动促进支付目录提供者之间的互操作性已具时机，且将日益重要。支付目录的互操作性可使支付创新更为广泛适用，并有助于所有的提供者对日益电子化的端到端支付服务相应的成本和收益有更全面的认知。

为推动在新的或现有电子支付平台上实现贷记推动支付的广泛使用，美联储将会同关系人，推进建立相关技术和规则，为电子支付提供更具互操作性的目录服务。一旦支付目录完成，美联储将向使用美联储金融服务的 1 万多家中小企业提供安全的接入方式以便使用。

---

① 商业支付中，付款人还要知道该笔业务能够接受的电子支付方式，以及业务发生支付延迟和支付核对等所需的其他汇划信息。因此，面向商业的电子支付不如面向消费者的电子支付那么便捷。

2. 加速采用安全的 B2B 电子支付方式

B2B 电子支付的应用不断增加，但是每年仍有数十亿的交易使用支票。在大额交易中，支票在发起的支付业务和接受的支付业务中都超过一半；在小微交易中，该比例则分别为 70% 以上和 90% 以上。阻碍电子支付增长的原因很多，主要包括以下几方面：①电子支付的操作比支票更为复杂；②几乎所有的交易都可以签发或接受支票，电子支付尚不能在任何情境中使用；③中小企业的财务部门通常不支持电子支付；④付款人较难便捷地获知、管理和使用收款人的电子支付信息；⑤支付相关信息的交换较难（如发票）。

美联储计划与关系人一起实施以下战略，以克服这些困难。

（1）与关系人合作，建立并实施支付目录，支持 B2B 电子支付业务发展。

（2）会同银行、其他服务提供者及小企业专家，推动实施以实践为导向的教育活动，包括适用于金融机构和大企业的工具箱，推动与之交易的小企业采用电子支付方式以及接受相关信息。

（3）推动提升简单通俗的目录，使实施和使用 B2B 标准的电子支付及相关信息更容易。

（4）论证构建和实施一个标准化的、普适性的 B2B 电子发票和处理平台（类似于其他国家已经开展的项目）的可行性。

3. 延长国家结算服务运行时间，拓展服务能力，提升支票支付业务的跨行结算效率

国家结算服务由美联储所有并负责运行，为需要与清算所、外汇及其他清算结算机构的参与者进行结算的金融机构提供多边结算服务。结算代理人在结算安排中代表金融机构，向美联储提交电子形式的结算文件，美联储收到后进行处理。相关记录通过金融机构的美联储账户自动完成，并且是最终的、不可撤销的（资金不足也不存在退款可能）。

国家结算服务目前的运行时间是 8：30～17：00。征求意见稿相关意见指出，西海岸及境外机构在现有系统运行窗口之外仍有美元结算需求。此外，如果在美国提供的支付服务更高效，周末及晚间也能提供支付服务，延长服务时间将有助于降低服务运行期间金融体系中待结算的债务累积。

有些私人清算系统通过国家结算服务进行结算，但仍有大量此类机构通过商业银行簿记系统结算（与使用中央银行货币结算相比，风险较大），或者通过 ACH 结算（这种情况下，即便贷方业务完成，借方仍存在被退回的风险）[①]。市场参与者指出，国家结算服务体系的推广可能存在以下问题：

• 对市场参与者之间的服务需求缺乏了解；

• 服务登录程序烦琐；

• 服务运行时间有限制；

• 未对如何与类似服务机构提供的服务进行协调进行预见（如支持不同的电子资金转移网络的结算相互切换）；

• 对现有结算流程的风险暴露认知不够；

• 根据服务要求对已有结算流程的技术改造成本预算不足。

美联储计划改善国家结算服务，以便其作为一种结算方式对私人机构更具吸引力。改善后的服务将使支付更快、更安全、更高效，进而可能提高私人部门的创新能力。相关改善工作可划分为三个阶段。

• 第 1 阶段（2015 年初完成）

－服务开启时间提前 1 小时至东部时间每天 7：30，服务结束时间延后半小时至东部时间每天 17：30[②]。

－开展有关宣传教育，让市场认识到国家结算服务的优势。

• 第 2 阶段（2015 年底完成）

－提前服务开启时间以便与联邦资金转账系统开启时间（东部时间前一日历日 21：00）保持一致。

－寻求可能改进服务的方法，包括简化系统登录流程、提高额外信息传送能力等。

• 第 3 阶段（2016 年或之后）

－研究周末服务运行和/或实现 7×24 小时服务运行所需的技术、基础

① 使用商业银行货币结算要求结算参与者在相应的商业银行有资金，以防范信用风险。

② 储备银行计划于 2015 年 1 月延长运行时间。

设施、运行资源等的变化。

－适时对第 2 阶段有关服务产品进行改进。

国家结算服务有可能改进私人部门结算体系的结算速度，美联储也有意改进自身服务的结算速度。美联储近期实现了在同一日完成支票（无论支票签发还是退回）的清算与结算服务，缩短结算周期 1 天。美联储还支持 ACH 结算速度提升，详见下文。

4. 推进 ACH 当日清算结算能力得到更广泛应用

随时随地实现当日清算结算是 ACH 网络现代化进程的重要步骤。ACH 大量应用实例表明，在特定时段对批量借记/贷记零售支付实现当日结算服务，对 ACH 非常重要，对于推动支付服务在更广泛领域的创新也很重要。美联储于 2010 年选择对有限的参与者提供当日 ACH 服务，并于 2013 年通过扩展符合条件的交易进一步提升了相关服务。

征求意见稿的大多数反馈认为要改进美国支付服务的速度，其中很多建议将完善 ACH 结算流程作为相应战略的组成部分。ACH 每天处理 8700 万笔交易，其中大多数不要求（准）实时的授权和清算，但也会通过 ACH 当日结算流程受益，包括降低对手方风险、加快最终用户获得资金的速度。ACH 当日结算能力的广泛适用，有利于那些无须（准）实时结算的交易，对于任何新的（准）实时支付能力也将是有益补充。美联储全力支持分阶段推进实现 ACH 当日结算服务。有条件的 FedACH 当日结算服务将在这一阶段中作为 ACH 当日结算服务的补充。美联储对当日结算服务广泛适用能够更好地满足 ACH 关系人的需求抱有很大期望。

5. 扩展和提升美联储的国际支付服务

受新的监管规则（如《多德－弗兰克华尔街改革和消费者保护法案》第 1073 章）影响，一些金融机构（特别是社区银行和信用社）终止或有意终止跨境汇款业务，减少了竞争，但也使最终用户可获得的跨境支付服务减少①。

① 《多德－弗兰克华尔街改革和消费者保护法案》第 1073 章规定了新的消费者保护要求，包括撤销权利、差错处理权利，以及美国消费者向境外特定的企业和个人发起的转账汇款相关信息披露要求。

美联储考虑扩展现有 FedGlobal 国际支付服务内容，增加市场对跨境支付服务相关费用、汇率和时效的需求。

FedGlobal ACH 支付网络目前已在 35 个国家为企业和个人提供汇款服务，美联储正在考虑将其向外进一步延伸。此外，美联储还在论证由联邦资金服务参与者通过其现有与联邦资金转账系统的连接，为企业和个人发送跨境转账指令，向位于全球不同地区的受益人支付美元或者其他外币等问题。这将使金融机构在国际支付业务中拥有更多选择，借此遵守相关监管规则，特别是对于那些业务规模有限的金融机构，还可比较经济地建立对手方关系。

6. 扩展美联储金融服务的风险管理服务

与《支付安全问题研究》附录 5 中的讨论一致，支付体系面临的风险持续存在且不断变化。关系人意识到信息共享和信息分析确有必要作为提升支付安全性的战略。美联储拥有大量数据，将对帮助支付关系人管理风险产生影响。

美联储将继续与其金融服务使用者合作，明晰改进大额转账服务网络、ACH 以及支票服务相关风险管理产品的需求。

（九）附录9　美联储有关其在支付体系中作用的政策

美联储提供任何新的支付服务，均应遵守下述美联储委员会政策①。

1. 美联储在支付体系中的作用（1990年）

美联储支付体系政策报告阐述了美联储在支付体系中的作用的公共政策，列示了美联储对其所提供服务进行审视通常遵循的程序。报告表明美联储在提供支付服务方面的作用是促进支付机制的整合和有效，确保公平地向所有存款机构提供支付服务，营造公正的竞争环境。

政策还强调，美联储考虑引入新的服务或者进行重大的服务改进时，必须符合下列条件。

① 相关政策可查询 http：//www. federalreserve. gov/paymentsystems/pfs_ policies. htm。

• 美联储必须在长期运营中收回全部成本。

• 美联储必须确保其所提供的服务具有清晰的公共利益目标，如推进支付系统的整合、提升金融市场的效力、降低支付和证券转移服务的风险、提高支付系统的效率等。

• 所提供的服务不能指望其他服务提供者以合理的效力、合理的范围、合理的公平单独提供。例如，美联储提供的支付服务确保全国范围内各水平需求的支付服务都能得到满足，或是在提高和改进服务的过程中避免未到期延迟。

政策表明，美联储委员会承诺，在考虑进行操作性的改革或是法律调整时，如果这种改革或调整因为法律效力、限制，或是美联储基于相关法律规则的不同所具有的显赫市场地位等，对提供类似产品的其他服务提供者与美联储的竞争产生直接的、实质性的负面影响，就要进行竞争力影响分析。任何对支付体系参与者存在附带影响的操作性改革或是法律调整，也要进行竞争力影响分析，即便对竞争力的影响表面上不明显。

2. 美联储服务定价原则（1980年）

该原则明确了美联储根据《货币控制法案》，对其提供的支付服务进行定价的规则。根据这一定价原则，如涉及费用和服务安排的变化将对支付体系的运行产生长期的、显著的影响，应征求公众意见。

3. 美联储收费服务标准（1984年）

该标准旨在确保美联储履行面向存款机构提供支付服务相关职责时，不会与其执行的其他职责产生内部利益矛盾。

图书在版编目(CIP)数据

中国支付清算发展报告. 2016 / 杨涛主编. --北京：社会科学文献出版社，2016.6
ISBN 978-7-5097-9183-7

Ⅰ.①中… Ⅱ.①杨… Ⅲ.①支付方式-研究报告-中国-2016②货币结算-研究报告-中国-2016 Ⅳ.①F832.6

中国版本图书馆 CIP 数据核字（2016）第 108877 号

中国支付清算发展报告（2016）

主　　编 / 杨　涛
副 主 编 / 程　炼

出 版 人 / 谢寿光
项目统筹 / 恽　薇　冯咏梅
责任编辑 / 冯咏梅

出　　版 / 社会科学文献出版社 · 经济与管理出版分社（010）59367226
地址：北京市北三环中路甲 29 号院华龙大厦　邮编：100029
网址：www.ssap.com.cn
发　　行 / 市场营销中心（010）59367081　59367018
印　　装 / 北京季蜂印刷有限公司

规　　格 / 开 本：787mm × 1092mm　1/16
印 张：23.5　字 数：337 千字
版　　次 / 2016 年 6 月第 1 版　2016 年 6 月第 1 次印刷
书　　号 / ISBN 978-7-5097-9183-7
定　　价 / 98.00 元

本书如有印装质量问题，请与读者服务中心（010-59367028）联系